21 世纪全国应用型本科电子商务与信息管理系列实用规划教材

管理信息系统实用教程

主　编	周贺来	张　恺	吕　琦
副主编	王雪莲	栗会敏	赵玉东
参　编	秦雷雷	贾琳琳	李会玲
	杨利红	李国栋	王永政

内 容 简 介

本书突出了应用型本科教材用书的实用性和可操作性，依据"体系结构合理，编排条理清晰，文字通俗易懂，内容详略得当，案例丰富实用，版面设计新颖"的基本原则，从基本概念和管理应用出发，详细介绍了管理信息系统的基本概念、基本思想、开发流程、管理方法，分类阐述了业务层、职能层、决策层管理信息系统的特征和应用，简单分析了目前常用的集成化管理信息系统，包括企业资源计划、供应链管理系统、客户关系管理系统以及电子商务系统的含义、结构、功能与典型应用，本书最后一章给出了一个完整的管理信息系统开发实例，附录中给出了两套不同的教学课时分配方案以及上机课程设计的指导建议。

本书可作为全国各应用型本科院校中信息管理与信息系统、电子商务、市场营销、工商管理、企业管理、物流管理、财务管理，以及其他经济与管理类专业的指定教材，同时也可作为企事业单位管理干部和计算机信息管理人员的培训教材或参考用书。

图书在版编目(CIP)数据

管理信息系统实用教程/周贺来，张恺，吕琦主编. —北京：北京大学出版社，2012.4
(21 世纪全国应用型本科电子商务与信息管理系列实用规划教材)
ISBN 978-7-301-20485-6

Ⅰ. ①管… Ⅱ. ①周… ②张… ③吕… Ⅲ. ①管理信息系统—高等学校—教材 Ⅳ. ①C931.6

中国版本图书馆 CIP 数据核字(2012)第 066947 号

书　　　名：	管理信息系统实用教程
著作责任者：	周贺来　张　恺　吕　琦　主编
策 划 编 辑：	王显超
责 任 编 辑：	陈颖颖
标 准 书 号：	ISBN 978-7-301-20485-6/C・0751
出 　版 　者：	北京大学出版社
地　　　址：	北京市海淀区成府路 205 号　100871
网　　　址：	http://www.pup.cn　http://www.pup6.cn
电　　　话：	邮购部 62752015　发行部 62750672　编辑部 62750667　出版部 62754962
电 子 邮 箱：	pup_6@163.com
印 　刷 　者：	北京富生印刷厂
发 　行 　者：	北京大学出版社
经 　销 　者：	新华书店
	787 毫米×1092 毫米　16 开本　23 印张　500 千字
	2012 年 4 月第 1 版　2012 年 4 月第 1 次印刷
定　　　价：	42.00 元

未经许可，不得以任何方式复制或抄袭本书之部分或全部内容。
版权所有，侵权必究　举报电话：010-62752024
　　　　　　　　　　电子邮箱：fd@pup.pku.edu.cn

21世纪全国应用型本科电子商务与信息管理系列实用规划教材

专家编审委员会

主　　任	李洪心
副 主 任	(按拼音顺序排名)
	程春梅　　庞大连　　秦成德
委　　员	(按拼音顺序排名)
	陈德良　　陈光会　　陈　翔
	郭建校　　李　松　　廖开际
	帅青红　　谭红杨　　王丽萍
	温雅丽　　易法敏　　张公让
法律顾问	李　瑞

丛 书 序

随着电子商务与信息管理技术及应用在我国和全球的迅速发展，政府、行业和企业对电子商务与信息管理的重视程度不断提高，我国高校电子商务与信息管理人才培养的任务也不断加重。作为一个新兴的跨学科领域的专业，电子商务与信息管理的教育在快速发展的同时还存在着许多值得我们思考和改进的问题。特别是开办电子商务专业和信息管理专业的学校学科背景不同，有文科的、理工科的、经管类学科等，使得不同学校对核心课程的设置差异很大；另外，近年来有关电子商务与信息管理方面的教材出版的数量虽然不少，但适合于财经管理类知识背景本科生的电子商务系列与信息管理系列教材一直缺乏，而在开办电子商务和信息管理本科专业的高校中，财经管理类的高校占的比重很大。为此北京大学出版社于2006年11月在北京召开了《21世纪全国应用型本科财经管理系列实用规划教材》研讨会暨组稿会，会上出版社的领导和编辑通过对国内经管类学科背景的多所大学电子商务与信息管理系列教材实际情况的调研，在与众多专家学者讨论的基础上，决定成立电子商务与信息管理系列丛书专家编审委员会，组织编写和出版一套面向经管类学科背景的电子商务与信息管理专业的应用型系列教材，暨《21世纪全国应用型本科电子商务与信息管理系列实用规划教材》。

本系列教材的特点在于，按照高等学校电子商务专业与信息管理专业对本科教学的基本要求，参考教育部高等学校电子商务专业与信息管理专业的课程体系和知识体系，定位于实用型人才培养。

本系列教材还体现了教育思想和教育观念的转变，依据教学内容、教学方法和教学手段的现状和趋势进行了精心策划，系统、全面地研究普通高校教学改革、教材建设的需求，优先开发其中教学急需、改革方案明确、适用范围较广的教材。此次教材建设的内容、架构重点考虑了以下几个要素。

(1) 关注电子商务与信息管理发展的大背景，拓宽经济管理理论基础、强调计算机应用与网络技术应用技能和专业知识，着眼于增强教学内容的联系实际和应用性，突出创造能力和创新意识。

(2) 尽可能符合学校、学科的课程设置要求。以高等教育的培养目标为依据，注重教材的科学性、实用性和通用性，尽量满足同类专业院校的需求。

(3) 集中了在电子商务专业与信息管理专业教学方面具有丰富经验的许多教师和研究人员的宝贵意见，准确定位教材在人才培养过程中的地位和作用。面向就业，突出应用。

(4) 进行了合理选材和编排。教材内容很好地处理了传统内容与现代内容的关系，补充了大量新知识、新技术和新成果。根据教学内容、学时、教学大纲的要求，突出了重点和难点。

(5) 创新写作方法，侧重案例教学。本套教材收集了大量新的典型案例，并且用通俗易懂的方式将这些案例中所包含的电子商务与信息管理的战略问题传授给读者。

前任联合国秘书长安南在联合国2003年电子商务报告中说："人类所表现出的创造力，几乎都没有像互联网及其他信息和通信技术在过去十年中的兴起那样，能够如此广泛和迅速地改变社会。尽管这些变革非常显著,然而消化和学习的过程却只是刚刚开始。"可以说没有一个学科像电子商务与信息管理这样如此完美地融技术与管理于一体,也没有哪一个人的知识能如此的全面丰富。参与本系列教材编写的人员涉及国内几十所高校的几十位老师,他们均是近年来从事电子商务与信息管理教学一线的高校教师,并均在此领域取得了丰富的教学和科研成果。所以本系列教材是集体智慧的结晶,它集所有参与编写的教师之长,为培养电子商务与信息管理人才铺垫了基础。

在本系列教材即将出版之际,我要感谢参加本系列教材编写和审稿的各位老师所付出的辛勤劳动。由于时间紧,相互协调难度大等原因,一定存在着很多的不足。我们希望本套系列教材能为开办电子商务和信息管理专业的学校师生提供尽可能好的教学用书,也希望能得到各位用书老师的宝贵意见,以便使编者们与时俱进,使教材得到不断的改进和完善。

2007 年 11 月于大连

李洪心 李洪心博士现为东北财经大学教授,教育部高等学校电子商务专业教学指导委员会委员,劳动和社会保障部国家职业技能鉴定专家委员会电子商务专业委员会委员,中国信息经济学会电子商务专业委员会副主任委员。

前 言

本书是由高等院校中多年从事管理信息系统相关理论研究与应用，并在一线教学岗位从事教学的教师，根据课程特点精心编写而成。在本书编写中，特别突出了应用型本科教材用书的实用性和可操作性。例如，为了方便教师授课以及学生学习，本书主题章节均以"知识架构"和"学习目标"开篇，以便让读者了解本章知识框架和学习要求，再通过"导入案例"引出本章主题；在每章的各小节中间，对于注意事项和需强调内容，以及补充的一些阅读材料，均醒目地标注；在全书主体部分各章末，设置"本章小结"、"关键术语"、"复习思考"、"实践训练"等项目，以及2~3个与本章内容相关的"案例分析"，这些内容有助于读者复习巩固所学知识，并利用所学知识去分析和解决实际问题。

本书共分13章，包括5个部分，其中，第1部分(第1~2章)为概念篇，主要介绍与管理信息系统相关的一些基本概念，并对管理信息系统在企业管理中的应用进行概述；第2部分(第3~7章)为建设篇，讲述了管理信息系统的整体建设过程，包括系统规划、系统开发、系统应用与维护等具体知识；第3部分(第8章)为管理篇，介绍了管理信息系统开发、建设与应用中涉及的各种管理知识；第4部分(第9~12章)为应用篇，介绍了企业中各个管理层(业务处理层、经营职能层、战略决策层)使用的各种信息系统的基本知识，以及集成化管理信息系统的相关知识和应用情况；第5部分(第13章以及附录部分)为实践篇，其中第13章提供了一个完整的管理信息系统开发实例；附录中A部分为两套不同的教学课时分配方案，B部分为上机课程设计的指导建议。

本书由周贺来(华北水利水电学院)任第一主编，负责牵头制定大纲和统稿定稿工作；张恺(福建船政交通职业学院)任第二主编，组织了全书编写体例的策划；吕琦(华北水利水电学院)任第三主编，参与了终稿审阅修订工作；王雪莲(北方民族大学)、栗会敏和赵玉东(华北水利水电学院)任副主编，负责初稿审稿和校对工作。各章执笔情况如下：王雪莲(第1~2章)，赵玉东(第3~4章)，张恺(第5~7章)，周贺来(第8章)，秦雷雷(第9章)，栗会敏(第10~11章)，吕琦(12~13章)，贾琳琳(附录内容)，杨利红(负责全书图形和表格的处理)，李国栋(负责案例搜集与整理)，李会玲(负责复习思考和实践训练题的编写)，王永政(负责教学PPT的制作)。

本书在编写过程中，参考了许多资料，大多数已注明资料来源，或者在参考文献中进行了罗列，但受编写体例的限制，难免有所遗漏。在此向各位为本书的出版提供相关参考资料的同仁表示衷心的感谢！

由于编者水平有限，书中难免有疏漏或不妥之处，恳请广大专家与读者批评指正。

编　者
2011年10月

目 录

第1篇 概念篇

第1章 管理信息系统理论基础 3
- 1.1 信息 4
  - 1.1.1 信息的含义 4
  - 1.1.2 信息的特征 6
  - 1.1.3 信息的类型 8
  - 1.1.4 信息的度量 8
- 1.2 系统 9
  - 1.2.1 系统的含义 9
  - 1.2.2 系统的特点 10
  - 1.2.3 系统的分类 11
  - 1.2.4 系统化方法 13
- 1.3 信息系统 14
  - 1.3.1 信息系统的含义 14
  - 1.3.2 信息系统的功能 14
  - 1.3.3 信息系统的发展 15
- 1.4 管理信息系统 16
  - 1.4.1 管理信息系统的概念 16
  - 1.4.2 管理信息系统的结构 18
  - 1.4.3 管理信息系统的类型 21
- 本章小结 23
- 复习思考 24
- 实践训练 25

第2章 信息系统与现代企业管理 27
- 2.1 管理活动中的信息 30
  - 2.1.1 企业管理中的信息流 30
  - 2.1.2 管理信息及其类型 31
  - 2.1.3 管理信息的特点 32
  - 2.1.4 管理信息的作用 33
- 2.2 企业信息管理 34
  - 2.2.1 企业信息管理的概念 34
  - 2.2.2 企业信息管理的内容 34
  - 2.2.3 企业信息管理有效实现的途径 36
- 2.3 信息系统与现代管理 37
  - 2.3.1 企业管理环境的变化 37
  - 2.3.2 管理环境变化的影响 38
  - 2.3.3 信息系统对管理职能的支持 39
  - 2.3.4 信息系统在管理领域的发展 43
- 本章小结 44
- 复习思考 45
- 实践训练 46

第2篇 建设篇

第3章 管理信息系统战略规划 51
- 3.1 管理信息系统战略规划概述 53
  - 3.1.1 信息系统战略规划的必要性 53
  - 3.1.2 信息系统战略规划的任务与内容 54
  - 3.1.3 管理信息系统战略规划的工作流程 54
  - 3.1.4 管理信息系统战略规划的组织 55
- 3.2 信息系统战略规划常用模型及其应用 56
  - 3.2.1 诺兰模型 56
  - 3.2.2 米歇尔模型 58
  - 3.2.3 渐进式模型 59
  - 3.2.4 规划模型的应用 59
- 3.3 信息系统战略规划方法 60
  - 3.3.1 企业系统规划法(BSP方法) 60
  - 3.3.2 关键成功因素法(CSF方法) 63
- 3.4 业务流程重组 64
  - 3.4.1 业务流程重组的基本概念 64
  - 3.4.2 业务流程重组的实现手段 64

3.4.3 业务流程重组的工作步骤 65
3.4.4 业务流程重组的管理原则 65
3.4.5 业务流程重组的适用情况 67
本章小结 67
复习思考 68
实践训练 69

第4章 管理信息系统开发综述 73

4.1 管理信息系统开发基本知识 75
 4.1.1 管理信息系统开发的特点 75
 4.1.2 管理信息系统开发的条件 76
 4.1.3 管理信息系统开发的原则 78
 4.1.4 管理信息系统的开发策略 79
4.2 信息系统开发方式及其选择 81
 4.2.1 自行开发 81
 4.2.2 委托开发 82
 4.2.3 合作开发 82
 4.2.4 利用现成的应用软件包开发 82
 4.2.5 开发方式的选择 83
4.3 管理信息系统的开发方法 83
 4.3.1 结构化方法 83
 4.3.2 原型法 85
 4.3.3 面向对象法 88
 4.3.4 计算机辅助开发方法 90
本章小结 91
复习思考 92
实践训练 92

第5章 系统分析 95

5.1 系统分析概述 97
 5.1.1 系统分析的工作任务 97
 5.1.2 系统分析的基本要求 97
 5.1.3 结构化系统分析方法 98
5.2 初步调查与可行性分析 100
 5.2.1 系统的初步调查 100
 5.2.2 用户需求内容分析 101
 5.2.3 可行性分析的内容 103
 5.2.4 可行性分析报告 104
5.3 详细调查 105

5.3.1 详细调查的目的 105
5.3.2 详细调查的原则 105
5.3.3 详细调查的方法 106
5.3.4 详细调查的内容 107
5.3.5 调查结果的表示 107
5.4 管理业务调查 107
 5.4.1 组织结构调查 107
 5.4.2 管理功能调查 108
 5.4.3 管理业务流程调查 108
 5.4.4 其他管理内容调查 110
5.5 数据流程调查及其描述 110
 5.5.1 数据流程调查的内容 110
 5.5.2 数据流程图的绘制 110
5.6 数据字典 113
 5.6.1 数据字典的作用和内容 113
 5.6.2 编写数据字典的要求 115
 5.6.3 数据字典的管理 115
5.7 处理逻辑的描述工具 115
 5.7.1 判断树 116
 5.7.2 判断表 116
 5.7.3 结构化语言 117
5.8 系统分析的工作成果 118
 5.8.1 新系统逻辑方案的建立 118
 5.8.2 系统分析说明书 119
本章小结 120
复习思考 121
实践训练 122

第6章 系统设计 128

6.1 系统设计概述 130
 6.1.1 系统设计的任务与内容 130
 6.1.2 系统设计的方法与思想 131
 6.1.3 系统设计遵循的原则 131
6.2 总体设计 132
 6.2.1 子系统划分 132
 6.2.2 系统功能结构设计 134
 6.2.3 系统模块结构设计 134
 6.2.4 系统流程设计 136
 6.2.5 系统物理配置方案设计 138

6.3 代码设计 139
　6.3.1 代码的含义与作用 139
　6.3.2 代码设计的原则 140
　6.3.3 代码的类型 140
　6.3.4 代码的校验 142
　6.3.5 代码设计的步骤 143
6.4 数据库设计 145
　6.4.1 用户需求分析 145
　6.4.2 概念结构设计 146
　6.4.3 逻辑结构设计 146
　6.4.4 物理结构设计 146
6.5 人机对话设计 147
　6.5.1 输出设计 147
　6.5.2 输入设计 150
　6.5.3 用户界面设计 153
6.6 处理过程设计 155
　6.6.1 流程图 156
　6.6.2 N-S 图 157
　6.6.3 PAD 图 158
　6.6.4 IPO 图 158
6.7 系统设计说明书 159
本章小结 160
复习思考 160
实践训练 161

第 7 章　系统实施与维护 164

7.1 系统实施概述 165
　7.1.1 系统实施阶段的任务 165
　7.1.2 系统实施的工作步骤 165
　7.1.3 系统实施的成功因素 166
7.2 系统运行环境的实施 166
　7.2.1 计算机系统配置 167
　7.2.2 网络系统实施 167
7.3 程序设计 167
　7.3.1 程序设计的基本要求 167
　7.3.2 结构化程序设计方法 168
　7.3.3 编程工具的选择 170
7.4 系统测试 171
　7.4.1 系统测试的含义 171
　7.4.2 系统测试的步骤 172
　7.4.3 系统测试的方法 173
　7.4.4 测试用例的设计原则 174
　7.4.5 特定环境及应用的测试 175
7.5 系统切换 176
　7.5.1 系统切换的准备工作 176
　7.5.2 系统切换的方式 177
　7.5.3 系统切换的注意问题 178
7.6 系统维护 179
　7.6.1 系统维护的内容 179
　7.6.2 系统维护的类型 179
　7.6.3 系统维护过程的管理 180
7.7 系统实施阶段的文档 182
　7.7.1 程序设计报告 182
　7.7.2 系统测试报告 183
　7.7.3 系统使用说明书 183
本章小结 183
复习思考 184
实践训练 185

第 3 篇　管理篇

第 8 章　管理信息系统的管理 191

8.1 信息系统的运行管理 193
　8.1.1 信息系统运行的组织机构 193
　8.1.2 信息系统运行的管理制度 194
　8.1.3 信息系统日常运行的管理 195
　8.1.4 信息系统的文档管理 197
8.2 信息系统开发的项目管理 198
　8.2.1 项目管理的基本概念 198
　8.2.2 信息系统项目管理的必要性 199
　8.2.3 信息系统项目管理的内容 201
8.3 信息系统安全与保密管理 204
　8.3.1 信息系统安全与保密的
　　　　含义 205
　8.3.2 影响信息系统安全与保密的
　　　　因素 205
　8.3.3 加强信息系统安全与保密的
　　　　主要措施 206
　8.3.4 保证信息系统安全的常用技术
　　　　对策 207

8.3.5 加强信息系统保密的常用技术对策..........208
8.4 信息系统的评价..........209
 8.4.1 信息系统的评价内容..........209
 8.4.2 信息系统的评价体系..........210
 8.4.3 信息系统的评价指标..........211
本章小结..........212
复习思考..........213
实践训练..........213

第4篇 应用篇

第9章 业务层管理信息系统..........219

9.1 事务处理系统..........221
 9.1.1 事务处理系统的基本知识.....221
 9.1.2 事务处理系统的管理优势.....224
 9.1.3 事务处理系统的工作流程.....224
 9.1.4 事务处理的三种方式..........226
9.2 办公信息系统..........229
 9.2.1 办公室信息活动及其作用.....229
 9.2.2 办公信息系统的含义..........229
 9.2.3 办公信息系统的构成..........230
 9.2.4 办公信息系统的功能..........231
9.3 销售点处理系统..........232
 9.3.1 POS 系统的基本概念..........232
 9.3.2 POS 系统的组成结构..........233
 9.3.3 POS 系统的运行步骤..........235
本章小结..........236
复习思考..........236
实践训练..........237

第10章 职能层管理信息系统..........244

10.1 职能层管理信息系统概述..........245
10.2 财务管理信息系统..........247
 10.2.1 财务管理信息系统的模型...247
 10.2.2 财务输入子系统..........248
 10.2.3 财务输出子系统..........249
10.3 市场营销管理信息系统..........250
 10.3.1 市场营销管理信息系统的模型..........250

 10.3.2 市场营销输入子系统..........251
 10.3.3 市场营销输出子系统..........251
10.4 生产制造管理信息系统..........253
 10.4.1 生产制造管理信息系统的模型..........253
 10.4.2 生产制造输入子系统..........254
 10.4.3 生产制造输出子系统..........254
10.5 人力资源管理信息系统..........255
 10.5.1 人力资源管理信息系统的模型..........255
 10.5.2 人力资源输入子系统..........256
 10.5.3 人力资源输出子系统..........256
本章小结..........257
复习思考..........257
实践训练..........258

第11章 决策层管理信息系统..........262

11.1 管理决策基本理论..........264
 11.1.1 决策的含义..........264
 11.1.2 决策的制定过程..........264
 11.1.3 决策问题的类型..........265
11.2 决策支持系统..........266
 11.2.1 决策支持系统的产生与发展..........266
 11.2.2 决策支持系统含义与功能...267
 11.2.3 决策支持系统与管理信息系统的关系..........268
11.3 群体决策支持系统..........269
 11.3.1 群体决策支持系统概述........269
 11.3.2 群体决策支持系统的类型....270
 11.3.3 群体决策支持系统的组成....271
11.4 经理信息系统..........272
 11.4.1 经理信息系统概述..........272
 11.4.2 经理信息系统的组成模型...274
 11.4.3 经理信息系统的软件特点...274
 11.4.4 经理信息系统的发展趋势...275
11.5 战略信息系统..........276
 11.5.1 战略信息系统的概念..........276
 11.5.2 战略信息系统的结构..........276

11.5.3 战略信息系统的特点 277
11.6 竞争情报系统 278
    11.6.1 竞争情报的含义与内容 278
    11.6.2 竞争情报系统的结构组成 279
    11.6.3 竞争情报系统的功能分析 280
11.7 专家系统 280
    11.7.1 专家系统的概念 280
    11.7.2 专家系统的价值 281
    11.7.3 专家系统的应用 281
    11.7.4 专家系统的结构 281
本章小结 282
复习思考 283
实践训练 285

第12章 集成化管理信息系统 290

12.1 制造资源计划 292
    12.1.1 MRP II 的基本思想 292
    12.1.2 MRP II 的逻辑结构 293
    12.1.3 MRP II 的主要功能 295
12.2 企业资源计划 295
    12.2.1 ERP 的基本概念 295
    12.2.2 ERP 的主要功能 296
    12.2.3 ERP 系统的核心模块 296
    12.2.4 ERP 系统的实施方法 299
12.3 供应链管理 301
    12.3.1 供应链的含义与结构 301
    12.3.2 供应链管理的基本概念 301
    12.3.3 供应链管理的主要内容 302
12.4 客户关系管理 302
    12.4.1 客户关系管理基本概念 302
    12.4.2 CRM 系统的模型与结构 304
    12.4.3 CRM 软件系统的
           组成部分 306
    12.4.4 CRM 软件系统的
           三种类型 310

12.5 电子商务系统 313
    12.5.1 电子商务系统基本知识 313
    12.5.2 电子商务系统交易流程 315
    12.5.3 电子商务系统体系结构 316
    12.5.4 电子商务系统开发技术 317
    12.5.5 电子商务系统典型应用 318
本章小结 321
复习思考 322
实践训练 323

第5篇 实践篇

第13章 管理信息系统开发实例 329

13.1 系统开发背景 329
13.2 系统分析 329
    13.2.1 组织机构及其功能调查 329
    13.2.2 现行系统业务流程调查 330
    13.2.3 数据流程图的绘制 331
    13.2.4 数据词典 334
13.3 系统设计 336
    13.3.1 系统总体功能设计 336
    13.3.2 各子系统控制结构的设计 336
    13.3.3 处理过程设计 338

附录 342

附录 A 课程教学建议 342
    A.1 教学建议方案一：48 学时
        计划 342
    A.2 教学建议方案二：36 学时
        计划 343
附录 B 上机课程设计指导建议 343
    B.1 课程设计概述 343
    B.2 课程设计的教学组织 344
    B.3 课程设计的结果考核 346
    B.4 课程设计的选题参考 348

参考文献 350

第1篇

概念篇

第 1 章　管理信息系统理论基础

> **知识架构**

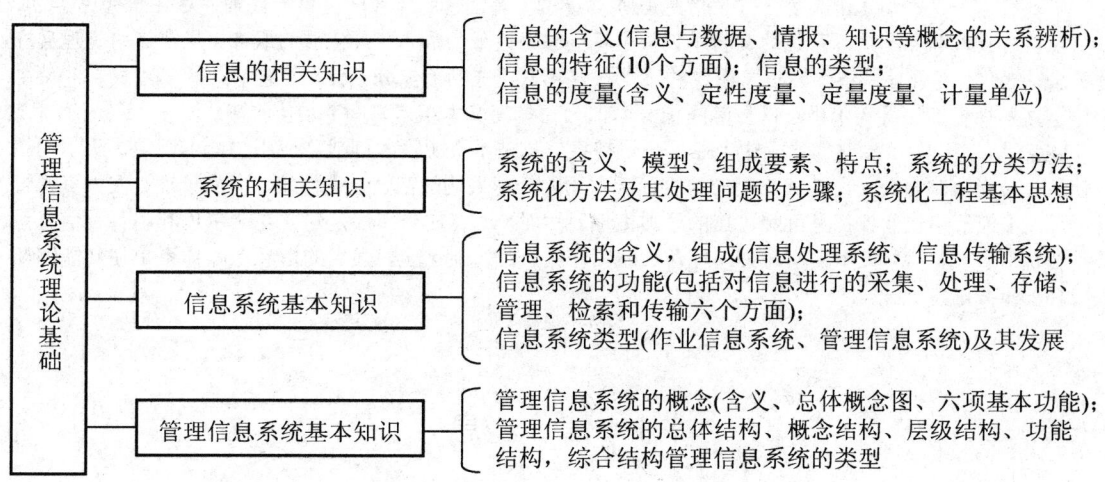

> **学习目标**

通过本章的学习，读者应该能够：
- 熟悉信息的定义、特征与度量
- 理解系统的定义、特征与类型
- 了解系统化方法和系统工程思想
- 掌握信息系统的概念与主要功能
- 了解信息系统的主要类型与发展
- 熟悉管理信息系统的组成与功能
- 掌握管理信息系统的结构与类型

案例 1-0　管理信息系统与沃尔玛的成功

沃尔玛百货有限公司(简称沃尔玛)是世界著名的零售业霸主,其成功的秘诀之一就是加强信息技术和信息系统的应用。在这方面,沃尔玛领先于竞争对手,先行对零售信息系统进行了非常积极的投资。例如,最早使用计算机跟踪存货(1969年),全面实现S.K.U.单品级库存控制(1974年),最早使用条形码(1980年),最早使用CM品类管理软件(1984年),最早采用EDI(1985年),最早使用无线扫描枪(1988年),最早与宝洁公司(P&G)等大供应商实现VMI-ECR产销合作(1989年);从1983年开始,共计投资4亿美元发射了一颗商用卫星,实现了全球联网,全球几千家门店通过该网络可在1小时之内对每种商品的库存、上架、销售量全部盘点一遍,加之配套的全方位信息服务,沃尔玛对自己的经营状况事无巨细,尽在掌握中。

在信息技术和各类信息系统的支持下,沃尔玛能够以最低的成本、最优质的服务、最快速的管理反应进行全球运作。尽管信息技术和信息系统并不是沃尔玛取得成功的充分条件,但它却是沃尔玛成功的必要条件。这些投资都使得沃尔玛可以显著降低成本,大幅提高资本生产率和劳动生产率。

● 点评:在当今信息时代,成功企业都很重视将信息技术资源投入到战略应用中。本例中,沃尔玛始终使信息技术战略与公司经营战略紧密结合。沃尔玛的全球采购战略、配送系统、商品管理、人力资源管理、天天平价战略在业界都是可圈可点的经典案例。然而,所有这一切都是建立在沃尔玛利用各种信息系统整合优势资源,信息技术战略与公司经营战略紧密结合的基础之上,强大的信息保障体系是使其能够获取成功的重要法宝。

1.1　信　息

正确理解信息的含义并能够辨析它与数据、情报、知识之间的关系,具有重要意义。

1.1.1　信息的含义

1. 数据

数据(Data,又称资料)是用来对客观事物的性质、状态以及相互关系等进行记录,并且可以鉴别的物理符号。也就是说,数据就是可以识别的、抽象的符号。

计算机信息系统中所说的数据,不同于数学上的数值,其符号形式不仅指数字,而且还包括字符、文字、图形、声音等。其具体表现形式见表1-1。

表1-1　数据类型与表现形式

数据类型	表现形式
数值数据	数字、字母和其他符号
图形数据	图形和图片
声音数据	声音、噪声、音频或者音调
视觉数据	动画或视频
模糊数据	高、低、胖、瘦、干净等

2. 信息

一般认为，信息(Information)就是反映客观事物运动变化的、能够被人们所接收和理解的、对人类的行为决策有用的各种消息、数据、指令、图像、信号等资料的总称。

信息既是人们管理的对象，又是各项管理活动的基础，信息管理就是讨论人们如何去从事信息的收集、加工、整理、传输等活动的。这些管理活动的结果又表现为大量的信息资料，这些信息资料同时又是人们从事各项决策和管理活动的依据和基础。

3. 信息与数据的关系

信息与数据既有联系又有区别，数据是人们为了反映客观世界而记录下来的可以鉴别的符号；信息则是对数据进行提炼、加工的结果，是对数据赋予一定意义的解释。

两者的关系如图 1.1 所示。

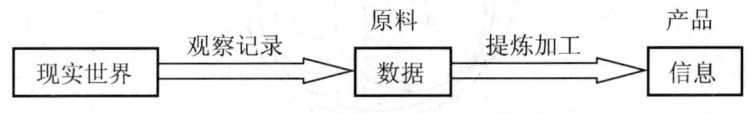

图 1.1 信息与数据的关系

可以看出数据如同原料，而信息是产品。此外，一个部门的信息可能成为另一部门的数据。例如，派车单对司机来说可能是信息，而对公司副总经理来说，它只是数据。

可见，信息的外延大于数据的外延。数据处理的目的是为了便于更好地解释数据。只有经过解释，数据才有意义，才成为信息。因此，也可以说，信息是经过加工处理、具有一定含义、对决策者具有价值或潜在价值的数据。另外，不同的人对同样的数据进行处理可能产生完全相反的信息。例如，大家所熟知的鞋厂销售人员开拓市场的故事：某制鞋厂的销售员到了一个陌生的地方找市场，当他看到当地的人们喜欢赤脚，都不穿鞋时，便沮丧地推断鞋子根本卖不出去，因为"这里的人们都不穿鞋"；而另一位销售员却兴高采烈地声称发现了一个充满希望的巨大市场，同样因为"这里的人们都还没有穿鞋"。同样的数据，却得出了完全相反的信息，这主要是由人们的知识、判断能力和思维方式的不同造成的。

总之，信息和数据是两个不可分割的概念，信息须以数据的形式来表征，对数据进行加工处理，又可得到新的数据，新数据经过解释往往可以得到一些更新颖的信息。

4. 信息与情报的关系

情报(Intelligence)是信息的一个特殊的子集，按照情报学上的理解，它是指那些对于用户有用、经过传递到达用户的知识或信息。在管理活动中，情报通常具有一定的机密性，它要从很多信息中才能挖掘出来，正如人们常说的"信息易取，情报难求"。

所以，情报是一种特定的信息。但是，信息并不都是情报。对用户没用的信息，就不是情报；那些虽然对用户有用，但是还没有传递到用户的信息，也还不是情报。

信息是相对于信息接受者来说的，情报是相对于信息用户来说的。在信息传播过程中，用户是一种特定的信息接受者，但一般的信息接受者不一定都是信息用户。例如，电视上每天播出的股市行情，股票购买者看了，获得的是情报，因为他是信息用户；没有购买股票的人看了，毕竟知道有这回事，接收了信息，但没有获得情报，他只是接受者，不是信息用户。正因为信息并不都是情报，所以得到了信息，并不等于就得到了情报。

5. 信息与知识的关系

知识(Knowledge)是人类已经认识的、系统化的、具有抽象性和普遍性的特殊信息。

信息是知识的原材料，知识是信息加工后得到的产物。知识是反映各种事物的信息进入人们的大脑，对神经细胞产生作用后留下的痕迹。

图 1.2 反映了数据、信息、知识和情报之间内涵的比较。其中的关系可以概括为，对数据进行整理和预测后可以得到信息，信息中的一部分是情报；对信息进行提炼和挖掘后将得到知识。而知识和情报之间具有交叉性，那些具有特定机密性的知识也是情报。

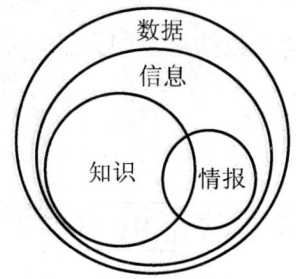

图 1.2　数据、信息、知识与情报内涵的比较

阅读材料

比较数据、信息、知识与情报之间关系

温度计上由水银柱所指示的温度数字只是一般的数据；而如果说"今日的最高温度为37摄氏度"，就是表达了一个信息；温度高的时候，人们会增加对空调和风扇的需求，这就是知识；"今年夏天的平均气温会比较高，热的时间会比较长，并且国内主要空调厂家的生产原料都比较紧缺"，就是一个情报。

1.1.2　信息的特征

信息作为一种特殊的资源，具有一些明显的特征，主要表现在以下几个方面。

1. 真实性

真实性是信息的核心价值，是信息的第一属性。不符合事实的信息不仅没有价值，而且可能为负值，既害别人也害自己。破坏信息的事实性在管理中普遍存在，有的谎报产量，有的谎报利润和成本，有的造假账等，这些都会给管理决策带来不利的影响。

2. 时效性

信息的时效性是指信息资料被提供和利用的时间与信息的使用价值之间存在的比例关系，这种比例关系在大多数情况下表现为一种正比例关系，即信息提供和利用的时间越早，信息的价值就越大；反之，就越小。例如，股票市场上的价格信息瞬息万变，谁能及时掌握股票行情，谁就能获得直接的经济利益。信息的这一特征，要求我们在进行信息资源管理时，要不断地进行信息资源的更新换代，储存和保持信息资源的使用价值。

3. 不完全性

从人类认识规律看，关于客观事实的知识是不可能全部得到的，从效益观念看也没有必要全部得到。而且，不同的人由于感受能力、理解能力和目的性不同，从同一事物中获得的信息也不相同。人们没有能力收集一个事物的全部信息，也没有能力和必要储存越来越多的信息。只有正确地舍弃信息，才能正确地使用信息。面对浩如烟海的信息，必须坚持经济的原则，以"够用"、"可用"、"适用"为标准，合理地舍弃和选择信息。

4. 可压缩性

人们可以依据各种特定的需要，利用图形、摘要、模型等对信息进行压缩、整理、概括和综合，而不丧失其基本应用价值。例如，把很多实验数据组成一个经验公式，把许多现场运行的经验编成手册等。信息的可压缩性使得人们可以对同一信息进行多次加工、多次利用，这可以改变信息的表现形式，从而节省存储空间和费用，提高信息存储、传输和利用的效率。压缩的过程中会丢失一些信息，但丢失的应当是无用的或冗余的信息。

5. 可共享性

信息作为一种无形的资源，与有形的物资资源相比，具有可共享性。也就是说，信息产品的使用价值可同时被若干个用户所共享，任何一个用户不会因为信息资料的提供而失去它。信息产品的这种共享特性，既有其积极的一面，也有其消极的一面，积极的一面在于：信息在时间和空间上可以实现最大限度的共享，提高信息的利用率，节约生产成本；消极的一面在于：这种共享性给信息的安全管理带来了一定的隐患，信息可能随时被窃取。

信息价值与共享性的关系有着两种不同的表现形式，有些信息的价值随着共享者的增多而增加，如广告信息；而另一些信息的价值则随着共享者的增多而降低，如专利信息。

6. 扩散性

信息的扩散是其本性，它力图冲破约束，通过各种渠道和手段向四面八方传播。信息的浓度越大，信息源和接收者之间的梯度越大，信息的扩散力度越强。越离奇的消息，越骇人听闻的新闻，传播得越快，扩散的面越大，古话"没有不透风的墙"，说明了信息扩散的威力。信息的扩散具有两面性：一方面有利于知识的传播，另一方面可能造成信息贬值，可能危害国家和企业的利益，不利于信息所有者的积极性。

7. 传输性

信息可以通过多种渠道、采用多种方式进行传输，如通过电话、电报、电子邮件等进行国际国内通信，传输的形式有数字、文字、图形和图像、声音等。信息的传输既快捷又便宜，所以应当尽可能地用信息的传输代替物质的传输，利用信息流减少物流。正是由于信息具有传输性这一特性，才使得信息化、网络化建设成为新时期新技术革命的"宠儿"。

8. 价值性

信息是经过加工并对企业生产经营产生影响的数据，是一种重要的资源，因而是有价值的。例如，利用大型数据库查阅文献资料时，需要支付的费用就是信息价值的体现。

信息价值的衡量有两种办法。

一种是从信息提供者角度来确定的，也就是按所花的社会必要劳动时间来计算，公式为

$$V=C+P$$

式中：V 为信息产品的价值；C 为生产该信息所花成本；P 为该信息的利润。

另一种是从信息使用者角度来确定的，其价值是通过使用信息的最优方案与其他方案的综合比较后而得到的，其公式为

$$P=P_{max}-\sum P_i/n$$

式中：P 为因为使用该信息而增加的收益；P_{max} 为使用信息获得最好方案后的收益；$\sum P_i/n$ 为没有使用信息前，原来多个方案的平均收益。

9. 再生性

随着时间的推移、环境的变化、应用目的的变化，同一信息可能失去原有的价值，产生新的价值。例如，天气预报信息，在预报期内对指导普通人的生产和生活有重要价值，预报期一过就丧失其价值。但对气象部门来说，却可以用于总结不同时期的大气变化规律，提高未来预报的准确性。而对于安排室外运动会时间的组织者而言，历史上同期的天气信息也具有重要价值。再生性告诉我们，不能以短期功利主义观念对待信息，应注意保存历史上的信息，善于从过去的信息中提炼有用的信息、发掘其新的价值。

10. 转换性

信息、物质和能源是人类现在利用的三项重要的宝贵资源。三者有机地联系在一起形成三位一体，互相不能分割，但又可以互相转化。有能源、有物质就能换取信息，信息也能转化为物质和能源。现在大量的事实(如股市投资)都说明这点，只要掌握信息就可以获取资金，有资金就可以买到物质和能源。

1.1.3 信息的类型

按照不同的分类标准，可以将信息分为不同的类型，见表 1-2。

表 1-2 信息的类型

信息分类标准	信息类型
按信息的产生领域	自然信息和社会信息
按信息的加工顺序	原始信息和再生信息
按信息的反映形式	实物信息、声像信息和文本信息
按信息的管理层次	决策信息、控制信息和作业信息
按信息的发生时间	先导信息、实时信息和滞后信息
按信息的产生范围	内源信息和外源信息
按信息的传播方向	纵向信息和横向信息
按信息的发生频率	常规信息和随机信息
按信息的应用领域	管理信息、社会信息、科技信息、体育信息、军事信息等

1.1.4 信息的度量

不同数据中包含的信息量可能差别很大。信息与长度、重量一样，也是可以度量的。

1. 信息量的定性度量

数据资料中含信息量的多少是由消除对事物认识的"不确定程度"来决定的。

通常可以利用概率的负对数来度量信息量的大小。例如，某甲到有 1 000 人的一个企业去找某乙。当人事部门告诉他"这个人是三分厂的"，而三分厂有 100 人，那么，他获得的信息为 100/1 000＝1/10，也就是可能空间缩小到原来的 1/10。

通常，不直接用这样的 1/10 来表示信息量大小，而是用这个数的负对数来表示，即 $-\log 1/10 = \log 10$。这个数字就是某甲得到的信息量。

只要可能性范围缩小了，获得的信息量总是正的；如果可能性范围没有变化，即 $-\log 1=0$，获得的信息量就是 0；如果可能性范围扩大了，信息量便为负值，人们对这事件的认识就变得更模糊了。

2. 信息量的定量度量

信息量可以用比特(b)作为度量单位，1 比特的信息量是指含有两个独立均等概率状态的事件所具有的不确定性能被全部消除所需要的信息。信息量的定义公式为

$$H(x) = -\sum P(X_i)\log_2 P(X_i) \qquad i=1, 2, 3, \cdots, n$$

式中：X_i 表示第 i 个状态(共 n 个状态)；$P(X_i)$ 代表出现第 i 个状态的概率；$H(x)$ 为消除不确定性所需的信息量。

例如，投掷硬币时，下落的可能有正面和背面两种状态，出现这两种状态的概率各占 1/2，即 $P(X_i)=0.5$。

此时，$H(x) = -[P(X_1)\log_2 P(X_1) + P(X_2)\log_2 P(X_2)] = -(-0.5-0.5) = 1(\mathbf{b})$

同样方法，可以计算出来投掷正六面体骰子的 $H(x)=2.6(\mathbf{b})$，请读者自行计算。

1.2 系 统

对于"系统"这一词汇，大家并不陌生。在日常生活中，我们经常接触到有关"系统"的词语，如考虑问题要"系统性"，某某事情是一个"系统工程"等；同时，我们还经常说到各种系统，如计算机系统、人体系统、教育系统、金融系统、邮电系统等。管理信息系统也是一种抽象化的系统，本节介绍系统的含义以及系统化方法的应用。

1.2.1 系统的含义

一般来说，系统指在一定环境中，为了达到某一特定功能而相互联系、相互作用的若干个要素所组成的一个有机整体。

例如，整个国民经济是由工业、农业、商业、建筑业、交通运输业和文教卫生业等组成、保证国民经济按比例协调发展、满足人们日益增长的物质和精神生活需要的一个社会经济系统。企业是由研发、生产、销售、人事、采购、供应等部门组成的实现产品生产与销售的营利性组织系统。在整个社会经济系统中，企业只是其中的一个子系统。企业系统又可进一步分成若干个子系统，如生产管理、财务与会计、物资供应、产品销售、工艺技

术、人事劳动等，而且这些子系统还可以继续细分为更小的子系统。

系统具有输出某种产出的目的，但它不能无中生有，也就是说，有输出则必有输入，而且这种输出是输入经过处理后的结果，它代表系统的目的。处理是使输入变为输出的一种加工处理活动，一般由人和设备分别或共同担任。

输入、处理、输出是组成系统的三个基本要素，加上反馈功能就构成一个完整的系统，如图1.3所示。

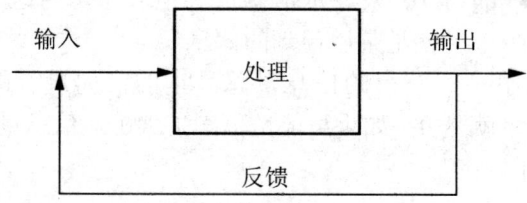

图1.3　典型系统示意图

组成系统的最基本成分称为元素。不论什么系统，其构成必须具备以下三个条件：

(1) 要有两个或两个以上的元素。

(2) 元素之间必须存在相互依存、相互作用、相互联系的关系。

(3) 元素之间的联系与作用必须产生整体功能。

下面以汽车自动清洗系统为例说明系统的组成要素。

这个系统的输入：一辆脏的汽车、水、清洗剂、时间、人的精力、技能和知识。需要时间、精力和技能来操作系统。需要知识来确定系统运行的各个步骤以及先后次序。

系统的处理机制：客户首先选择需要清洗的服务项目(清洗、清洗打蜡、干燥等)，并将选择告诉汽车清洗操作员，操作员操作系统，系统按照程序负责清洗汽车。

系统的反馈、控制机制：对汽车干净程度的判断标准。

系统的输出：一辆干净的汽车。

1.2.2　系统的特点

根据上述系统的含义，可以得到系统的如下特点。

1. 整体性

一个系统至少要由两个或更多的可以相互区别的要素(子系统)所组成，它是这些要素(子系统)的有机整体，缺一不可。作为集合的整体系统的功能要比所有子系统的功能的总和还大。但是需要注意的是，"整体大于部分之和"取决于系统的管理水平，管理的水平越高，放大的倍数就越大；反之，管理水平越低，放大倍数越小，甚至可能出现"整体小于部分之和"的情况，"一个和尚挑水喝，两个和尚抬水喝，三个和尚没水喝"就是一个典型的反证。

组成系统的各个部分不是简单地凑合在一起，而是有机地组成一个整体，每个部分都要服从整体，追求整体最优，而不是局部最优。这就是所谓的全面的观点。一个系统中即使每个部分并非最完善，但是通过综合、协调，仍然可使整个系统具有较好的功能，所谓"三个臭皮匠，抵上一个诸葛亮"就是这个道理；反之，如果每个部分都追求最好的结果而不考虑整体利益，就会使整个系统成为很差的系统。

2. 目的性

所谓目的就是系统运行要达到的预期目标，它表现为系统所要实现的各项功能。系统目的或功能决定着系统各要素的组成和结构。

任何一个人造系统都具有明确的目的性。例如，学校的目标就是培养经济建设人才和产出科研成果；工厂的目标就是产出高质量的、适销对路的产品；饭店的目标就是提供清香可口的、服务周到的饮食服务。因此，在建设系统的过程中，首先要明确系统目标，然后再考虑运用什么功能来达到这个目标。

3. 层次性

一般来说，一个系统都被包含在更大的系统内；同时，其要素本身也可能是一个小系统。例如，如果把金融业看成是一个系统，它就是国民经济系统中的一个组成部分；而它本身又由银行系统、证券系统、保险系统、期货系统等组成，其中的银行系统又包括商业银行子系统、政策性银行子系统等。

正是由于系统的层次性，才使得我们在开发信息系统的过程中可以采用系统分解的方法，先将系统分解成若干功能相对独立的子系统，然后分别予以实施。

4. 关联性

系统内的各要素之间，既相互作用，又相互联系。这里所说的联系包括结构联系、功能联系、因果联系等。这些联系在一定时期内相对稳定，决定了整个系统的运行机制。分析这些联系是构筑一个系统的基础。

5. 环境适应性

系统在环境中运转。环境是一种更高层次的系统。系统与其环境相互交流，相互影响，进行物质的、能量的或信息的交换。不能适应环境变化的系统是没有生命力的。

除此之外，系统还具有开放性、稳定性、相似性、运动性、可分解、模块化等特征。

1.2.3 系统的分类

系统的分类方式很多，不同分类方式有不同的结果。下面介绍三种划分方式。

1. 按系统的组成划分

按系统的组成可将系统分为自然系统、人造系统和复合系统三大类。

(1) 自然系统：客观世界自然形成的、不以人的意志为转移的系统。例如，血液循环系统、天体系统、生态系统等。

(2) 人造系统：人类为了达到某种目的而对一系列的要素做出有规律的安排，使之成为一个相关联的整体。例如，计算机系统、生产系统、运输系统等。

(3) 复合系统：自然系统和人造系统相结合的系统。大多数系统属于复合系统，复合系统的一个重要特征是人的参与。例如，管理信息系统是一个人造系统，但是它的建立、运行和发展往往不以设计者的意志为转移，而有其内在规律，特别是与开发和使用信息系统的人的行为有紧密的联系。

2. 按系统的复杂程度划分

从系统的复杂程度方面考虑，可以将系统按如图 1.4 所示划分。

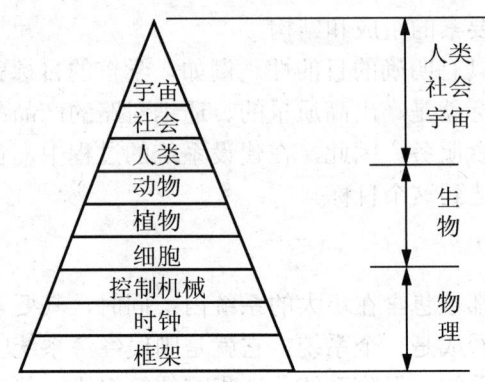

图 1.4 系统按照复杂程度分类

从图 1.4 可以看出，系统的复杂性由下而上不断变化：

(1) 框架。它是简单的系统，如房子，其目的是居住，其组成部件包括墙壁、门窗等，这些部件有机地结合来提供服务。

(2) 时钟。它按照预定的规律变化，什么时候到达什么位置是完全确定的。

(3) 控制机械。它能根据系统的设置自动调整，如在化学反应中把温度控制在某个上下限内或者控制物体沿着某种轨道运行。

(4) 细胞。它能新陈代谢，能自我繁殖，有生命，是比物理系统高级的系统。

(5) 植物。它是细胞群体组成的系统，它显示了单个细胞所没有的作用，它是比细胞复杂的系统，但是其复杂性还比不上动物。

(6) 动物。动物的特性是可动性，它有寻找食物、寻找目标的能力，它对外界是敏感的，它也有学习的能力。

(7) 人类。人有较大的存储信息的能力，说明目标和使用语言均超过一般动物，人还能懂得知识和善于学习。人类系统还指人作为群体的系统。

(8) 社会。这是人类政治、经济活动等上层建筑的系统。

(9) 宇宙。它不仅包括地球以外的天体，而且包括一切人们所不知道的东西。

这里前三个是物理系统，中间三个是生物系统，后三个是人类社会和宇宙系统。

3. 按系统和外界的关系划分

按照系统和外界的关系可以将系统分为封闭式系统和开放式系统。

封闭式系统就是可以将系统和外界分开，如在超静车间中研究制造集成电路。

开放式系统是指不可能和外界分开的系统，如当前的企业，如果和客户、供应商隔开，将无法正常生存。

在一定条件下，封闭系统和开放系统也是可转化的。例如，一般来说，企业就是一个开放性的系统，但是如果把全国甚至全球当成系统后，那么总的系统就转化为封闭式系统。

1.2.4 系统化方法

所谓系统化方法，就是按照事物本身的特性，把对象放在系统的形式中加以考察的一种方法，是一种立足整体、统筹全局、使整体与部分辩证地统一起来的科学方法。

系统化方法一般是根据复杂系统的层次性功能特性，将其分解为多个易于理解的子系统，直到所得到的子系统的规模易于处理为止，其实质就是"分而治之"。

系统化方法处理问题的步骤有两个，分别是分解和综合：前者将整个复杂问题分解成一系列子问题，并显示出它们之间的结构，得到一个问题结构图；而后者按问题结构图将每个子问题的求解结果综合起来，组成整个问题的一个解决方案。

在采用系统化方法时，经常需要进行系统评价。对于不同的具体系统，其评价方法可能千差万别。但是作为一个好的系统，在整体性能上一般需要满足如下四个性能指标：

(1) 目标明确。每个系统均为一个目标而存在。目标可能由一组子目标组成。系统的好坏要看它使用后对目标的贡献。

(2) 结构合理。一个系统由若干个子系统组成。子系统的连接方式组成系统的结构，好的系统应连接清晰、路径畅通、冗余少，以达到合理实现系统目标的目的。

(3) 接口清楚。系统内部的各个子系统之间都有接口，系统和外部的连接也有接口，接口的定义一定要十分清楚。

(4) 能观能控。通过接口，外界可以输入信息，控制系统的行为，也可以通过输出观测系统的行为。只有系统能观能控，系统才会有用，才会对目标作出贡献。

与系统化方法相关，有一个重要的概念——系统工程。所谓系统工程，就是系统化方法的具体应用过程，其实质就是用系统的观点来分析和解决问题。

也可以说，系统工程的主要任务就是根据系统总体协调的需要，将系统中的各元素从纵横两个方面联系起来，充分利用现实中所拥有的所有资源，对系统的构成要素、组织结构、信息交换、协调控制等功能进行分析研究，以数学、运筹学等知识，借助电子计算机、网络通信等技术，来对系统进行规划、研究、设计、组织、管理、制造、试验，并最终实施。

虽然系统工程的理论是由欧美学者创立的，但是系统工程的思想和应用在我国早就存在。典型的例子如田忌赛马、李冰父子修建都江堰、丁谓修建皇宫等。

 阅读材料

系统工程实例——丁谓修建皇宫

在宋真宗时期的公元 1015 年，一场由于雷击引起的罕见大火，整整烧了几天几夜，将金碧辉煌的北宋皇宫——昭元宫化成了一片废墟。宋真宗命令时任宰相丁谓在原地址上重新修建皇宫，时间是 25 年。

此项工程在当时是一个大工程，任务繁重，从设计施工、清理废墟、挖土烧砖、运输材料等都必须花费很大的人力、物力，而且耗费更多时间。用传统的思想和方法是不可能在 25 年内完成的，但是宋真宗的命令又不能违抗。

丁谓经过实地考察和认真分析后，找到了修建工程的三大难题。

(1) 清理废墟：大量的废物要清理、运走。

(2) 挖土烧砖：需要大量土地来烧制砖瓦。
(3) 运输材料：需要运输大量的材料。

以上三个问题如果分开来考察，是要花费大量的人力、物力和时间的。丁谓把它们放在一起，系统考虑后提出：

首先，将皇宫前的大街挖成一条河，利用挖河挖出的土为原料烧制砖瓦。

其次，将东京城附近的汴河河水引入挖成的河中，使其成为能够水运的河，通过该河可把大量的建筑材料直接运到宫前。

最后，新皇宫建成后，把河水放回汴河，用废墟杂土填平河，就地处理碎砖烂瓦，修复原来的大街。

这样，丁谓通过挖一条河，就一下子解决了三个问题：就地取土、方便运输和清理废墟，可谓一举三得。最后，丁谓凭借着自己的聪明才智，提前完成了任务，"丁谓修建皇宫"也成为系统工程的经典。

1.3 信息系统

信息系统就是对组织中的信息进行综合处理形成的一个整体。本节介绍信息系统的概念、功能、一般模式、主要类型以及发展过程。

1.3.1 信息系统的含义

信息系统(Information System，IS)是由一系列相互关联的元素组成的集合，它根据系统目标的需要，对输入的大量数据进行加工处理，代替人工处理的烦琐、重复劳动，为管理决策提供及时、准确的信息，并提供反馈、控制机制以实现某个既定目标。

在日常管理中，根据信息系统中信息的处理方式是否利用了计算机技术，可以将信息系统分为基于计算机的信息系统和基于人工的信息系统。本书所讲的信息系统主要是指以计算机信息处理为基础的人机一体化的信息系统。

在其基本组成结构上，信息系统包括信息处理系统和信息传输系统两个方面。

信息处理系统对数据进行处理，使它获得新的结构与形态或者产生新的数据。例如，计算机系统就是一种信息处理系统，通过它对输入数据的处理可获得不同形态的新的数据。

信息传输系统不改变信息本身的内容，作用是把信息从一处传到另一处。信息的作用只有在广泛交流中才能充分发挥出来。计算机网络系统就是一种很好的数据传输系统。

1.3.2 信息系统的功能

信息系统的功能包括对信息的采集、处理、存储、管理、检索和传输六个方面。

1. 信息的采集

信息采集是信息系统的首要功能，是其他功能的基础。采集的作用是将分布在有关各信息源的信息收集起来，记录下有关的数据，并将其转换成系统内部的数据形式。

2. 信息的处理

信息处理是对进入信息系统的数据进行加工处理，如对账务数据进行统计、结算、预测分析等。信息处理的方式一般包括排序、分类、归并、查询、统计、预测、模拟以及进行各种数学计算。现代化的信息处理系统都是以计算机为基础来完成信息处理工作的。

3. 信息的存储

信息系统的数据经过处理后，将变为对管理有用的信息，然后信息系统就需要对它们进行存储保管。信息的存储包括物理存储和逻辑组织两个方面。物理存储是将信息存储在相应的存储介质上；逻辑组织是指按信息的内在联系组织和使用数据，形成合理的结构。

4. 信息的管理

信息处理和存储的数据是十分庞大的，因此，必须对信息进行有效的管理才能得到可用的信息系统。否则，盲目地进行信息的采集和存储，信息系统会成为信息垃圾箱。

信息管理的主要内容是，规定应该采集的数据种类、名称、内容等，规定应该存储数据的存储介质、逻辑组织方式，规定数据的传输方式、保存时间等。

5. 信息的检索

存储于各种介质上的庞大数据要让使用者便于检索，必须为用户提供方便的查询方式。信息检索要用到数据库技术和方法，数据库的处理方式和检索方式决定着检索速度的快慢。

6. 信息的传输

从信息采集点采集到的数据要送到处理中心，经过加工处理后的信息要送到使用者的手中。这些都涉及信息的传输问题。信息系统规模越大，信息传输问题越复杂。

目前，利用网络进行信息的快速传输已经成为一种重要方式。

1.3.3 信息系统的发展

1. 信息系统的类型

按照处理的对象，可把组织的信息系统分为作业信息系统和管理信息系统两大类。

(1) 作业信息系统

作业信息系统的任务是处理组织的业务、控制生产过程和支持办公事务，并更新有关的数据库。通常由三部分组成：业务处理系统、过程控制系统和办公自动化系统。

(2) 管理信息系统

管理信息系统是对一个组织进行全面管理的人和计算机相结合的系统，它综合运用信息技术、管理技术和决策技术，并将现代化的管理思想、方法和手段结合起来，辅助管理人员进行管理和决策。它不仅是一个技术系统，同时又是一个社会系统。

2. 信息系统的发展

随着人们对信息技术在企业经营管理中所能发挥作用的认识越来越深入，以及信息技术本身日新月异的进步，组织中信息系统概念也在发生着革命性的变化。纵观信息系统的发展历史，大致可以划分为以下几个阶段，见表1-3。

表 1-3 信息系统的发展阶段

阶段	年代	主要目标	典型功能	核心技术	代表性系统
面向事务处理阶段	20世纪50~70年代	提高文书、办公、统计、报表等事务处理工作的效率	统计、计算、制表、文字处理	高级语言、文件管理	电子数据处理(EDP)系统
面向系统阶段	20世纪60~80年代	提高管理信息处理的综合性、系统性、及时性和准确性	计划、综合统计、管理报告生成	数据库技术、数据通信与计算机网络	早期的管理信息系统(MIS)
面向决策支持阶段	20世纪70~90年代	支持管理者的决策活动以提高管理决策的有效性	分析、优化、评价、预测	人机对话、模型管理、人工智能的应用	决策支持系统(DSS)、现代的管理信息系统
综合服务阶段	20世纪90年代以来	实现信息的集成管理,提高管理者的素质与管理决策水平	为管理者智能活动(决策分析、研究、学习)提供支持	Internet/Intranet技术、多媒体技术、人工智能应用	基于Web的信息系统、ERP系统、电子商务、供应链管理等

1.4 管理信息系统

管理信息系统的概念是随着管理技术和信息技术的发展而逐步形成的,是随着企业的管理过程和信息处理活动而产生的。当前,管理信息系统已经成为任何一个组织的管理系统中的一个重要子系统。本节介绍其基本概念,包括定义、特点、结构以及类型等。

1.4.1 管理信息系统的概念

管理信息系统(Management Information System,MIS)的概念起源很早。早在20世纪30年代,柏德就写书强调了决策在组织管理中的作用。20世纪50年代,西蒙(Simon)提出了管理依赖于信息和决策的观点。1954年10月,美国通用电气开始用计算机计算工资数据,计算机正式进入管理领域,数据处理一词开始出现。但是,管理信息系统到了20世纪80年代才逐渐形成一门学科。

1. 管理信息系统的定义

1985年管理信息系统的创始人,明尼苏达大学卡尔森管理学院的著名教授高登·戴维斯(Gordon Davis)给管理信息系统下了一个比较完整的定义:"它是一个利用计算机硬件和软件,手工作业,分析、计划、控制和决策模型,以及数据库的用户-机器系统。它能提供信息,支持企业或组织的运行、管理和决策功能。"

管理信息系统一词在中国出现于20世纪70年代末80年代初,《中国企业管理百科全书》将它定义为,管理信息系统是一个由人、计算机等组成的能进行信息的收集、传递、储存、加工、维护和使用的系统。管理信息系统能实测企业的各种运行情况;利用过去的数据预测未来；从企业全局出发辅助企业进行决策；利用信息控制企业的行为；帮助企业实现其规划目标。

薛华成教授给管理信息系统下的定义得到了很多人的认同，他认为："管理信息系统是一个以人为主导，利用计算机硬件、软件、网络通信设备以及其他办公设备，进行信息的收集、传输、加工、储存、更新和维护，以企业战略竞优、提高效益和效率为目的，支持企业高层决策、中层控制、基层运作的集成化的人机系统。"从这个定义中可以看出：管理信息系统不只是一个技术系统，而且还是一个管理系统，是一个社会技术系统。

2. 管理信息系统的总体概念图

从上面给出的定义，可以画出管理信息系统的总体概念图，如图 1.5 所示。

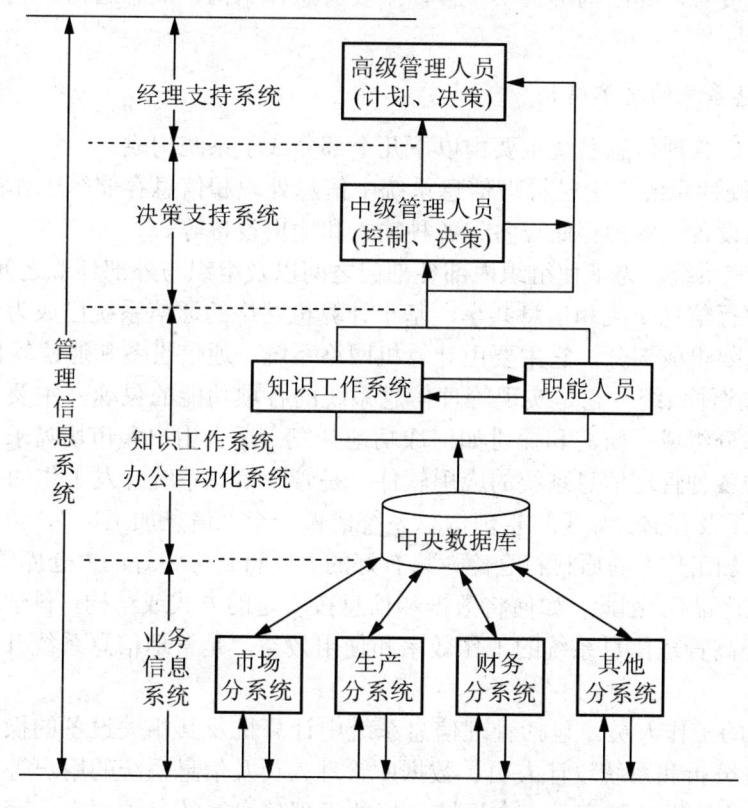

图 1.5　管理信息系统概念图

从图 1.5 可以看出，管理信息系统是一个人机一体化的系统，其中的机器包含各种办公机械、通信设备、计算机硬件和计算机软件，软件包括业务信息系统、知识工作系统、决策支持系统和经理支持系统等；人员包括高层决策人员，中层职能人员和基层业务人员，由这些人和机器组成一个和谐的配合默契的人机系统。系统设计者应当很好地分析把什么工作交给计算机做比较合适，把什么工作交给人做比较合适，人和机器如何联系，从而充分发挥人和机器各自的特长。

3. 管理信息系统的功能

一个完整的管理信息系统，应该具有以下六项基本功能。

(1) 数据处理。完成数据的收集、输入、传输、存储、加工处理和输出。
(2) 事务处理。将管理人员从繁重的事务处理中解脱出来,以从事创造性劳动。
(3) 预测功能。运用数学、统计或模拟等方法,根据过去的数据预测未来的情况。
(4) 计划功能。安排各部门的计划,并按照不同的管理层提供相应的计划报告。
(5) 控制功能。对计划的执行情况进行监测、检查,辅助管理人员及时加以控制。
(6) 辅助决策功能。运用数学模型,及时推导问题的最优解,辅助管理人员决策。

1.4.2 管理信息系统的结构

管理信息系统的结构是指管理信息系统的各个组成部分及其各个部分之间的相互关系。从不同的角度看,其结构形式不一样,主要有总体结构、概念结构、层次结构、功能结构和实施结构。

1. 管理信息系统的总体结构

从总体上看,管理信息系统主要由以下几个部分或子系统构成。

(1) 计算机硬件系统。它是管理信息系统中信息处理和信息存储等工作的物理基础,主要包括计算机设备、各种存储设备、各种输入和输出设备等。

(2) 网络通信系统。为了使组织内部各部门之间以及组织与外部环境之间,能够及时、方便、快捷地进行信息交流和信息共享,基于计算机网络的通信系统已成为现代管理信息系统中的一个重要组成部分,它主要由计算机网络系统、通信设备和通信软件等构成。

(3) 计算机软件系统。它是实现管理信息系统的各项功能的灵魂,主要由系统软件和应用软件两大部分组成。研究和探讨如何成功地开发出适合用户和市场需求、能够高效地支持管理决策的各种管理信息系统的应用软件,是管理信息系统开发工作的主要内容。

(4) 数据组织及存储。如果将管理信息系统比做一个"信息加工厂",数据组织及其存储就相当于该"加工厂"的原材料仓库,只有好的"原材料"和好的"仓库管理",才能加工出"好的信息产品"。因此,如何将数据和信息按一定的方式或结构,科学合理地组织和存储,以大大提高管理信息系统的工作效率和使用效益,是管理信息系统开发中要解决的重要问题。

(5) 系统中的工作人员。包括管理信息系统中计算机及其相关设备的操作人员、系统维护人员、系统分析和系统设计人员、数据库管理人员及信息系统的用户等有关人员。

(6) 各种相关的规章制度。一个运转良好的管理信息系统必须要有一套完善的规章制度来支持,主要包括管理信息系统应用中各类人员的职责、权力、操作规范、工作程序,以及他们之间的相互协调关系及奖惩办法等各类说明文件,还有有关信息处理的各种技术标准、工作规范,各种设备的操作与维护规定,以及信息安全和保密的规章制度等。

2. 管理信息系统的概念结构

管理信息系统从概念上看是由四大部件组成,即信息源、信息处理器、信息用户和信息管理者,它们之间的关系如图 1.6 所示。

在图 1.6 中,信息源是信息的产生地,包括组织内、外部的各种数据来源;信息处理器完成数据的采集、输入、处理、查询、运算,以及结果信息的保存、输出等任务;信息用户是信息的使用者，它应用信息进行决策，信息系统可以为用户提供很好的人机对话接口；信息管理者负责信息系统的设计实现，并在实现以后负责信息系统的运行和协调。

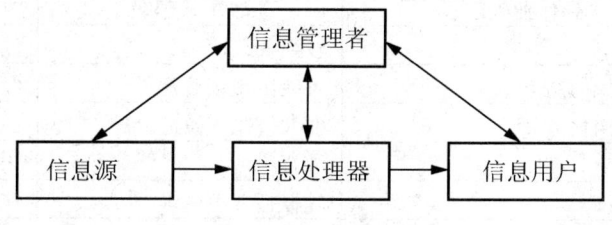

图 1.6　管理信息系统的概念结构

3. 管理信息系统的层次结构

管理信息系统是为管理决策服务的，而管理一般是分层次的，纵向可以分为基层(作业处理)、中层(战术管理)和高层(战略管理)三个管理层次，那么管理信息系统相应可以分解为三层子系统。同时，管理也可以按职能分类进行。每个子系统都支持从基层管理到高层管理的不同层次的管理需求。由于基层的系统处理的数据量很大，高层的系统处理量很小，因此就组成了纵横交织的金字塔结构，塔的底层表示结构明确的管理过程和决策，顶层表示非结构化的处理工作和决策，如图 1.7 所示。

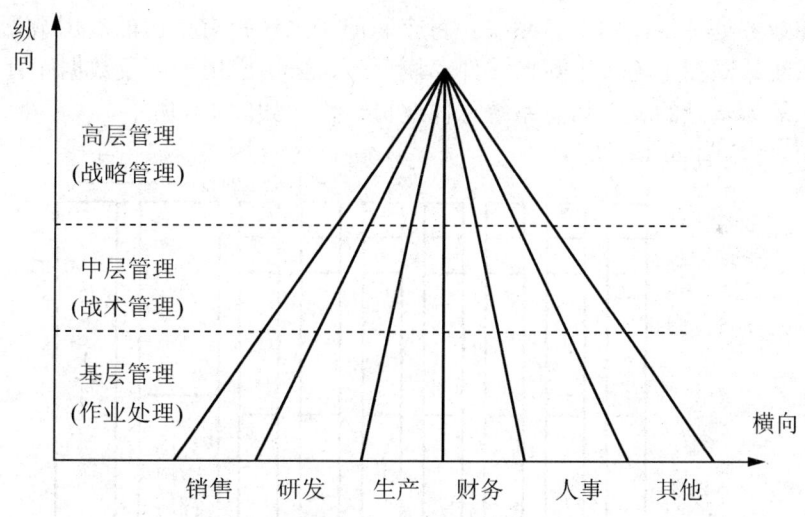

图 1.7　管理信息系统的层次结构

从纵向看，作业处理系统记录、处理并报告企业中所有重复性的日常活动和组织活动，包括营销、生产、财务和会计、人力资源管理等。它产生的描述过去活动的事务性数据，具有重复性、描述性、可预测性及客观性等特点。它能有规律地产生详细的、高结构化的准确信息。这些信息来自企业内部信息源。自动化的作业处理系统，能够降低成本、提高速度、准确度和服务水平，增加辅助决策的数据，大大提高了系统的效率。

战术管理信息系统主要对业务处理数据进行概括、集中和分析，产生一系列不同的报表，为中层管理人员监督和控制业务活动、有效地分配资源提供所需的信息。

战略管理信息系统则是提供长期性、策略性的信息，用来辅助高层人员的决策制定。

各级管理信息系统的比较见表 1-4。

表1-4 管理信息系统分级比较

特 性	作业处理级	战术管理级	战略管理级
使用频率	高	较高	低
结果可靠性	期望的结果	可能出现某些意外	经常出现意外
决策任务	面向任务	面向控制和资源分配	面向目标
信息的时间性	历史	综合	未来
信息的概括性	详细	较概括	概括
信息的来源性	内部	内部和外部	主要为外部
信息的结构性	结构化	半结构化	非结构化
信息的精确度	高	较高	低
用户	作业层管理者	中层管理者	高层管理者

4. 管理信息系统的功能结构

一个管理信息系统通常具有多种功能，以满足不同层次的需要，各种功能之间又有各种信息联系，构成一个有机的、系统的功能结构。

另外，每个层次的职能子系统又分为四个层次，即战略计划层次、管理控制层次、运行控制层次和业务处理层次的信息系统。每个职能子系统都有自己的专用数据文件，还有各个职能子系统共同使用的公用数据文件、模型库、公用应用程序及数据库管理系统等。

以管理职能为基础的管理信息系统总体逻辑结构，如图1.8所示。

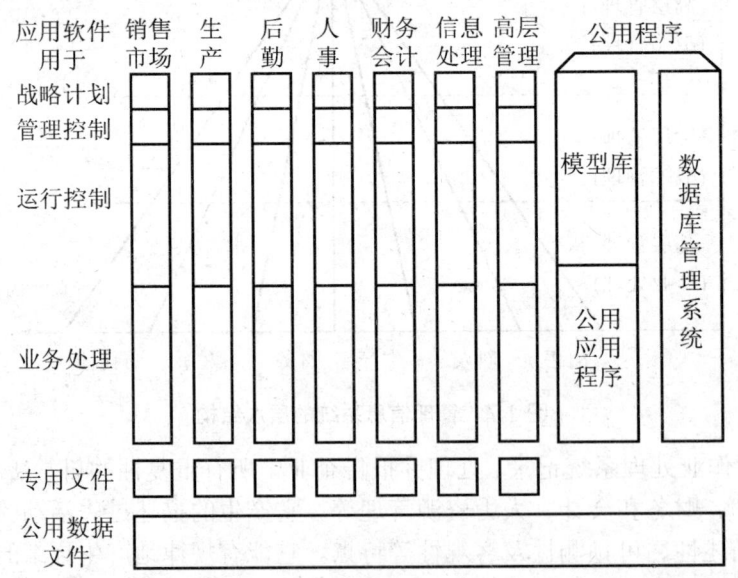

图1.8 以管理职能为基础的管理信息系统总体逻辑结构

5. 管理信息系统的实施结构

一个单位要实施管理信息系统，除了需要分析其功能外，还要做好许多基础工作，包括组织建立、制度建设、信息存储、硬件平台搭建和软件系统安装，结构如图1.9所示。

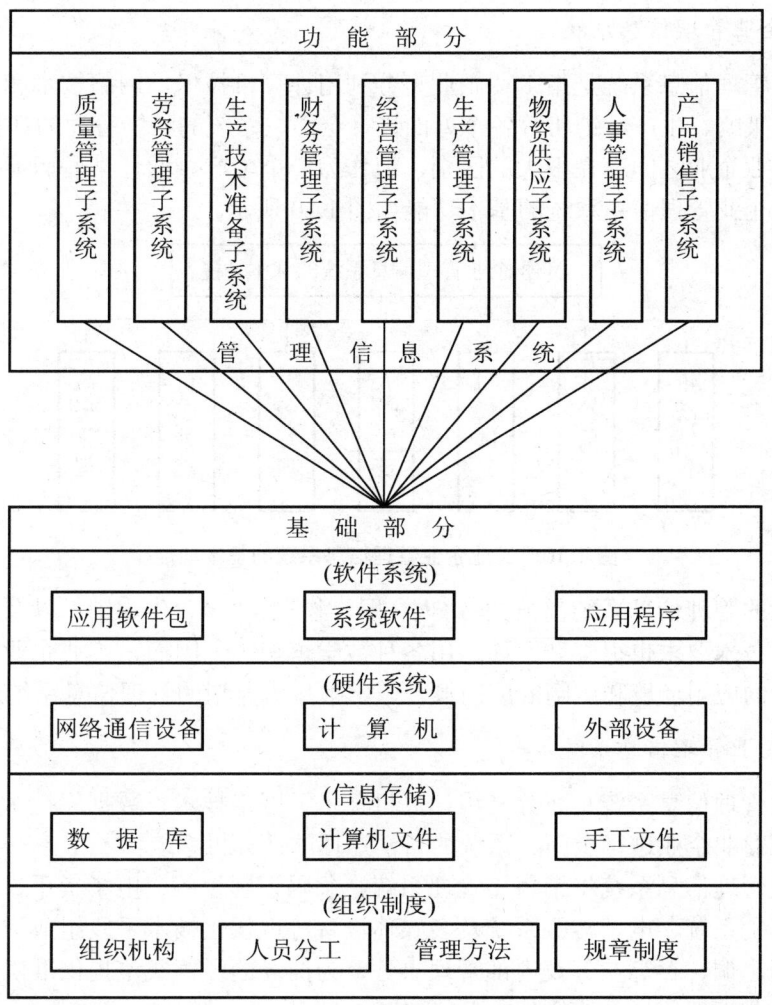

图 1.9 管理信息系统的实施结构

1.4.3 管理信息系统的类型

根据我国管理信息系统的实际应用情况和面向服务对象的不同,管理信息系统的应用大致有如下几类。

1. 国家经济信息系统

国家经济信息系统是一个总称,包括国家各综合统计部门(如发展和改革委员会、统计局等)在内的国家级信息系统。它纵向联系各省市、各地区、各县直至重点企业的经济信息系统,横向联系诸如外贸、能源、交通等各行业信息系统,形成一个纵横交错、覆盖全国的综合经济信息系统。其主要功能是处理经济信息,包括收集、存储、加工、传送、分析等,为国家经济部门、各级决策部门提供统计、预测等信息,提供辅助决策手段,同时也为各级经济部门和企业提供经济信息。

2. 工业企业管理信息系统

工业企业管理信息系统是指工业企业充分利用计算机技术、网络技术和数据库技术等实现对企业的采购、生产、销售等各个方面进行全面、系统的科学管理的计算机系统。

虽然各工业企业之间存在很大的区别，但作为一个生产企业，某些职能是必备的。一般来说，生产企业管理信息系统的基本功能如图 1.10 所示。

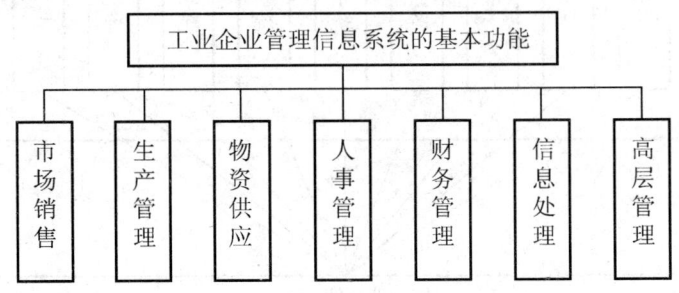

图 1.10 工业企业管理信息系统的基本功能

工业企业的管理信息系统都很大，"人、财、物"、"产、供、销"以及质量、技术应有尽有，同时技术要求也很复杂，如运用各种数学模型等。因而，工业企业为管理信息系统提供了典型的应用环境和广阔的应用舞台，常被作为典型的管理信息系统进行研究。

3. 商业企业管理信息系统

商业企业管理信息系统是充分利用计算机技术、网络技术、数据库技术和条码技术等实现对现代化商业企业进行全面、系统的科学管理的计算机系统。

商业企业管理信息系统将销售点管理系统、条码识别设备、电子货币、电子数据交换系统、电子订货系统、电子转账系统及多媒体设备等现代化技术手段组成一个整体，处理商业的购、销、调、存等业务及内部管理事务，为商场的经营决策提供准确的依据。一般来说，商业企业管理信息系统的基本功能如图 1.11 所示。

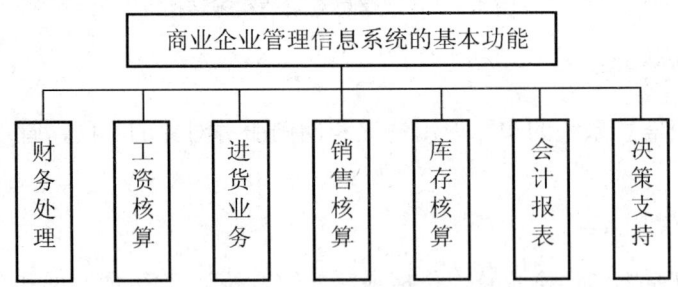

图 1.11 商业企业管理信息系统的基本功能

4. 事务管理信息系统

事务管理信息系统以事业单位为主，主要进行日常事务处理，如医院管理信息系统、学校管理信息系统、宾馆管理信息系统等。虽然不同单位处理的事务不同，这些管理信息系统的逻辑模型也不尽相同，但基本处理对象都是事务信息。这就要求这些管理信息系统实时性强、数据处理能力强，而数学模型的使用则较少。

5. 办公管理信息系统

国家各级行政机关办公管理的自动化，对提高办公质量和效率，改进服务水平具有重要意义。办公管理信息系统的特点是办公自动化和无纸化，其特点和其他管理信息系统有较大不同。办公管理信息系统，往往和微型计算机的应用、局域网的应用、计算机终端和打印机的应用等诸多办公技术联系在一起。

6. 专业管理信息系统

专业管理信息系统是指从事特定行业或领域的管理信息系统。其中一类，如人事管理信息系统、房地产管理信息系统、物价管理信息系统、科技人才管理信息系统等，专业性很强，信息相对专一，主要功能是收集、存储、加工、预测等，技术相对简单，规模相对较大，建成后易见效益。另一类，如铁路运输管理信息系统、邮电信息系统、银行信息系统、民航信息系统等，综合性很强，不仅包含机关事务信息系统，还包括企业管理信息系统及经济信息系统等，因此被称为综合信息系统。

本 章 小 结

数据是记录客观事物的可鉴别的物理符号。信息是经过加工处理、具有一定含义、对决策者具有价值或潜在价值的数据。信息与数据、情报、知识之间既有联系又有区别。信息的属性有真实性、时效性、不完全性、可共享性、扩散性、价值性、可压缩性等。数据资料中含信息量的多少是由消除对事物认识的"不确定程度"来决定的，其单位为比特。

系统指在一定环境中，为了达到某一特定功能而相互联系、相互作用的若干个要素所组成的一个有机整体，具有如下特征：整体性、目的性、层次性、关联性和环境适应性。

信息系统是由一系列相互关联的元素组成的集合，它可以输入数据、经过处理、输出信息，并提供反馈、控制机制；结构上包括信息处理系统和信息传输系统两个方面；功能是对信息进行采集、处理、存储、管理、检索和传输，并能向有关人员提供有用的信息。按照处理的对象，可把组织的信息系统分为作业信息系统和管理信息系统两大类，作业信息系统通常由三部分组成：业务处理系统、过程控制系统和办公自动化系统。

管理信息系统是一个以人为主导，利用计算机硬件、软件、网络通信设备以及其他办公设备，进行信息的收集、传输、加工、储存、更新和维护，以企业战略竞优、提高效益和效率为目的，支持企业高层决策、中层控制、基层运作的集成化的人机系统。完整的管理信息系统应该具有以下功能：数据处理、事务处理、预测、计划、控制、辅助决策。

管理信息系统的结构是指管理信息系统各个组成部分所构成的框架结构及其各个部分之间的相互关系。主要有总体结构、概念结构、层次结构、功能结构和实施结构等。

> 　　管理信息系统的应用大致有如下几类：国民经济信息系统、工业企业管理信息系统、商业企业管理信息系统、事务管理信息系统、办公管理信息系统和专业管理信息系统等。
>
> 　　总之，通过本章学习，读者应熟悉管理信息系统的相关概念，掌握信息的含义以及与相关概念之间的区别与联系；掌握系统的含义、特点以及系统化方法的基本思想；理解信息系统的含义、组成和功能；掌握管理信息系统的概念、结构与类型。

关键术语

数据　信息　情报　知识　系统　信息系统　作业信息系统　管理信息系统

复 习 思 考

一、填空题

1．数据资料中含信息量的多少是由消除对事物认识的＿＿＿＿＿来决定的。

2．＿＿＿＿、＿＿＿＿和＿＿＿＿是组成系统的三个基本要素，加上＿＿＿＿功能就构成一个完整的系统。

3．按照处理的对象，可把组织的信息系统分为＿＿＿＿和＿＿＿＿两大类。

4．信息系统的功能包括对信息的＿＿、＿＿、＿＿、＿＿、＿＿和＿＿六个方面。

5．一个完整的管理信息系统具有＿＿、＿＿、＿＿、＿＿、＿＿和＿＿六项功能。

二、名词解释

1．信息
2．系统
3．信息系统
4．业务信息系统
5．管理信息系统

三、简答题

1．什么是数据？什么是信息？两者之间有什么关系？
2．信息具有哪些主要特征？
3．什么是系统？系统有哪些主要特点？
4．什么是系统分析方法？其主要思想是什么？
5．信息系统的含义是什么？由哪几部分组成？
6．信息系统主要有哪些类型？请说明其发展过程。
7．什么是管理信息系统？它有哪些基本功能？
8．什么是管理信息系统的结构？有哪些划分方法？
9．管理信息系统有哪些主要类型？各有什么特征？
10．请说明一个单位管理信息系统的具体实现主要包括哪些内容。

实 践 训 练

一、案例搜集

模仿本章前面所举的案例形式,通过一定的渠道(图书查阅、网络搜索、实地调查),收集一些企业通过建立管理信息系统来提高管理效率、增强决策水平的实际案例。

二、调查分析

实地考察一个你可以接触到的、有代表性的、已经投入运行的实际管理信息系统(如学校里面的图书管理系统、教务管理系统、科研管理系统,以及外面的超市管理信息系统、餐饮管理信息系统、书店管理信息系统等),了解其主要功能、组成结构,并分析其优点和不足,以及需要改进的地方,最后将调查分析的结果写成一个调查报告。

三、观点分析

信息经济学家奈斯比特说过:"未经整理的信息,不是我们的朋友,甚至是我们的敌人,当然更不是财富和资源"。你同意这个观点吗?请说出你对这个观点的个人理解。

案例分析

案例1-1 商业领袖论信息系统竞争优势

针对"信息技术和信息系统对通用到底有多重要"这一问题,通用电气首席执行官杰夫·伊梅尔特(Jeffrey R. Immelt)的回答是:"它是必不可少的。我们基本上是一家以服务为导向的公司,与车间和设备投资相比,信息系统和信息技术投资对提高生产率更为重要。这些投资通常能获得20%的回报,我们的投资额每年都在25亿~30亿美元左右。"

戴尔公司CEO迈克尔·戴尔(Michael Dell):"就像生意上的任何事一样,你做得好,它可能成为竞争优势;你做得差,它可能变成臭水池。信息技术是一个易被曲解的领域。很多人不知道自己究竟在干什么而且干得也不怎么样。对我们来说,IT是一个巨大的优势。对于沃尔玛、通用以及其他很多公司来说,技术就是优势,而且在以后也会是优势。这是否意味着你把钱投进去,金子就会出来呢?不一定,结果可能很糟。"

微软的平台战略部经理查尔斯·菲茨杰拉德(Charles Fitzgerald)说:"企业竞争优势的源泉在于:在技术允许的前提下,你如何利用信息,如何将信息用于特定的问题。企业在其运作、客户和员工等方面的信息非常重要。"

案例讨论

1. 本例中商业领袖们为什么说信息技术能为企业带来竞争优势?体现在哪些方面?
2. 分析信息技术和信息系统在一个组织中的作用是什么?
3. 信息技术和信息系统通过哪些途径为企业带来竞争优势?你能够举出实例吗?

案例1-2 UPS应用信息技术开展全球竞争

联合包裹服务公司(United Parcel Service,UPS)是世界上最大的空中和地面包裹速递公司。1907年两个来自西雅图的少年吉姆·凯西(Jim Casey)和克劳德·瑞安(Claude Ryan)初建UPS时,只有一间很小的

地下办公室，两辆自行车和一部电话，当时他们发誓要做到"最好的服务，最低的价格"。UPS 成功运用该信条已达百年之久。

今天 UPS 仍然兑现那个承诺，它每年向美国各地和 200 多个国家和地区递送的包裹和文件几乎达到 30 亿件。尽管有来自 FedEx 和 Airborne 的激烈竞争，由于加大对先进信息技术的投资，UPS 仍能在小包裹递送服务上保持领导地位。公司不仅胜过传统的包裹递送方式，并且可以和联邦特快专递的"不过夜"递送生意抗衡。UPS 公司之所以成功，关键是不断地坚持投资于先进的信息技术。在过去 10 年中，UPS 将 10 亿美元用于技术和系统投资以提高顾客服务，同时保持低成本和整个运作畅顺，这使公司在全世界市场上处于领导地位。技术帮助联合包裹公司在保持低价位和改进全部运作的同时，提高了对客户的服务能力。

由于使用了一种叫做发货信息获取装置(Delivery Information Acquisition Device，DIAD)的手持计算机，联合包裹公司司机们可以自动地获得有关客户签名、运货汽车、包裹发送和时间表等信息。然后司机把 DIAD 接入卡车上的车用接口中，即一个连接在移动电话网上的信息传送装置。接着包裹跟踪信息被传送到联合包裹公司的计算机网上，在联合包裹公司位于新泽西州 Mahwah 的主计算机上进行存储和处理。在那里信息可以通达世界各地向客户提供包裹发送的证明。这个系统也可以为客户的查询提供打印信息。

依靠公司的自动化包裹跟踪系统，UPS 能够监控包裹的整个发送过程。从发送到接收路线的各个点上，有一个条形码装置扫描包裹标签上的货运信息，然后信息被输入到中心计算机中。客户服务代表能够在与中心机相连的台式计算机上检查任何包裹的情况，并且能够对客户的任何查询立刻做出反应。UPS 的客户也可以使用公司提供的专门的包裹跟踪软件来直接从他们的微型计算机上获得这种信息。

任何寄包裹的人都可以上 UPS 网站去跟踪包裹、计算运费、确定运输时间和调度取包。企业可在任何地点利用 UPS 网站安排 UPS 运输和汇运费给公司的 UPS 账号或信用卡。在 UPS 网站上收集的信息被传送至 UPS 中央计算机，处理后再传给顾客。UPS 也提供工具使顾客能在思科系统中嵌入 UPS 功能，如跟踪和计算费用，在自己的网站，不用访问 UPS 网站即可跟踪运输。

联合包裹服务公司的商品快递系统建立于 1991 年，为客户储存产品并一夜之间把它们发到客户所要求的任何目的地。使用这种服务的客户能够在凌晨 1:00 以前把电子货运单传送给联合包裹公司，并且在当天上午 10:30 货物的运送就应完成。

1988 年，联合包裹公司积极进军海外市场，建立它自己的全球通信网络——联合包裹服务网。该网作为全球业务的信息处理通道，通过提供有关收费及送达确认、跟踪国际包裹递送和迅速处理海关信息的访问，拓展了系统的全球能力。联合包裹公司使用自己的电信网络把每个托运的货物文件在托运的货物到达之前直接输送给海关官员，海关官员让托运的货物过关或者标上检查标记。

联合包裹公司正在提高其信息系统的能力，以便能保证某件包裹或若干包裹能按规定的时间到达其目的地，如果客户提出要求，联合包裹公司将会在送达之前拦截包裹，并派人将其返回或更改送货路线。公司甚至可能使用它的系统直接在客户之间传送电子书信。

信息技术有助于 UPS 增强自己的实力和持续增长。UPS 现在已经把自己管理递送网络的经验用来为其他公司管理物流和供应链。UPS 供应链解决方案可以为签约公司提供完全捆绑式的标准服务，费用只是它们自己建造系统的很小一部分。这些服务包括供应链设计和管理、运费转交、海关费用、多式联运、财务服务以及物流服务。Birkenstock 是许多得益于这种服务的公司之一。该公司的德国工厂将鞋装于箱子中，箱子上的条码写明它们美国的目的地，UPS 就会联系位于 Rotterdam 的海洋承运商，鞋箱将横跨大西洋运到新泽西口岸，取代了通过巴拿马运河运到该公司的加利福尼亚仓库。UPS 卡车飞速地将每一船的货物在几个小时内通过 UPS 的配送中心运到 3 000 个零售点。将这项工作转交给 UPS，Birkenstock 减少了一半的时间。在路途中，UPS 用条码扫描记录每笔运输的轨迹直至货主签收为止。UPS 还为 Jockey 国际处理因特网订单，为美国的东芝笔记本电脑提供维修服务，为飞利浦医疗系统的 X 射线设备提供安装服务。

案例讨论

1. UPS 包裹跟踪系统的输入、处理和输出是什么？
2. UPS 主要采用了哪些信息技术？这些技术和 UPS 的企业战略关系如何？
3. UPS 公司的信息系统应用给该公司及其客户带来了哪些价值？

第 2 章 信息系统与现代企业管理

知识架构

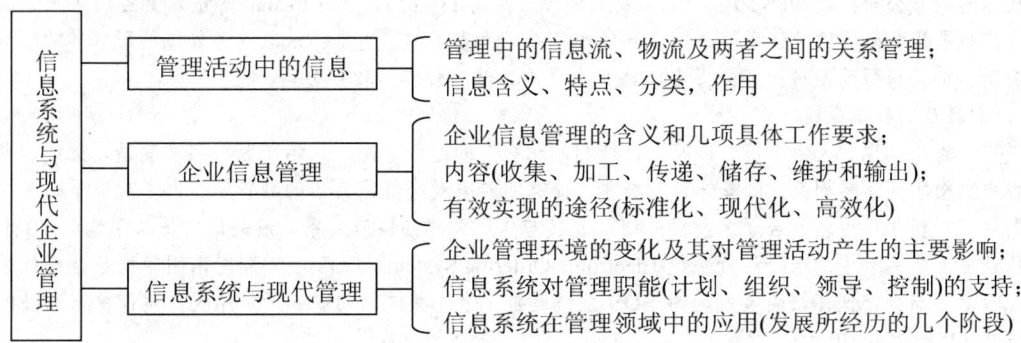

学习目标

通过本章的学习,读者应该能够:
- 熟悉企业管理中的信息流与物流
- 理解管理信息含义、特点与类型
- 掌握管理信息在企业经营中作用
- 掌握企业信息管理的内容及要求
- 了解企业信息管理有效实现途径
- 理解信息系统对管理职能的支持
- 了解计算机在管理领域主要应用

导入案例

案例2-0 沃尔玛公司的信息系统应用

1. 信息系统结构及其职能范围

沃尔玛总部信息中心共有员工近3 000名,其中有300~400名从事项目管理工作;约800名从事应用软件开发;还有300~400名系统维护人员。员工人数通常根据任务变化进行合理调配,一般为10~20人分为一组。例如,组建有国际财务组、会计组、跨部门业务Net Meeting组、E-mail组等。

公司所有业务和信息系统管理完全按照高度中央集权方式进行矩阵式的组织管理。信息中心各职能部门负责提供项目资源需求,信息应用分部负责开发软件。例如,沃尔玛公司的客户关系管理系统开发项目由市场部同调查公司拟定40~50项指标,制成调查表交给IT部门,通过E-mail等散发到各门店来完成客户调查。如果开发新项目时公司信息中心开发小组技术力量不够,通常会采取业务外包的形式。特殊情况下也会请咨询公司帮助改进业务并提出软件开发需求,然后外包给软件公司。

2. 商品及时补货系统

沃尔玛为了实现"天天平价"以及"最低利润销售"的经营原则,开始研究如何从制造、配销、零售的过程中缩短中间运转周期,以降低存货成本、提高回转率及降低零售店的缺货率。为了减少不必要的中间采购环节,沃尔玛重新整合了采购供应链,直接与生产商建立供应关系,最关键的是沃尔玛与IBM公司合作开发出自己专用的电子订货系统(Electronic Ordering System,EOS),并同时采用了商品条码代替大量手工劳动。与合作伙伴之间架设起的EOS系统调整了当年美国国内制衣产业结构,也使原来商品的产销时程从125天减至30天。

如今,供应商坐在自己的办公室里,便可对其在沃尔玛店铺内的各类货物库存和销售情况了如指掌。他们可以随时通过网络发送补货单,实现商品销售情况跟踪以及无纸化下采购订单等。这不仅方便了供应商对商品市场终端销售的掌控,大大降低了其物流通路的成本,同时也使沃尔玛商品货架空货率降低。

3. POS与条码应用系统

沃尔玛公司的销售终端(Point of Sale,POS)与条码系统是相辅相成、缺一不可的,其功能主要包括如下几个方面。

(1) 商品盘点管理。分为抽盘和整店盘点两部分。其中,抽盘每天分几次进行,由负责人根据需要了解的商品销售情况,通过公司统一的信息系统直接输入指示,营业员通过店铺内的计算机收到指令后,用无线手提终端扫描指定商品的条码,确认商品后对其进行清点;然后,资料通过无线手提终端直接输入公司系统内。系统可以根据相关的分析快速得到商品的存货资料,并产生订单,再利用EOS系统向物流中心下订单。整店盘点是门店按照总部统一的管理操作规定,定期对店铺内的所有商品进行盘点。由负责该区域的营业员通过无线手提终端得到主机上的指令,按指定的路线、顺序清点货品,然后把清点资料传输回主机。盘点期间不影响店铺内的正常运作。

(2) 客户信息管理。以沃尔玛山姆会员店为例,新加入会员必须先到会员服务中心填写入会表格并办理相关手续,服务中心立刻通过条码影像制卡系统为客户照相,并在8秒钟之内把条码影像会员卡发到客户手上。卡上有客户的彩色照片、会员编号及其条码、入会时间、类别、单位等资料。会员凭卡进入山姆店选购,在结账时必须出示此会员卡,收款员通过扫描卡上的条码确认会员身份,并可把会员的购货信息储存到会员资料库,方便以后使用。

(3) 员工信息管理。在员工信息管理上,沃尔玛用条码影像制卡系统为每个员工制作员工卡,卡上有员工的彩色照片、员工号、姓名、部门、ID条码。员工工作时必须佩戴员工卡,并使用员工卡上的条码记录考勤。所有员工的资料信息以及作业情况全部进入公司的信息系统,作为员工工作的基础考核数据。利用各种先进信息技术,沃尔玛在人力资源上的管理成本已经降到了很低的水平。

4. 卫星控制专用通信系统

在沃尔玛庞大的集团式购销渠道网络中，卫星通信系统花费近 6 亿美元，租赁的 2 颗人造卫星帮助其实现即时通信。目前沃尔玛将这部分工作全部外包给 AT&T 负责，沃尔玛总公司直接与各管理事业部、远程虚拟办公室、本地卖场店铺、海外各地区卖场店铺、各配货中心、生产及供应商等，通过卫星通信运行统一的补货系统、电子数据交换(Electronic Data Interchange，EDI)系统、库存管理系统、会员管理系统、收银系统等。

沃尔玛总部可在 1 小时内对全球 4 000 多家分店每种商品的库存量、上架量和销售量全部盘点一遍，还可以了解到任意一家门店的资料并进行管理调配。总部各事业管理部每天通过卫星通信网，对全球各个地区的不同分店实行沃尔玛核心经营体制管理。总部不会由于管理面积庞大，业务信息传递不畅而被漂浮在上层，通过卫星通信系统口可以达到对公司战略发展过程的灵活掌控和实际直接参与中央集权管理控制的目的。卫星通信系统的采用，是沃尔玛未来永续发展的战略性里程碑。

5. 库存配送控制系统

1970 年，沃尔玛公司在其总部所在地建立了第一个配送控制中心，应用交叉入库作业和电子数据交换两项技术进行商品配送管理。截至 2003 年，公司总部在全球已建立了 62 个配送中心，为全球 4 000 多个店铺提供配送服务。配送中心提供的专业化物流服务，包括客户订单处理、供应商到货入库管理、仓库保管管理、补货管理、发货配送作业等。

总部配送控制中心的 IT 系统具备支撑大范围物流整体运作的能力，支持沃尔玛全球不同区域多配送中心、各类配送中心的协同商务处理等。供应商把商品送到配送中心后，沃尔玛的检验部门运用多种技术手段对商品质量进行严格检验，以杜绝假冒伪劣商品进入卖场。

沃尔玛的配送中心从业务上看，主要是通过信息系统与供应商直接联系，进行商品的采购与运输，并且负责商品的检验、储存、分拣、再加工或包装、重组以及商品到各店铺的配送等系列工作。因此从功能上看，沃尔玛的配送控制中心实际上是个设施先进、配套完整，将商品仓储从静态变为动态的转送站。

供应商将货物运到配送中心，配送中心根据每个店面的需求量对货物进行重新打包。沃尔玛的价格标签和统一产品码(Universal Product Code，UPC)条码早已经在供货商那里贴好，服装类商品都已经挂在存衣架上。货物在配送中心的作业完毕后，被运到另一侧，准备送到各个店面里，也就是说，货物从"配"区运到了"送"区。配送中心配备了几英里(1 英里＝1 609.344 米)长的激光制导的传送带，货物成箱地被送上传送带，运送过程中条码被扫描，这样这些货物箱就能够在庞大的配送中心自动找到将要装运自己的卡车，而无需在配送中心停留存货。

配送中心共有 5 500 辆运输卡车，全部装备了卫星定位系统，每天 24 小时不停地作业。总部对此一目了然，可以根据实际情况合理安排运量和路程，最大限度地发挥运输潜力，提高工作效率。卡车每年的运输总量达到 77.5 亿箱，总行程 65 亿千米，物流成本被压到最低。

6. 内部供应链管理系统

沃尔玛内部供应链管理主要由四部分组成：顾客需求管理、供应商和合作伙伴管理、企业内和企业间物流配送系统管理、基于 Internet/Intranet 的供应链交互信息管理。其主要特征是投入大、功能全、速度快、智能化和卫星中心通信全球联网，是典型的拉动式供应链管理，即以最终顾客的需求为驱动力。整个供应链的集成度较高，数据交换迅速，反应敏捷。

沃尔玛供应链信息系统对商品的退货、打折、赠送等实行严格的管理，具备完整的痕迹追踪功能。它主要分成前台 POS 和后台管理两大模块，是一个集查询、分析、报表为一体的企业级智能化供应链管理系统。前台 POS 系统不仅在 Web 环境中具有强大的查询和报表功能，还可以通过 NT 配置的业务流程和模块进行有效分析，如进货分析、供应商分析、销售分析、库存分析、促销效益分析、客户购买行为的关联分析等；可利用第三方的数据表达工具和在线分析工具，满足超市进、销、存管理和财务管理的要求。其配置的中央账务结算和清算系统(内部银行)有效地解决了以往人工运作效率低和手续繁多等问题，并且可脱网收银，因此在网络故障下仍可保证数据的完整性。

沃尔玛针对全面的现金流和资产管理开发出一系列结算、清算报表体系，并通过供应链管理(Supply Chain Management，SCM)和内部网与配送中心、银行系统、财税系统建立了接口，实现统一对账、统一资金调度、统一存货补货管理等。沃尔玛还与银行建立了银企联盟系统，全面降低资金分散使用造成的压力，有效地防止供应商的长期失控。

后台信息系统根据不同业务需求，可以解决商品多供应商、多条码、多规格、多品组装和商品拆分销售等问题，并进行严格的安全权限管理。

● **点评**：这里以沃尔玛公司信息系统管理及操作的成功模式为例，剖析了信息系统应用对于企业管理的重要性。沃尔玛之所以能够发展成为一个多年稳居行业第一的"零售帝国"，与其加强信息化管理是密不可分的。这对国内零售连锁行业经营以及其他类型的企业管理都有重要的启示作用。在当前的管理环境下，企业管理人员只有快速响应并满足客户个性化与外部世界瞬息万变的需求，才能在激烈的市场竞争中得以生存和发展。

2.1 管理活动中的信息

管理离不开信息，信息在管理过程中起着基础性的作用。如果没有与管理者、管理对象、管理环境以及管理活动相关的各类信息，任何管理活动都是无法进行的。

2.1.1 企业管理中的信息流

企业管理中的各项活动主要表现为物流、资金流、事务流和信息流的流动。其中，"物流"是实物的流动过程，如物资原料的包装、运输、仓储，产品从原材料采购、加工直至销售都是物流的表现形式；"资金流"是伴随物流而发生的资金的流动过程；"事务流"是各项管理活动的工作流程，如原材料进厂时进行的验收、登记、开票、付款等流程；"信息流"伴随以上各种流的流动而流动，它既是其他各种流的表现和描述，又是用于掌握、指挥和控制其他流运行的重要资源。下面以一个典型的机械类生产制造业为例，具体说明其物流和信息流情况。机械类生产制造业的基本业务流程包括：

原材料采购→毛坯成形→零件加工→产品装配→产品销售

这一过程反映了制造业"物"的变化与流动，由此形成的实体运动就称为物流，企业生产过程中的物流活动体现了采购、生产、销售不同环节之间的相互联系和相互作用，是传统企业管理活动最关心的对象和目标。

伴随着物流的运动，企业的生产活动过程中还存在大量信息的产生和运动，如供应计划、生产计划、作业计划、销售计划，还有调度指令、各种技术文件、统计报表等，这些信息都按一定的规律发生、发展和运动。企业内部各种信息的定向流动称为信息流，信息流的运动反映了企业管理活动的内容和节奏。物流和信息流之间关系如图2.1所示。

由图2.1可以看到，企业中的物流是单向的，从原材料的投入到产品的销售，并且整个过程一般来说是不可逆的(个别情形下也会产生逆向物流，如销售环节产品退货)。而信息流是双向的，控制物流的信息(各种计划)输入到某个受控过程后，有关控制结果的信息(各种统计报表)再返回到形成控制信息的环节，这一过程就是信息反馈。

第 2 章 信息系统与现代企业管理

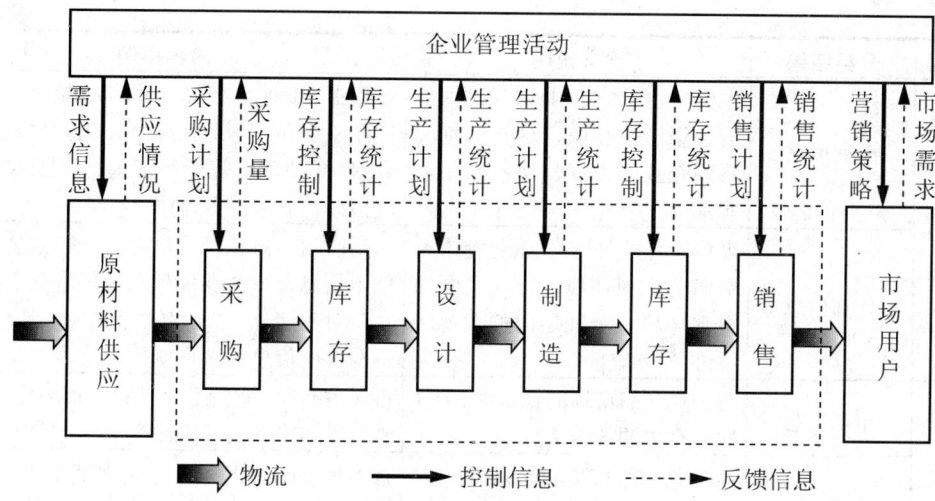

图 2.1　企业的物流与信息流

2.1.2　管理信息及其类型

　　管理信息是指对企业生产经营活动中收集的数据经过加工处理、给以分析解释、明确意义后，对企业经营管理活动产生影响的数据资料。它可以通过实物指标、劳动指标、价值指标和文字图表等形式来反映企业生产经营活动以及与之相关的外部环境状况。

　　管理信息的分类方法很多，表 2-1 给出了几种常用的分类依据和相应的结果。

表 2-1　管理信息的常见分类

分类依据	分类结果	含义说明	内容举例
稳定程度	固定信息	在一定时期内相对稳定、可被多次重复利用的信息	员工档案，设备档案，各种定额、技术标准，工艺流程，规章制度和政策法规等
	流动信息	在管理活动中不断产生和变化的信息，时效性很强，往往只有一次性利用的价值	反映企业"人、财、物"和"产、供、销"状态及其他相关环境状况的各种原始数据、记录、单据、报表等
主要作用	决策信息	制定发展战略、经营决策所依据的信息，包括经营要素(外部要素、经济要素、技术要素、人力要素)、产供销现状以及变化趋势等内容	影响企业发展的政治经济环境、国家政策法规、自然资源状况、地理人文环境、技术发展走向等外部信息，以及与企业经营密切相关的市场供求状况、竞争对手情况、主要供应商和客户变动情况等信息
	控制信息	组织生产经营过程所依据的信息，绝大部分来源于企业内部职能部门和生产部门	主要包括各种计划、指令、定额、标准、规章制度、统计数据、工作报表等
	作业信息	反映生产经营活动过程动态状况的信息，可为控制信息和决策信息提供基础性依据	主要包括原始记录、台账、凭证、基层报表等，它主要用于考核评价作业岗位、基层部门的工作成果

续表

分类依据	分类结果	含义说明	内容举例
信息来源	内部信息	主要产生于企业内部，通过内部信息渠道来获取，这类信息关系到企业的发展，保密性要求非常高	计划指令信息、核算信息(统计核算、会计核算)、业务信息(如商业合同、客户档案、销售数据、退货记录等)、经营状况信息(如企业经济指标、质量报告等)
	外部信息	来自于企业外部环境(包括国家层面的宏观环境、行业层面的中观环境、企业层面的微观环境)的各类信息	包括政治信息、经济信息、法律信息、科学技术信息、行业发展信息、供求关系信息、竞争对手信息，以及本企业的市场地位信息、资源供应信息、客户变动信息等
信息性质	市场信息	与企业产品市场的稳定性、多样性等有关的各类信息	市场占有率、产品生命周期、市场价格动态、消费者需求动向、产品季节性特点等
	技术信息	在企业产品开发、技术引进、设备改造、生产组织等业务活动中所依据的各项技术标准和技术经济信息	技术标准(包括国际标准、国家标准、行业标准、企业标准)、纯技术信息(如科技期刊、专业论文、科学论著、技术报告等)和技术经济信息(产品说明书、产品样本、专利等)
	政策法规信息	有关本企业经营方针、产品战略、发展规划等具有决定性影响的相关信息	国内的行业导向、税收政策、利率政策、区域经济政策、产业政策、环保标准，国外有关法律和政策，如国际汇率制度等
	公众舆论信息	公众对本企业产品和本企业自身的各种形式(特别是目前的网络形式)的舆论信息，包括产品形象信息和企业形象信息	产品形象信息(公众对本企业产品的质量、性能、用途、价格、包装、售后服务等方面进行的评价)；企业形象信息(公众对本企业的文化、价值观、社会责任、遵守法律、法规等方面进行的评价)

2.1.3 管理信息的特点

1. 离散性

管理数据的来源是各生产环节和有关职能部门，这就决定了数据收集工作的离散性；企业外部有众多的供应商、用户、政府部门和社会团体，它们也都是管理信息的产生地；另外，管理信息的收集、整理、传递、存储、加工和分配、发送具有不同的频率和周期；企业的产品、原料、设备、工具、劳动力等都是用离散数值来计算。因此，管理信息具有点多面广的离散特征，使管理信息的全面收集非常复杂和困难。

2. 时效性

特定的管理信息只在一定的时段内有效，错过时机，相关信息将失去原有效用。尤其是来源于企业外部的管理信息有效期更短，如市场供求信息、新产品信息、新技术信息等，若企业不能及时利用这类信息，往往会坐失良机，造成难以弥补的损失。

3. 动态连续性

现代企业的物流是一个连续不断的运动过程，信息流也是如此。伴随物流的运动，管理信息不断产生，不断被收集、加工、利用，物流的畅通要求管理信息的处理(收集、整理、传递、存储、加工、利用)保持动态连续性。同时，由于许多信息有着多次利用价值，因此这就要求在不断处理新的信息时，注意连续保存已有管理信息。

4. 处理方法的多样性

在企业管理中，信息处理的绝大部分工作是逻辑处理，主要有检索、核对、分类、合并、总计、转录等，方法比较简单，但很多是重复进行的。另一种是算术运算，目前大量的是简单的算术运算，如计算产值及产品产量完成情况、计算产品成本等。但随着企业管理水平的提高，必然要应用现代数学方法，采用一些比较复杂的优化模型，如网络优化模型、线性规划模型、系统仿真模型等比较复杂的算法。

2.1.4 管理信息的作用

1. 管理信息是企业的宝贵资源

企业必须根据市场需要组织生产，而市场需要就是市场信息的主体。若不按市场需求生产，则企业生产的产品将无法实现其价值，不仅没有创造财富，反而是对社会资源的浪费。可见企业创造物质财富除了使用大量的物质资源和能量资源外，还应包括信息资源。

2. 管理信息是科学决策的依据

决策是指个人或组织为达到既定目标，从若干个可供选择的行动方案中选出最优方案并付诸实施的过程。尽管正确的决策有赖于科学的决策方法和较高的领导者素质，但正确决策的基础必然是全面、及时、准确地掌握符合客观实际的相关信息。

信息活动贯穿科学决策的全过程，并渗透到决策过程的每一环节。决策者只有快速准确地获得信息，充分利用信息，才能把握正确时机，提高决策效益。

3. 管理信息是有效控制的灵魂

控制是为了达到既定目标，根据信息来适应和调节变化，不断克服不确定性的行为。现代企业是一个复杂的、动态的、开放的系统。一方面，它必须与外部环境保持密切的联系，根据不断变化的外部环境及时调整经营方向和经营目标，这种联系和调整必须通过信息的交换和利用来实现；另一方面，企业内部众多部门、岗位之间相互联结而成为一个有机的整体，也必须通过信息交换来完成。

因此，控制过程就是信息的选择运用过程。信息是有效控制的灵魂，控制是信息运动的目的，两者是不可分割的。

4. 管理信息是衡量企业竞争能力的标志

商场如战场，企业竞争环境日趋激烈，"二强相争智者胜"，智者之智在于"知己知彼"，而要做到"知己知彼"，其关键就在于必须要全面、及时、准确地把握相关信息。

因此，当今一场没有硝烟的战争——"商情战"已燃遍市场竞争的每一个角落。这场战争的胜利者必定是那些信息管理能力很强、各类管理人员信息意识敏锐的企业。

为了在日趋激烈的市场竞争中取胜、企业需要充分有效的管理信息来作为智力保障。

阅读材料

管理信息重要性的经典案例——"尿布与啤酒"的故事

几年前,美国东海岸一家零售商店的经理收到一些有趣的信息:周五晚上的尿布销售量在一周尿布销售总量中占很大比例。这时大部分人会决定要确保在周五有充足的尿布库存,或实行特价促销。

但这位经理却不这样做,她认为采取行动之前还需要掌握更多的信息,如"为什么在那段时间尿布销量会突升"、"到底是哪些人在这个时段购买尿布"等。由于这类信息在系统中没有保存,因此,她专门安排了一个员工,让其周五晚上专门在卖尿布的通道上记录下有关客户的外部信息。

记录结果的统计发现,大多数的尿布是被一些年轻的男顾客买走的。显然,他们是被妻子指派在周末下班回家路上购买尿布的。于是,该商店的经理就决定在尿布旁摆放一些有奖销售的啤酒。

从此以后,每个周五晚上,这家商店不仅尿布销量大量增加,同时啤酒的销量也大量增加。

从上面的阅读材料可以看出管理信息在现代企业经营中的重要作用。信息时代,企业间的竞争更加激烈,经营环境更加复杂多变,互联网已渗透到社会生活的各个角落,人们对管理信息及其信息处理技术在现代企业中的重要地位和作用有了更加深刻的认识。

2.2 企业信息管理

面对各种管理活动中每时每刻不断产生和变化的大量业务数据,如何快速有效地识别、收集、加工、传递、储存、利用其中有用的管理信息,是摆在企业管理人员面前的首要问题。在信息成为被利用的重要资源之前,必须对信息进行有效的管理。

2.2.1 企业信息管理的概念

企业信息管理是指为满足企业管理需要,而进行的信息产生、识别、遴选、收集、加工、传递、储存、检索、输出等各项工作的总称,包括从信息产生到退出的整个生命周期。

一般来说,管理人员可以像管理其他资源一样对信息进行管理,但是,信息资源的特殊性使得管理信息的工作有所不同。在信息管理过程中,总的要求是动作要快、视野要广、不能贪多求全,要用一定标准合理地舍弃和选择信息。既要善于搜集新信息,也要学会对已有信息进行再加工、再利用,还要学会制造信息(如广告、公关、商业炒作、口碑宣传、"病毒式"营销等)和引导信息的作用方向(变不利信息为有利信息)等。

2.2.2 企业信息管理的内容

企业信息管理工作包括原始数据收集(包括识别、遴选)、信息加工、信息传递、信息存储、信息维护和信息输出六个方面,下面介绍各个部分的基本内容和具体工作要求。

1. 原始数据收集

原始数据收集是企业信息管理中关键的第一步,是后续工作的基础,全面、及时、准确地识别、遴选、收集原始数据,是确保管理信息正确与有效的前提。它一般要经过明确收集目的、形成并优化收集方案、制订收集过程计划、着手收集及分类汇总等环节。

由于原始数据来源的广泛性,因此其收集方法多种多样,如网上调查法、阅读查询法、口头或书面询问法、现场观察法、有偿购买法等。

原始数据收集通常包括数据的识别、整理、表达和录入四个具体操作步骤。其中识别是指面对大量的数据,要选择那些有价值、能正确描述事件的数据;整理是指对识别获得的数据进行分类整理,便于对数据进行进一步加工;表达是指对整理后的数据采用一定的表达形式,如数字、文字、图形等;录入是指将数据输入系统中,录入过程要避免出错。

2. 信息加工

杂乱无章、独立存在的原始数据必须经过加工处理,才能成为有用的管理信息。信息加工的方法有变换、排序、计算、合并、抽出、分配、生成等。在实际应用中,信息加工的具体方法要根据管理任务的要求进行选择。

信息加工一般需经过真伪鉴别、排错校验、分类整理、加工分析四个步骤。其中,真伪鉴别是通过对信息渠道、内容和时效的审查达到去伪存真目的;排错校验是对原始数据的准确性进一步核实和纠正;分类整理则是使零乱的原始数据系统化;加工分析是信息加工中最重要的一环,它通过对企业内外原始数据与企业经营目标的综合分析,找出有关问题的规律和趋势,明确信息的价值所在。

3. 信息传递

信息传递又称为信息传输,是指采用一定的方法和装置,实现信息从发送方到接收方的流动。信息通过传递形成信息流。由于信息流具有"双向流"的特征,因而信息传递包括正向传递和反馈两个方面。企业信息传递既有垂直传递(不同管理层之间的信息传递),又有横向传递(同一管理层各部门之间的信息传递)。信息的传递实现了系统内部各个组成部分之间的信息交换与共享,以及系统与外界的信息交流。

企业的组织机构系统是内部信息传递的基本渠道。为了提高信息传递速度和效率,企业应合理设置组织机构,明确规定信息传递的级别、流程、时限,以及接收方和发送方的职责。此外,应尽可能采用先进的信息传递工具,如电话、传真、计算机网络通信等,尽量减少人工传递。

4. 信息存储

信息存储是将获得的或加工后的数据暂时或长期地保存起来,以备随时调用。

信息存储主要考虑信息的物理存储和逻辑组织两个方面。物理存储是指寻找适当的方法把信息存储在磁盘、光盘、胶卷等介质中;逻辑组织是指按信息逻辑的内在联系和使用方式,把信息组织成合理的数据结构,以便快速存取。

一般来说,凭证文件应当用纸介质存储;业务文件用纸或磁带存储;主文件,如企业的人事档案材料、库存账目等,存储在磁盘上,以便联机检索和查询。

5. 信息维护

信息维护就是要保持信息处于合用状态。也就是说,要经常更新存储器中的数据,使数据均保持合用状态。广义地说，它包括系统建成后的全部数据管理工作。其目的是为了保证信息的准确、及时、安全和保密。保证信息的准确性，一是要保证数据是最新的状态，二是要使数据在合理的误差范围内；保证信息的及时性就是能及时地提供各种所需信息；保证信息的安全性就是要采取安全措施，防止信息受到破坏，万一被破坏也能容易恢复；保证信息的保密性就是要采用各种先进技术和防范措施，防止信息被盗。

6. 信息输出

信息输出是指将处理后的信息按照工作要求的形式和习惯，提供给使用者。信息管理的目标是按管理职能的要求，定时定向、保质保量地输出信息。一般来说，衡量信息管理有效性的关键不在于信息收集、加工、存储、传递等环节，而在于信息输出的时效、精度、数量等能否充分满足管理的要求。可见，信息输出是信息管理的归宿。

在企业信息管理中，常见的信息输出的内容主要有各种计划、内部规章、核算报表、分析报告、技术文件及查询结果信息等。信息输出除了要保证数量、精度、时效等方面的要求外，还要根据不同信息的特点，选择合适的输出媒体、输出格式、输出方式，以确保信息传递便捷准确、使用方便以及保密需要等。

2.2.3 企业信息管理有效实现的途径

企业要实现有效的信息管理，需要多个方面的努力，一般来说要通过以下管理途径。

1. 信息管理标准化

信息管理标准化是提高信息管理水平，建立计算机信息系统的前提。这主要包括以下几点。

(1) 原始数据收集制度化。要明确规定原始数据收集的对象、范围、时间、数量、周期、精度等，责任到人，并与其经济利益挂钩，确保低成本、及时、有效地获取所需信息。

(2) 信息载体规范化。要选择合理的信息载体，并按规范要求统一地设计和使用，这一方面有助于避免信息失真，同时也便于二次加工利用。

(3) 信息加工程序化。要根据信息的属性、来源、作用等的不同，分别规定其加工要求、加工方法和加工步骤，保证信息能够及时得到加工利用，避免信息失真现象。

(4) 信息传递工艺化。要根据信息的作用和使用者的不同，明确规定不同信息正向传递与反馈的级别、路线、时间，即按照工艺化要求设计信息流程，使信息传递时间、错误传递和无效传递减至最低。

(5) 信息分类代码化。要按照国家或行业信息管理标准，选择科学的分类体系和编码方法，对信息进行统一分类和编码，这样才能快速、准确存储和检索信息。

2. 信息管理现代化

信息管理现代化是信息管理高效化的保证，为此必须做到如下几点：

(1) 树立全员信息管理的观念，使每一名员工既是信息的利用者，又是信息的管理者。

(2) 建立一支熟知信息科学的人才队伍，他们由企业内外的专职信息员和兼职信息员组成，并遍及企业内部的各个岗位和企业外部的相关领域。

(3) 建立一套适应信息管理需求的信息管理机构、信息传递网络及信息管理机制。

(4) 广泛采用先进的信息处理工具和方法,如计算机、各种音像设备等。

(5) 建立计算机管理信息系统,形成一个现代化的集数据采集、加工、存储、检索、输出于一体的数据处理中心及其配套的传输网络。

3. 信息管理高效化

高效率的信息管理既是信息管理工作的目标,也是贯穿于信息管理全过程的工作标准。它要求信息管理各环节必须做到:

(1) 及时。信息是一种具有很强时效性的特殊资源,滞后或过时的信息意味着使用价值的降低甚至丧失,因此,及时收集与处理信息是确保信息有效的前提。"及时"包含两层含义:①原始数据采集要及时,市场中的大量信息转瞬即逝,若不及时收集将永远无法弥补;②对信息的加工、存储、传递、检索、输出与利用要快速,任何一个信息管理环节出现问题,信息的价值都无法实现。

(2) 准确。真实准确的信息是正确决策的前提。真实有效的信息可以救活一个企业,虚假误导的信息也可以毁掉一个企业。为确保信息的准确性,必须依靠严格的制度、先进的工具以及科学的信息处理方法,使信息收集与处理的各环节保持不失真,把误差控制在最小的范围之内。

(3) 适用。信息的价值贵在适用,针对性差、没有实用价值的信息不仅徒劳无益,而且贻误宝贵时机。有目的、有计划地收集原始数据是保证信息适用性的关键。

(4) 经济。衡量信息管理工作的优劣,不仅要看所提供信息的数量和质量,而且要考察其投入的大小,信息工作的准则是产出大于其投入。在信息管理的过程中,必须对信息的效用及其成本有着清晰的认识,及时排除那些不符合经济性原则的信息工作。

2.3 信息系统与现代管理

20 世纪 80 年代以来,信息越来越被人们重视,成为企业的重要财富和战略性资源。计算机和网络技术在管理特别是在各项专项管理中的运用越来越广泛。

2.3.1 企业管理环境的变化

计算机和网络手段的应用使得管理理论与方法已经发生并将继续发生变化。概括来讲,当代管理的一般环境变化主要表现为以下几点。

1. 经济全球化

"信息使空间变小,距离对经济活动的约束日益弱化。经济活动的国内和国外的界限变得模糊起来。知识无国界,作为主要经济资源的知识,必然导致经济活动突破国界而成为全球活动。"经济全球化使国家之间的互相依赖程度加强,各国国内政策的自由度减少,具体体现在金融全球化、生产国际化、生活国际化。

2. 技术环境

网络技术的普及、全球信息高速公路的开通、电子商务的迅速发展、技术创新速度的加快，使企业与企业、企业与顾客之间的距离越来越近，联系也更直接与紧密。

3. 法律环境

在当今社会，消费者的环保意识、维权意识、自我保护意识、法律观念等不断增强。

4. 可持续发展的要求

可持续发展是既满足当代人的需求，又不对后代人满足他们需求的能力和机会构成威胁和危害的发展。保持经济和环境的可持续发展，成为人们日益关心的问题。由此而引发出"循环经济"、"低碳经济"的概念，即要求建立一种以物质闭环运动为特征的经济，以实现资源消耗的降低和污染的减少，从而实现可持续发展所要求的环境与经济的双赢。

5. 社会和文化

由于经济的全球化和网络技术的发展，跨国交流越来越频繁，国与国之间的文化冲突也愈发激烈，相似的地方互相融合，不同的、有差异的地方却得到加强，因此使得特色与本土化愈发明显。

2.3.2 管理环境变化的影响

管理环境的变化必然会对管理思想、管理理论、管理方法与管理实践产生影响。

1. 对管理思想的影响

(1) 重视对人的管理。在知识与信息时代，人不仅是知识与信息的传递者、使用者与制造者，同时还是组织中最重要的元素，因而当代管理更加强调对人的管理，要求理解人、尊重人、充分发挥人的主动性。对人的管理包括运用行为科学、重塑人际关系、增加人力资本、提高劳动质量、改善劳动管理、推行民主管理、提高劳动者的参与意识、建设企业文化、培育企业精神等。

(2) 以顾客为导向。信息与网络的发展使企业可以直接面对顾客。这种面对面的、不需中间媒介的接触，使企业与顾客的交流更直接。

(3) 重视对无形资产的管理。信息与知识充斥全球，而且它们的传播也极其方便与快捷，因而要求企业加强对无形资产的管理，其中包括知识产权、企业形象与声誉、品牌以及人力资源等，防止无形资产被盗用、侵犯及外流等。

(4) 重视企业竞争。信息化和全球化将在很多方面改变企业的竞争格局和态势，同时使得竞争加剧，但信息化和全球化也将给企业带来新的战略性的机遇，因而，只有重视竞争才能在竞争中取得一席之地。

2. 对管理方法和手段的影响

计算机和网络技术在管理特别是在各项职能管理中的运用越来越广泛。计算机和网络技术的应用使得管理方法已经发生并将继续发生变化。

(1) 在经营决策方面，计算机被应用到高层决策上，国内外相继出现了多种高功能的通用和专用决策支持系统。后来，随着决策支持系统与人工智能相结合，出现了智能化决策支持系统；决策支持系统与计算机网络相结合，又出现了群体决策支持系统，使得高层决策的速度和精确度加大。

(2) 在生产管理方面,"准时生产制"在生产和物资管理中的应用,大大降低了零部件和其他物资的库存,降低了成本。"柔性制造系统"技术使制造系统发生了革命性的变化,而且产生了新的企业形式——虚拟公司。另外,敏捷制造围绕着新产品,通过建立动态联盟来进行产品的经营、开发、生产和销售,试图建立一种动态的企业战略联盟。

(3) 在生产流程方面,大力实施企业再造,将组织的作业流程进行根本性的重新思考与彻底翻新,以便在成本、品质、服务与速度上获得改善。中心思想是必须采取激烈的手段彻底改变工作方法,强调"一切重新开始",组成团队来进行,使信息在各个部门得到充分的运用。

(4) 在营销方面,出现了网络营销以及"企业形象塑造"。它不仅使企业在消费者心中留下深刻持久的印象,也能使企业形成良好的经营理念。

3. 对组织结构的影响

为了对环境更具有适应性,必须对组织结构进行重新设计,使其具有下列特点:

(1) 组织结构分立化。包括横向分立,即将有发展前途的产品分离,成立独立的公司;纵向分立,即不仅从事多品种经营,而且对同一种产品进行上游、下游的分离。

(2) 组织结构柔性化。这要求建立临时团队、工作团队及项目小组,以保证组织具有一定的柔性。

(3) 组织结构网络化。在瞬息万变的环境中,组织必须具有一定的反应力和灵活性,这就要求组织是一个精干的网络化结构。

(4) 组织规模合理化。一个组织选择更小、更精干的规模,还是选择更大、更具规模优势的规模,在新的环境下要求组织规模应更合理化。规模小的企业有利于适应环境的变化,在未来变化的环境中更具优势,但它们也需要具有规模大的企业的一些特征;而大规模的企业则要求通过组织的调整与组织结构的设计具备一些小企业的特性。

4. 对管理人员的影响

对管理人员的影响主要体现在管理环境的变化对管理人员的素质要求越来越高。他们不仅要管理素质越来越高的下属、管理知识劳动者,同时还要学会如何在变化的环境中,在经济全球化的环境下进行有效管理,成为知识管理者、变化管理者和跨国管理者。

2.3.3 信息系统对管理职能的支持

任何组织都需要管理,一个组织的管理职能主要包括计划、组织、领导和控制四大方面,其中任何一方面都离不开信息系统的支持。

1. 信息系统对计划职能的支持

前面介绍过,管理的计划职能是为组织及其下属机构确定目标,拟定为达到目标的行动方案,并制订各种计划,使各项工作和活动都能围绕预定目标去进行,从而达到预期的效果。信息系统可以对计划职能进行支持,主要体现在如下方面。

(1) 支持计划编制中的反复试算。在计划制订过程中,多方案的比较及每个方案中个别数据的变动都可能引起其他许多相关数据的变动及其方案结果的变化。虽然计算方法不一定复杂,但表达式之间的关系却都错综复杂,数据量也十分巨大,所以计算工作量特别大。如果没有计算机的支持，根本不可能完成。在传统手工作业条件下，只能通过减少数据量及其数据间的相互关系数来减少运算的工作量，这无疑将降低计划的准确程度。

(2) 支持对计划数据的快速、准确存取。为了实现计划管理职能，需要建立多种与计划有关的数据库，主要包括各类定额数据库，各类计划指标数据库以及各种计划表格数据库等。利用相关信息系统，完善和充分利用上述各种数据库，可以实现对企业计划数据的快速、准确存取，从而使企业的生产经营指挥系统得到大大的加强。

(3) 支持计划的基础——预测。预测是研究对未来状况做出估计的专门技术，而计划则是对未来做出安排和部署，以达到预期的目的，计划必须在预测的基础上进行。预测支持决策者做出正确的决策，制订可靠的计划。预测的范围很广，预测的方法也很多，如主观概率法、调查预测法、类推法、德尔菲法、因果关系分析法等。这些预测方法的计算量大，常常要用计算机来求解。

(4) 支持计划的优化。在企业编制计划时，经常会遇到对有限资源的最佳分配问题。编制计划时，可能提出，生产哪几种产品可以在设备生产能力允许的约束条件下，获得最大的利润。对于这种类型的问题，可以列出数学模型，然后在计算机上通过人机交互方式进行求解。

2. 信息系统对组织职能和领导职能的支持

组织职能具体包括确定管理层次、建立各级组织机构、配备人员、规定职责和权限，并明确组织机构中各部门之间的相互关系、协调原则和方法。信息技术是现阶段对企业组织进行改革的有效的技术基础。信息技术的发展促使企业组织重新设计、企业工作重新分工和企业职权重新划分，从而进一步提高企业的管理水平。

传统企业组织多采用"金字塔"式的纵向的多层次的集中管理，如图2.2(a)所示。其运作过程按照一种基本不变的标准模式进行，这种方式也称为"机械式组织"，其缺点是过多的管理层次往往会影响信息的传递速度，并且信息失真现象比较严重，决策速度慢，不适应现代市场的快速变化，管理效率低则成本高昂。随着信息技术的飞跃发展，上述这种传统的企业组织结构正在向扁平式结构的非集中管理转变，如图2.2(b)所示。

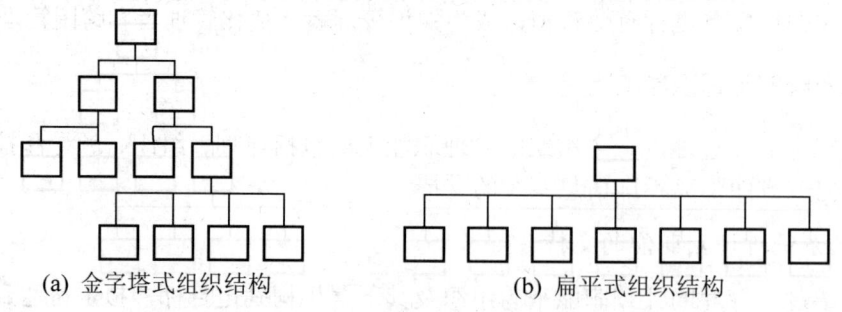

(a) 金字塔式组织结构　　　(b) 扁平式组织结构

图2.2　组织结构

扁平式组织结构的特点包括以下几点。

(1) 通信系统的完善，使上下级指令传输系统上的中间管理层显得不再那么重要，甚至也没有必要再设立那么多的管理层。

(2) 部门分工出现非专业化分工的趋向，企业各部门的功能互相融合、交叉，如制造部门可能兼有销售、财务等功能。

(3) 计算机的广泛应用使得企业上下级之间、各部门之间以及企业与外界环境之间的信息交流变得十分便捷，从而有利于上下级和成员之间的沟通，可以随时根据环境的变化做出统一的、迅速的整体行动和应变策略。

全球网络的出现，使企业、公司的经营和生产不再受地理位置的限制，可以在全世界范围内运作，事务处理成本和协作成本都可明显降低。企业网络的建设，多媒体计算机和移动计算机的广泛应用使信息传送从文字向多媒体发展，使领导和管理人员接受更多的信息和知识，使企业对工作过程重新设计成为可能，使个人和工作组之间的协调得以进一步加强，从而形成一种新的、管理层次少的组织形式——"有机式组织"，它依靠近乎实时的信息进行柔性的运作，管理工作更加依赖于管理人员之间的协作、配合以及对信息技术应用的把握。"机械式组织"与"有机式组织"的对比如图 2.3 所示。

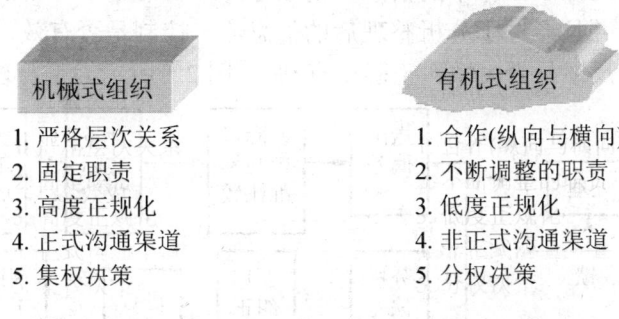

图 2.3 "机械式组织"与"有机式组织"对比

近几年来，随着电子商务的发展以及外部合作竞争的加强，更多的知识型企业依靠 Internet、ERP、SCM、Extranet 等信息技术手段，建立了一种以核心企业为中心，通过与其他组织建立研发、生产制造、营销等业务合同网，有效发挥核心业务专长的协作型组织形式，称为动态网络虚拟组织，如图 2.4 所示。

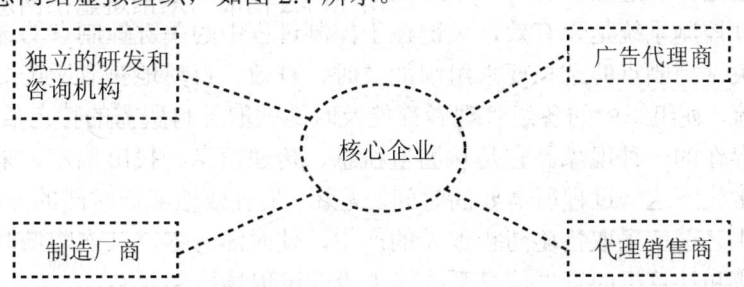

图 2.4 动态网络虚拟组织结构示意图

动态网络虚拟组织是基于信息技术的日新月异以及更为激烈的市场竞争而发展起来的一种临时性组织。它通过以市场的组合方式代替了传统的纵向层次结构组织，实现了组织内在核心优势与市场外部资源优势的动态有机结合，因而更具敏捷性和快速反应能力，可视为组织结构扁平化趋势的一个极端例子。

动态网络虚拟组织结构的优点是：组织结构具有更大的灵活性和柔性；可以更好地结

合市场需求来整合各项资源；组织结构简单、精练；组织运行效率高、成本低。

领导职能的作用在于指引、影响个人和组织按照计划去实现目标。这是一种行为过程。领导者在人际关系方面的职责是领导、组织和协调；在决策方面的职责是对组织的战略、计划、预算、选拔人才等重大问题做出决定；在信息方面的职责是作为信息汇合点和神经中枢，对内对外建立并维持一个信息网络，以沟通信息，及时处理矛盾和解决问题，由此可见信息系统在支持领导职能方面的重要作用。

3. 信息系统对控制职能的支持

一切管理内容都有控制问题。在企业管理方面，最主要的控制内容包括：行为控制，人员素质控制，质量控制，库存控制，生产进度控制，成本控制，财务预算控制及产量、成本和利润的综合控制，资金运用控制和收支平衡控制等。

为了实现管理的控制职能，就应随时掌握反映管理运行动态的系统监测信息和调控所必需的反馈信息。管理控制工作中的信息，是在生产经营活动中产生的、根据管理过程和管理技术组织起来，并且经过了分析整理后的信息流。控制是否有效，关键在于管理信息系统是否完善，信息反馈是否灵敏、正确、有利。图 2.5 所示的是管理控制的反馈回路。

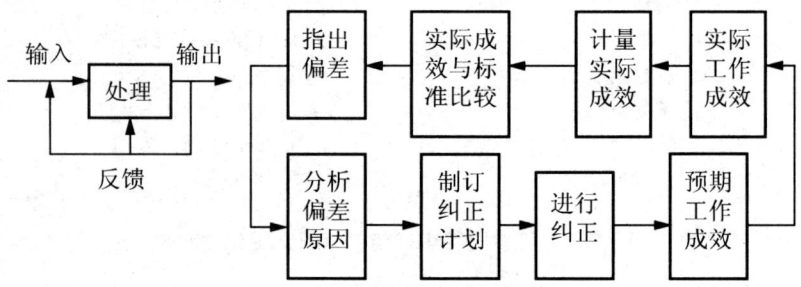

图 2.5 管理控制的反馈回路

管理控制系统实质上也是一个信息反馈系统。通过信息反馈，管理控制系统揭示管理活动中的不足之处，促进系统进行不断地调节和改革，逐渐趋于稳定、完善，直到达到优化的状态。管理控制系统是否有效，关键在于控制过程中的关键控制点的选择和控制"时滞"的减少。关键控制点的选择要求组织能及时、有效、自动地获取所需的关键信息，并加以整理和分流，使组织中的各级管理者都能及时地获取各自所需的特定信息。"时滞"是控制系统普遍存在的一种现象。它是从测量信息、传递信息、找出偏差、采取纠正措施到系统恢复至预定状态这一过程所需要的时间。无疑，最有效地降低时滞的方法是前馈控制。它能在偏差产生之前就采取措施防止偏差的产生，使时滞为零。其次降低时滞的方法是运用电子数据采集和计算机的管理信息系统等手段改进现场控制。

随着科学技术的发展，智能化的控制将是一种更高级的形式。以对生产过程的控制而言，信息系统将有能力自动监控并调整生产的物理过程。例如，工厂自动装配线可利用敏感元件收集数据，经过计算机处理后对生产过程加以控制。

综上所述，信息系统对管理具有重要的辅助和支持作用，现代管理要依靠信息系统来实现其管理职能、管理思想和管理方法。

2.3.4 信息系统在管理领域的发展

众所周知,计算机研制出来之后,最初主要用于进行科研和军事领域的科学计算。计算机最早进入企业管理领域始于 1954 年,当时美国通用电气公司最早开始使用计算机进行员工工资的数据处理。自此以后,计算机开始走入了企业管理和办公领域。

经过近 60 多年的发展,计算机在企业管理中的应用已经经历了以下几个发展阶段。

1. 单项事务的数据处理阶段

单项事务处理指计算机仅仅作为计算工具模仿人工管理方式,局部地替代了管理人员的手工劳动,提高了局部管理工作的效率。这是计算机信息系统在管理领域应用的起步阶段,如用于计算工资,计算应收、应付款,登记仓库的库存账目等。当时计算机一般在机房操作,人们定期将数据送入机房,进行集中批量处理。

2. 综合业务的数据处理阶段

综合业务处理就是利用计算机处理一组相互关联的单项事务的管理业务。也就是说,此时的计算机信息系统能够实现企业中某一个管理子系统的功能,而且还有一定的信息反馈功能。例如,一个企业的物资管理子系统包括物资规划管理、合同管理和库存管理三项事务处理功能模块。这样的系统能有效地、迅速地处理一系列的管理业务。

3. 管理信息系统阶段

管理信息系统阶段是一个信息处理的高级阶段。企业建立一个一体化的管理系统,去掉不必要的重复性工作,减少数据间的不一致现象和提高管理工作效率,实现信息的统一管理,如把财务子系统与生产子系统等子系统结合到一起,形成一个系统整体,这使得计算机信息系统在企业的应用方面前进了一大步。

4. 更高层次的发展阶段

20 世纪 90 年代以来,企业所处的时代背景与竞争环境发生了很大变化。为了满足信息社会中企业管理的实际需要,计算机在企业管理中的应用进入了一个更高层次的阶段。

这期间几个主要的发展趋势体现在以下方面。

(1) 面向高层的管理决策。

今后,管理信息系统在企业管理中,将会通过人机交互向决策者提供有用的信息,协助决策者发现并分析问题,探索各种决策方案,评价、预测和优化一个最优决策方案,以提高决策的科学性、有效性,提高决策人员的决策技能和决策质量,从而最终提高管理水平和质量。

(2) 面向综合应用。

随着计算机技术、网络通信技术和管理科学的进步,企业管理中的信息技术的应用范围将不断拓宽。例如,生产制造领域,将大力发展计算机辅助设计和计算机辅助制造,进而再发展成为柔性生产/加工系统;生产经营管理中,将大力加强管理信息系统、办公自动化系统(Office Automation System,OAS)和决策支持系统(Decision Support System,DSS)的应用;同时,这些不同领域还将互相渗透、互相融合,更好地发挥这些子系统的综合效益,最大限度地实现资源共享，使之成为一个有机的整体，即计算机一体化制造系统。

(3) 面向智能应用。

随着人工智能技术的发展，从传统处理定量化问题向定量和定性处理相结合方向发展是计算机应用的一大飞跃，也是计算机面向智能应用的一个发展。智能决策支持系统、各种专家系统和各个领域的智能管理系统及智能工程系统相继产生，为计算机模仿人的智能和处理各种管理问题打下了理论和技术基础，也为计算机的智能应用开拓了广阔的天地。

(4) 面向全社会的信息服务。

随着改革开放的深入发展，国内企业都将逐步加入世界经济大循环，企业的管理机制和运行方式也会随之发生很大变化，同时由于计算机技术与网络技术的迅猛发展以及商业应用的崛起，基于 Internet 发展起来的 Intranet 和 Extranet 将会获得爆炸性的增长。今后各种企业中，基于各种网络的 Web 版的浏览器/服务器(Browser/Server，B/S)模式的管理信息系统的综合应用将是大势所趋。

本 章 小 结

企业管理中的各项活动主要表现为物流、资金流、事务流和信息流的流动。其中，企业内部各种信息的流动称为信息流，它具有双向性，对企业管理活动具有重要价值。

管理信息是对企业生产经营活动中收集的数据经过加工处理、给以分析解释、明确意义后，对企业经营管理活动产生影响的数据资料。它是现代企业管理工作的依据，是企业的宝贵资源，是科学决策的依据，是有效控制的灵魂，是衡量企业竞争能力的标志。

管理信息具有离散性、时效性、动态连续性、信息处理方法的多样性等特点。

管理信息有多种分类方法：按照稳定程度可分为固定信息和流动信息；按作用可分为决策信息、控制信息和作业信息；按信息的来源可分为内部信息和外部信息。

企业信息管理是指为了满足企业管理需要而进行的信息产生、识别、遴选、收集、加工、传递、储存、检索、输出等各项工作的总称。企业要实现有效的信息管理，必须要使信息管理业务实现标准化、现代化，并要使信息管理成果做到及时、准确、适用、经济。

由于受到现代信息技术和现代管理方法的影响，企业所处的管理环境已经发生了很大的变化。这种变化必然会对管理思想、管理理论、管理方法和管理实践产生深刻的影响。

管理的四大职能(计划、组织、领导和控制)中任一方面都离不开信息系统的支持。计算机信息系统在企业管理中的应用已经经历了几个阶段，分别是单项事务的数据处理阶段、综合业务的数据处理阶段、管理信息系统阶段和更高层次的发展阶段。

总之，通过本章学习，读者应熟悉信息流、管理信息、企业信息管理的含义，领会信息管理系统在企业管理活动中的重要作用，理解企业信息管理工作的重要性。

第 2 章 信息系统与现代企业管理

关键术语

物流　信息流　管理信息　企业信息管理　扁平化组织　网络化虚拟组织

复 习 思 考

一、填空题

1. 企业管理中的各项活动主要表现为_____、_____、_____和_____的流动。
2. 管理信息具有四个特点，分别是_____、_____、_____和_____。
3. 信息管理的高效化要求其中各环节必须做到_____、_____、_____和_____。
4. 计算机最早进入企业管理领域始于_____年，当年美国_____公司最早开始使用计算机进行员工工资的数据处理。自此以后，计算机开始走入了企业管理和办公领域。

二、名词解释

1. 信息流
2. 管理信息
3. 企业信息管理
4. 扁平化组织
5. 网络化虚拟组织

三、简答题

1. 请说明企业管理中信息流与物流、资金流、事务流的关系。
2. 什么是管理信息？它有哪些不同的表现形式？
3. 管理信息具有哪些特点？如何进行分类？
4. 管理信息的作用主要体现在哪几个方面？
5. 企业信息管理的内容包括哪几个方面？
6. 如何顺利高效地进行企业的信息管理活动？
7. 信息系统在哪些方面可以支持计划工作？
8. 信息系统的应用对企业管理的组织职能产生了什么影响？
9. 信息系统的应用对企业管理的控制职能产生了什么影响？
10. 计算机在管理领域的应用发展经历了哪几个阶段？每个阶段的特点是什么？

实 践 训 练

一、问题讨论

请同学就如下观点的正确与否进行讨论，必要时可以分组进行辩论比赛。
(1)"管理信息系统的质量取决于对管理的深刻理解"。
(2)"人们一旦获得信息，就一定能够保证管理决策效率的提高"。
(3)"管理信息系统不仅是一个技术系统，也是一个社会系统"。

二、论文撰写

在现代企业管理中，各个企业对于管理信息系统的要求越来越高，管理人员也越来越依赖于各类计算机管理信息系统。

请从企业所处环境变化和企业适应环境角度，撰文简述其原因，字数 1 000 字以上。

三、观点分析

管理信息系统能为企业提供四大平台：业务运作平台，信息共享平台，协同工作平台，决策支持平台。请你通过相关信息系统的实例，说出你对以上论断的个人理解。

 案例分析

案例 2-1　美国航空公司 Sabre 系统

20 世纪 70 年代中期，为应对航空业激烈的竞争，美国航空公司和联合航空公司各自开发了一套名为 Sabre 和 Apollo 的计算机订票系统。系统的应用为两家航空公司带来了极大的竞争优势，使美国航空公司和联合航空公司在 20 世纪 80 年代初几乎垄断了所有主要的机票销售渠道，分别占 41% 和 39% 的市场份额。在增强公司竞争力的同时，Sabre 和 Apollo 还为航空公司带来了巨额的利润。以 Sabre 系统为例，系统在为旅客推荐航班时，出现在屏幕上的首先是美国航空公司的航班，仅是这一优先程序设置，在航班比较密集的航线上，就可以给公司带来高出平时 20% 以上的收入。同时，其他航空公司每通过 Sabre 系统订出一张机票需交纳 1.75 美元的系统使用费。美国航空公司还向旅行社、宾馆、租车公司等出租系统终端，通过 Sabre 系统向旅游代理商和大公司的旅游部门提供集成的、一体化的服务，包括订购飞机票、预订旅馆房间、租用各种汽车、提供餐饮及娱乐场所的信息等。此外，美国航空公司还向其他航空公司提供数据处理服务，如货物跟踪、预订、财务、气象分析、旅客安置、航班计划和库存控制等。

在 Sabre 系统的支持下，美国航空公司开展了一系列的营销活动，其著名的"飞行里程奖励计划"更是为公司带来了空前的"顾客忠诚"，按照"飞行里程奖励计划"，每位旅客一旦乘坐美国航空公司的航班飞行达 6 万英里，便可免费获得两张经济仓机票，在淡季从美国任何城市往返欧洲。

1985 年美国航空公司实现利润 3.36 亿美元，而其中由 Sabre 系统带来的利润就占 1.43 亿美元。显然，在 20 世纪 80 年代美国航空公司的快速发展进程中，Sabre 系统是功不可没的，正如公司总裁 Robert Crandall 所说，如果一旦公司不得不出卖资产，他将卖出的是航线，而不是 Sabre 系统。

Sabre 由一个计算机订票系统发展到航空业综合信息服务系统，对航空客运服务产生了很大的影响，在一定程度上改变了该行业的竞争环境。其他没有像美国航空公司那样将信息技术作为一种战略工具应用的航空公司，如 People Express 航空公司、New York 航空公司、Frontier 航空公司等，在新的行业竞争环境下承受着巨大的竞争压力，甚至面临生存的危机。

People Express 航空公司的最后一任总裁 Donald Burr 在后来的回忆中说:"曾经作为美国航空运输业中的第 5 大公司,它在很短的时间内倒闭,我认为这能充分证明信息技术在航空运输业中的巨大作用,在我们公司短暂的历史中,有许多事情我们完全应该用不同的方式去处理,其中铸成大错的就是我们在处理具有综合信息服务功能的计算机订票系统这件事情上,计算机订票系统实际上是基于信息技术应用的高技术领域,它对航空运输业是至关重要的,过去却被我们错认为是低技术的常规领域,认为它对航空运输业是无关紧要的!" 1988 年,欧洲两大航空公司,Amadeus 航空公司和 Galileo 航空公司采取紧急措施,开发了自己的计算机订票系统,这些新的计算机订票系统的建立,一方面可以防御美国的计算机订票系统的入侵,另一方面形成了新的分销渠道,提高了航空公司自身的竞争力,使这些航空公司在欧洲航运市场上的市场占有率得到提高,并带动了相关的非航空运输业如铁路运输的发展。

案例讨论

1. 本例中美国航空公司的 Sabre 系统为该企业带来了哪些竞争优势?
2. 请通过相关渠道,了解一下当前民航业发展和运营中管理信息系统的应用情况。

案例 2-2 海尔公司的信息系统应用

要保证信息的畅通,就要建设企业的"信息高速公路",推广各种信息技术,收集各种信息。海尔一直重视信息应用的重要性,已投入巨资,根据自身的需求开发和建设信息系统应用工程。

(1) 建立 Internet 和 Intranet 项目。实现了电子邮件以及内部 Web 服务,不仅建立了海尔网站,同时还在国内建立了镜像站点。

(2) 开展全面提高产品竞争力的产品数据管理(Product Data Management,PDM)项目。海尔的各个设计研究中心都推广使用计算机辅助设计,为产品设计带来了极大便利,大大缩短了产品开发的周期。

(3) 利用内部网实施办公自动化。现已完成了公文流转、信息检索、会议安排、档案管理、网上培训等应用。

(4) 开展 ERP 工程。在 MRP Ⅱ 实现了财务和分销模块的基础上,海尔把在各地的营销中心联结起来。

(5) 建立网上服务中心。直接与设计、生产、销售部门连接,能够把用户的建议转化成产品开发的课题。

(6) 建立信息公用平台。集团内部每个人都可以把自己联到公用平台上,实现共享。从管理手段落后到企业全面信息共享、信息化的实施,海尔集团取得了令人鼓舞的成果。

由此可见,信息与信息技术的应用,扩大了海尔的技术优势、市场优势、领导优势和信誉优势。计算机技术的应用和信息化的推广实施,为海尔插上了腾飞的翅膀,使之具备了向世界 500 强冲刺的能力。

案例讨论

1. 海尔如何利用信息技术和各类应用信息系统为企业创造价值?
2. 海尔利用信息技术和信息系统构建竞争优势的经验,具有可复制性吗?

第2篇 建设篇

第 3 章　管理信息系统战略规划

知识架构

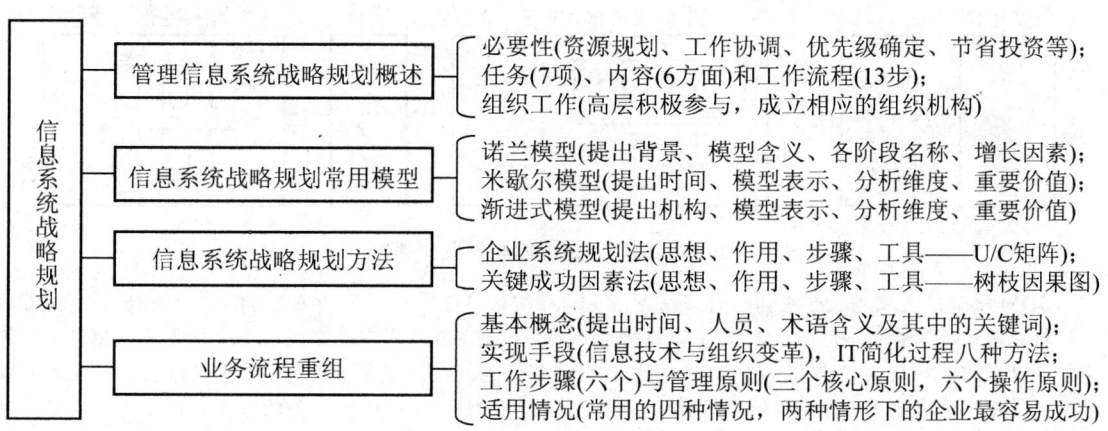

学习目标

通过本章的学习，读者应该能够：
- 理解信息系统战略规划工作必要性
- 了解信息系统战略规划的工作内容
- 熟悉诺兰阶段模型内容和指导作用
- 了解米歇尔模型和渐进式模型含义
- 了解 BSP 方法指导思想与工作步骤
- 熟悉关键成功因素法(CSF)的含义
- 掌握业务流程重组含义及其应用价值

 **导入案例**

案例 3-0　BOM 银行抵押贷款业务流程重组

BOM 银行原来的业务过程如图 3.1 所示。抵押贷款的申请人先填写一份贷款申请书，银行将其输入计算机系统。然后由八个不同部门的信用分析专家、担保人等依次审议；如果此项贷款获得批准，就出具各项手续；最后转到其他服务机构，如保险、公证等单位，由这些单位再依次提供一系列的服务。这个过程需要 17 天。今年 BOM 银行抵押贷款业务量预计从去年的 3.3 万笔激增到 30 万笔，为避免由此而引发的桌面上业务量的激增，BOM 银行对抵押贷款业务过程进行了再设计，以便减少办理步骤和所需填写的表格。

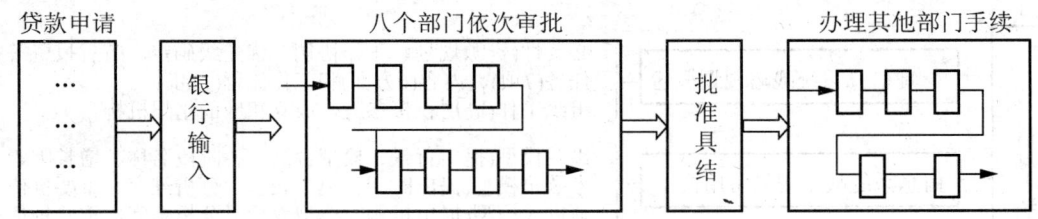

图 3.1　BOM 银行原有的业务流程

BOM 银行经过业务流程重新设计之后，业务过程如图 3.2 所示。在这次业务流程重新设计中，BOM 银行将原来依次审批的方式改为协同工作的并行方式。首先由贷款人自己在其机器上输入贷款申请书，并由软件自动检查输入内容的正确性与完整性；然后申请人通过拨号联网方式与 BOM 银行的地区业务中心连通，并将申请表输入 BOM 银行的计算机系统。该系统改变了原来依次审批的方式，将各部门专家作为一个团队，并行审批此项申请。批准后，将此业务转交另一个专家组，并行地完成保险、公证等各项业务。

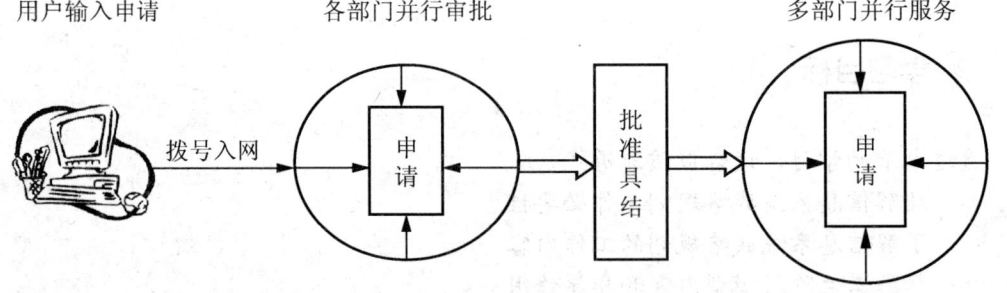

图 3.2　BOM 银行业务重组后的流程

以上业务流程重组顺利实施之后，BOM 银行最终使此项业务过程缩短为 2 天。更新后的业务不仅更便于处理，还方便了贷款人随时拨号联网，查询此笔贷款有关的费用、状态等相关信息。

点评：从上述案例可以看出，信息系统建设不是简单地把原有手工管理活动搬到计算机上来完成，而是需要进行流程重组。在信息系统战略规划中，一项重要工作就是按现代化信息处理的特点，对现有流程重新组织与设计，这是一种提高企业运行效率的重要途径。

3.1 管理信息系统战略规划概述

3.1.1 信息系统战略规划的必要性

信息系统的战略规划,是对组织总的信息系统目标、战略、信息系统资源和开发工作的一种综合性计划,是一个组织战略规划的重要组成部分。信息系统战略规划对整个信息系统建设的外部环境及系统内部所产生的不确定性、风险性进行战略分析和研究,用一套规范化的科学方法来指导管理信息系统的建设,以免产生时间、资源和财力的浪费。

信息系统建设耗资大、历时长、技术复杂且涉及面广,在着手开发之前,必须认真地制订充分有效的战略规划。该工作的好坏往往是管理信息系统建设成败的关键。没有总体规划,就是在忽视物理系统的兼容性、应用系统的逻辑关联性和数据的完整性等前提下,盲目地、分散地和拼凑式地建设信息系统。如果没有进行信息系统战略规划或规划不合理,不仅造成开发过程的直接损失,由此引起企业运行不好的间接损失更是难以估计。

信息系统战略规划是组织信息化发展到一定阶段的产物,其必要性体现在四个方面。

(1) 信息是组织的重要战略资源,应当被整个组织所共享,只有经过规划和开发的信息资源才能发挥其作用。由于企业或组织内外的信息资源很多,其内外之间都有大量信息需要交换和共享,如何收集、存储、加工和利用这些信息以满足各种不同层次的需要,显然不是分散的、局部的考虑所能解决的问题,必须有来自高层的、统一的、全局的规划,将这些信息提取并设计出来,才能实现信息的共享。

(2) 各子系统除了完成相对独立的功能外,相互间还需要协调工作,总体规划的目的就是使信息系统的各个组成部分之间能够相互协调。管理信息系统对公用的数据尽量做到由一个子系统产生,被多个子系统多次使用。这种子系统之间的协调必须有来自高层的总体规划。总体规划是站在总体的高度识别并规划出支持各项管理的数据、数据产生的地点、使用部门等,负责协调相互之间的关系,从而更有效地开发和管理组织的信息资源。

(3) 总体规划使组织的信息系统资源建设工作能在统一目标、战略和有序的环境下进行,使人力、物力、财力和时间的安排合理、有序,以保证将来子系统的开发顺利进行。由于管理信息系统的开发是一项长期而艰巨的任务,其内部各子系统的开发不能齐头并进地进行,往往是采用循序渐进的开发过程。因此,有关开发进度的安排、人员的调配、所需设备的配置等一系列问题都必须通过总体规划来解决。

(4) 一个有效的战略规划可以使信息系统和用户有较好的关系,可以做到信息资源的合理分配和使用,从而可以节省信息系统的投资。一个有效的规划还可以促进信息系统应用的深化。例如,企业资源计划(Enterprise Resource Planning,ERP)的成功应用,可以为企业创造更多的利润。一个好的规划还可以作为一个标准,考核信息系统人员的工作,明确他们的方向,调动他们的积极性。进行一个规划的过程本身就迫使企业领导回顾过去的工作,发现可以改进的地方。

总之,管理信息系统的规划对我国企业是非常重要和必要的,应大力提倡和推广。在一个组织着手开发和运行管理信息系统之前,必须认真地制订有充分根据的信息系统战略规划。

3.1.2 信息系统战略规划的任务与内容

1. 信息系统战略规划的任务

信息系统的战略规划主要用来完成以下的几项任务。
(1) 使信息系统的发展与组织整体计划相协调，即支持组织战略计划的实施。
(2) 为管理信息系统的开发提出方向，保证开发工作支持组织的目标。
(3) 合理地分配资源，确定开发的优先次序。
(4) 保证系统的一体化和开发工作的协调性，避免没有统一规划的"各自为战"、局部优先以及联合各自开发的应用系统时所引起的不必要的费用。
(5) 为负责系统开发的人员，包括项目开发的负责人员和管理信息系统方面的高层管理人员的绩效考核提供质量标准和控制机制。
(6) 为信息系统人才，如信息分析人员、系统分析人员的获得和人才开发提供一种基础，使组织明确对管理信息系统人员的数量和质量方面的需求是什么。
(7) 保证管理信息系统能自动地进行调整，为组织提供有效的支持。

2. 信息系统战略规划的内容

信息系统战略规划的复杂性依据组织的规模和复杂程度而有所差别，但是都要考虑好如何回答四个主要问题：要求做什么、可以做什么、能够做什么和应该做什么。

规划时间一般为五年以上并且至少有前两年的详细计划，内容应包括以下几个方面。
(1) 组织的整体战略目标、政策和约束、计划和指标的分析。
(2) 管理信息系统的目标、约束、总体结构以及计划指标的分析。
(3) 单位现状的分析，包括业务流程的现状，目前使用的信息系统的现状等。
(4) 准备开发的应用系统的功能结构，信息系统的组织、人员、管理和运行。
(5) 信息系统的效益分析和实施计划(开发计划、培训计划、资金需求计划等)。
(6) 对影响规划的信息技术(硬件技术、网络技术和数据处理技术等)发展的预测。

3.1.3 管理信息系统战略规划的工作流程

信息系统战略规划的制订流程如图 3.3 所示，其中各个基本步骤含义如下所述。

第一步，确定规划的基本问题，如规划的年限、规划的方法、确定是集中式还是分散式，是进取还是保守的规划等。

第二步，收集初始信息。包括从各级干部、卖主相似的企业、本企业内部各种信息系统领导小组、各种文件以及书籍和杂志中收集信息。

第三步，现存状态的评价和识别计划约束。包括目标、系统开发方法、计划活动、现存硬件及其质量、信息部门人员、运行和控制、资金、安全措施、人员经验、手续和标准、中期和长期优先顺序、外部和内部关系、现存的设备、现存软件及其质量等。

第四步，设置目标。主要由总经理和计算机领导小组来设置，包括服务的质量和范围、政策、组织及人员等，它不仅包括信息系统的目标，而且应有整个企业的目标。

第五步，准备规划矩阵。列出信息系统规划内容之间相互关系所组成的矩阵，确定各项内容以及它们实现的优先顺序。

第3章 管理信息系统战略规划

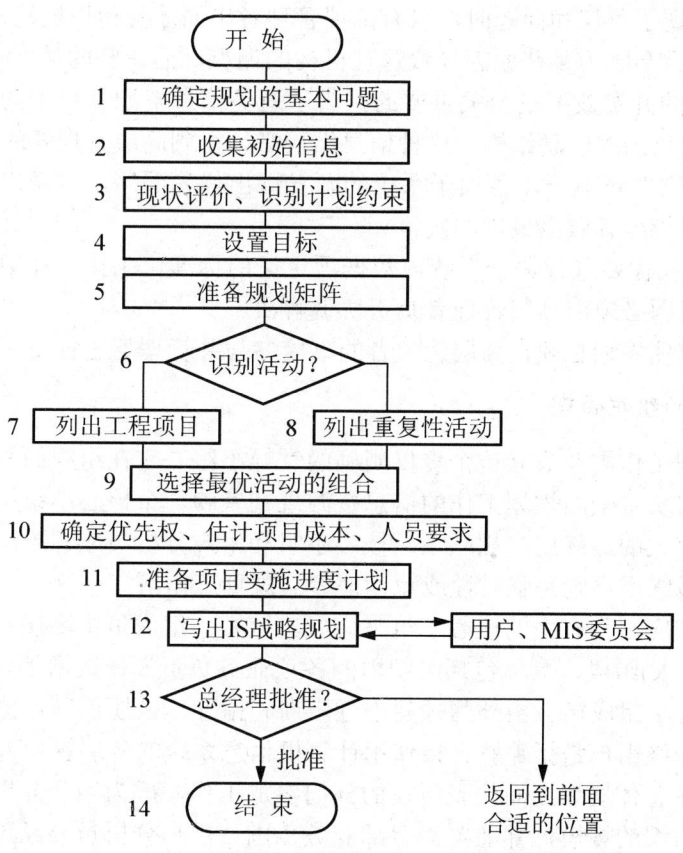

图 3.3　信息系统战略规划的工作流程

第六步、第七步、第八步、第九步，是识别上面所列的各种活动，判断是一次性的工程项目性质的活动，还是一种重复性的经常进行的活动。由于资源有限，不可能所有项目同时进行，只有选择一些好处最大的项目先进行，要正确选择工程类项目和日常重复类项目的比例，正确选择风险大的项目和风险小的项目的比例。

第十步，确定优先权、估计项目成本、人员要求。依此编制项目的实施进度计划——第十一步，然后在第十二步把战略长期规划书写成文，在此过程中还要不断与用户、信息系统工作人员以及信息系统领导小组的领导交换意见。

写出的规划要经第十三步，总经理批准才能生效，并宣告战略规划任务的完成。如果总经理没批准，只好再重新进行规划。

3.1.4 管理信息系统战略规划的组织

1. 高层管理者参与的必要性

高层管理者参与规划工作是确保信息资源开发利用成功的关键。其原因在于：

(1) 高层管理者最了解各项战略决策中的信息需求，单靠一个规划组来规划这种来自高层的信息资源，他们很难理解高层管理者以及各层管理人员的看法和信息需求，所以作为高层管理者必须亲自参与规划，了解规划的内容，把握规划方向。

(2) 规划中出现了争议和问题时,只有高层管理者出面才能得以解决。

(3) 规划中经常会因为某些原因导致管理机构的调整,而调整的最终决策权在高层。

(4) 信息系统的开发效率是至关重要的,为了避免信息资源开发上的浪费,必须有一个自顶向下的全局范围的信息结构,这种信息结构必须得到高层管理者的确认。

(5) 总体规划需要对下一步各项子系统的开发提出优先顺序,并做出开发预算,这些内容也必须由高层管理者做出最后的决策。

(6) 总体规划往往要进行关于系统内数据项定义的标准化工作,在数据项定义过程中经常会出现一些问题必须由高层管理者负责协调解决。

由此可见,总体规划必须在高层管理者的直接参与并管理下进行。

2. 系统规划的组织管理

信息系统规划工作需要成立一个责权明确的领导小组。它在组织的最高层管理者的直接管理下,由一名负责全面规划工作的信息资源规划者和一个核心小组所组成,并通过一批用户分析员和广大的最终用户相联系。核心小组和用户分析员应该脱产地从事总体规划工作,而广大的最终用户则是临时性或短期地参与规划工作。

全部规划工作应由强有力的核心小组来完成。核心小组成员由高层管理人员与数据处理人员(大约4~5人)组成,具体包括组织内的各项业务负责人、数据处理负责人、系统分析负责人等。核心小组成员应由外聘顾问进行培训和指导,以便正确行使权力。

信息系统的最终用户是指那些直接使用计算机信息系统的各层管理人员,这些人员中要抽出一部分人在总体规划期间代表所在的部门参加工作,成为用户分析员。用户分析员的人数应该适合组织的规模,并能覆盖全部业务范围。用户分析员要经过培训,学会总体规划方法,并具体负责本部门的规划工作。

不论核心小组还是用户分析员,都必须保证在为期半年内持续参加实际工作,绝对不要徒有虚名的人员。另外,总体规划成功与否,关键还在于组织内高层管理者的全力支持和高层管理人员的亲自参加。如果高层管理班子内部意见不一致,或没有高层管理人员参加实际工作,只交给一些中低层管理人员或外请单位进行总体规划,是注定要失败的。

3.2 信息系统战略规划常用模型及其应用

人们对管理信息系统战略规划必要性的认识,是随着信息系统的发展而逐渐加深的。这好比城市规模扩大以后,不断地出现"大城市病",表现为人口膨胀、交通阻塞、绿地骤减、环境污染等。此时,人们才认识到城市规划工作的重要性。

虽然一个组织在做信息系统战略规划的时间上没有统一标准,但是信息系统的发展还是有其一定的内在规律的。20世纪80年代以来,相关专家不断研究这些内在规律,提出了许多有用的信息系统战略规划模型,如诺兰模型、米歇尔模型、渐进式模型等。

3.2.1 诺兰模型

把计算机应用到一个单位(企业、部门)的管理中去,一般要经历从初级到成熟的一个发展过程。美国信息管理专家诺兰(Nolan)经过对美国 80 多家组织的跟踪调查,总结了这一发展规律,于 1973 年首次提出了信息系统发展的阶段理论,称为诺兰阶段模型。到 1980 年,诺兰进一步完善该模型,把信息系统的成长过程划分为如图 3.4 所示的六个不同阶段。

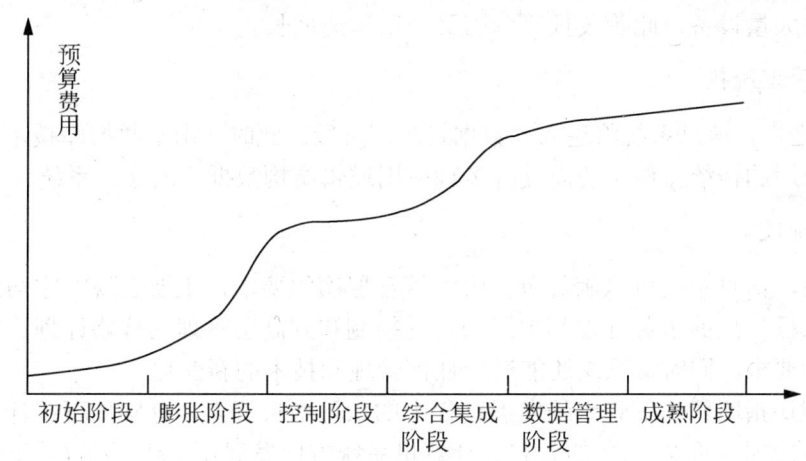

图 3.4 诺兰的阶段模型

1. 初始阶段

初始阶段指一个组织(企业、政府等单位)购置第一台计算机并初步开发管理应用程序,一般发生在单位的财务部门或统计部门。在该阶段,计算机的作用被初步认识到,个别人已经具有了使用和维护计算机的能力。

2. 膨胀阶段

随着计算机应用初见成效,信息系统从少数部门扩散到多数部门,并开发了大量的应用程序,单位的事务处理效率有了提高,这便是所谓的"膨胀"阶段。

在此阶段,凡是能用计算机处理事务的部门,大多从人工处理转向机器处理。为了管理和协调各部门的应用,数据管理部门从原先隶属于某一职能部门(如财务处或计划处)独立出来,成为向高层管理者直接负责的职能部门。此时,一部分计算机的应用收到了实际的效益,但还是存在数据冗余量大、信息传递不一致、信息资源难以共享等问题。

3. 控制阶段

管理部门了解到计算机数量超出控制,预算增长较快,而投资回报却不理想。同时,随着应用经验逐渐丰富,应用项目不断积累,客观上要求加强组织协调,于是就出现了由组织领导和职能部门负责人参加的领导小组,针对各项已开发系统的不协调和数据冗余等问题,开始对整个组织的系统建设进行统筹规划,注重采用成本/效益分析去衡量应用系统的开发,特别是利用数据库技术解决数据共享问题。这时,严格的控制阶段便代替了蔓延阶段。该阶段是实现从计算机管理为主到以数据管理为主转换的关键,一般发展较慢。

4. 综合集成阶段

所谓集成,就是在控制的基础上,对子系统中的硬件进行重新连接,建立集中式的数据库及能够充分利用和管理各种信息的系统。

在经过第三阶段的全面分析、引入数据技术、建立数据通信网的条件下，在本阶段，数据处理系统又进入一个高速发展阶段，逐步地对原有系统进行改造、综合和一体化，建设一个更有效地为中、上层管理提供决策支持的系统，一个管理企业各种信息资源的系统。由于重新装备大量设备，此阶段预算费用又一次迅速增长。

5．数据管理阶段

"集成"之后，信息系统将进入"数据管理"阶段。此时，由于数据库技术的引进，促使支持单个应用的传统文件系统向支持多种应用逻辑结构数据库的文件系统转变。

6．成熟阶段

在本阶段，信息系统可以满足单位中各管理层次的要求，主要表现在它与组织的目标完全一致，从操作层的事务处理到中层的管理控制和到高层管理的战略计划、辅助决策均能满足企业的要求。同时，系统还能适应任何管理和技术的新变化。

诺兰模型还指明管理信息系统发展过程中的六种增长要素，分别如下：计算机软硬件资源(从早期的磁带存储，向新的分布式计算机系统方向发展)；应用方式(从批处理方式到联机处理方式)；计划控制(从短期的、随机的计划，到长期的、战略的计划)；管理信息系统在组织中的地位(从附属于其他部门，到发展为独立的部门)；领导模式(开始时，技术领导是主要的，随着用户和管理人员越来越了解管理信息系统，上层管理部门开始与管理信息系统部门一起谋划发展战略)；用户意识(从作业管理级，发展到中、上层管理级)。

3.2.2 米歇尔模型

20世纪90年代，为适应信息系统集成技术的发展，米歇尔(Mische)提出了由五个特征决定的四阶段发展模型，如图3.5所示。

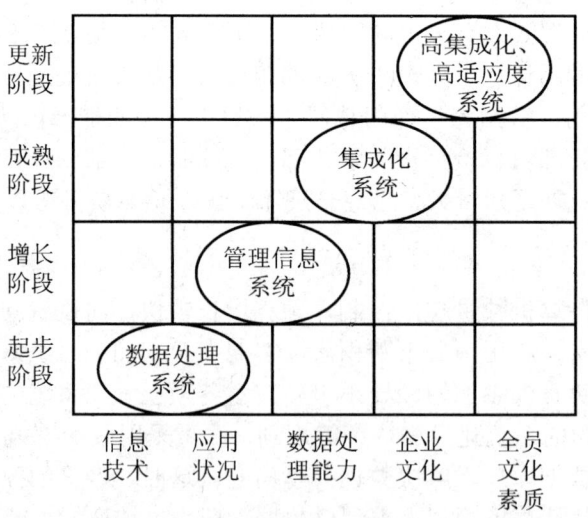

图3.5 米歇尔模型

米歇尔模型认为，从总体情况来看，综合信息技术应用的连续发展经过了起步、增长、成熟和更新这四个阶段。各个阶段的特征不是只涉及计算机、网络和数据库等单纯的信息处理技术，更多地会涉及知识、哲理、信息技术的综合运用水平，信息技术在企业经营管理中所发挥的作用，以及信息技术服务机构向企业和组织提供及时、完整和具有较高性能价格比的信息技术解决方案的能力等多个方面。概括地讲，决定这些阶段的特征有信息处理状况、信息技术的综合应用水平及集成程度、数据库和数据的处理能力、信息技术组织机构、文化价值以及全员文化素质五个方面。

米歇尔模型虽然描述了信息技术综合应用的发展过程，实质上也从总体上反映了管理信息系统建设的整体发展过程和所应该经历的主要阶段，以及所涉及的主要因素。

3.2.3 渐进式模型

渐进式模型将管理信息系统发展分为六个阶段，由北京长城战略研究所提出，见表3-1。

表3-1 渐进式模型

阶段	名称	标志
1	数字化生存阶段	企业购置第一台计算机，企业信息初次有了数字化的存在形式
2	单点数字化阶段	某些部门开始使用软件，如财务软件、办公软件等，但只限于编辑、查询、存储和输出
3	单点自动化阶段	企业内某些部门的业务流程开始实现自动化，使用数据库，但都是单点发展的
4	联合自动化阶段	企业内各部门之间、企业与外界之间实现联网，实现数据共享，开始尝试全新的管理方式
5	决策支持自动化阶段	企业决策信息和数据进入自组织状态，开始使用计算机专家系统、决策支持系统，决策能力得到加强
6	敏捷的虚拟企业阶段	依靠计算机系统实现快速应对市场变化、快速整合社会资源、快速组织生产，以满足市场需求

由表3-1可以看出，在渐进式模型前面的三个阶段，信息技术的利用基本上处于战术层次；而在后面的三个阶段，信息技术的利用则处于战略层次。

3.2.4 规划模型的应用

上面三种不同的规划模型都很好地总结了发达国家信息系统发展的经验和规律，其基本思想对于管理信息系统的规划和建设具有指导意义。一般认为模型中的各阶段都是不能跨越的。因此，无论在确定开发信息系统的策略，或者在制订信息系统规划的时候，都应首先明确组织当前处于哪一阶段，进而根据该阶段特征来指导信息系统建设。

这里仅以诺兰阶段模型为例，来说明如何根据相关模型确定管理信息系统规划的时机。

在诺兰阶段模型中，第二阶段是数据处理发展最快的一个阶段，用户感到了计算机在事务处理上的好处，计算机利用率不断提高。各部门都卷入这一潮流，开发了大量的应用程序。但这时还无法做到综合地开发系统，没有统一的规划，自然就产生了信息冗余。标准代码不一、数据难以共享。由于对高层管理服务效果不佳，加上各部门独立开发的"混乱"局面，于是产生了"危机"。另一方面，企业各部门采用自上而下开发的大量应用程序，与企业目标联系不紧，效益不佳，互相争夺和浪费了信息系统的有限资源。

经验表明，一个组织在其计算机应用水平发展到第二阶段以后，再着手制定管理信息系统总体规划，往往会得到比较好的效果。这是因为第二阶段的自然发展为组织应用计算机提供了学习的机会，使组织获得了实际经验，对信息系统在管理中的作用和潜力有了感性的认识；另一方面，没有规划的各自开发所出现的投入大而效益低、数据不一致和重复开发等问题，使组织认识到了总体规划的需要。在这样的情况下制定总体规划容易得到组织管理部门和信息系统部门的支持，并对规划的内容能有较深的理解，也有利于规划实施的控制。

3.3 信息系统战略规划方法

制定信息系统战略规划的方法有多种，下文介绍常用的两种：BSP 方法和 CSF 方法。

3.3.1 企业系统规划法(BSP 方法)

1. 企业系统规划法的基本思想

企业系统规划法(Business System Planning，BSP)由 IBM 公司于 20 世纪 70 年代提出，是一种结构化的信息系统规划方法。BSP 方法从企业目标入手，摆脱了管理信息系统对原组织结构的依从性，从企业最基本的活动过程出发，首先自上而下识别系统目标、业务过程和数据，然后对数据进行分析，自下而上设计系统，逐步将企业目标转化为管理信息系统的目标和结构，最终支持系统目标的实现。

2. BSP 方法的作用

BSP 方法的作用如下所述。
(1) 它能够确定出未来信息系统的总体结构，明确系统的子系统组成及其开发顺序。
(2) 它对数据进行统一规划、管理和控制，明确了各子系统之间的数据交换关系，保证了信息传递的一致性。
(3) 企业系统规划法的优点还在于利用它能保证管理信息系统独立于企业的组织机构，也就是能够使信息系统具有对环境变更的适应性。

3. BSP 方法的工作步骤

BSP 方法的工作步骤如图 3.6 所示。几个主要步骤的具体内容介绍如下所述。

1) 研究开始阶段

研究开始阶段首先要成立规划组，进行系统初步调查，分析企业的现状，了解企业有关决策过程、各职能部门的主要活动、存在的主要问题、各类人员对信息系统的看法。

研究开始阶段还要开好动员会，动员会要说清工作的期望输出。系统组要简介企业的现状，包括政治上、经济上、管理上敏感的问题，还应介绍企业的决策过程、组织功能、关键人物、用户的期望、用户对现有信息系统的看法等。由信息系统负责人介绍信息人员对于企业的看法，同时应介绍现有项目状况、历史状况以及信息系统的问题。通过介绍让大家对企业和对信息支持的要求有全面的了解，使在企业各级管理部门中取得一致看法。

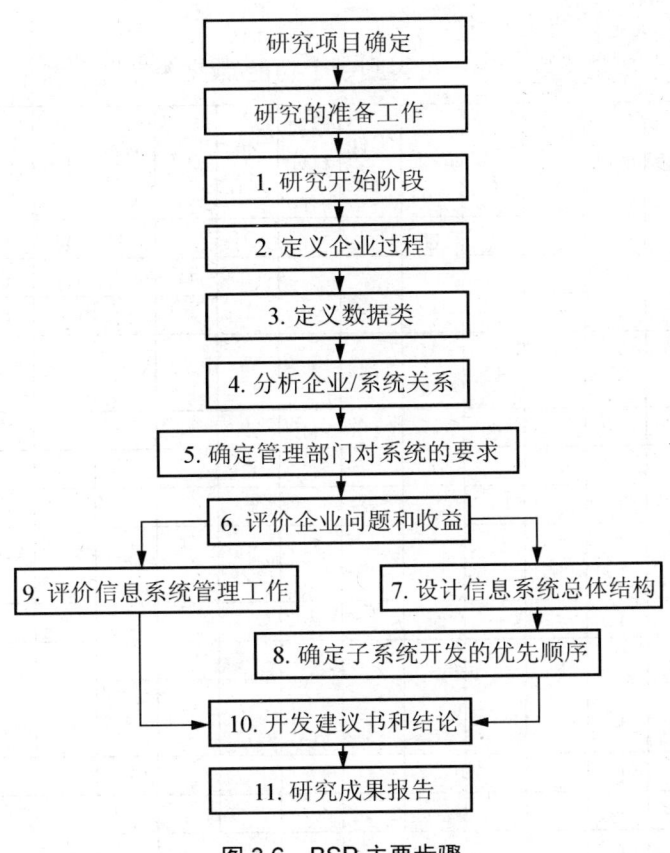

图 3.6　BSP 主要步骤

2) 定义企业过程

定义企业过程也称为定义业务过程，是 BSP 方法的核心。所谓业务过程就是逻辑相关的一组决策或活动的集合，如订货服务、库存控制、销售管理等业务处理活动或决策活动都是业务过程。

业务过程构成了整个企业的管理活动。识别业务过程可对企业如何完成其目标有较深的了解，可以作为建立信息系统的基础。按照业务过程的所建造的信息系统，其功能与企业的组织机构相对独立，因此，组织结构的变动不会引起管理信息系统结构的变动。

在业务过程定义的基础上，需要认真分析哪些过程是正确的；哪些过程是低效的，需要在信息技术支持下进行优化处理；哪些过程不适合计算机信息处理，应当取消。在检查过程的正确性和完备性后，还需要对业务过程按功能分组，如经营计划、财务规划、成本会计等。关于业务过程重组的知识，下节将做详细介绍。

3) 定义数据类

定义数据类是 BSP 方法的另一个核心。所谓数据类就是指支持业务过程所必需的逻辑上相关的一组数据。例如，记账凭证数据包括了凭证号、借方科目、贷方科目、金额等。一个系统中存在着许多数据类，如顾客、产品、合同、库存等。

数据类是根据业务过程来划分的，即分别从各项业务过程的角度将与它有关的输入输出数据按逻辑相关性整理出来归纳成数据类。

4) 设计信息系统总体结构

功能和数据类全部定义好之后，可得到一个功能/数据类矩阵，其形状如图 3.7 所示。

功能＼数据类	客户	订货	产品	加工路线	材料表	成本	零件规格	原材料库存	成品库存	职工	销售区域	财务	计划	设备负荷	材料供应	工作令
经营计划						U						U	C			
财务规划						U				U		U	C			
产品预测	U		U								U		U			
产品设计开发	U		C		U		C									
产品工艺			U		C		U	U								
库存控制								C	C						U	U
调度			U											U		C
生产能力计划				U										C	U	
材料需求			U		U										C	
作业流程				C										U	U	
销售区域管理	C	U	U													
销售	U	U	U								C					
订货服务	U	C	U													
发运		U	U						U							
通用会计	U		U							U						
成本会计			U			C										
人员计划										C						

图 3.7　功能/数据类矩阵(U/C 矩阵)

功能/数据类矩阵，也称为 U/C 矩阵，它其实就是利用定义好的功能和数据类制作的一张功能/数据类表格。矩阵中的行表示数据类，列表示功能，并用字母 U(Use)和 C(Create)表示功能对数据类的使用和产生，交叉点上标 C 的表示这个数据类由相应的功能产生，标 U 的表示这个功能使用这个数据类。例如，销售功能需要使用有关产品、客户和订货方面的数据，则在这些数据下面的销售一行对应交点标上 U；而销售区域数据产生于销售功能，则在对应交叉点上标 C。设计管理信息系统总体结构主要工作就是可以利用 U/C 矩阵来划分子系统，刻画出新的信息系统的框架和相应的数据类。

5) 确定子系统开发的优先顺序

受资源限制，信息整体不能同时实施。划分子系统之后，要根据企业目标和技术约束确定子系统实现的优先顺序。一般对企业贡献大的、需求迫切的、容易开发的优先开发。

6) 完成研究成果报告

提出开发建议书和开发计划，完成研究成果报告。

3.3.2 关键成功因素法(CSF 方法)

1. 关键成功因素法的基本思想

1970 年哈佛大学 William Zani 教授在管理信息系统模型中用了关键成功变量，这些变量是确定管理信息系统成败的因素。过了 10 年，麻省理工学院 John Rockart 教授把关键成功因素法(Critical Success Factors，CSF)提高成为管理信息系统的战略。应用这种方法，可以对企业成功的重点因素进行辨识，确定组织的信息需求，了解信息系统在企业中的位置。

所谓的关键成功因素，就是关系到组织的生存与组织成功与否的重要因素，它们是组织最需要得到的决策信息，是管理者重点关注的活动区域。不同组织、不同业务活动中的关键成功因素是不同的，即使在同一组织同一类型的业务活动中，在不同的时期，其关键成功因素也有所不同。因此，一个组织的关键成功因素应当根据本组织的情况进行判断，包括企业所处的行业结构、企业的竞争策略、企业在本行业中的地位、市场和社会环境的变动等。

2. CSF 方法的工作步骤

CSF 法是通过分析找出企业成功的关键因素，然后再围绕它们确定系统的需求，并进行规划。其工作过程包含以下步骤：①了解企业和信息系统的战略目标；②识别影响战略目标的所有成功因素；③确定关键成功因素；④识别性能指标和标准。

3. CSF 方法的描述工具

CSF 法中确定关键成功因素的工具是树枝因果图。例如，某企业目标是提高产品竞争力，可以用树枝图画出影响它的各种因素，以及影响这些因素的子因素，如图 3.8 所示。

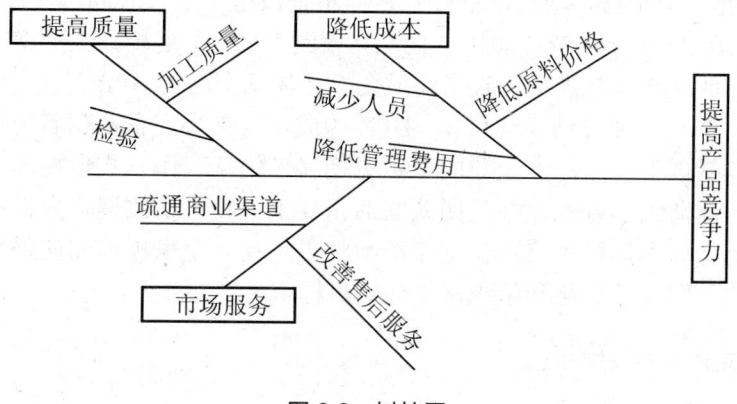

图 3.8 树枝图

如何评价这些因素中哪些因素是关键成功因素，不同的企业是不同的。对于一个习惯于高层人员个人决策的企业，主要由高层人员个人在此图中选择。对于习惯于群体决策的企业，可以用德尔斐法或其他方法把不同人设想的关键因素综合起来。

3.4 业务流程重组

在手工管理方式下，企业已经形成了较成型的企业流程和管理方法。信息技术的应用有可能改变原有的信息采集、加工和使用方式，甚至使信息的质量、获取途径和传递手段等都发生根本性的变化。在信息系统战略规划中，一项重要工作就是按现代化信息处理的特点，对现有流程重新组织与设计，这已经成为提高企业运行效率的一种重要途径。

3.4.1 业务流程重组的基本概念

业务流程重组(Business Process Reengineering，BPR)是20世纪80年代初源于美国的一种企业变革模式，最初是由一些信息咨询公司为客户构建系统时积累起来的，其完整定义最早在1993年由美国学者哈默(Hammer)和杰姆培(Champy)给出。

哈默(Hammer)和杰姆培(Champy)给BPR下的定义是，业务流程重组是以业务流程为改造对象和中心，以关心客户的需求和满意度为目标，对企业过程进行根本的再思考和彻底的再设计；以信息技术和组织调整为实现手段，以求达到企业关键性能指标(如成本、质量、服务和速度等)和业绩的巨大提高或改善，从而保证企业战略目标的实现。

这里描绘BPR用了三个关键词：根本的、彻底的和巨大的。

"根本的"的意思是指不是枝节的、表面的，而是本质的，是要对现存系统进行彻底的怀疑，用敏锐的眼光看出企业的问题，只有看出问题，才能更好地解决问题。

"彻底的"的意思是要动大手术，是要大破大立，不是一般性的修补。

"巨大的"是指成十倍、成百倍的提高，而不是改组了很长时间，才提高20%～30%。例如，有的企业在2～3年内营业额由上亿元猛增到百亿元。这种巨大的增长是在原来线性增长的基础上实现跳跃，是量变基础上的质变。抓住跃变点对BPR是十分关键的。

BPR的目标在于实现管理的现代化。BPR的成功也定会使企业朝着现代化的方向迈进一大步，其中包括以下几点：①企业的组织更趋扁平化，工作方式也将改变；②企业将更多地采用更大的团队工作方式，并且团队间的相互了解和主动协调将大大提高；③公司的领导更像是教练，而不像司令官；④整个组织将更主动、更积极地面向顾客，从而更好地达到管理过程化、职能综合化和组织扁平化的目标。

3.4.2 业务流程重组的实现手段

BPR的实现有两个主要手段：信息技术和组织变革。BPR之所以能实现巨大的提高在于充分地发挥IT的潜能，即利用IT改变企业的过程，简化企业过程。另一个方法就是变革组织结构，达到组织精简，效率提高。

除了这两者，对BPR更重要的是企业领导的抱负、知识、意识和艺术，没有企业领导的决心和能力，BPR是绝不能成功的。领导的责任在于克服中层的阻力，改变旧的传统。在当今飞速变化的世界中，经验不再是资产，而往往成了负债，企业在改变经验的培训上的投入越来越多。领导只有给BPR创造一个好的环境，BPR才能得以成功。

BPR 的主要技术在于简化和优化过程。总的来说，BPR 过程简化的主要思想是战略上精简分散的过程；职能上纠正错位的过程；执行上删除冗余的过程。

企业流程与企业的运行方式、组织的协调合作、人的组织管理、新技术的应用与融合等紧密相关，因而，企业流程的重组不仅涉及技术，也涉及人文因素，包括观念的重组、流程的重组和组织的重组，以新型企业文化代替老的企业文化，以新的企业流程代替原有的企业流程，以扁平化的企业组织代替金字塔形的企业组织等。

BPR 在利用 IT 技术简化过程上有一些常见做法，见表 3-2。

表 3-2 IT 技术简化过程的常见做法

序号	名 称	具体含义
1	横向集成	部门工作按流程压缩，如交易员代替定价员和核对员的工作
2	纵向集成	权力下放，压缩层次
3	事前监督	减少检查、校对和控制，变事后检查为事前管理
4	单点对待顾客	用入口信息代替中间信息
5	单库提供信息	建好统一共享数据库，把相互打交道变成对共享数据库打交道
6	单路径到输出	不用许多路径均能走通，多路径会让人不知该走哪条
7	并行工程	串行已不可能再压缩，可考虑把串行变为并行
8	灵活选择连接	对于不同的输入，不一定需要全过程，可设置几个可选过程

3.4.3 业务流程重组的工作步骤

业务流程重组工作的开展，一般需要遵循以下工作步骤。

(1) 确认组织的战略目标。把 BPR 与组织目标联系起来，用战略目标引导 BPR 的进行。否则，工作没有针对性目标，实施 BPR 可能会使组织与预定的战略方向相偏离。

(2) 确认可能受到战略影响的企业流程。例如，当企业决定建立一个"网上商店"的战略时，可能受影响的业务流程有订货方式、销售过程等。

(3) 确定每一流程的目标。随着企业的发展，有些过程可能会偏离目标，通过确认，可以使旧的流程重新回到正确目标，使流程重组的工作目标明确。

(4) 了解每一重组流程所涉及的人员，确定一个训练有素的企业流程重组的总负责人，指导流程重组的全过程。

(5) 每个流程参与者画出自己现在工作过程的流程图。一方面，可以使他们能更好地考虑组织流程的整体需求；另一方面，可以使总负责人明确每个参与者对流程的理解。

(6) 根据现有的流程图，结合流程的目标，找出实施新的战略目标必须完成的流程，设计一个新的流程雏形。

3.4.4 业务流程重组的管理原则

业务流程重组是站在信息的高度，对业务流程的重新思考和再设计，是一个系统工程。进行信息系统建设时，要充分认识信息作为战略性竞争资源的潜能，创造性地对现有业务流程进行分析，找出现有流程存在的问题及产生问题的原因，分析每一项活动的必要性，并根据企业的战略目标，采用关键成功因素法等，在信息技术支持下，分析哪些活动可以合并、哪些管理层次可以减少、哪些审批检查可以取消等。

1. 业务流程重组的核心原则

流程设计变革中必须坚持以下三个核心原则。

(1) 以流程为中心。业务流程重组不同于以往的任何企业变革，不仅企业的流程设计、组织机构、人事制度等发生根本变革，更重要的是组织的出发点、领导和员工的思维方式、企业的日常运作方式、企业文化等都得到再造，使企业的经营业绩取得巨大地提高，最终使企业由过去的职能导向型转变为以顾客为中心的流程导向型。

(2) 坚持以人为本的团队式管理。以流程为中心的企业必须坚持以人为本的新的发展观，既关心人，也关心流程。作为流程小组成员，他们共同关心的是流程的绩效；作为个人，他们需要学习，为以后的发展做好准备。

(3) 以顾客为导向。在市场竞争中，一个企业要成功必须能赢得顾客，因此，业务流程重组时必须以顾客为导向，站在顾客的角度考虑问题。

2. 业务流程重组的操作性原则

在实际操作中，业务流程重组需要遵循以下基本原则。

(1) 围绕结果设计组织而不是以作业来组织。也就是围绕企业最终要为顾客提供的产品进行流程设计，而不是依据以往的工作顺序进行。例如，一家公司由销售到安装以前按照如下装配线进行：第一部门处理顾客需求；第二部门把这些需求转换为内部产品代码；第三部门把信息传达每个工厂和仓库；第四部门接收这些信息并组装产品；第五部门运送并安装。顾客订单信息按顺序移动，但这个流程却经常出现问题。因此，公司进行业务流程重组时，放弃原来的生产方式，将各部门的责任整合，并由一个顾客服务代表监督整个流程，顾客只要跟这个代表联系就可知道订单进展状况。

(2) 让使用作业结果的人执行作业。当销售人员接到顾客提出改进产品的要求，如果能及时按要求改进，公司就会得到一大笔订单。在传统企业里，销售人员只能把样品的规格数据交给开发部门，然后只能等待，既不能对开发工作日程进行监督，也不能对开发中的问题提出建议。其实他是公司里对这件事最清楚、最关心的，其结果直接影响他的销售业绩。这显然是一个既糟糕而又习以为常的流程。只有让使用作业结果的人执行作业，才能使责任和利益相统一，既调动作业实施者的积极性，又使流程成为有人负责的过程。

(3) 把信息处理与信息生产的工作合并。当前，一直困扰企业管理的一个问题是信息在传送过程中的缺失、曲解和失真，如果从信息产生的地方一次性采集信息，把信息处理与信息生产的工作合并，避免重复输入，就可以解决这个问题。

(4) 将地域上分散的资源加以整合。传统企业的资源被人为地分割，应该进行变革，但人们通常认为地域上资源的分散是无法变革的。分散的资源对使用者能提供更好的服务，却造成成本的不经济，这可以通过利用 IT 技术(如计算机网络)，将地域上分散的资源加以整合，优化资源配置，获得规模经济。

(5) 利用信息技术重组企业，而不是让旧的流程自动化。不少企业投入大量资金进行自动化建设，结果却令人失望，主要原因在于用新科技自动化老式的经营方法，原封不动地保留原有业务流程，计算机信息管理只是简单模拟原来的手工管理流程。计算机只是加快了传统作业流程的速度，不能解决根本上的绩效不佳，更不能使绩效得到提高。

(6) 联系平行的活动过程，代替把各项活动的结果进行整合。企业再造工程要求从一开始各环节就需要相互联系，不能指望在一个详尽的分析结果基础上设计一个完美的新流程。因为太长的分析使人们失去耐心，也会使小组成员失去对原有流程的客观判断能力，找不到再造的切入点。以银行为例，银行有贷款、信用卡、资产融资等各种不同的信用业务，各业务单位一般无法知道顾客有没有超过信用额度，使公司的贷款超过上限。可以设计一个协调平行功能，在流程活动中进行协调，而不是等他们完成后去协调。

3.4.5 业务流程重组的适用情况

业务流程重组使许多企业巨大地改善了营运的绩效，如柯达公司产品开发时间由 70 周缩短到 30 周，IBM 信用公司的公文旅行时间由 1 周缩短为 4 小时等。但是，BPR 并非"灵丹妙药"，不少企业对 BPR 的应用效果不满意。美国在许多企业中推行了 BPR，有 1/3 的效果十分显著，可使企业成倍甚至成百倍地提高劳动生产率。未能得到成功的企业主要的问题在于管理和人员组织。BPR 和管理信息系统的应用是密不可分的。

一般来说，BPR 适用于以下几种情况：①企业濒临破产，不改只能倒闭；②企业竞争力下降，企业调整战略和进行重构；③企业领导认识到 BPR 能大大提高企业竞争力，而企业又有此需要扩张；④BPR 策略在相关的企业获得成功，影响本企业。

其中有两类企业推行 BPR 比较容易成功：一类是濒临破产的企业，由于不改只能倒闭，企业只好"背水一战"，业务流程推倒重来，优化流程和组织结构，提高士气，从而使企业绩效取得巨大提高；另一类是企业管理水平较高又需要大发展的，BPR 作为"助推器"极大地加速企业发展，使企业成十倍、成百倍地提高劳动生产率。

本 章 小 结

信息系统战略规划是一个组织战略规划的重要组成部分，是关于管理信息系统长远发展的规划，必须把其放到重要的战略位置上。管理信息系统战略规划的内容包括对组织的战略计划的概述，管理信息系统计划概述，可行性分析，具体规划和实施的行动计划等。管理信息系统的规划过程基本上可分为十三个基本步骤。高层管理者参与规划工作是确保规划成功的关键，同时，一个强有力的核心小组以及持续不断的支持过程也是总体规划成功的必要条件。

诺兰模型把信息系统的成长过程分为六个阶段，即初始阶段、膨胀阶段、控制阶段、综合集成、数据管理和成熟阶段，该模型很好地说明了组织进行管理信息系统总体规划的时机。

本章还介绍了两种国际上比较常用的规划方法：企业系统规划法(BSP)、关键成功因素法(CSF)。其中，BSP 方法对各种需要考虑的要素进行综合分析，是划分子系统的基础和依据。而 CSF 方法更多地注意满足高层管理者特殊的信息需求。

最后，本章讨论了业务流程重组的理论知识，并通过实际案例介绍了其应用实践。

总之，通过本章学习，读者应该能够真正领会信息系统战略规划工作的重要性，了解管理信息系统建设的内在规律，熟悉相关发展规划模型，熟悉业务流程重组的知识内容。

关键术语

诺兰模型　米歇尔模型　渐进式模型　企业系统规划法　关键成功因素法　业务流程重组

复 习 思 考

一、填空题

1. 1973 年，诺兰首次提出了一般组织信息系统发展的阶段理论，称为诺兰阶段模型。1980 年，诺兰进一步完善该模型，把信息系统的成长过程划分为六个不同阶段，分别是_____、_____、_____、_____、_____和_____。

2. 一个组织(企业、政府等单位)购置第一台计算机并初步开发管理应用程序，一般发生在单位的_____部门或_____部门。

3. 渐进式模型由北京长城战略研究所提出，它将一个组织信息系统的发展划分为六个阶段，分别是_____、_____、_____、_____、_____和_____。

4. 缩略词 BSP、CSF、BPR 的中文意思分别是_____、_____和_____。

5. 在 BSP 方法的表示工具功能/数据类矩阵(U/C 矩阵)中，交叉点上标上 C 的表示_____，交叉点上标上 U 的表示_____。

二、判断题

1. 在一个组织着手开发管理信息系统之前，必须制订信息系统战略规划。（　　）
2. U/C 矩阵中的行表示功能，列表示数据类。（　　）
3. 关键成功因素是组织最需得到的决策信息，是管理者重点关注的内容。（　　）
4. 除了信息技术和组织变革外，在实施 BPR 中领导作用功不可没。（　　）
5. 业务流程重组作为一种重要的管理思想，适用于任何企业。（　　）

三、名词解释

1. 诺兰模型
2. 米歇尔模型
3. 渐进式模型
4. 关键成功因素法
5. 业务流程重组

四、简答题

1. 一个组织在进行信息化建设之前，为什么首先必须进行信息系统战略规划？
2. 信息系统战略规划是否比企业的一般规划更困难？为什么？
3. 信息系统战略规划中，高层管理者为什么必须积极参与？
4. 企业高层领导和企业外的顾问专家在信息系统规划中的作用和职责是什么？

5. 什么是诺兰阶段模型？它对一个组织的信息化建设有什么指导意义？
6. 什么是企业系统规划法？请说明它的基本思想和主要工作步骤。
7. 什么是关键成功因素法？如何确定关键因素？
8. 什么是业务流程重组？其管理原则有哪些？
9. 业务流程重组主要适用于哪些情况下的企业？
10. 如何理解"信息技术(IT)和组织调整是业务流程重组的主要实现手段"？

实 践 训 练

一、案例搜集

模仿本章前面所举的案例形式，通过一定的渠道(图书查阅、网络搜索、实地调查)，收集一些企业通过建立管理信息系统来提高管理效率，增强决策水平的实际例子。

二、调查分析

(1) 自己通过一定的方式，调查几家不同单位管理信息系统建设的现状，然后分别选用相关的信息系统发展模型(如诺兰模型、米歇尔模型和渐进式模型)，来分析这些企业管理信息系统建设的当前发展情况，并探索性地为其提出未来发展的战略规划。

(2) 班里的同学按照4~5人的规模组成若干个小组，然后分组去联系一些已建成管理信息系统的单位，调查其管理信息系统的开发方式、方法、周期、费用、功能、开发经验与教训等，加强对管理信息系统的感性认识。要求开展活动之前拟订调查提纲，活动结束后以小组为单位写出调查报告，并进行适当的交流和讨论。

三、问题分析

阅读下述银行存取款流程的变化，然后阐述这种变化会带来什么效果。

原有的流程： 由客户填写存款(或取款)单，签字后，将单据和存折一起交给银行员工；银行员工将单据和存折输入计算机(若是取款，客户还须输入密码)，经验证核算处理后，银行员工将存折交还客户(若是取款，连同款项一起交还客户)。

改进后的流程： 客户向银行员工提交存折并报存款(或取款)数额；银行员工将存(取)款数额和存折输入计算机(若是取款，客户还须输入密码)，计算机打印出单据，交给客户签字，与此同时，计算机验证核算；经计算机处理后，银行员工将存折交还客户(若是取款，连同款项一起交还客户)。

四、应用实践

阅读下面患者就医的基本流程，然后回答后面给出的相关问题。

患者去医院看门诊，一般要经历导医、挂号、医生问诊、医生对患者做体格检查、开检验单、检验划价、交检验费、检验医生填写检验单、患者拿检验单、医生分析、医生诊断、医生开处方、处方划价、患者交费、患者取药等活动。

问题：

(1) 分析其中相关的信息载体，分析医院门诊看病流程的特点。

(2) 若医院开发覆盖医院门诊业务的管理信息系统，分析门诊看病可以进行哪些流程重组，可以改善门诊看病流程中的哪些行为。

 **案例分析**

案例 3-1　某企业管理信息系统建设现状描述

某公司是一家民营型企业，公司领导十分重视信息化工作，每年在信息化建设方面投入大量的人力和财力。现有联成网络的 50 台计算机站点和 2 台服务器，数据库管理系统有 FoxPro、Sybase 等。计算机站点上装有多种应用系统，其中有上级下达的(如财务系统、人事系统等)，有自行研发的，有与外单位合作开发的，也有购置的商业软件，但是很多软件之间缺乏数据接口。服务器存放部分应用系统的共享数据。

目前该公司已建立了财务管理系统、人力资源系统、办公业务处理系统等，并建立了广域网、局域网。公司在前期的信息化建设中是以服务支持软件应用为主，所有管理信息系统的建设以公司的各部门和分公司为主，信息及系统未集成，数据未实现共享，各个系统所表达的数据不一致，信息孤岛现象严重。系统中的业务流程以及相应的信息流存在断层的现象，尤其是在营销、物资、工程、生产和财务等业务关联较密切的环节更加严重；管理体制和资产归属不一致，导致各分公司的硬件、网络管理各自为政；信息中心的培训主要针对新的信息技术和产品，缺乏对项目管理、信息规划、行业专业知识等方面的培训，没有培养有效的信息技术决策和实施的能力。

案例讨论

1. 分别利用诺兰模型、米歇尔模型和渐进式模型分析该企业管理信息系统发展所处的阶段。
2. 该公司管理信息系统建设中存在的主要问题是什么？造成问题的根本原因是什么？
3. 请用诺兰模型对该企业的管理信息系统进行分析，提出未来建设规划的发展设想。

案例 3-2　Ford 公司采购付款业务流程重组

著名的 Ford 汽车公司是美国三大汽车巨头之一，20 世纪 80 年代初，日本工业的发展延伸到美国，Ford 等美国大企业面临着越来越强劲的日本竞争对手的挑战，开始企图通过削减管理费用和行政开支来应对。Ford 公司设在北美的采购应付账款部门当时有 500 多名员工，过多的员工反而使得工作效率低下。为此，公司决定应用信息技术进行改革，裁员 20%，以提高效率。当他们在同行 Mazda 公司参观时惊讶地发现他们的应付账款部门仅有 5 名员工。考虑公司规模因素，Ford 公司应付账款部门的员工仍是 Mazda 的 6 倍。Ford 公司由此决定学习 Mazda 公司，重新设计应付账款部门的业务流程，对原流程做彻底的重组。

Ford 公司应付账款部门原来的业务流程如图 3.9 所示。可以看出从采购部向供应商发出订单到最后的付款有许多环节，尤其是"订单"、"验收单"和"发票"三者一致时才能付款的条件需要核对大量的单证，这不仅耗费了财务和仓库的大量人力、时间和资金，而且还常发生差错和延误付款的事件。

依照企业过程再造的思想，结合信息系统的系统分析，对企业的业务和数据做根本的再思考和彻底的再设计，提出了基于计算机网络信息系统的新采购付款的业务流程，如图 3.10 所示。

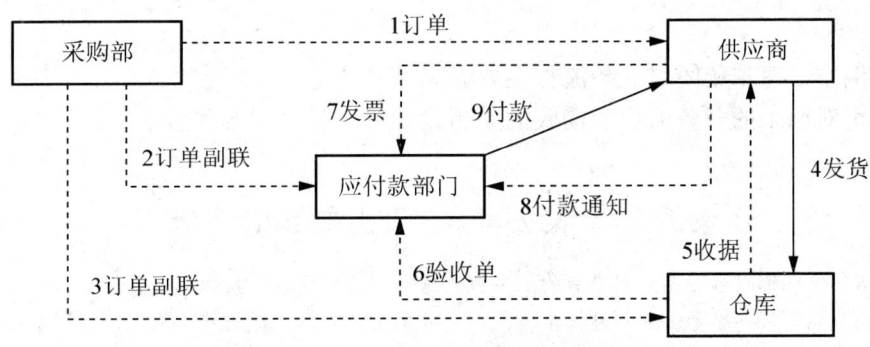

图 3.9　BPR 之前的采购付款流程

新的业务流程是一个无发票处理的流程，采购部向供应商发出订单的同时向数据库写入订单数据，仓库与数据库中的订单核对，正确就收货，然后无须供应商的发票，计算机就在线自动以电子方式或打印支票向供应商付款。这样的 BPR 使 Ford 公司应付账款部门减少了 75%的人员，并提高了正确率。

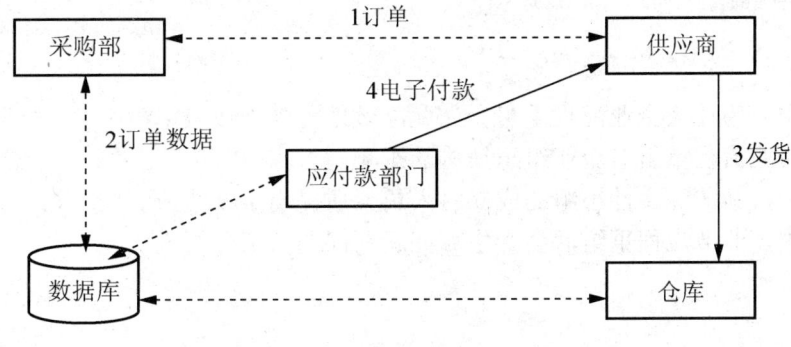

图 3.10　BPR 之后的采购付款流程

案例讨论
1．Ford 公司应付账款部门的 BPR 成功的主要支持基础是什么？
2．Ford 公司应付账款部门的 BPR 为什么要包括采购和仓库等其他部门？
3．Ford 公司应付账款部门的 BPR 至少采用了哪些信息技术？

案例 3-3　海尔集团的业务流程再造

海尔集团把市场中的利益调节机制引入企业内部，每个流程、每个工序、每个人的收入来自于自己服务的客户(市场)。如果服务有效，按合同索酬；如果服务的效果不好，对方可以提出索赔。

例如，设备管理，由技术装备部根据用户——产品事业部的要求，将全部设备管理整合起来，实行综合服务，收费标准则经过技术装备部与产品事业部协商以合同的形式确定下来。这样，技术装备部是产品事业部的服务提供者，产品事业部是设备的使用者，也就是技术装备部的市场。技术装备部在签订服务合同后，改变了原来的设备管理方式及观念，将产品事业部的要求(即市场的要求)层层分解到每个员工，员工从所负责区域的服务中获取报酬。不仅如此，如果技术装备部的服务做得不好，产品事业部提出索赔的同时，可以使用社会上的设备管理服务，这样技术装备部必须提供优质的服务才有市场份额。因此，海尔集团所做的表面上似乎是在组织内部做改变，实际上却形成了与市场紧密相连的大市场链。

案例讨论

1. 本例中,海尔集团对业务流程主要做了哪些改造?
2. 分析对原来的业务流程做彻底的重新设计后,收到了哪些效果?

案例 3-4 某公司信贷营业部 BPR 案例

某公司信贷营业部根据需要,对原有的业务流程进行了重新调整。具体内容如下:

在业务流程调整前,原来营业部分五个专业组,分别是客户组、信用评审组、信贷利率组、合同组、财务组。每组三个人,工作地点分布在办公楼 3~5 层的几个房间中,各自完成自己的职责工作。在这种情况下,客户从申请贷款到取得贷款通常需要一个星期。

在业务流程调整后,该营业部重新组建了四个综合性小组,每个小组 2 个人,办公地点都搬到了办公楼的一楼大厅,采用柜员制工作方式,每个小组都全面负责从接受客户申请、进行信用评审、确定贷款利率、签订贷款合同、支付贷款金额一直到负责回收贷款的全过程。在这种方式下,客户从申请贷款到取得贷款仅仅需要 1 天时间。

案例讨论

1. 本例中,为什么企业流程重组会如此高效地提高工作效率?
2. 讨论企业流程重组对企业组织结构的影响。
3. 本例中,新的综合性小组的成立对人员素质提出了哪些新的要求?
4. 本例中,业务流程重组后会产生哪些新的问题,请分析说明。

第 4 章 管理信息系统开发综述

知识架构

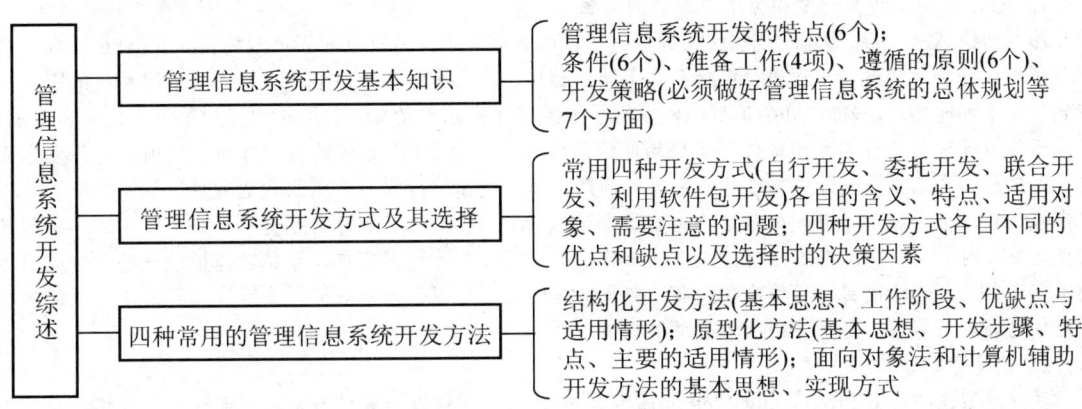

学习目标

通过本章的学习，读者应该能够：

- 理解管理信息系统开发的任务和特点
- 熟悉管理信息系统开发前的准备工作
- 领会管理信息系统开发的原则和策略
- 理解并会选择管理信息系统开发方式
- 熟悉结构化系统开发方法的主要阶段
- 理解原型化开发方法思想和工作步骤
- 了解面向对象法和计算机辅助开发方法

导入案例

案例 4-0　快速原型法在深圳地铁 AFC 系统中的应用

自动售检票(Automatic Fare Collection，AFC)系统是综合技术性很强的一个专业系统，涉及机械、电子、微控、传感、计算机、网络、数据库和系统集成等多个方面，包括自动控制、计算机网络通信、现金自动识别、微电子计算、机电一体化、嵌入式系统和大型数据库管理等高新技术运用，整个系统实现具有很大难度。AFC 应用系统软件是其中最具有代表性的，它不仅要集成所有售检票设备信息，还要对车票和现金等实物进行管理，涉及车站管理、收益管理和车票管理等各个环节，数据关系较为复杂，需求难以把握，开发具有一定难度。深圳地铁 AFC 系统开发中，采用快速原型化方法，取得了很好的成效。

1. AFC 应用系统在开发和应用中遇到的问题

深圳地铁 AFC 系统的建设是在探索中前进的，作为第一个具有自主知识产权的国产化 AFC 系统，它要不断地根据实际情况做出改进。但对于这个涉及面广、层次多的庞大系统而言，达到应用系统的需求一步到位是不可能的。这就对 AFC 项目的使用维护方提出了高水平的要求，要在掌握到第一线的乘客需求、车站运作情况和目前应用系统软件所实现功能的前提下，提出 AFC 系统的改进方向。对项目的开发方而言，用户需求的多变是让开发人员非常头痛的问题，如何快速地根据用户需求改进软件，尽快拿出满足用户需求的软件更是增加了开发的难度。通过深圳地铁 AFC 系统两年来的实际使用，其中存在的一些问题显现出来。例如，管理信息不完整，部分统计数据不能满足实际运营需要，系统功能待改进等，造成工作效率低下、人力资源浪费和运作成本提高。在此基础之上，经深入讨论研究，使用快速原型法可以使实际和应用结合较为紧密，是解决以上问题的有效方法。

2. 快速原型法技术介绍

快速原型法(Rapid Prototyping Method)是近年来提出的一种以计算机为基础的系统开发方法，它首先构造一个功能简单的原型系统，然后通过对原型系统逐步求精，不断扩充完善得到最终的软件系统。原型就是模型，而原型系统就是应用系统的模型。这个模型可在运行中被检查、测试和修改，直到它的性能达到用户需求为止。因而这个工作模型很快就能转换成原样的目标系统。

快速原型法主要包括两种开发方法：快速建立需求规格模型法和快速建立渐进原型法。

3. 快速原型法在优化 AFC 应用方面的功能

AFC 应用软件系统是整个地铁自动售票检票(AFC)系统的神经中枢，它实现系统运作、收益及设备维护集中管理功能。监控并管理车站 AFC 系统内的所有设备，采集并上传售检票设备的交易、工作状态等信息，储存并下载运营和设置参数，具备售检票设备及运营的收益管理功能，能统计、生成及打印地铁运营日的现金收益、车站管理和票卡管理等报表，具备辅助分析功能。

(1) 通过快速建立需求规格模型法建立用户需求。深圳地铁 AFC 应用系统的优化和改进首先采用了"快速建立需求规格模型法"来确认用户需求。这种方法密切了用户和开发人员的关系，促进相互了解，因此，有助于获得更完整精确的需求说明书。对深圳地铁 AFC 应用系统而言，采用快速原型法为 AFC 用户需求建立一个模型，该模型是系统功能的一个子集，开发人员测试通过后将这个模型提交给用户，通过用户的测试使用可以发现这个模型是否满足预想的需求，哪些功能冗余，哪些地方需要改进。

(2) 通过快速建立渐进原型法逐步优化系统。待用户和开发人员逐步确定需求说明书之后，其后的开发工作采用"快速建立渐进原型法"来完成系统优化。"快速建立渐进原型法"采用循环进化的开发方式，对系统模型做连续的精化，将系统需具备的性质逐步添加上去，直到所有的性质全部满足，此时，模型也就成为用户所需的系统目标了。在 AFC 应用系统的优化过程中，用户提出一个更新或改进的书面报告，开发人员根据报告的描述，并同用户讨论具体需求后，设计出一个模型，通过开发人员的内部测试后，将模型提交给用户。在深圳地铁培训中心测试平台的支持下，用户严格测试系统的功能和各部件的接口，修改所发现的问题，直至模型测试通过。测试完后，用户和开发人员一起进行原型审查，确定正确无误后，就可让系统进入车站试用。开发人员也可以通过用户的使用加深对用户需求的了解，经过相互了解促进这样一个过程,直至模型确定。最后,将测试通过的模型转变成目标系统,小规模的上线使用,观察一段时间,经过实地运作确保不产生其他影响后,才全线铺开实施。

4. 快速原型法在深圳地铁应用中的优点

通过不断跟进深圳地铁票务人员、车站人员和乘客使用 AFC 系统的情况和根据得到的反馈,快速原型法使用户在感性的层面上了解系统的概貌,通过与用户的交流,能很好地理解用户的意图与需求。在采用快速原型法的开发过程中,开发人员一直与用户密切联系,以少量代价快速地构造一个可执行的软件系统模型,使用户和开发人员可以较快地确定需求。在初步了解用户的基本需求后,开发人员建立一个他们认为符合用户要求的模型系统并交给用户检验,由于模型是可以执行的,所以为用户提供了获得感性认识的学习机会。增进了用户和开发人员之间的沟通交流,节省了开发时间,降低了开发强度,需求可以更快地得以确定,目标也能加快实现。

资料来源:刘乐,符翔. 快速原型法在深圳地铁 AFC 系统中的应用[J]. 铁路计算机应用,2006(7):52-53.

◎点评:在本例中,深圳地铁 AFC 项目投入运营后,由于对软件应用系统的项目需求分析难以一次完成,而且时间非常紧迫,传统的结构化方法难以奏效,而采用快速原型法则取得了明显的效果。快速原型法既适用于系统的重新开发,也适用于对系统的修改,还可以与传统的生命周期方法相结合使用,这样会扩大用户参与需求分析、初步设计及详细设计等阶段的活动,加深对系统的理解。在采用快速原型法设计的过程中,加入软件重用技术,采用快速原型法做需求分析,还能够有效地降低开发成本,减少系统开发的风险。

4.1 管理信息系统开发基本知识

信息系统开发是信息系统建设中最重要、必不可少的工作,其任务是开发一个能满足用户需要、功能完整、高效运转,并有力支持管理决策目标的、具有先进技术的系统。

4.1.1 管理信息系统开发的特点

1. 开发的动力来自需求牵引

随着国内外市场竞争的加剧,信息必然成为组织的一种重要的战略资源,组织必须运用先进的手段和方法来获取和利用信息资源,提高组织的竞争力。组织的这种潜在需求,必然推动和加速管理信息系统的开发。

2. 开发的前提是科学管理

管理信息系统的开发有"三分技术,七分管理,十二分数据"之称,可见管理工作的重要性。只有在合理的管理体制、完善的规章制度、稳定的生产秩序、配套的科学管理方法和完整准确的原始数据的基础上,才能有效地开发管理信息系统,很好地避免"rubbish in, rubbish out"(进来的是垃圾,出去的也是垃圾)的现象。

3. 开发的策略要因地制宜

管理信息系统的开发受到组织经营现状、管理基础、财力情况、管理模式、生产组织方式等多个因素的影响,不可能在短期内达到理想化水平,必须根据组织的实际情况,制订符合组织要求的开发策略。

4. 功能受管理模式、组织形式和运行机制所决定

不同的组织在不同的时期，其管理信息系统的具体形式、功能需求及运行机制是不同的。例如，生产企业的功能可分为生产计划管理、材料计划管理、生产能力、财务管理、人事劳资管理、销售及客户管理、市场预测与决策支持等。娱乐休闲型酒店的功能分为接待登记、点单、餐饮、财务、查询、部门及人员管理等。开发人员就要深入组织，调查分析，系统地了解用户的需求，才能开发出符合用户预期目标的系统。

5. 开发的投资需求巨大

开发一个管理信息系统必须投入大量的资金。投入费用包括购买计算机、网络通信设备等硬件费用，购买软件或开发系统费的软件费用，以及人员费用、运行费用、维护费用和耗材费用等。所以，一个单位要开发大型的综合信息系统，费用动辄就是几十万、几百万，甚至上千万或者更高。对于这些资金的来源，企业必须预先做好认真的预算安排。

6. 开发的过程非常复杂

在管理信息系统的开发中，社会文化因素、科学理论因素、技术方法因素、领域知识因素、环境多变因素、组织管理因素、经济效益因素等都会对管理信息系统的建设产生重大影响，因此其开发过程非常复杂，开发过程受制于多种制约因素，其中有主观因素和客观因素，组织内部因素和外部因素，技术因素和社会因素，认识因素和态度因素，工程因素和管理因素等。正确把握这些因素，是成功建设企业管理信息系统的重要环节。

对信息系统开发过程的复杂性，本书后续关于管理信息系统的项目管理章节中还将详细阐述。

4.1.2 管理信息系统开发的条件

1. 管理信息系统顺利开发应满足的条件

一个单位开发信息系统要想成功，需要满足以下基本条件。
(1) 领导重视，业务人员积极性高。
(2) 必须有建立管理信息系统的实际需求和迫切性。
(3) 必须要有一定的科学管理基础。
(4) 有必要的投资保证，并能提供系统维护人员的编制和维护费用。
(5) 管理人员知识结构应满足系统建设需要。
(6) 管理中需要的各种基础数据要齐全规范。

2. 管理信息系统开发前的准备工作

为了满足以上条件，单位在开发信息系统之前，首先需要做好以下准备工作。

1) 统一思想，达成共识

在信息系统建设中，很多单位不同层次的人员都对其产生过各种各样的错误想法。例如，某些单位的高层领导，仅仅看到了信息系统带来的直接经济效益，而没有看到其带来的间接效益，结果就不太重视信息系统的开发；部分中层管理人员，担心信息系统应用后使得单位的组织机构进行调整，利益关系进行重新分配，甚至担心信息系统应用会触及自

身的"既得利益",造成中层管理人员的"分流",结果他们就对信息系统开发产生抵触情绪;还有一些基层工作人员,已经长时间采用原来的管理方式和工作流程,现在如果让其利用计算机信息系统进行各项基础数据的处理,他们可能会担心自己技术水平不行或者系统出现错误,而不太愿意接受这些新事物,以至于对信息系统开发不很积极。

针对以上问题,在系统开发前,必须统一大家的思想,纠正各自的错误认识,做好系统开发前的动员工作,达成一定的共识。只有各有关人员对管理信息化有了正确的认识,管理信息系统工作才能顺利健康地发展;只有企业的领导对管理信息系统的含义、必要性有了正确的认识,他们才会积极主动地支持和参与这项工作,正确地领导这项工作的开展。

2) 做好组织机构和技术人员的准备

为了顺利地进行系统开发,单位应设置系统开发领导小组,并建立有用户领导参加的组织开发队伍,在领导小组下应设置几个专业组。系统开发领导小组和各个专业小组的成立为系统的顺利开发做好组织保障。总体而言,管理信息系统开发与应用所需人员包括系统分析员、系统设计员、系统程序员、硬件维护人员、软件维护人员、数据录入员、系统操作员、系统管理员等。就一个基层企业来说,并不要求具备所有上述人才。到底需要什么样的人才,则是由本企业开展管理信息系统的不同方式和程序所决定,见表4-1。

表4-1 信息系统建设中各类人员职责及其知识结构

职位	职责	知识结构
系统分析员	明确使用单位要求;确定可行方案;确定可行系统的需求及逻辑模型	企业管理系统知识;系统分析和设计技术;计算机基础;数据处理理论
系统设计员	设计系统逻辑模型	数据结构;数据库理论;系统开发;系统软件;计算机语言;企业管理
系统编程人员	为物理模型编制正确的程序	程序设计技术;数据结构;计算机知识;管理知识;系统开发及软件
硬件维护人员	计算机机房、计算机及其辅助设备等硬件的维护与管理工作	计算机原理;无线电基础;汇编语言操作系统
软件维护人员	应用软件的维护	企业管理知识;数据库技术;数据结构;系统开发与程序设计
操作员	系统日常运行;打印输出;简单故障排除;数据录入	汉字输入技术;计算机使用
数据录入员	录入数据	汉字输入技术;计算机使用
系统管理员	参与系统开发;系统运行管理	企业管理知识;系统开发;计算机知识;数据处理知识;项目管理

3) 做好管理的各项基础工作

在系统开发前,要认真收集和整理各种管理的基础数据,对基础管理工作进行整顿,逐步做到管理工作程序化、管理业务标准化、数据完整代码化、报表文件统一化。

良好的基础工作是管理信息系统的保证。首先,管理信息系统处理生产、管理、销售业务是在预先编制好的程序指挥下进行的,要求管理工作规范化、标准化。其次,系统能否输出正确结果,不仅取决于程序的正确与否,还取决于录入数据的正确与否,这就要求管理部门必须健全规章制度,保证数据的真实和准确。最后,如果系统不能取得其所需的录入数据,即录入数据不完整,则要么系统不能正常运行,要么不能提交正确的输出。

4) 做好开发方式的准备

根据系统特点和本单位实际情况,选择合适的开发方式和策略,确定系统目标、开发策略和投资金额,并借鉴同类系统的开发经验,做好开发前的各项准备。

关于各种开发方式及其各自特点、适用情况和选取方法,4.2 节将进行介绍。

4.1.3 管理信息系统开发的原则

根据管理信息系统开发的任务和特点,在管理信息系统开发中应遵循以下原则。

1. "四个统一"原则

管理信息系统的开发要做到"四个统一",即"统一领导、统一规则、统一目标规范、统一软硬件环境"。"四个统一"给系统开发人员和系统管理人员提出了共同遵守的准则,加强了系统开发过程的管理和控制,对提高系统开发质量和水平、缩短开发时间、减少开发费用、方便系统管理和维护等,都起到了重要指导作用。

2. "一把手"原则

根据发达国家的经验和我国的实践证明,如果组织的"一把手"没有参加管理信息系统开发,而只是作为一个旁观者,那么管理信息系统的开发注定要失败。因为管理信息系统的开发与应用是一个技术性、政策性很强的系统工程,诸如系统开发目标、环境改造、管理体制变革、机构重组、设备配置、人员培训等一系列重大问题均需"一把手"的支持与参与。

"一把手"最清楚自己组织的问题,最能合理地确定系统目标,拥有实现目标的人权、财权、指挥权,能够决定投资、调整机构、确定计算机平台等,这是任何人也不能替代的。因此,只有"一把手"亲自参与和支持管理信息系统的开发,才能获得成功。

系统开发的过程也是加强基础管理和提高管理水平的过程。其中,加强基础管理、改变传统习惯、工作关系的重新组合、人事变动以及各开发阶段设计方案的批准、重大的进程安排、资金的筹集调用等都需"一把手"亲自参与和拍板,这是管理信息系统开发成功的关键。因此,"一把手"要充分认识自己在管理信息系统开发中的地位和作用,积极参与、加强领导,以最少的投入开发出高效的多功能的管理信息系统。

3. 用户至上原则

管理信息系统是为用户开发的,最终要交给用户使用,由用户通过运行并在使用后作出客观评价。因此,系统开发人员要使管理信息系统开发获得成功,必须坚持面向用户,树立一切为了用户、用户利益至上的思想。从总体规划到开发过程的每一个环节都必须站在用户的立场上,一切为了用户,一切服务于用户。

4. 信息工程原则

管理信息系统的开发不仅涉及管理思想的转变、管理体制的变革、管理基础工作的健全,还涉及组织的整体状况、环境及经营管理和业务技术等许多方面,是一项内容繁多、覆盖面广、人机结合的系统工程。因此,必须要用信息工程的方法来开发管理信息系统。

采用信息工程的原则，必须从组织的全局和实际出发，制订组织管理信息系统的总体规划和设计，妥善处理当前和长远、实用性和科学性、现行管理和管理现代化三者之间的关系，统筹协调理想目标和实际可能、总体规划目标和子系统分目标、现行系统和目标系统之间的关系，从而保证管理信息系统的开发顺利进行。

5. 阶段性原则

系统开发过程要划分若干个工作阶段，明确规定各个阶段的任务和成果，制订各个阶段的目标和评价标准，由开发领导小组或技术负责人来对阶段性成果进行评审，发现问题及时提出修改方案，保证系统开发质量。值得注意的是，不能混淆工作阶段，如系统开发人员热衷于编制程序，在没充分弄清系统需求之前就急于考虑机器的选型、网络的方案、系统软件的选择等，匆匆忙忙地购置、安装、调试后就开始了程序的编制工作。其结果必然造成各种资源的浪费、时间的推迟，甚至导致整个系统开发的失败。

6. 实用性和先进性原则

管理信息系统开发，既不能盲目追求技术的先进性而采取不成熟的技术，造成系统不能正常运行或运行不可靠、不稳定；也不能起点太低，采用过分落后的技术或简单地模仿手工，造成系统功能弱、性能差。因此，在管理信息系统开发中应注重实用性与先进性相结合，一方面要把实用性放在第一位，满足现行管理的实际需求，尽快解决管理工作中的实际问题；另一方面要采用先进的管理思想和先进的技术，开发出功能全、起点高的系统。

4.1.4 管理信息系统的开发策略

管理信息系统的开发策略具有方向性和战略性，它将直接影响系统建设的质量和速度，甚至影响系统的成败。策略的制订应由企业最高管理层的相关人员与开发人员在专家的指导下进行，并根据具体情况进行调整和充实。

1. 必须做好管理信息系统的总体规划

著名的计算机和信息科学家詹姆斯·马丁(James Martin)曾经比喻，要建造一艘战舰，不可能在没有总体设计的情况下，就着手各个零部件的设计和制造。而一项完整的管理信息系统工程，其复杂程度丝毫不亚于建造一艘战舰。一个完整的管理信息系统由多个模块组成，如果没有来自高层的总体规划作指导，要把这些分散的模块组合起来，构成一个有效的大系统，是不可能的。因此，设计一个大系统必须有最高层的规划作为指导，以避免各子系统间产生矛盾、冲突和不协调。

2. "自上而下"总体规划与"自下而上"局部实施相结合

信息系统的开发有两种策略，分别是"自下而上"的策略和"自上而下"的策略。而对于建立大型的管理信息系统，不同于一般的软件系统或应用系统的建设，应当注重"自上而下"总体规划与"自下而上"局部实施相结合，以便保证系统建设的顺利进行。

1) "自下而上"的开发策略

"自下而上"的开发策略就是从现行系统的业务状况出发，先实现一个个具体的功能，逐步地由低级到高级建立信息系统。此方法首先从研制各项数据处理应用开始，然后根据需要逐步增加有关管理控制方面的功能。一些组织在初装和蔓延阶段，常常采用这种开发策略。

该策略对信息系统实行逐步发展，符合事物发展规律，可以避免大规模系统运行不协调的危险，但是由于没有整体规划，缺乏从整个系统出发考虑问题，随着系统的进展，各个系统之间的不协调问题将会暴露，此时往往要作许多重大修改，甚至重新规划、设计。

2)"自上而下"的开发策略

"自上而下"的开发策略从整体上协调和规划，由全面到局部，由长远到近期，从探索合理的信息流出发来设计信息系统。这种开发策略要求很强的逻辑性，因而难度较大，但是它是一种重要的策略，是信息系统走向集成和成熟的要求。因为整体性是系统的基本特性，虽然一个系统由许多子系统组成，但是它们又是一个不可分割的整体。

通常，"自下而上"适用于小型系统的设计，适用于对开发工作缺乏经验的情况。在开发实践中，对于大型系统往往把这两种方法结合起来使用，即先自上而下地做好信息系统的战略规划，再自下而上地逐步实现各系统的应用开发。这是建设管理信息系统的正确策略。

3. 加强数据处理部门与管理者之间的联系

企业数据处理部门与管理者，特别是高层管理者之间的交流和联系是企业管理信息系统开发的有力保证。在很多企业中，他们之间缺少交流和联系的原因是多方面的。例如，数据处理人员较少深入实际业务，自己经常使用数据处理的术语；数据处理部门没有兑现自己的某些承诺以及高层管理者尚未理解他们参与总体规划的必要性和迫切性；有时，上级管理者把数据处理人员视为基层单位的普通技术人员等。正确安排数据处理人员在企业中的地位是系统建设中不容忽视的问题，它将直接影响管理信息系统在整个企业中所产生的作用。

4. 选择适当的系统开发方法

在管理信息系统应用的初级阶段，系统建设很大程度上依赖于开发人员个人的工作经验。随着应用向前发展，管理信息系统开发方法学作为计算机应用的一个重要研究领域日益发展和成熟。目前，针对不同的对象类型，形成了基于不同思路的开发方法，并得到了有效实践，如结构化方法、面向对象方法等。如何根据企业自身特点、系统的特点来选择开发方法，是一项重要决策。方法选择的失误，如方法不适应对象，方法所规定的技术步骤无法实施，不具备支持方法实施的工具和环境，实施人员没有具体的经验等，都会给系统建设带来困难。

5. 选择可行的系统设备、工具和环境

计算机及其辅助设备的配置无疑是整个系统中占重要地位的技术内容，其技术发展快、投资额度大。管理信息系统建设的主要投资是硬件系统、软件系统及必要的通信设备的购置费用。由于计算机硬件技术的发展十分迅速，技术更新较快，人们追求先进技术、担心设备落后的心理往往十分明显。一般来说，选择本行业中应用较为普遍、技术成熟、应用开发较为成功的计算机系统将有利于系统建设。

现代管理信息系统的开发追求高效率，必须借助于先进的、自动化的开发工具。当前，有利于应用开发的工具很多，其中较高层次的有应用生成工具和支持数据库的开发工具等，它们都能明显地提高开发效率。

系统开发和运行环境是更高层次的支持系统建设的软硬件，是支持系统建设的设备和场地。完善的系统开发环境同时能够支持软件复用，甚至支持系统复用，可以大幅度地提高系统开发效率和质量。

6. 保持畅通的信息渠道

数据的收集和规范是整个管理信息系统建设的重要环节。数据的原始素材存在于各个业务部门中，因此，系统建设最重要的一步就是收集和整理作为系统输入的数据。从某种意义上讲，系统的数据工程是比计算机系统工程更为基础，甚至更为困难的工程，它需要各级管理人员相互配合，并受到外部条件的限制和历史情况的制约，而且是一项不易控制的工程。常常会出现计算机系统投入运行后等待数据输入的情况，形成数据库设计完成后仅有试验数据存入的尴尬局面。因此，疏通信息渠道是整个系统建设中具有战略意义的事情。它将直接影响系统建设速度、建设质量和应用效果，必须有重大的保证措施。除了具备一定条件的企业或存在特殊要求的企业外，数据的收集往往还需要依靠手工劳动，如录入凭单等。这一部分工作是十分繁重和易于出错的。在某种程度上，实行用户分析员制度是保证数据质量的一种组织措施。

7. 加强组织保证和人员培训

为了使管理信息系统建设工作得以顺利开展，应该建立合适的组织领导和工作机构，自上而下地全面规划信息资源。组织管理的优劣在很大程度上取决于机构是否健全、任务分工是否明确，取决于组织的管理者是否明确自己的任务并有能力将所担负的工作做好。

管理信息系统建设是一项新型的、复杂的工程，其成败的关键因素是人才。因此，系统建设中各类人员的培养应该从一开始就作为一项战略性任务来安排。如各层次的管理人员、各类技术人员以及其他层次的人员都需要进行相关的培训。

4.2 信息系统开发方式及其选择

信息系统的开发方式是指企业组织获得应用系统服务的方式，主要解决由谁来承担系统开发任务，建设所需信息系统的问题。目前主要的开发方式有自行开发、委托开发、合作开发、利用现成的应用软件包开发等。这几种开发方式各有优点和不足之处，需要根据使用单位的技术力量、资金情况、外部环境等各种因素进行综合考虑和选择。

4.2.1 自行开发

自行开发是由用户依靠自己的力量独立完成系统开发的各项任务。根据项目预算，企业自行组织开发队伍，完成系统的分析和设计方案，组织实施，进行运行管理。一些组织和单位有较强专业开发分析与设计队伍和程序设计人员、系统维护使用队伍的，如大学、研究所、计算机公司、高科技公司等，就可以自行开发，完成新系统的建设。

自行开发方式的优点是开发速度快、费用少，容易开发出适合本单位需要的系统，方便维护和扩展，有利于培养自己的系统开发人员。缺点是由于不是专业开发队伍，除缺少专业开发人员的经验和熟练水平外，还容易受业务工作的限制，系统整体优化不够，开发水平较低。同时，开发人员一般都是临时从所属各单位抽调出来进行信息系统开发工作的，他们都有自己的工作，精力有限，这样就会造成系统开发时间长，开发人员调动后，系统维护工作没有保障的情况。

采用这种方式时，需要大力加强领导，切实实行"一把手"原则；同时要向专业开发人士或公司进行必要的技术咨询，或聘请他们作为开发顾问。

4.2.2 委托开发

委托开发就是由使用单位(甲方)委托给富有开发经验的机构或专业开发人员(乙方)，按照用户的需求承担系统开发的任务。用户首先要明确自己的需求，然后选择委托单位，签订开发合同，并预付部分资金；开发方(乙方)根据合同要求，独立地完成系统分析、设计、实施，用户对系统验收通过后直接投入运行。

采用委托开发方式，关键是要选择好委托单位，最好是对本行业的业务比较熟悉的、有成功经验的开发单位，并且用户(甲方)的业务骨干要参与系统的论证工作，开发过程中需要开发单位(乙方)和用户(甲方)双方及时沟通，进行协调和检查。这种开发方式适合于用户(甲方)没有信息系统的系统分析、系统设计及软件开发人员或开发队伍力量较弱、信息系统内容复杂、投资规模大，但资金较为充足的单位。

委托开发方式的优点是省时、省事，开发的系统技术水平较高。缺点是费用高、系统维护与扩展需要开发单位的长期支持，不利于本单位的人才培养。

4.2.3 合作开发

合作开发由使用单位(甲方)和有丰富开发经验的机构或专业开发人员(乙方)共同完成开发任务，双方共享开发成果，实际上是一种半委托性质的开发工作。

合作开发一般是由用户负责开发投资，根据项目要求组建开发团队，建立必要的规则，分清各方的权责，以合同的方式明确下来，协作完成新系统的开发。这样可以利用企业的业务优势与合作方信息技术优势互补，开发出适用性较强、技术水平较高的应用系统。但是，用户要选择有责任心、有经验的合作方，如专业性开发公司、科研机构等联合开发，共同完成信息系统的分析、设计和实施。

这种开发方式适合于使用单位(甲方)有一定的信息系统分析、设计及软件开发人员，但开发队伍力量较弱，需要外援，希望通过信息系统的开发来建立、完善和提高自己的技术队伍，以便于系统维护工作。

相对于前面的委托开发，这种开发方式的优点是相对比较节约资金，可以培养、增强使用单位的技术力量，便于系统维护工作，系统的技术水平较高。但是，其缺点是双方在合作中沟通容易出现问题。因此，需要双方及时达成共识，进行协调和检查。

4.2.4 利用现成的应用软件包开发

所谓应用软件包，就是预先编制好的、能实现一定功能的、供出售或出租的成套软件系统。它可以小到只有一项单一的功能，如打印邮签，也可以是具有 50 万行代码、400 多个模块组成的功能复杂的运行在主机上的大系统。信息技术的发展促使软件的开发向专业化方向发展，软件开发的标准化和商品化成为软件发展的趋势。一批专门从事管理信息系统开发的公司已经开发出一大批使用方便、功能强大的应用软件包。

为了避免重复劳动，提高系统开发的经济效益，可以利用现成的软件包开发管理信息系统，可购买现成的应用软件包或开发平台，如财务管理系统、小型企业管理信息系统、供销存管理信息系统等。这种开发方式对于功能单一的小系统的开发颇为有效，但不太适用于规模较大、功能复杂、需求量的不确定性程度比较高的系统的开发。

利用现成的软件包开发这一方式的优点是能缩短开发时间，节省开发费用，技术水平比较高，系统可以得到较好的维护。缺点是功能比较简单，通用软件的专用性比较差，难以满足特殊要求，需要有一定的技术力量根据使用者的要求做软件改善和编制必要的接口软件等二次开发的工作。

4.2.5 开发方式的选择

由上可知，不同的开发方式有不同的优点和缺点，见表 4-2。实际开发中，需要根据用户的实际情况进行选择，也可以综合使用各种开发方式。

选择开发方式是一个复杂的决策过程，不能仅从经济效益原则来考虑，应当有一个正确的决策机制，对企业的实力、信息系统的地位和应用环境等综合考虑。另外，不论选用哪一种开发方式都需要用户的领导和业务人员参加，并在管理信息系统的整个开发过程中培养、锻炼、壮大使用单位的管理信息系统开发、设计人员和系统维护队伍。

表 4-2 四种开发方式的比较

方式 特点比较	自行开发	委托开发	合作开发	利用现成软件包开发
分析和设计能力的要求	较高	一般	逐渐培养	较低
编程能力的要求	较高	不需要	需要	较低
系统维护的难易程度	容易	较困难	较容易	较困难
开发费用	少	多	较少	较少

4.3 管理信息系统的开发方法

当前比较常见的信息系统的开发方法有结构化系统开发方法、原型法、面向对象开发方法等。本节对这几种方法做简单介绍，后续几章讲解是以结构化开发方法为主。

4.3.1 结构化方法

结构化系统开发方法产生于 20 世纪 70 年代，它是自顶向下的结构化方法、工程化的系统开发方法和生命周期方法的结合，是迄今为止应用最广的一种开发方法。

1. 结构化系统开发方法的基本思想

结构化系统开发方法的基本思想是，将整个管理信息系统的开发划分成若干个相对比较独立的阶段，如系统规划、系统分析、系统设计、系统实施等。

在前三个阶段采用自顶向下的方法对系统进行结构化划分，从组织的最顶层入手，层层分解逐步深入到最底层；先考虑系统整体的优化，然后再考虑局部的优化。

在系统实施阶段，采用自底向上的方法逐步实施，即按照前几个阶段设计的模块组织人员从最底层的模块做起(编程)，然后按照系统设计的结构，将模块一个个拼接到一起进行调试，自底向上，逐渐地构成整体系统。

2. 结构化系统开发方法的工作阶段

在结构化系统开发方法中，将整个开发过程划分成包括系统规划、系统分析、系统设计、系统实施、系统运行维护五个首尾相连的阶段，称为结构化系统开发的生命周期。

在结构化系统开发的生命周期中，每个阶段都产生相应的文档资料，如图 4.1 所示，如系统分析阶段产生的系统分析报告。这些文档材料一方面是对本阶段工作的一个总结，同时也为下一步工作的开展指明了方向，提供了依据。

(1) 系统规划阶段。首先，根据用户的系统开发请求，对企业的环境、目标现行系统的状况进行初步调查。其次，依据企业目标和发展战略，确定信息系统的发展战略，研究建设新系统的必要性和可能性。最后，进行可行性分析，写出可行性分析报告，可行性分析报告审议通过后，将新系统建设方案及实施计划编成系统规划报告。

(2) 系统分析阶段。根据系统规划报告所确定的范围，对现行系统进行详细调查，描述现行系统业务流程，分析数据与数据流程、功能与数据之间的关系，确定新系统的基本目标和逻辑功能，提出新系统逻辑模型，并把最后成果形成书面材料——系统分析报告。

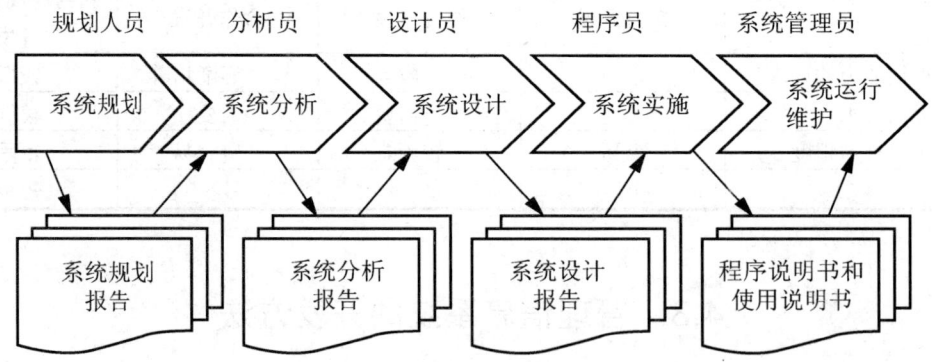

图 4.1 结构化系统开发方法的生命周期

(3) 系统设计阶段。根据新系统的逻辑模型，设计实现逻辑模型的技术方案，即进行总体结构设计、代码设计、数据库/文件设计、输入/输出设计和模块结构与功能设计。

(4) 系统实施阶段。根据系统设计说明书，进行软件编程、程序调试和检错、硬件设备的购入和安装、人员的培训、数据的准备、系统的试运行以及系统切换等。

(5) 系统运行维护阶段。在本阶段，需要进行系统的日常运行管理、维护和评价三部分工作。如果运行结果良好，则送管理部门指导组织生产经营活动；如果存在一些小问题，则对系统进行修改、维护或是局部调整等；若存在重大问题(这种情况一般是运行若干年之后，系统运行的环境已经发生了根本的改变时才可能出现)，则用户将会进一步提出开发新系统的要求，这标志着旧系统生命的结束，新系统的诞生。

3. 结构化系统开发方法的特点

结构化系统开发方法是将制造业中的工程化方法移植到软件行业的结果。其主要特点如下所述。

(1) 树立面向用户的观点。系统开发是直接为用户服务的，因此，在开发的全过程中一切要从用户利益出发。应尽量吸收用户单位的人员参与开发的全过程，加强与用户的联系、统一认识，加速工作进度，提高系统质量，减少系统开发的盲目性和失败的可能性。

(2) 自顶向下的分析/设计和自底向上的系统实施结合使用。在系统分析与设计时要站在整体的角度，自顶向下地工作。但在系统实施时，先对最底层的模块编程，然后一个模块、几个模块地调试，最后自底向上逐步构建整个系统。

(3) 严格按阶段进行。整个管理信息系统开发过程划分为若干个工作阶段，每个阶段都有明确的任务和目标，各个阶段又可分为若干工作和步骤，逐一完成任务，从而实现预期目标。这种有条不紊的开发方法，便于计划和控制，基础扎实，不易返工。

(4) 加强调查研究和系统分析。为了使系统更加满足用户要求，要对现行系统进行详细的调查研究，尽可能弄清现行系统业务处理的每一个细节，做好总体规划和系统分析，从而描述出符合用户实际需求的新系统逻辑模型。

(5) 先逻辑设计，后物理设计。在进行充分的系统调查和分析论证的基础上，弄清用户要"做什么"，并将其抽象为系统的逻辑模型，然后进入系统的物理设计与实施阶段，解决"怎么做"的问题。这种做法符合人们认识规律，从而保证系统开发工作的质量。

(6) 工作文档资料规范化和标准化。结构化方法中各个阶段性的成果必须文档化，只有这样才能更好地实现用户与系统开发人员的交流，才能确保各个阶段的无缝连接。因此必须充分重视文档资料的规范化、标准化工作，充分发挥文档资料的作用。

4. 结构化系统开发方法的优缺点

结构化系统开发方法强调将系统开发项目划分成不同的阶段，每个阶段都有明确的起始和完成的进度安排，对开发周期的各个阶段进行管理控制。

结构化系统开发过程中，及时地建立了诸如数据流程图、实体关系图以及编程技术要求等各种文档。这些文档对系统投入运行后的系统维护工作十分重要。

总之，采用这种方法有利于系统结构的优化，设计出的系统比较容易实现而且具有较好的可维护性。但是，这种方法的开发过程过于烦琐，周期过长，工作量太大。

因为有以上局限性，结构化系统开发法主要适用于一些组织相对稳定、业务处理过程规范、需求明确且在一定时期内不会发生大的变化的大型复杂系统的开发。

4.3.2 原型法

原型法是 20 世纪 80 年代提出的一种新的系统开发方法。与结构化系统开发方法相比，原型法放弃了对现行系统的全面、系统的详细调查与分析，而是根据系统开发人员对用户需求的理解，在强有力的软件环境支持下，快速开发出一个实实在在的系统原型，并提供给用户，与用户一起反复协商修改，直到形成实际系统。

1. 原型法的基本思想

原型法在软件生产中，引进工业生产中试制样品的方法，解决需求规格确立困难的问题。首先，系统开发人员在初步了解用户需求的基础上，迅速地开发出一个实验型的系统，即"原型"；然后将其交给用户使用，通过使用，启发用户提出进一步的需求，并根据用户的意见对原型进行修改，用户使用修改后系统提出新的需求。这样不断反复修改，用户和开发人员共同探讨改进和完善，直至最后完成一个满足用户需求的系统。

2. 原型法系统开发的步骤

利用原型化方法开发管理信息系统的工作步骤如图 4.2 所示，包括如下几个阶段。

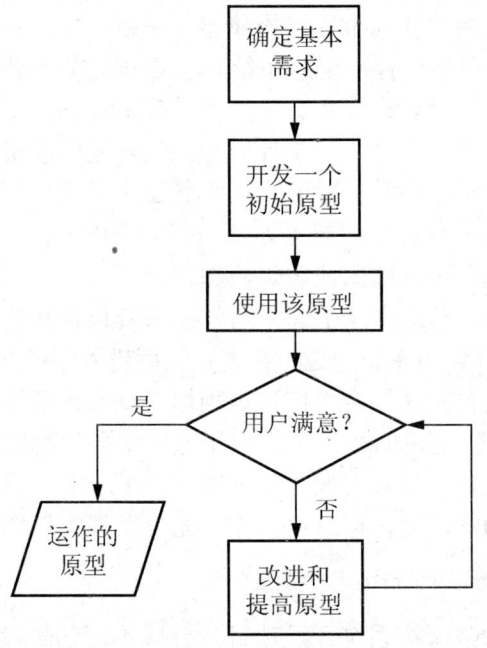

图 4.2　原型法系统开发的工作步骤

(1) 确定用户的基本需求。系统开发人员对组织进行初步调查，与用户进行交流，收集各种信息，进行可行性分析，从而发现和确定用户的基本需求。用户的基本需求包括系统的功能、人机界面、输入和输出要求、数据库基本结构、保密要求、应用范围、运行环境等，但基本不涉及编程规则、安全问题或期末的处理。

(2) 开发一个初始原型。系统开发人员根据用户的基本需求，在强有力的工具软件支持下，迅速开发一个初始原型，以便进行讨论，并从它开始迭代。

初始原型只包括用户界面，如数据输入屏幕和报表，但初始原型的质量对生成新的管理信息系统至关重要。如果一个初始原型存在明显缺陷，就会导致重新构造一个新原型。

(3) 使用和评价系统原型。用户通过对原型的验收、检查、操作、测试和运行，获得对系统最直接的感受，不断发现原型中存在的问题，并对功能、界面(查询界面、屏幕显示、报告格式、报表内容)以及原型的各个方面进行评价，提出修改意见。

(4) 修改原型。根据上一阶段所发现的问题，系统开发人员和用户共同修正、改进原型，得到最终原型。第三阶段和第四阶段需要多次反复，直至用户满意为止。

(5) 判定原型完成。判定原型是否完成就是判断有关用户的各项需求是否最终实现。如果已经实现，则进入整理原型提供文档阶段。否则继续修改。

(6) 整理原型，提供文档。把原型进行整理，并将其写入系统文档中，以便为下一步的开发、运行服务。其中包括用户的需求说明、新系统的逻辑方案、系统设计说明、数据字典、系统使用说明书等。所开发出的系统和相应的文档必须得到用户的检验和认可。

3. 原型法的优点

由于原型法不需要对系统的需求进行完整的定义，而是根据用户的基本需求快速开发出系统原型，开发人员在与用户对原型的不断"使用——评价——修改"中，逐步完善对系统需求的认识和系统的设计，因而，它具有如下优点。

(1) 符合人类认识事物的规律，容易使人接受。人们认识任何事物都不可能一次完全了解，认识和学习过程都需循序渐进，人们总是在环境的启发下不断完善对事物的描述。

(2) 改进了开发人员与用户的信息交流方式。由于用户的直接参与，能及时发现问题，并进行修改，这样清除了歧义，改善了信息的沟通状况。它能提供良好的文档、项目说明和示范，增强了用户和开发人员的兴趣，从而大大减少设计错误，降低开发风险。

(3) 开发周期短、费用低。原型法充分利用了最新的软件工具，丢弃了手工方法，使系统开发的时间、费用大大减少，效率和技术等大大提高。

(4) 应变能力强。开发周期短，使用灵活，对于管理体制和组织结构不稳定、有变化的系统比较适合。由于快速形成原型和不断修改严谨，因此系统可变性好，易于修改。

(5) 用户满意程度提高。由于原型法以用户为中心来开发系统，加强了用户的参与和决策，向用户和开发人员提供了一个活灵活现的原型系统，实现了早期的人-机结合测试，能在系统开发早期发现错误和遗漏，并及时予以修改，从而提高了用户的满意程度。

4. 原型法的缺点

尽管原型法有上述优点，但是它的运用仍有一定的适用范围和局限性，主要表现在：

(1) 不适合开发大型管理信息系统。对于大型系统，如果不经过系统分析来进行整体性划分，很难直接构造一个模型供人评价。而且这种方法还容易导致人们认为最终系统过快产生，开发人员忽略彻底的测试，文档不够健全。

(2) 原型法建立的基础是最初的解决方案，以后的循环和重复都在以前的原型基础上进行，如果最初的原型不适合，则系统开发会遇到较大的困难。

(3) 对于原基础管理不善，信息处理过程混乱的组织，构造原型有一定的困难。而且没有科学合理的方法可依，系统开发容易走上机械地模拟原来手工系统的轨道。

(4) 没有正规的分阶段评价，因而对原型的功能范围的掌握有困难。由于用户的需求总在改变，系统开发永远不能结束。

(5) 原型法开发的系统不规范，系统的备份、恢复，系统性能和安全问题容易被忽略。

4.3.3 面向对象法

面向对象法(Object Oriented，OO)是一种认识客观世界，从结构组织模拟客观世界的方法。面向对象法产生于 20 世纪 60 年代，在 20 世纪 80 年代后获得广泛应用。它一反那种功能分解方法只能单纯反映管理功能的结构状态，数据流程模型只是侧重反映事物的信息特征和流程，信息模拟只能被动迎合实际问题需要的做法，而面向对象的角度为人们认识事物，进而为开发系统提供了一种全新的方法。这种方法以类、继承等概念描述客观事物及其联系，为管理信息系统的开发提供了全新思路。

1. 面向对象法的基本思想

OO 方法认为，客观世界是由许多各种各样的对象所组成的，每种对象都有各自的内部状态和运动规律，不同对象之间的相互作用和联系就构成了各种不同的系统。在设计和实现一个客观系统时，如果能在满足需求的条件下，把系统设计成由一些不可变的(相对固定)部分组成的最小集合，这个设计就是最好的。因为它把握了事物的本质，因而不再会被周围环境(物理环境和管理模式)的变化以及用户没完没了的变化需求所左右，而这些不可变的部分就是所谓的对象。客观事物都是由对象组成的，对象是在原来事物基础上抽象的结果。任何复杂的事物都可以通过对象的某种组合而构成。

2. 面向对象法的基本概念

(1) 对象：对象是现实世界中具有相同属性、服从相同规则的一系列事物的抽象。任何事物在一定前提下都可以看成是对象。从计算机角度看，对象是把数据和对该数据的操作封装在一个计算单位中的运行实体；从程序设计者角度看，对象是一个高内聚的程序模块；从用户角度看，对象为他们提供所希望的行为。对象可以是具体的，如一个人、一张桌子、一辆轿车等；对象也可以是概念化的，如一种思路、一种方法等。

(2) 对象的属性：对象的属性是实体所具有的某个特性的抽象，它反映了对象的信息特征，而实体本身被抽象成对象。

(3) 类：类是具有相同属性和相同行为描述的一组对象，它为属于该类的全部对象提供了统一的抽象描述。例如，动物、人、高校、管理信息系统都是类。

(4) 消息：消息是向对象发出的服务请求。在 OO 方法中，完成一件事情的方法就是向有关对象发送消息。对象间可以通过消息实现交互，模拟现实世界。

(5) 行为：行为是指一个对象对于属性改变或消息收到后所进行的行动的反映。一个对象的行为完全取决于它的活动。

(6) 操作：对象行为、动态功能或实现功能的具体方法。每一种操作都会改变对象的一个值或多个值。操作分为两类：对象自身承受的操作，操作结果改变了自身的属性；施加于其他对象的操作，操作结果作为消息发送出去。

(7) 关系：关系是指现实世界中两个对象或多个对象之间的相互作用和影响。例如，师生关系、上下级关系、机器与配件的关系等。

(8) 接口：对象受理外部消息所指定操作的名称或外部通讯协议。

(9) 继承：指一个类因承袭而具有另一个类的能力和特征的机制。继承的优点是避免了系统内部类或对象封闭而造成的数据与操作冗余现象，并保持接口的一致性。

3. 面向对象法的特点

面向对象法是以对象为中心的一种开发方法。具有以下特点：

(1) 封装性。在 OO 方法中，程序和数据是封装在一起的，对象作为一个实体，它隐藏在行为中，状态由对象的"属性"来描述，并且只能通过对象中的"行为"来改变。

(2) 抽象性。在 OO 方法中，把抽出实体本质和内在属性而忽略一些无关紧要的属性称为抽象。类是抽象的产物，对象是类的实体。同类的对象具有类中规定的属性和行为。

(3) 继承性。继承性是指子类共享父类的属性与操作的一种方式，是类特有的性质。类可以派生出子类，子类继承父类的属性与方法。可见，继承大大提高软件的可重用性。

(4) 动态链接性。动态链接性是指各种对象间统一、方便、动态的消息传递机制。

4. 面向对象法的开发过程

利用面向对象法开发信息系统的主要步骤包括以下几种。

(1) 系统调查和需求分析。即对系统要面临的具体管理问题及用户对系统开发的需求进行调查研究确定系统目标；对所要研究的系统进行系统需求调查分析，搞清楚系统要做什么的问题。

(2) 面向对象分析(Object-Oriented Analysis，OOA)。根据系统目标分析问题和求解问题，在众多的复杂现象中抽象地识别需要的对象，弄清楚对象的行为、结构、属性等；弄清可能施于对象的操作方法，为对象与操作的关系建立接口。

(3) 面向对象设计(Object-Oriented Design，OOD)。对分析结果做进一步的抽象、归纳、整理，从而给出对象的实现描述，并最后以范式的形式将它们确定下来。

(4) 面向对象编程(Object-Oriented Programming，OOP)。此阶段为程序实现阶段，即选用面向对象的程序设计语言实现设计阶段抽象整理出来的范式形式的对象，形成相应的应用程序软件。面向对象法开发的系统有较强的应变能力，因而具有重用性好、可维护性好等特点。

5. 面向对象法的优缺点

面向对象法更接近于现实世界，可以限制由于不同的人对于系统的不同理解所造成的偏差；以对象为中心，利用特定的软件工具直接完成从对象客体的描述到软件结构间的转换，解决了从分析和设计到软件模块结构之间多次转换的繁杂过程，缩短了开发周期。在面向对象法中，系统模型的基本单元是对象，是客观事物的抽象，具有相对稳定性，因而面向对象法开发的系统有较强的应变能力，重用性好、可维护性好，并能降低系统开发维护费用和能控制软件的复杂性。面向对象方法特别适合于多媒体和复杂系统。

但是，面向对象法所面临的问题与不足之处和原型法一样，它需要有一定的软件基础支持才可应用。另外，对大型系统而言，采用自下向上的面向对象开发系统，易造成系统结构不合理，各部分关系失调等问题，易使系统整体功能的协调性差，效率降低等。

4.3.4 计算机辅助开发方法

1. 计算机辅助开发方法的思想

严格地讲,计算机辅助开发方法(Computer Aided Software Engineering,CASE)只是一种开发环境而不是一种开发方法。它是 20 世纪 80 年代末从计算机辅助编程工具、第四代语言(4GL)及绘图工具发展而来的。目前,CASE 仍是一个发展中的概念,各种 CASE 软件也较多,没有统一的模式和标准。采用 CASE 工具进行系统开发,必须结合一种具体的开发方法,如结构化系统开发方法、面向对象方法或原型化开发方法等,CASE 方法只是为具体的开发方法提供了支持每一过程的专门工具。因而,CASE 工具实际上把原先由手工完成的开发过程转变为以自动化工具和支撑环境支持的自动化开发过程。

2. 计算机辅助开发方法的特点

CASE 方法具有下列特点。
(1) 解决了从客观对象到软件系统的映射问题,支持系统开发的全过程。
(2) 提高了软件质量和软件重用性。
(3) 加快了软件开发速度。
(4) 简化了软件开发的管理和维护。
(5) 自动生成开发过程中的各种软件文档。

现在,CASE 中集成了多种工具,这些工具既可以单独使用,也可以组合使用。CASE 的概念也由一种具体的工具发展成为开发信息系统的方法学。

3. 计算机辅助开发方法的工具

为提高软件开发效率和减轻开发人员的劳动强度而设计的软件称为软件工具。软件工具是为支持计算机软件的开发、维护、模拟、移植或管理而研制的程序系统。

软件工具涉及的面很广,种类繁多,目前分类方法也很多,较为流行的分类方法是按生存周期分类,通常分为如下五大类。

(1) 软件需求分析工具。利用形式化语言描述,与自然语言相近,可产生需求分析的文档和相关的图形(如后面章节将会介绍到的 DFD 图)。例如,问题描述语言(Problem Statement Language,PSL)和问题说明分析器(Problem Statement Analyzer,PSA)都是需求分析工具。

(2) 软件设计工具。这主要包括两种,一种是图形、表格、语言的描述工具,如结构图、数据流程图、判定表、判定树、IPO 图等;另一种是转换与变换工具,如程序设计语言(Program Design Language,PDL),可实现算法描述到接近可执行代码的描述转换。

(3) 软件编码工具。例如,各种高级语言编译器、解释器、编辑连接程序、汇编程序等。软件编码工具是软件开发的主要工具。

(4) 软件测试和验收工具。例如、静态分析程序 DAVE,程序评测系统 PET。

(5) 软件维护工具。例如,PERT,TSN,GANTT 图等。

另外,有些软件工具支持多个软件开发阶段,因此,难以明确将其归入上述五类中的某一类。对于依赖数据库技术的管理信息系统开发,目前主要采用面向对象的开发工具。

很多数据库管理系统(Database Management System，DBMS)支持多个软件开发阶段，既作为系统开发平台又作为系统开发编程工具。

本 章 小 结

　　管理信息系统开发的任务就是开发一个能满足用户需要、高效运转并有力支持管理决策目标的、具有先进技术的系统。它有以下特点：开发动力来自需求牵引，开发的前提是要求有科学合理的管理，开发策略要因地制宜地选取，管理模式、组织形式和运行机制决定其结构和功能，系统开发需要的投资巨大，系统开发的过程非常复杂。管理信息系统开发前要做好以下准备：统一思想，达成共识；做好管理的各项基础工作；设置组织机构；配备相关人员。

　　在管理信息系统开发中应遵循"四个统一"原则、"一把手"原则、用户至上原则、信息工程原则、阶段性原则、实用性和先进性原则。信息系统的开发有"自下而上"和"自上而下"两种策略。在大型系统开发实践中，这两种方法需要结合使用。

　　管理信息系统开发有自行开发、委托开发、合作开发、利用软件包开发等方式，这几种开发方式各有优缺点，需要根据单位的技术力量、资金情况、外部环境等各种因素进行综合考虑。

　　目前常见的管理信息系统开发方法有结构化方法、原型法、面向对象开发方法、计算机辅助开发方法等。其中，结构化方法将整个开发过程划分成包括系统规划、系统分析、系统设计、系统实施、系统运行维护五个首尾相连的阶段，每个阶段都产生相应的文档资料。与结构化系统开发方法相比，原型法放弃了对现行系统的全面、系统的详细调查与分析，而是根据系统开发人员对用户需求的理解，在强有力的软件环境支持下，快速开发出一个实实在在的系统原型，并提供给用户，与用户一起反复协商修改，直到形成实际系统。面向对象开发方法以对象为基础，利用特定的软件工具直接完成从对象客体的描述到软件之间的转换，它解决了结构化方法中客观世界描述工具与软件结构不一致的问题，缩短了系统开发周期并解决了从分析和设计等到软件模板结构之间多次转换映射的繁杂过程，简化了分析和设计。计算机辅助开发方法是20世纪80年代末从计算机辅助编程工具、第四代语言(4GL)及绘图工具发展而来的，它采用各种相关的 CASE 工具进行系统开发，把原先由手工完成的开发过程转变为以自动化工具和支撑环境支持的自动化开发过程。

　　通过本章的学习，读者应清晰地理解管理信息系统开发的基本知识、开发方式及其开发方法。

关键术语

　　"四个统一"原则　"一把手"原则　"自上而下"的开发策略　"自下而上"的开发策略自行开发　委托开发　合作开发　结构化系统开发方法　系统规划　系统分析　系统设计　系统实施　系统运行维护　原型化方法　面向对象法　计算机辅助软件开发(CASE)

复 习 思 考

一、填空题

1. 信息系统开发方式主要有四种，分别是_____、_____、_____和_____。
2. 管理信息系统的开发方法有_____、_____、_____和_____共四种方法。
3. 在结构化系统开发方法的生命周期中，将整个开发过程划分成五个首尾相连的阶段，这五个阶段分别是_____、_____、_____、_____和_____。
4. 管理信息系统开发要做到"四个统一"，即_____、_____、_____和_____。

二、名词解释

1. 结构化方法
2. 原型化方法
3. 计算机辅助软件设计

三、简答题

1. 请说明管理信息系统开发的任务和目标。
2. 管理信息系统开发的主要特点有哪些？
3. 管理信息系统开发前应该做好哪些准备工作？
4. 管理信息系统开发中需要的技术人员主要有哪几类？他们的职责是什么？
5. 管理信息系统开发需要遵循哪些原则？如何贯彻？
6. 管理信息系统开发有哪些基本策略？
7. 请说明信息系统开发的方式及其各自特点。
8. 一个单位如何根据自身的特点选取合适的开发方式？
9. 请说明结构化开发方法的主要工作阶段及其各自内容。
10. 请说明原型化开发方法的基本思想和工作步骤。

实 践 训 练

一、观点讨论

(1) 本章中曾经提到：管理信息系统的开发有"三分技术，七分管理，十二分数据"之称。请你谈一下对这句话的理解。

(2) 本章中曾经提到在信息系统建设和应用中有时可能会出现"rubbish in, rubbish out"(进来的是垃圾，出去的也是垃圾)的现象，请说明其含义和产生原因。

(3) 某公司决定采用软件外包方式开发本公司的一个管理信息系统，假设你作为该公司的信息主管，你应该提醒公司管理层要注意哪些问题？

二、问题分析

通过实例,分析社会文化因素、科学理论因素、技术方法因素、领域知识因素、环境多变因素、组织管理因素、经济效益因素等对管理信息系统的开发所产生的影响。

 案例分析

案例 4-1 信息系统建设中"放心"的领导

某化工厂的王厂长对企业信息管理工作非常重视,他对刚进厂的企业信息系统开发技术人员说:"我相信你们的能力和水平,放手让你们做,需要多少资金,你们尽管说。"

在系统分析完成时,请王厂长审查,他说:"厂里工作太忙,实在没有时间,再说计算机我也不太懂,你们看着办就行了,我相信你们。"

在系统设计期间,参加系统开发的本厂 3 个化工技术人员向他请示,"我们是学化工的,不懂计算机,计算机技术人员说的话我们听不懂,也帮不上忙,还不如回本岗位工作,我们还有好多事情要做呐。"王厂长不假思索地说:"也好,留在这里也是浪费力气,你们就回去吧。"

案例讨论
1. 王厂长这样参与管理信息系统的建设,能够帮助项目取得成功吗?为什么?
2. 在管理信息系统中,我们常说"一把手"重要性,这应该主要体现在哪些方面?
3. 在管理信息系统建设中,除了领导重视之外,还需要另外哪些人做好什么工作?

案例 4-2 购置软件包,还是委托开发软件?

陈女士是某体育用品商店的经理,每天要跟各种各样的客户打交道。而这些客户根据自身的情况对商品的要求各不相同,订货时间、付款方式、享受折扣的情况也各不相同。最近,商店业务范围不断扩大,客户量也随之增加,造成商店在管理上出现问题,如经常无法及时查询客户信息,无法及时了解应收账款的情况。为此,陈女士决定建立一个应收账款管理系统来管理客户信息和应收账款。

陈女士希望该系统具有以下功能:建立和维护客户主文件;更新账户结余;生成每月总结报告;生成逾期账款通知。由于该体育用品商店自身不具备信息系统开发能力,所以陈女士有两种备选方案:购进应收账款软件包,或委托软件公司进行开发。

案例讨论
1. 通过相关图书、网络,查询该企业可选择的软件包主要有哪些。
2. 根据该企业的情况,如果陈女士选择购买软件包,她应该如何选择,说明理由。
3. 考查两种开发方案的优、缺点,帮助陈女士做出正确的选择,并说明理由。

案例 4-3 公用事业公司信息系统的原型化开发方法

多年来,公用事业公司在其市场上一直保持垄断,原因很简单,人们除了利用本领域中的公用事业提供商外,别无选择。但现在情况不再如此了,政府已经放开了大部分公用环境。不仅鼓励新竞争者进入,而且要求现行的公用事业公司提供更好的服务,以便留住老顾客和吸引新顾客。然而,做到这一点并非易

事。如果有一位老顾客投向新竞争者的怀抱，实质上就不得不提高现有顾客的价格，以补偿收入的损失。正如电力研究协会的业务部门经理所说的："对公用事业来说，这种现象被称为死循环。"

为提高自己的竞争地位，大多数公用事业公司正在改进老的信息系统，以便向顾客提供更好的服务。例如，目前公用事业公司的许多大用户和商业用户都要求实时地提供使用状况报价、能源管理汇总，并能一次性支付不同地区的账单。遗憾的是，公用事业公司过去的信息系统都无法支持这些功能。因此，在全国几乎所有的公用事业公司都在进行着系统开发项目。但是，许多公用事业提供商发现他们的新系统开发工作进行极其困难。他们中的有些公司已经在新系统开发上投入了数百万美元。由于成本和时间超越限度，只有放弃他们的开发工作。例如，Pacific煤气电力和Duke电力大约花费了5 000万～7 000万美元后，勉强地维护着系统开发项目。

案例讨论

1. 公用事业供应商艰难地从事限期的新系统开发的原因是什么？这些因素的重要性会随时间的推移提高还是降低？
2. 你认为公用事业供应商应该采用哪种信息系统开发方法，说出你的原因。

第 5 章 系统分析

> 知识架构

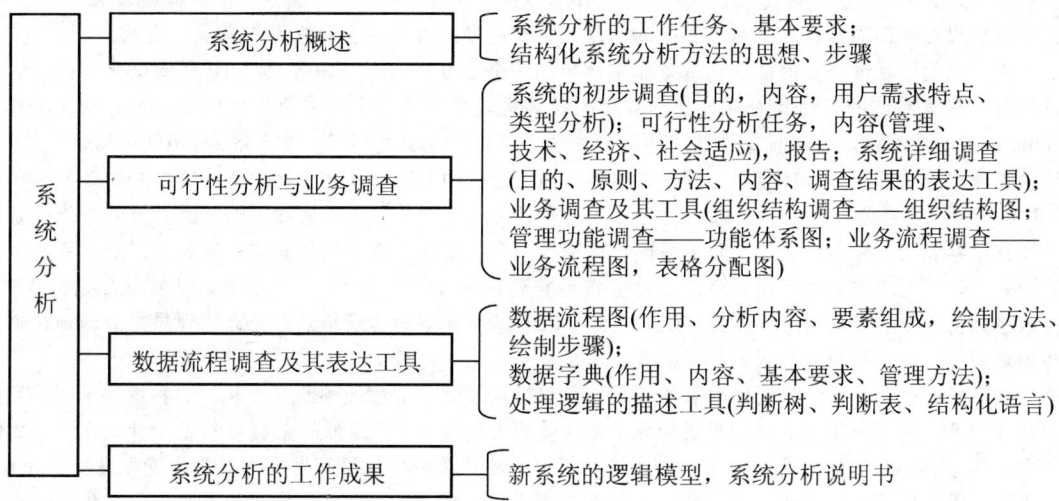

> 学习目标

通过本章的学习，读者应该能够：
- 理解系统分析的目的和任务
- 熟悉可行性分析的主要内容
- 熟悉详细调查的方法和内容
- 掌握业务流程及其调查方法
- 熟悉阅读与绘制业务流程图
- 掌握数据流程图的绘制方法
- 理解数据字典的作用和内容
- 掌握描述逻辑处理的三种工具
- 熟悉系统分析说明书内容格式

导入案例

案例 5-0 精威仪表 ERP 项目需求获取的方法

A 市精威仪器仪表有限责任公司(以下简称"精威仪表")获得了市工业和信息产业局下达的一笔技术改造无息贷款,要求其专门用于进行企业信息化建设。为此,公司老总责成信息部经理牵头,要求今年必须上马 ERP 软件。经过一段时间的选型,精威仪表最终与北京的一家 ERP 软件公司——腾佳软件公司签订了 ERP 软件的集成开发合同。按照合同要求,最后开发的系统必须将 ERP 的管理思想融入到系统之中,内容模块要覆盖企业的人财物、产供销、设计、研发、质量、工艺等所有内容,并且要实现与条形码的集成,技术架构上采用 C/S 模式,网络操作系统采用 Windows NT,数据库系统采用 SQL Server。

很快,腾佳软件公司就筹建项目组,并进驻精威仪表,开始项目的用户需求分析。调研工作刚一开始,项目组就发现在他们面前存在着两个主要的问题,这些问题很有可能会影响用户需求的获取。

首先,他们发现该企业的信息化基础非常薄弱。一个 800 多人、年销售额超 10 亿的企业,目前应用计算机信息管理系统的部门和人员很少。常用的计算机软件只有一个非常简易的内部办公自动化(Office Automation, OA)系统,一套税务局制定的财务管理系统,以及研发部门一套三维的 CAD 辅助设计软件,而销售管理、采购管理、人事管理、库存管理等,都还是利用 Office 中的 Excel 进行相关的数据处理和分析。这种情况下,腾佳软件公司原来已经制订好的项目实施计划受到了很大的影响。因为他们原先计划的主要步骤包括调研、分析、设计、分批编码、试运行、分批系统切换、总体集成、验收。但是,目前企业的基础较差,调研工作的进展不理想,已经直接影响到其他工作。项目组经过研究,决定从培训、考察、宣传入手,在企业各个层面组织各类培训,例如,ERP 基本知识的普及培训、先进管理思想的培训、企业流程的培训等;并组织精威仪表的相关人员到其他企业学习、考察,亲身感受信息化应用的效果。

另外,当时企业处于一种快速发展的阶段,组织机构和管理流程还不断在变化,这种情况下,有可能出现软件的开发速度赶不上企业的发展变化,有经验的人员都知道,这样的系统将陷入一种没完没了的修改之中。怎么办?从管理入手,通过对企业进行调研,腾佳软件公司的开发人员对企业流程进行了分类:第一类,可以确定下来的流程;第二类,可以变通的流程;第三类,有可能变化的流程,但变化的情况可以列举;第四类,肯定会变,但不知道怎么变的流程。不同的流程在软件设计中采用不同的解决办法:第一、二类按正常的方法设计;第三类,采用参数控制法;第四类,细分业务单元,采用用户流程自定义。

之后,腾佳软件公司建立了一套科学的需求管理工作机制。具体内容如下所述。

(1) 首先抓住决策者最迫切和最关心的问题,引起重视。例如,整个 ERP 系统开发初期,库存管理是企业管理的重要组成部分,库存的主要功能是在供给和需求之间建立缓冲,减缓供需矛盾。库存作为生产、采购、物料需求计划、销售、成本的依据,保证库存数据的准确性、完整性与及时性,是保证生产、财务、成本、销售、采购等其他系统顺利上线的关键,也是整个系统成功与否的关键。开发人员在开发过程中利用一切机会了解决策者关心的问题,同时也让他们了解项目的情况。在诸如专题汇报、协调会议、领导视察、阶段性成果演示等过程中,用简短明确的语言或文字抓住领导最关心的问题,引导他们了解和重视项目的开发,当决策者认识到项目的重要性时,需求分析工作在人力、物力、时间上就有了保障。

(2) 建立组织保障,明确责任分工。腾佳软件公司成立了相应的项目组或工程组,包括产品管理组、质量与测试组、程序开发组、用户代表组和后勤保障组。产品管理组负责确定和设置项目目标,根据需求的优先级确定功能规范,向相关人员通报项目进展。程序管理组负责系统分析,根据软件开发标准协调日常开发工作,确保及时交付开发任务,控制项目进度。程序开发组负责按照功能规范要求交付软件系统。质量与测试组负责保证系统符合功能规范的要求,测试工作与开发工作是独立并行的。用户代表组负责代表用户方提出需求,负责软件的用户方测试。后勤保障组负责确保项目顺利进行的后勤保障工作。

(3) 建立良好的沟通环境和氛围。分析人员与用户沟通的程度关系到需求分析的质量,因此建立一个良好的沟通氛围、处理好分析人员与用户之间的关系显得尤其重要,针对用户作为投资方会有一些心理优势,希望他们的意见得到足够的重视的特点,腾佳软件公司的分析人员充分地认识到这一点,做好了心理准备,尽量避免与他们发生争执,对待用户提出的各种问题都认真倾听,对无法满足的需求都耐心解释,并积极引导、帮助用户说出他们的最终需要。在沟通时分析人员还注意做到以下几点:①在态度上尊重对方,但不谦恭;②努力适应不同用户的语言表达方式和语言风格,理解他们的意思;③善于表达自己,善于提问,绝不"不懂装懂";④利用工作之外的交流来增进理解,加强沟通。

在需求调研及流程梳理顺利结束后,腾佳软件公司的开发人员按计划完成了需求分析的任务,圆满地得到了系统需求规格说明书,并得到了精威仪表高层领导的签字确认,使之可以顺利进入系统设计阶段。

◉**点评**:用户需求的准确界定是管理信息系统项目系统分析工作中一项重要内容,据调查统计,在众多失败的信息系统项目中,由于需求原因而导致失败的几乎占到一半。因此,需求工作将对项目能否最终达到预期目标产生至关重要的影响,好的需求管理是成功的关键因素。本例中,腾佳软件公司根据精威仪表企业信息化基础薄弱、业务流程不稳定的现状,想方设法、积极引导、认真沟通,最终获得了用户的真正需求,为后续工作奠定了坚实的基础。

5.1 系统分析概述

在系统分析阶段,系统分析人员与用户一起,通过对原系统的分析,充分理解用户需求,得到新系统的逻辑方案,解决系统"做什么"的问题,最终得到系统分析说明书。

5.1.1 系统分析的工作任务

1. 详细调查

详细调查现行系统的情况和具体结构,并用一定的工具对现行系统进行详尽的描述,这是系统分析最基本的任务。在充分了解现行系统现状的基础上,进一步发现其存在的薄弱环节,并提出改进的设想,这是决定新系统功能强弱、质量高低的关键所在。

2. 用户需求分析

用户需求是指用户要求新系统应具有的全部功能和特性,主要包括功能要求,性能要求,可靠性要求,安全、保密要求,开发费用和时间以及资源方面的限制等。

3. 提出新系统的逻辑模型

在详细调查和用户需求分析的基础上提出新系统的逻辑模型。逻辑模型是指在逻辑上确定的新系统模型,主要解决系统"做什么",而不是"如何做"。逻辑模型由一组图表工具进行描述,用户可通过逻辑模型了解未来新系统,并进行讨论和改进。

4. 编写系统分析说明书

系统分析说明书是对系统逻辑模型的图表和文字描述,是系统分析阶段的主要成果。

5.1.2 系统分析的基本要求

1. 必须充分理解用户需求

管理信息系统的最终目的是为了满足用户管理上的各种功能需求,信息技术是实现各种用户功能需求的手段。如果开发人员对需求理解错误，那么无论技术手段如何先进，其作用都是南辕北辙。因此，需求分析是系统开发成功的重要保证，必须引起高度的重视，充分理解用户需求。但是，准确确定用户的需求是一件比较困难的事。一方面，用户一般都缺乏相关的信息技术知识，无法确定计算机系统究竟能做什么、不能做什么，因此无法准确地表达自己的需求。另一方面，系统开发人员一般不太熟悉用户所在的行业，对用户的管理运作不是非常了解，常常会根据自己的设想来臆造用户的需求。需求定义发生的差错主要包括不完全合乎实际需要、不容易使用、操作困难、容易发生差错等。

2. 由开发人员和用户共同进行

系统分析是围绕管理问题展开的，但要涉及现代信息技术的应用。只有在用户和开发方之间充分交流合作的情况下，计算机技术才能被很好地应用到用户的管理工作中，开发出来的系统也才能既满足了用户需求，又做到了技术先进。但是，在缺乏计算机知识的用户和缺乏企业管理知识的计算机程序设计人员之间，要实现真正的沟通是很困难的。在这种情况下，就需要系统分析员作为两者之间的"桥梁"，其桥梁作用如图 5.1 所示。

图 5.1　系统分析员的桥梁

3. 充分了解原有系统的应用状况

信息技术在企业管理中的应用，并不是简单地用信息技术去模拟企业原有的业务流程。如果那样做的话，信息技术根本就没有发挥作用。例如，仅仅将会计和出纳面前的算盘换成计算机，计算机就只起到算盘的作用。企业信息系统的开发应在总体规划的基础上，开发方与用户密切配合，用系统工程的思想和方法，对用户的管理业务活动进行全面的调查分析，详细了解用户的各种管理业务的流程，分析原有系统的局限性和不足，然后根据企业的条件和最新的计算机技术发展情况，确定新系统的逻辑方案。目前，随着企业信息化水平的提高，新系统的建立往往要求会对老系统中的管理业务流程进行重新组织。

4. 要避免重复工作

系统分析工作的主要成果是各种文档资料，它们的表现形式是各种图表文件，这些文件一方面可以用来与用户进行交流，另一方面用来进行系统设计，这就大大增强了系统开发的一致性。正确而规范的文档资料又可以提高系统的可修改性，当然它并不能保证系统分析不出错。实际上系统分析阶段中的分析过程也是文档资料的编制过程，系统分析员在编制文档资料的过程中要相当仔细，尽量避免出现错误，特别是逻辑上的错误或矛盾。一旦发现错误就要及时更正，不要把错误带到下一阶段的开发工作之中。

5.1.3　结构化系统分析方法

结构化系统分析方法，是一种应用普遍的、简单实用的系统分析方法，适用于分析大型的管理信息系统。这种方法通常与系统设计阶段的结构化设计步骤衔接起来配合使用。

1. 结构化系统分析方法的基本思想

结构化系统分析采用"分解"和"抽象"两个手段来分析复杂系统：①自顶向下地对现有系统进行分解，如图 5.2 所示，把大问题分解为若干个小问题，对于每个小问题，再单独分析，直到细分的子系统足以清楚地被理解和表达为止；②抽象，就是在分析过程中，要透过具体的事物看到问题的本质属性，并将所分析的问题实体变为一般的概念。

结构化分析的图表工具主要由数据流程图、数据字典和数据处理说明组成。

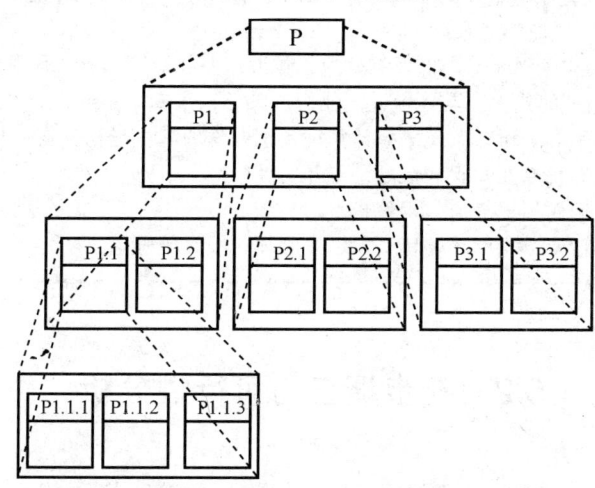

图 5.2　结构化系统分析方法的分解思想

2. 结构化系统分析方法的步骤

结构化系统分析方法遵循以下几个步骤。

(1) 分析人员通过调查，获取现行系统的具体情况，理解当前系统是如何工作的，利用组织结构图、功能体系图、业务流程图等，表达出现行系统具体的"物理模型"。

(2) 抽象出现行系统的"逻辑模型"，即从现行系统的具体的"物理模型"抽象出"逻辑模型"，这要用到数据流程图、数据字典、处理说明等表达工具。

(3) 通过分析新系统与现行系统逻辑上的差别，明确新系统"做什么"，并对现行系统的"逻辑模型"进行优化，进而建立新系统的"逻辑模型"。

3. 结构化系统分析方法的特点

结构化系统分析方法具有以下特点。

(1) 面向用户，用户自始至终参与系统的分析工作。
(2) 强调调查工作的重要性。
(3) 对管理业务中的各种数据进行分解。
(4) 采用了层次分解的系统思想。
(5) 用图形工具来分析和构建新方案。

阅读材料

系统分析人员的工作职责和素质要求

系统分析人员就是在信息系统开发初期从事系统分析工作的开发人员。他们的职责就是明确需求和资源限制因素，并将它们变成具体的实施方案。系统分析工作终始是由客户和系统分析人员协作完成的。系统分析人员是系统分析工作的主持者，在系统开发工作中是业务管理人员和计算机技术人员之间的桥梁。

系统分析人员必须具有多种才能，以便有效地工作。这些技能可以分成两类：处理人际关系方面的能力和解决有关技术问题的能力。具体地说，他们应具备以下基本素质。

(1) 有一定的理论水平，全面、系统掌握计算机系统开发的基本理论和有关标准。
(2) 具有较全面的计算机专业知识和信息系统开发经验。
(3) 有较强的在新的问题领域提取知识的能力。
(4) 善于掌握非技术因素，比如人员协调、团队管理、项目管理等。

5.2 初步调查与可行性分析

系统的初步调查和可行性分析，是系统分析工作的第一步。其中，系统初步调查是系统可行性分析的前提，可行性分析是在初步调查结果的基础上进行的。

5.2.1 系统的初步调查

1. 初步调查的目的

系统初步调查的目的是明确系统目标，通过初步调查收集相关信息，用以进行可行性分析。实际操作时，初步调查企业内部对信息系统开发的实际需求，调查和研究企业基础数据管理工作支持将要开发的信息系统的可能性，企业管理现状和现代化管理的发展趋势，现有的物力、财力对新系统开发的承受能力，现有的技术条件以及开发新系统在技术上的可行性，管理人员对新系统的期望值以及对新系统运作模式的适应能力等。

2. 初步调查的内容

管理信息系统初步调查的基本内容包括如下几个方面。

1) 调查用户需求

从用户提出新系统开发的理由、用户对新系统的要求入手考察用户对新系统的需求，预期新系统要达到的目的。例如，用户对新系统开发的需求状况，对新系统的期望目标，是否愿意参加和配合系统开发；在新系统改革涉及用户业务范围和习惯做法时，用户是否能够根据系统分析和整体优化的需求，来调整自己职权范围和工作习惯；上一级管理者有无参与开发工作、协调下一级管理部门业务和职能关系等。

2) 调查现有企业的运行状况

调查现有企业的运行状况包括企业的目标和任务、企业概况(包括企业性质、人员、设备、资金、生产状况、组织机构、管理体制等)、企业的外部环境等。

3) 调查新系统的开发条件

初步调查不仅要为论证新系统的必要性收集材料,更要为论证新系统的可能性提供充分的依据。这方面的调查包括以下几点。

(1) 企业内各类人员对开发新系统的态度。

(2) 目前的管理基础工作、管理部门的机构是否健全,职责与分工是否明确和合理,规章制度是否齐全;各项主要管理业务是否科学合理,各种基础数据(如产品目录、材料目录、工时与材料消耗定额、设备档案等)是否完整和准确等。

(3) 可提供的资源。包括可投入系统开发的人力、物力和财力。

(4) 受到的约束条件。

5.2.2 用户需求内容分析

用户需求来源于对用户的业务调查,是考虑用户自身的特性与要求,并参照行业规范进行业务分析的结果,是关于软件一系列想法的集中体现,涉及软件功能、操作方式、界面风格、报表格式、用户机构的业务范围、工作流程和用户对软件应用的展望等。

1. 用户需求的特点分析

用户需求其实也就是关于信息系统外界特征的规格表述,具有以下基本特点。

(1) 用户需求直接来源于用户。需求可以由用户主动提出,也可以通过与用户沟通、交流或者进行问卷调查等方式获得。由于用户对计算机系统认识上的不足,分析人员有义务帮助用户挖掘需求,如可以使用启发的方式激发用户的需求想法。

(2) 用户需求需要以文档的形式提供给用户审查。因此,需要使用流畅的自然语言和简洁清晰的直观图表来表述,以方便用户的理解与确认。

(3) 可以把用户需求理解为用户对软件的合理请求。这就意味着,一方面必须全面理解用户的各项要求,但同时又不能全盘接受所有的要求。因为并非所有用户提出的全部要求都是合理的。对其中模糊的要求还需要澄清,然后才能决定是否可以采纳。对于那些无法实现的要求应向用户进行充分的解释,以求得到理解。

(4) 用户需求主要是为用户方的管理层撰写的,但是用户方的技术代表、软件系统今后的操作者及开发方的高层技术人员,也有必要认真阅读用户需求文档。

例如,下面的表 5-1 就是某单位人事考勤管理系统的用户需求描述。

表 5-1 用户需求的描述

系统名称	用户需求
人事考勤系统	提供员工考勤信息的录入和查询,能够产生相关报表并可以打印 可以进行请假类别以及考勤扣款的设置,结果可以反映到工资表中

2. 用户需求的类型

用户需求可从不同角度分类。例如,从项目管理角度看,包括功能需求、性能需求、环境需求、资源需求、成本需求、进度需求、现实约束及预先估计以后系统可能达到的目标等。而从信息系统开发角度看,用户需求主要包括两大类型:功能需求和非功能性需求。

1) 功能需求

功能需求是信息系统最基本的需求表述,包括对系统应该提供的服务、如何对输入做出的反应以及系统在特定条件下的行为的描述。在某些情况下,功能需求还必须明确系统不应该做什么。所以,它需要详细地描述系统功能特征、输入和输出接口及异常处理方法等。表 5-2 就是上面人事考勤管理系统的部分功能需求描述。

表 5-2 功能需求的描述

系统名称	功能需求
人事考勤系统	通过指纹识别进行考勤信息的录入 提供考勤信息的多条件查询(姓名/日期/指定时间段/综合查询) 提供日报表、月报表、年报表的数据统计,并提供打印功能 输入假期类别,并设置扣款标准;扣款结果可以与工资系统连接

2) 非功能性需求

非功能性需求是对功能需求的限制性要求,包括系统的性能需求、可靠性需求、可用性需求、安全需求以及系统对开发过程、时间、资源等方面的约束和标准等。例如,"汇总统计分析必须在一分钟之内生成",这就是一项性能需求;"系统应支持 7×24 小时提供服务的业务需要",这就是一项可靠性需求;"在任何情况下,主机或备份系统应该至少有一个可用,而且在一年内,该系统的不可用时间不能超过总时间的 1%",这就是一项可用性需求。

非功能性需求一般关心信息系统的整体特性,而不是个别的系统特性。因此,非功能性需求比功能性需求要求更严格,更不易满足。一个功能需求没有满足,可能降低系统的能力;而一个非功能性需求没有满足,则可能使整个系统无法使用。当然,非功能性需求还与系统的开发过程有关。例如,质量标准的描述、使用开发工具的描述以及所必须遵守的原则等。表 5-3 就是上面人事考勤管理系统中一部分性能需求的描述。

表 5-3 性能需求的描述

系统名称	性能需求
人事考勤系统	指纹识别系统的响应时间应该在 2 秒以内 人事考勤管理系统必须支持 100 个客户的同时访问 可以在 10 秒内从 10 000 个员工记录中检索出所需要员工的考勤信息 应该可以在 1 分钟之内给出整个集团公司的月份考勤统计报告

另外,在用户需求分析中还必须作好数据需求分析,包括对输入数据、输出数据、加工中的数据和保存在存储设备上的数据等进行的全方位分析。

在结构化方法中,可以使用数据字典(关于其内容,本章后面会介绍)对数据进行全面准确的定义,如数据的名称、组成元素、出现的位置、数据的来源、数据的流向、数据出现的频率和存储的周期等。当所要开发的软件系统涉及对数据库的操作时,还可以使用数据关系模型图,对数据库中的数据实体及数据实体之间的关系进行描述。

3. 需求规格说明书

需求分析完成之后，系统需求分析人员需要将用户对信息系统的一系列要求、想法，编写为系统需求规格说明书(简称需求规格说明书)，它详细地说明了信息系统"必须做什么"，以及对模糊的部分"不做什么"，还包括软件应该"做成什么样"等。需求规格说明书在后面的开发、测试、质量保证以及相关项目管理功能中都将起到重要的作用。

编写需求规格说明书的目的是使用户和开发者双方对该软件有一个共同的理解，使之成为开发工作的基础。它还为系统设计提供了一个蓝图，为系统验收提供了一个标准。

5.2.3 可行性分析的内容

可行性分析的任务是明确应用项目开发的必要性和可能性。其中，必要性来自对待开发系统的迫切性，而可能性则取决于实现应用系统的资源和条件是否具备。

可行性分析工作需要建立在初步调查的基础上。如果领导或管理人员对信息系统的需求很不迫切，或者条件尚不具备，就是不可行。具体来说，可行性分析的内容包括以下几点。

1. 管理上的可行性

管理上的可行性指管理人员对开发应用项目的态度和管理方面的条件。在开发应用项目的态度方面，主管领导不支持的项目就不可行。同样，如果高中层管理人员的抵触情绪很大，就有必要暂缓，积极做工作，创造条件。管理方面的条件主要指管理方法是否科学，相应管理制度改革的时机是否成熟，规章制度是否齐全以及原始数据是否正确等。

2. 技术上的可行性

技术上的可行性主要分析当前的软、硬件技术能否满足对系统提出的要求，如对运行速度的要求、对存储能力的要求、对通信功能的要求等，都需要根据现有的技术水平进行认真的考虑。此外，还要考虑从事系统开发以及系统运行之后的维护管理人员的技术水平。在信息系统开发和运行维护的各个阶段，需要各类技术人员参与，如系统分析人员、系统设计人员、程序员、数据录入人员、硬件维护人员、软件维护人员等。如果能够投入的上述人员数量不够，或者所投入的上述人员技术水平不高，或者缺乏系统中要用到的某些知识(如网络知识)，那么可以认为此系统的开发在技术力量方面是不可行的。

3. 经济上的可行性

经济上的可行性主要是预估费用支出和对项目的经济效益进行评价。在费用支出方面，不仅要考虑主机费用，而且要计算外围设备费用、软件开发费用、人员培训费用、管理咨询费用和将来系统投入运行后的经常费用(如管理、维护费用，人员工资费用)和备件费用、耗材费用。经济效益应从两方面综合考虑，一部分是可以用金钱直接衡量的效益，如加快流动资金周转、减少资金积压等；另一部分是难以用金钱直接表示的间接效益，如提供更多更高质量的信息，提高取得信息的速度，提高企业的形象和品牌等。

4. 社会适应可行性

由于信息系统是在社会大环境中存在的，除了技术因素和经济因素之外，还有许多社会因素对于项目的开展起着制约作用。例如，与项目有直接关系的管理人员是否支持该项目，如果有各种误解甚至抱有抵触的态度，那应该说条件还不成熟，至少应该做好宣传解释工作，项目才能开展。又如，有些企业的管理制度正处在变动之中，这时信息系统的改善工作就应该作为整个管理制度改革的一个部分，在系统的总目标和总的管理方法制定之后，项目才能有根本变化。如果这时考虑大范围地使用某些要求较高文化水平的新技术，显然不现实。所有这些社会因素、人的因素均必须考虑在内。

5.2.4 可行性分析报告

可行性分析结束后，要写出一个书面文档，这就是可行性分析报告。它是系统开发人员对现行系统进行初步调查和研究之后的结论，反映了系统开发人员对新系统开发的看法和设想。可行性分析报告一般要提交到有企业决策者、部门领导及主要业务骨干参加的正式会议上讨论，报告一旦正式通过，并且经过有关领导审核批准，可行性分析即宣告结束。

一般可行性分析报告应包括以下内容。

1. 系统概述

简单地说明与系统开发有关的各种情况和因素，主要包括以下几点。

(1) 引言。包含摘要，系统名称、功能，系统开发单位，系统服务对象，本系统和其他系统的关系，本报告的引用资料，本报告使用的专门术语及其定义、缩略语、全称等。

(2) 系统的基本环境，如组织的地理位置及分布，发展历程，组织的机构、人员等。

(3) 系统开发的背景、必要性和意义。

2. 系统目标

介绍系统的目标以及初步需求，主要包括以下几点：①系统应达到的目标；②系统的边界；③系统的主要功能；④系统的软、硬件配置；⑤系统的大致投资；⑥系统开发进度的安排。

3. 系统开发方案介绍

一般要求提出一个主方案和几个辅助方案，并对几种方案进行比较分析。

4. 可行性研究

系统从管理上、技术上、经济上、社会上以及其他方面进行可行性分析。

5. 可行性分析的结论

在可行性研究中，对可行性分析要有一个明确的结论，可以是以下几项的某一项。

(1) 可以立即开发。
(2) 没有必要开发新系统，可以继续使用或者改进原系统。
(3) 某些条件不具备，需要到这些条件具备以后再进行。

可行性分析报告要尽量取得有关管理人员的一致认可，并经过主管领导批准，如果结论是可以立即开发，才能付诸实施，进入下面的详细调查阶段。

5.3 详细调查

当新系统的目标确定可行后,系统的研制开发工作就进入了实质性的阶段。这时的首要任务就是进行详细调查,深入了解系统的处理流程,完整掌握现行系统的现状,发现问题和薄弱环节,收集资料,最终确定用户需求,为下一步的系统化分析和新系统的逻辑设计做好准备。本节主要介绍详细调查的目的、原则、方法、内容和表达工具。

5.3.1 详细调查的目的

详细调查的对象是现行系统(包括手工系统和已采用计算机的管理信息系统)。详细调查的目的是深入了解企业管理工作中信息处理的具体情况和存在问题,为提出新系统的逻辑模型提供可靠的依据,因此其细微程度要比初步调查高得多,工作量也要大得多。

5.3.2 详细调查的原则

详细调查是系统分析与设计的基础,它对整个开发工作的成败起着决定性的作用。详细调查中必须要求用户积极参与,整个调查过程由使用部门的业务人员、主管人员和设计部门的系统分析人员、系统设计人员共同进行,并遵循以下详细调查的基本原则。

1. 自顶向下全面展开

系统调查工作应严格按照自顶向下的系统化观点全面展开。首先从组织管理工作的最顶层开始,然后再调查第二层的管理工作,依次类推,直至摸清组织的全部管理工作。

2. 弄清各项管理工作存在的必要性

组织内部的每一个管理部门和每一项管理工作,都是根据组织的具体情况和管理需要而设置的。调查工作的目的正是要弄清这些管理工作存在的客观条件、环境条件和工作的详细过程,然后再通过系统分析,讨论其在新的信息系统支持下有无优化的可行性。

3. 工程化的工作方式

对于一个大型系统的调查,一般都由多个系统分析人员共同完成。所谓工程化的方法就是将每一步工作事先都计划好,对多个人的工作方法和调查所用的表格、图例都进行规范化处理,以使群体之间都能互相沟通、协调工作。另外所有规范化调查结果(如表格、问题、图、收集的报表等)都应整理后归档,以便进一步工作时使用。

4. 全面铺开与重点调查相结合

开发整个组织的综合性管理信息系统要开展全面的调查工作。但如果近期内只需开发组织内某一局部的信息系统,这就必须坚持全面铺开与重点调查相结合的方法,即自顶向下全面展开,但每次都只侧重于与局部相关的分支。

5. 主动沟通、亲和友善的工作方式

系统调查是一项涉及组织内部管理工作的各个方面、各种不同类型的人的工作,所以调查者主动地与被调查者在业务上进行沟通是十分重要的。而且，创造出一种积极、主动、友善的工作环境和人际关系是调查工作顺利开展的基础，一个好的人际关系可能使得调查和系统开发工作事半功倍，反之则有可能根本无法进行。

5.3.3 详细调查的方法

对于不同的系统或同一系统的不同部分，应分别采用适当的调查方法。系统详细调查的常用方法，除了通过搜集资料进行间接调查之外，还包括以下几种直接调查方法。

1. 个别访问法

个别访问法是系统分析人员根据调查需要，有目的性地直接访问组织中的各类业务人员，其目的是要了解组织的业务流程、数据流程和数据处理方法等。

2. 召开调查会

召开调查会是系统调查最常用也很有效的一种方式。其目的是尽可能使管理人员和系统开发人员在新系统的功能和与之联系的修改方案及措施方面取得一致。

3. 问卷调查法

问卷调查法就是系统分析人员将与系统开发有关的问题，以问卷的形式发给组织中的有关人员，通过回答问题的方式，了解系统现状和系统需求。在进行问卷调查时，需要事先拟订调查提纲，并设计问卷调查表。要注意的是，问卷的信息量不要太大，问题要简单、明确、直接，突出主题和中心思想。切忌表述不清、产生二义性。问卷方式可以采用自由式问卷或选择式问卷。表5-4所示为一个详细的调查问卷提纲，其内容可根据实际情况修订。

表5-4 详细调查提纲

序号	问题
1	你的工作岗位是什么？
2	你的工作任务是什么？哪些任务属于重点、难点？
3	你的工作性质、地位是什么？
4	你的工作有哪些考核指标？工作目标有哪些？
5	你的工作中要用到哪些单据、台账、统计报表、工作文件、工作标准、管理标准？
6	你工作中的哪些单据、台账、统计报表、工作文件、工作标准、管理标准可能会被修改？
7	你的工作与其他工作(部门、人员或岗位)之间有什么关系？
8	你的工作中有哪些流程？
9	你的工作要制订哪些计划？
10	你的工作需要向什么领导提供哪些统计数据？
11	你的工作存在哪些问题？在最近有哪些变革？你认为应该如何改进？
12	你认为自己的工作或其他相关的工作是否需要改进？如何改进？
13	你认为哪些统计指标(尤其是综合统计指标)能够反映你的工作及其他相关工作的情况？
14	你认为做好你的工作和其他相关的工作，应该收集哪些企业外部信息？
15	你所在部门的计算机应用情况如何？
16	你对使用计算机的认识如何？你认为所在部门应该如何实施计算机辅助管理？

4. 参加业务实践

参加业务实践是系统分析人员深入、准确、完整了解系统中的一些复杂环节的最佳方式。通过直接参加业务实践，分析人员可以更好地掌握系统的输入、处理、输出、传递、存储的具体过程和内容，并能体验和找出系统中的各种缺陷、有可能出现的问题等。

5.3.4 详细调查的内容

详细调查主要针对管理业务调查和数据流程调查两部分进行，具体内容包括以下几点：①组织结构调查与分析；②功能体系调查与分析；③管理业务流程调查与分析；④数据与数据流程调查与分析；⑤薄弱环节以及其他相关内容的调查。

5.3.5 调查结果的表示

在系统的详细调查中，为了便于分析人员和管理人员之间进行业务交流和分析问题，在调查过程中应尽可能使用各种形象、直观的图表工具。

系统详细调查中图表工具种类很多。例如，通常用组织结构图描述组织的结构；用功能体系图表示组织的整体管理功能；用业务流程图或表格分配图描述业务流程状况；用数据流程图描述业务过程中的数据流动情况；用决策树或决策表等描述具体处理功能等。

5.4 管理业务调查

开发和建立管理信息系统的目的主要在于提高管理水平。而新系统的产生，必须在对现行管理业务充分了解的情况下才能真正把握。为此，对现行管理业务的调查非常重要，这主要包括组织结构调查、管理功能调查和管理业务流程调查以及其他管理内容调查等。

5.4.1 组织结构调查

组织结构是指一个组织的部门组成以及各组成部分之间的隶属关系。观察一个企业时，首先关注的就是其组织结构，通常使用组织结构图来表示组织结构，如图 5.3 所示。

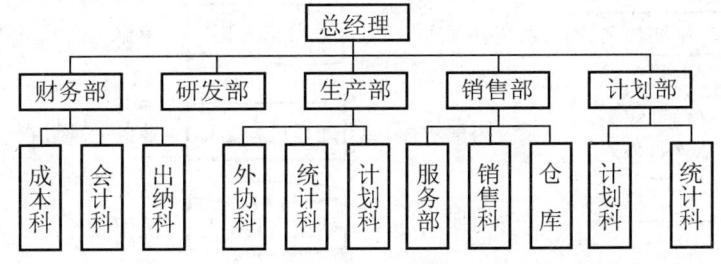

图 5.3 某企业的组织结构图

对组织结构进行详细调查的主要目的是了解各级组织的职能和有关人员的工作职责、决策内容、存在问题以及对新系统的要求等。

5.4.2 管理功能调查

管理功能调查的任务，就是在掌握系统组织结构的基础上，以组织结构为线索，层层了解各个部门的工作职责和内部分工，掌握组织的功能体系，并用功能体系图来表示。

功能体系图是一个完全以业务功能为主体的树形图，其目的在于描述组织内部各个组成部分的业务和功能。系统功能体系图的一般形式如图 5.4 所示。

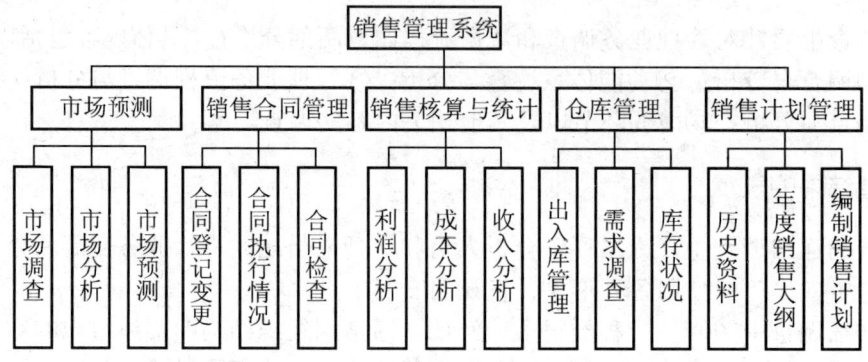

图 5.4 某企业销售部的功能体系图

5.4.3 管理业务流程调查

管理业务流程调查的主要目的是分析某项业务的具体处理过程，发现和处理系统调查工作中的错误和疏漏，修改和删除原系统的不合理部分，在新系统基础上优化业务处理流程。

描述管理业务流程的图表有两种，分别是业务流程图和表格分配图。

1. 业务流程图

业务流程图是一种描述系统内各单位、人员之间业务关系及作业顺序和管理信息流向的图表，利用它可以帮助分析人员找出业务流程中的不合理流向。

业务流程图易于阅读和理解，是分析业务流程的重要工具。它用一些尽可能少的规定的符号及连线来表示某个具体业务处理过程。业务流程图中常用的基本符号如图 5.5 所示。

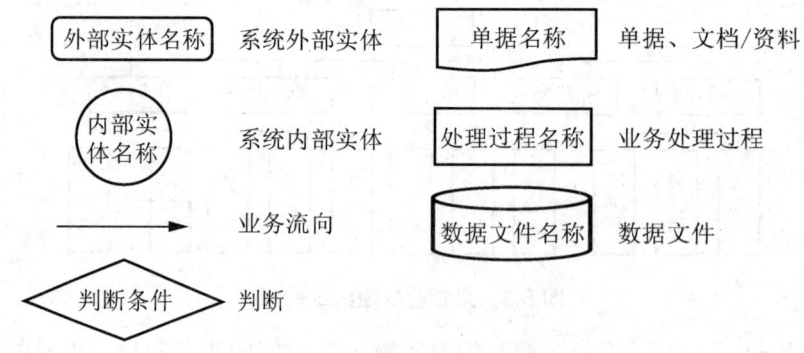

图 5.5 业务流程图的基本符号

某企业销售及库存子系统的管理业务流程图如图 5.6 所示。

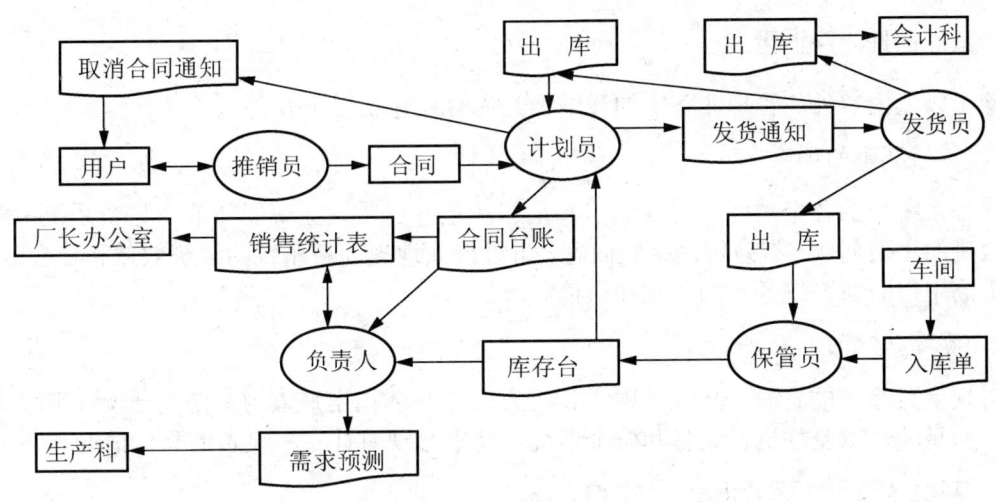

图 5.6 销售及库存子系统的管理业务流程图

2. 表格分配图

为了传递信息，管理部门经常将某种单据复印多份，分发到多个部门，在这种情况下，一般采用表格分配图来描述有关业务，这可以帮助分析员表示出系统中各种单据和报告都与哪些部门发生业务关系。描述物资采购业务的表格分配图如图5.7所示。

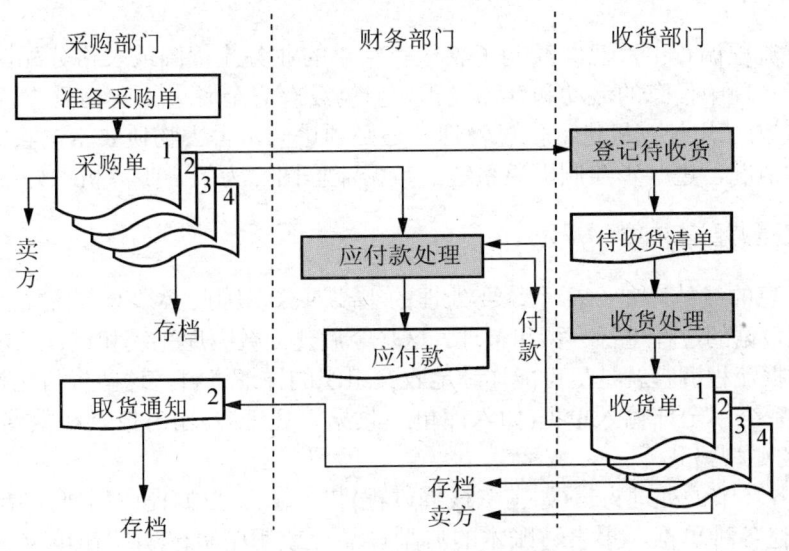

图 5.7 采购业务的表格分配图

在图 5.7 中，每一列表示一个部门，箭头表示复制单据的流向，每张复制的单据上都标有号码，以便区别。可以看出，图中由采购部门准备采购单，采购单一式四份，第一张送供货部门(卖方)；第二张送收货部门，用于登入待收货登记表；第三张交财务部门，做应付款处理，记入应付账；第四张留在采购部门存档备查。到货时，收货部门按照待收货清单校对货物后，填写收货单四份，其中第一张交会计部门，做应付款处理，记入应付账；第二张送采购部门，用于登入存档；第三张留在收货部门，存档备查；第四张送供货部门(卖方)。

5.4.4 其他管理内容调查

除了以上内容外,管理业务上的详细调查内容还包括以下几种。

1. 薄弱环节的调查

现行系统中的各个薄弱环节应该引起足够注意,通常这些薄弱环节正是新系统中要解决和改进的主要问题,有效解决这些问题,可以极大地提高新系统的经济效益和社会效益,从而提高用户对新系统开发的兴趣和热情。

2. 资源状况的调查

管理信息系统的资源包括人、财、物等方面,具体指用户人力资源的情况,开发人员的水平和经验,以及物资、设备和资金情况,特别是现有计算机设备的具体情况。

3. 环境及运行状况的调查

对现行系统的运行环境及状况进行调查分析,掌握当前系统的运行效果、规模、业务处理情况以及其外部环境和接口。调查的同时应注意发现当前系统的不足和面临的问题。

5.5 数据流程调查及其描述

企业业务流程调查中,已经绘制了表达其结果的业务流程图或表格分配图。它们虽然形象地表达了管理中信息的流动和存储过程,但仍没有完全脱离一些物质要素(如货物、产品、人员等)。为了用计算机进行信息管理,还必须进一步舍去物质要素,收集有关资料,分析数据流动情况,进一步绘制出原系统的数据流程图,为下一步分析做好准备。

5.5.1 数据流程调查的内容

数据是信息的载体,是今后系统要处理的主要对象,因此必须对系统调查中所收集的数据以及处理数据的过程进行分析和整理。这是今后建立数据库系统和设计功能模块处理过程的基础。数据流程调查就是尽可能详细地收集组织的详细资料,这些资料包括以下几点。

(1) 现行系统中全部输入单据(如入库单、收据、凭证)、输出报表和数据存储介质(如账本、清单)的典型格式。

(2) 明确各环节的处理方法(如工资核算过程)和计算方法(如提成如何计算)。

(3) 在上述各种单据、报表、账本的典型样品上或用附页注明制作单位、报送单位、存放地点、发生频度(如每月制作几张)、发生的高峰时间及发生量等。

(4) 在上述各种单据、报表、账册的典型样品上注明各项数据的类型(数字、字符)、长度、取值范围(指最大值和最小值)等指标。

5.5.2 数据流程图的绘制

1. 数据流程图的基本成分

数据流程图(Data Flow Diagram,DFD)从数据传递和加工的角度,以图形的方式刻画数据处理系统的工作情况。它是一种能全面地描述信息系统逻辑模型的主要工具,用少数几种符号综合地反映出信息在系统中的流动、处理和存储情况。

数据流程图具有抽象性和概括性。抽象性表现在它完全舍去了具体的物质,只剩下数据的流动、加工处理和存储;概括性表现在它可以把信息中的各种不同业务处理过程联系起来,形成一个整体。无论是手工操作部分还是计算机处理部分,都可以用它表达出来。

因此,可以采用数据流程图这一工具来描述管理信息系统的各项业务处理过程。

数据流程图只有四种基本成分,它们的符号表示分别如图 5.8 所示。

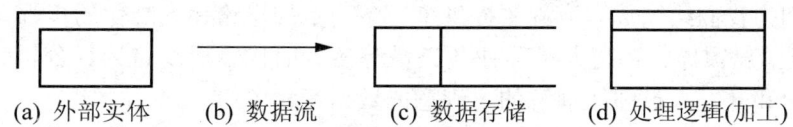

(a) 外部实体　(b) 数据流　(c) 数据存储　(d) 处理逻辑(加工)

图 5.8　数据流程图的基本符号

(1) 外部实体:以方形框并在左上角加折线的方式表示图中出现数据的始发点或终止点。原则上讲,外部实体不属于数据流程图的核心部分,它表示与系统处理有关,同时又不属于系统内部的那些外围部分。在实际问题中它可能是人员、计算机外围设备、系统外部文件等,如库存管理系统中的"车间"。在方形框中用文字注明外部实体的编码属性和名称。

(2) 数据流:用箭头线及其上的数据表示数据流动的方向,由一组数据项组成。例如,"发票"数据流由品名、规格、单位、单价、数量等数据组成。数据流一般都是名词。

(3) 数据存储:逻辑意义上的数据存储环节,即系统信息处理功能需要的,不考虑存储的物理介质和技术手段的数据存储环节。它可以用一个右边开口的长方形来表示,图形右部填写存储的数据和数据集的名字,左边填写该数据存储的标志。

(4) 处理逻辑(加工):处理逻辑(加工)也称为处理或功能,表示在业务流程中对数据进行的某种处理过程,它包括两方面的内容:一是改变数据的结构;二是在原有数据内容基础上增加新的内容,形成新的数据。处理逻辑的表示采用一个中间画线的长方形,其中,下部填写处理的名字,上部填写唯一标志该处理的标志。加工的名字一般应该是动词,或者是动宾短语,如查阅、审批、检索库存、打印报表等。

例如,图 5.9 就是一个简单的数据流程图,它表示数据 X 从源 S 流出,经 P1 加工转换成 Y,接着经 P2 加工转换为 Z,将 Z 信息传递给 T。在 P2 加工过程中还要从 F 中读取数据。

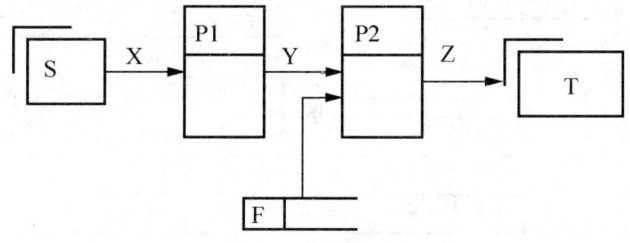

图 5.9　数据流程图举例

2. 数据流程图的绘制步骤

绘制数据流程图的一般步骤如下所示:

(1) 确定与本系统有关的外部实体,即确定与本系统有关的单位、部门和人。

(2) 确定系统的处理单元,即确定系统中需要保存的文件和数据。

(3) 确定系统的存储单元,即确定系统中需要存储的文件和数据。

(4) 确定合理布局。数据流程图各种符号要布局合理、分布均匀、整齐、清晰,使读者一目了然。这才便于交流,消除误解。一般系统数据主要来源的外部实体尽量安排在左边,而数据主要去处的外部实体尽量安排在右边,数据流的线条尽量避免交叉或过长。

(5) 自顶向下逐层扩展。管理信息系统庞大而复杂,具体的处理逻辑(加工)可能成百上千,关系错综复杂,不可能用一两张数据流程图明确具体地描述整个系统的逻辑功能,自顶向下的原则为我们绘制数据流程图提供了一条清晰的思路和标准化的步骤。

(6) 组织用户领导、管理人员和业务人员等各方面代表反复讨论、分析、比较,直到得到一个用户和开发人员都能理解的、满意的数据流程图。

绘制数据流程图的过程是系统分析的主要过程,同时也是一个多次反复的过程。一个数据流程图往往需要经过多次修改和讨论,才能最终确定。

下面以绘制一个订货处理系统的数据流程图为例,说明绘制数据流程图的具体方法。

按照上面的步骤,首先确定与本系统有关的外部实体——用户。绘制顶层的数据流程图,表示销售部门接到用户的订单后,根据库存情况决定向用户发货,如图 5.10 所示。

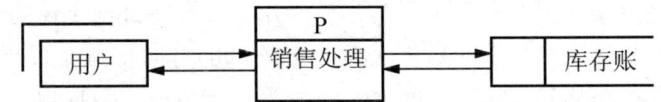

图 5.10 订货处理系统的顶层数据流程图

然后,绘制下一层的数据流程图。对顶层数据流程图的分解从"处理逻辑(加工)"开始,将"销售处理"分解为五个处理逻辑,得到第一层的数据流图,如图 5.11 所示。

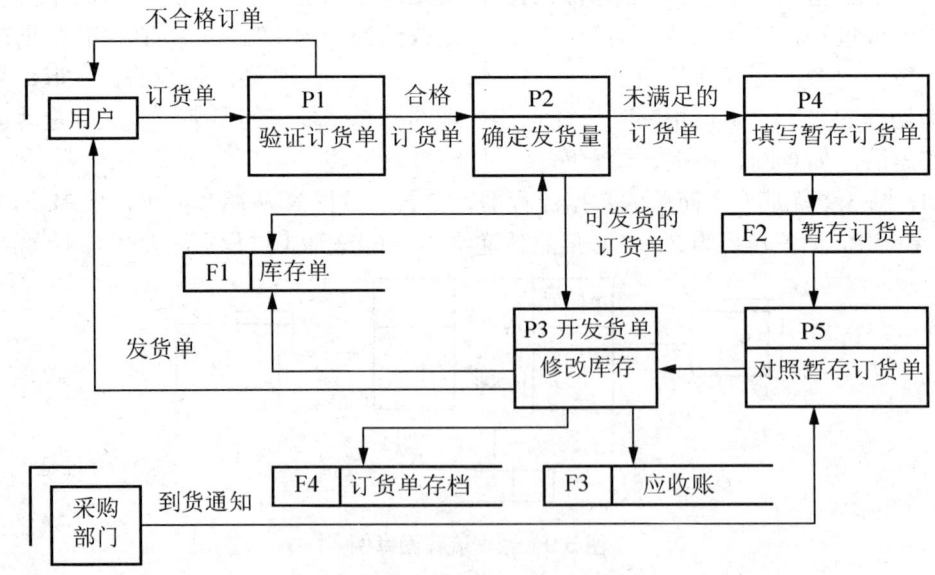

图 5.11 订货处理系统的一层数据流程图

此外,根据具体情况还应对低层数据流程图再进行细分,并考虑处理中的例外情况。

5.6 数 据 字 典

数据字典是以特定格式记录下来的、对系统数据流程图中各个基本要素的内容和特征所作的定义和说明。它是结构化系统分析的重要工具之一，是对数据流程图的重要补充。

5.6.1 数据字典的作用和内容

1. 数据字典概述

数据流程图只给出了系统组成及相互关系，但没说明各部分的含义。为使数据流程图上的数据流、数据存储和文件等具有确切的解释，就需要编写数据字典。也就是说，数据字典就是对数据流程图中出现的各个部分给出详细说明的一个整体。数据流程图配以数据字典，就可以从图形和文字两方面完整描述系统逻辑模型，清楚地表达数据处理的要求。

2. 数据字典内容

数据字典的内容包括数据项、数据结构、数据流、处理逻辑、数据存储和外部实体六个方面，对其中每项内容描述的组成部分各不相同，下面分别举例介绍。

1) 数据项的定义

数据项是系统中不可再分的、最基本的数据组成单位，如学号、姓名、成绩等。

分析数据特性一般应从静态和动态两个方面进行。但在数据字典中，仅定义数据的静态特性，具体包括数据项的名称、编号、别名、简述、数据项的取值范围、数据项的长度和数据类型。

例如，表 5-5 所示就是一个对"库存量"数据项的定义。

表 5-5 "库存量"数据项的定义

数据项编号	名称	别名	简述	类型	长度	取值范围
A03-04	库存量	数量	某零件的库存数量	字符	6 byte	0～999 999

2) 数据结构的定义

数据结构描述某些数据项之间的关系。一个数据结构可以由若干个数据项组成，也可以由若干个数据结构组成，还可以由若干个数据项和数据结构组成。在数据字典中对其定义包括名称、编号、简述和数据结构的组成。

例如，表 5-6 所示就是一个"用户订货单"数据结构的定义。

表 5-6 "用户订货单"数据结构的定义

DS03-01：用户订货单		
DS03-02：订货单标志	DS03-03：用户情况	DS03-04：配件情况
I1：订货单编号	I3：用户代码	I10：配件代码
I2：日期	I4：用户名称	I11：配件名称

	DS03-01：用户订货单	
	I5：用户地址	I12：配件规格
	I6：用户姓名	I13：订货数量
	I7：电话	
	I8：开户银行	
	I9：账号	

3) 数据流的定义

数据流由一个或一组固定的数据项组成。定义数据流时，不仅要说明数据流的名称、组成等，还应指明它的来源、去向和数据流量等。

在数据字典中对数据流的定义包括名称、编号、简述、数据流的来源、数据流的去向、数据流的组成、数据流的流通量和高峰期流通量。

例如，表5-7所示就是一个对"领料单"数据流的定义。

表5-7 "领料单"数据流的定义

数据流编号	数据流名称	简述	数据流来源	数据流去向	数据流组成	数据流量	高峰流量
F03-08	领料单	车间开出的领料单	车间	发料处理模块	材料编号＋材料名称＋领用数量＋日期＋领用单位	10份/时	20份/时(上午9:00～11:00)

4) 处理逻辑的定义

处理逻辑的定义，仅指对数据流程图中最底层的处理逻辑加以说明。在数据字典中对其定义包括处理逻辑名称、编号、简述、输入、处理过程、输出和处理频率。例如，表5-8所示就是一个对"计算电费"处理逻辑的定义。

表5-8 "计算电费"处理逻辑的定义

名称	编号	简述	输入的数据流	处理	输出的数据流	处理频率
计算电费	P02-03	计算应交纳的电费	数据流电费价格，来源于数据存储文件价格表；数据流电量和用户类别，来源于处理逻辑"读电表数字处理"和数据存储"用户文件"	确定该用户类别；确定用户的收费标准，得到单价；单价和用电量相乘得该用户应交纳的电费	一是外部实体用户；二是写入数据存储用户电费账目文件	对每个用户每月处理一次

5) 数据存储的定义

数据存储在数据字典中只描述数据的逻辑存储结构，而不涉及它的物理组织。

在数据字典中对其定义包括数据存储的编号、名称、简述、组成、关键字和相关的处理。例如，表5-9所示就是一个对"库存账"数据存储的定义。

表 5-9 "库存账"数据存储的定义

编号	名称	简述	数据存储组成	关键字	相关联的处理
F03-08	库存账	存放配件的库存量和单价	配件编号＋配件名称＋单价＋库存量＋备注	配件编号	P02，P03

6) 外部实体的定义

外部实体定义包括外部实体编号、名称、简述及有关数据流的输入和输出。在数据字典中对其定义包括外部实体编号、外部实体名称、简述、输入的数据流和输出的数据流。

例如，表 5-10 所示就是一个对"用户"外部实体的定义。

表 5-10 "用户"外部实体的定义

编号	名称	简述	输入的数据流	输出的数据流
S03-01	用户	购置本单位配件的用户	D03-06，D03-08	D03-01

5.6.2 编写数据字典的要求

编写数据字典是系统开发的一项重要的基础工作。一旦建立，并按编号排序之后，就是一本可供查阅的关于数据的字典，从系统分析一直到系统设计和实施都要使用它。在数据字典的建立、修正和补充过程中，始终要注意保证数据的一致性、完整性和可用性。

5.6.3 数据字典的管理

数据字典的管理方法有两种：手工编制数据字典与利用计算机管理数据字典。

手工编制数据字典，就是将数据字典中的各个项目制作成专门的卡片，让专人管理。

手工编制数据字典工作量极大，并且也容易出错。为了管理的方便，可借助计算机工具，利用数据库管理系统来辅助建立和管理数据字典。

5.7 处理逻辑的描述工具

数据流程图中比较简单的计算性的处理逻辑可以在数据字典中直接给出定义，但还有不少在逻辑上比较复杂的处理，有必要运用一些描述处理逻辑的工具来加以说明。

想一想

某公司的订货折扣政策如下所述。
(1) 年交易额在 500 万或 500 万以下，则不给予折扣。
(2) 对于年交易额在 500 万以上时：
① 如果无欠款，则给予 15%的折扣。
② 如果有欠款，而且与本公司的交易关系在 10 年以上，则折扣为 10%。
③ 如果有欠款，而且与本公司的交易关系在 10 年及以下，则折扣为 5%。
思考：对于这个文字表述复杂的逻辑处理实例，如何用简便的工具描述该政策？

下面介绍简洁地描述上述逻辑判断功能的三种工具：判断树、判断表和结构化语言。

5.7.1 判断树

判断树是用树型分叉图来表示处理逻辑的一种图形工具，它可以直观、清晰地表达加工中具有多种策略、而每种策略又和若干条件有关的逻辑功能。

判断树的组成形式：左边结点为树根，称为决策结点；与决策结点相连的称为方案枝；最右方的方案枝端点表示决策结果，即所采用的策略；中间各结点为分段决策结点。

例如，上面的某公司订货折扣政策可以用判断树表示成如图 5.12 所示的效果。

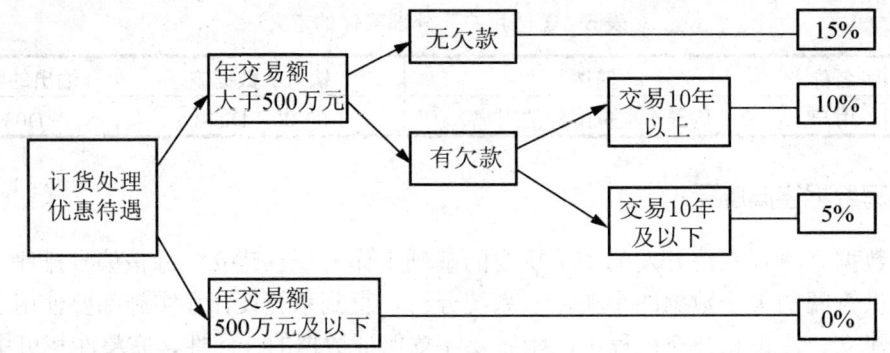

图 5.12　公司折扣政策的判断树

这一判断树与以上文字叙述相比，使人一目了然，清晰地表达了在什么情况下应采取什么策略，不易产生逻辑上的混乱。因而判断树是描述基本加工逻辑功能的有效工具。

5.7.2 判断表

如果判断的条件较多，各条件又相互结合，相应的决策方案较多的情形下用判断树来描述，树的结构会比较复杂，图中各项注释也会比较烦琐。这时用判断表就更为合适。

判断表呈表格形状，表 5-11 所示就是前面所述某公司订货折扣政策的判断表样式。

表 5-11　"订货折扣政策"判断表

	条件及行动	1	2	3	4	5	6	7	8
条件组合	C1:交易额 500 万元以上	Y	Y	Y	Y	N	N	N	N
	C2:无欠款	Y	Y	N	N	Y	Y	N	N
	C3:交易 10 年以上	Y	N	Y	N	Y	N	Y	N
行动	A1:折扣率 15%	√	√						
	A2:折扣率 10%			√					
	A3:折扣率 5%				√				
	A4:折扣率 0%					√	√	√	√

判断表由四个部分组成。在表 5-11 中，用粗虚线分割开了这四个部分，其中，左上部分表示条件，列出了所有可能的条件；左下部分表示行动，列出了所有可能的行动方案；

右上部分是各种条件的不同组合；右下部分是各种条件组合下应该采用的相应行动。

在实际应用判断表时，常常需要先进行化简。一般通过分析、归纳，将在实际中不合理的、无意义的条件组合剔除，并合并具有相同操作的条件组合。

对于上面的表 5-11 所示的判断表，有些条件组合是可以合并的，见表 5-12，标注的 1、2 以及 5、6、7、8 就可以合并。

表 5-12 "订货折扣政策"判断表的合并

	条件及行动	1	2	3	4	5	6	7	8
条件组合	C1:交易额 500 万元以上	Y	Y	Y	Y	N	N	N	N
	C2:无欠款	Y	Y	N	N	Y	Y	N	N
	C3:交易 10 年以上	Y	N	Y	N	Y	N	Y	N
行动	A1:折扣率 15%	√	√						
	A2:折扣率 10%			√					
	A3:折扣率 5%				√				
	A4:折扣率 0%					√	√	√	√

将条件组合 1、2 列以及 5、6、7、8 列合并后的判断表效果见表 5-13。

表 5-13 合并后的"订货折扣政策"判断表

	条件及行动	1	3	4	5
条件组合	C1:交易额 500 万元以上	Y	Y	Y	N
	C2:无欠款	Y	N	N	
	C3:交易 10 年以上		Y	N	
行动	A1:折扣率 15%	√			
	A2:折扣率 10%		√		
	A3:折扣率 5%			√	
	A4:折扣率 0%				√

5.7.3 结构化语言

结构化语言介于自然语言和计算机语言两者之间，虽然它没有严格的语法规定，使用的词汇也比形式化的计算机语言广泛，但使用的语句类型很少，结构规范，表达的内容清晰、准确、易理解，不易产生歧义，适于表达数据加工的处理功能和处理过程。

1. 结构化语言使用的主要词汇

结构化语言使用的主要词汇主要包括以下几类。

(1) 关键字，如 if，then，else，select case，…，case，otherwise，while，until，so 等。

(2) 关系运算词汇，如>、<、>=、<=、!= 、= 、= =、<>等。

(3) 逻辑运算词汇，如 and，or，not 等。

(4) 祈使语句中的动词，如计算、汇总、查询、获取、核对、统计、打印等。

(5) 数据词典中的名词，如姓名、学号、成绩、销售额、工资表、库存报表等。

2. 结构化语言使用的语句类型

结构化语言使用的语句类型只有以下三种。

(1) 祈使语句，说明要做的事情，一般用动词加上宾语构成。动词表示要执行的功能，宾语表示工作的对象。例如，计算总销售额，获取收发数据，计算补充定货量等。

(2) 条件语句，说明在满足一定条件下要做的事情，类似结构化程序中的判断语句。例如：

  IF 成绩≥60 分
    THEN 将及格人数加 1
  ELSE 将不及格人数加 1

(3) 循环语句，说明在满足某种条件下反复要做的事情，类似结构化程序中的循环语句。它由循环条件和重复执行语句构成。例如：

    对于每个库存项目(循环条件)
      获取收入数据
        将在库数加收入数据，更新在库数
      获取发出数据
        将在库数减去发出数据，更新在库数
      如果在库数小于或等于临界库存数
        则发出补充订货信号

上述语句类型可以嵌套，句中可使用逻辑关系式与数学公式。

3. 结构化语言的应用实例

上述描述折扣政策处理可以用结构化语言描述如下：

    IF 交易额 >= 500 万元
      THEN IF 最近 3 个月无欠款
          THEN 折扣率=15%
          ELSE
            IF 交易时间 >= 20 年
            THEN   折扣率=10%
            ELSE   折扣率=5%
      ELSE 折扣率=0%

5.8 系统分析的工作成果

系统分析成果有两种：确定新系统的逻辑方案和形成书面材料——系统分析说明书。

5.8.1 新系统逻辑方案的建立

新系统逻辑方案的内容包括新系统目标、新系统的业务流程、新系统的数据流程、新系统的逻辑结构、新系统中数据资源的分布以及新系统中的管理模型。

1. 确定新系统的目标

在系统详细调查的基础上，结合系统可行性报告中提出的系统目标以及系统建设的环境和条件，重新核查新系统的目标。新系统目标要从功能、技术和经济三个方面进行核查。

2. 确定新系统的业务流程

新系统的业务流程是业务流程分析和优化重组后的结果，包括以下内容：原系统的业务流程的不足及其优化过程；新系统的业务流程；新系统业务流程中哪些由计算机系统来完成以及哪些由用户来完成。

3. 确定新系统的数据流程

新系统的数据流程是数据流程分析的结果，包括下列内容：原数据流程的不合理之处；新系统的数据流程；新系统的数据流程中哪些由计算机来完成以及哪些由用户来完成。

4. 确定新系统的逻辑结构

确定新系统的逻辑结构，即新系统中的子系统划分。

5. 确定新系统中数据资源的分布

确定新系统中数据资源的分布，即确定数据资源如何分布在服务器或主机中。

6. 确定新系统中的管理模型

确定系统在每个具体管理环节上所采用的管理模型和管理方法。

5.8.2 系统分析说明书

系统分析的任务结束后，还要写出一份分析资料，即系统分析说明书，又称为系统分析报告，它是系统分析阶段的工作总结，也是系统分析阶段的重要文档。

用户可以通过系统分析说明书来验证和认可新系统的开发策略和开发方案，而系统设计人员可以用它来指导系统设计工作和以后的系统实施，此外，系统分析说明书还可以用来作为评价项目成功与否的标准。系统分析说明书主要包括以下内容。

1. 概述

简要说明新系统的名称、主要目标及功能，新系统开发的有关背景以及新系统与现行系统之间的主要差别。

2. 现行系统概况

用本章介绍的一些工具，如组织结构图、功能体系图、业务流程图、数据流程图、数据字典等，详细描述现行组织的目标，现行组织中信息系统的目标，系统的主要功能、组织结构、业务流程等。另外，各个主要环节对业务的处理量、总的数据存储量、处理速度要求、处理方式和现有的各种技术手段等，都应做一个扼要的说明。

3. 系统需求说明

在掌握现行系统真实情况的基础上，针对系统存在的问题，全面了解组织中各层次的用户就新系统对信息的各种需求，包括下述几点：对功能的规定；对性能(如精度、时间特性要求、灵活性等)的规定；输入输出要求；数据管理能力要求；故障处理要求以及其他专门要求。同时还要对系统运行环境(设备、支持软件、接口、控制等)作出规定。

4. 新系统的逻辑方案

根据原有系统存在的问题，明确提出更加具体的新系统目标。围绕新系统的目标，确定新系统的主要功能划分，并绘制系统的各个层次数据流程图、新系统的数据字典以及加工说明等，确定数据的组织形式，同时还要确定输入和输出的要求。

5. 系统开发资源、开发费用与进度估计

在系统分析阶段审查中，为了使有关领导获得更多的关于开发费用、开发工作量以及所需开发资源的信息，同时也便于对系统开发工作进行管理，要在当前基础上，对开发所需费用、资源和时间作进一步的估算。

系统说明书一旦被审核通过，它就是一个具有约束力的指导性文件，作为下一步系统设计的依据，用户和系统开发人员都不能随意修改。

本 章 小 结

系统分析是在总体规划的指导下，对系统进行深入详细的调查研究，确定新系统逻辑模型的过程，其主要解决系统"如何做"的问题，常用的方法是结构化系统分析方法。

系统分析工作的第一步是初步调查和可行性分析。其中可行性分析是在初步调查的基础上进行的。可行性分析要从管理可行性、经济可行性、技术可行性以及社会适应性几个方面展开，可行性分析结束后，要编写可行性分析报告，明确项目开发是否切实可行。

当新系统确定可行后，就需要进行系统的详细调查工作。详细调查的内容主要包括以下几点：组织结构调查；功能体系调查；管理业务流程调查；数据流程调查以及薄弱环节的调查等。调查方法有个别访问法、问卷调查法、召开调查会和参加业务实践，其中，参加业务实践是系统分析人员深入、准确、完整了解系统中的一些复杂环节的最佳方式。

通过详细调查，系统分析人员深入了解了系统的处理流程，完整掌握了现行系统的现状，发现问题和薄弱环节，收集了相关资料，并最终确定用户需求。系统详细调查的结果用各种图表工具表达，通常用组织结构图描述组织的结构，用功能体系图表示组织的整体管理功能，用业务流程图或表格分配图描述业务流程状况，用数据流程图来描述业务过程中的数据流动情况，用数据字典对数据流图中的各种要素进行详细定义和说明，用判断树或判断表等描述具体处理功能等。

系统分析阶段的成果有两个，一是确定新系统的逻辑方案(内容包括新系统的目标、业务流程、数据流程、逻辑结构、数据资源分布以及管理模型)，二是形成书面材料——系统分析说明书。用户可以通过系统分析说明书来验证和认可新系统的开发策略和开发方案，而系统设计人员可以用它来指导系统设计工作和以后的系统实施。

总之，通过本章学习，读者应熟悉系统分析阶段的工作内容，并熟练使用业务流程图、数据流程图、数据字典、判断表、判断树和结构化语言等系统分析所用的主要工具。

关键术语

结构化分析　初步调查　用户需求　功能需求　非功能性需求　需求规格说明书
可行性分析　可行性分析报告　详细调查　业务流程图　表格分配图　数据流程图
数据字典　判断树　判断表　结构化语言　系统分析说明书

复习思考

一、填空题

1. 结构化系统分析方法采用了两种基本手段，分别是_____和_____。
2. 从信息系统开发的角度来看，用户需求主要包括_____和_____两种类型。
3. 可行性分析要从_____、_____、_____和_____四个方面进行展开。
4. 描述业务流程调查结果的工具有两种，分别是_____和_____。
5. 数据流程图中包含四个基本成分，分别是_____、_____、_____和_____。
6. 数据字典的内容包括六个方面，分别是____、____、____、____、____和____。
7. 处理逻辑的描述工具有三种，分别是_____、_____和_____。

二、名词解释

1. 用户需求
2. 业务流程图
3. 数据流程图
4. 数据字典
5. 判断树

三、简答题

1. 简述系统分析阶段的主要任务。
2. 开发管理信息系统之前，为什么要进行可行性分析？应该从哪几个方面进行分析？
3. 系统分析阶段的详细调查包括哪些项目和内容？
4. 需求分析应遵循哪些原则？需求分析通常调查哪些内容？采用哪些方式调查？
5. 某IT公司要招聘系统分析员，试写出要求应聘者回答的3个竞聘问题。

6. 业务流程调查对系统分析的作用是什么？业务流程分析的任务和内容是什么？
7. 什么是数据流程图？它主要刻画了系统哪个方面的特征？
8. 请说明数据流程图与业务流程图的联系和差别。
9. 什么是数据字典？为什么要建立数据字典？数据字典中如何表示数据的层次关系？
10. 系统分析说明书的作用是什么？它应该包括哪些主要内容？

实 践 训 练

一、绘制结构图

请深入实际企业调查分析，然后绘制大型连锁商业企业的组织结构图和功能结构图。

二、问题分析

(1) 某软件公司要求系统分析员具备以下素质。

善于搜集和运用数据；具有分析数据、解决问题的能力；具有相关的专业知识；具有良好的沟通和表达能力；具有和谐的人际关系和优雅的仪态；精于组织的运作和计划的推行；对周围环境有敏锐的洞察力；具有高度的调节与自我适应能力。

请问：你认为其中最重要的素质是哪些？如何才能做到？

(2) 下列用户需求中，哪些不够精确？对于不精确的需求，给出相应的修改建议。

① 系统必须采用菜单来驱动。
② 系统能够进行模糊查询。
③ 系统运行时所占用的内存空间不能超过 64MB。
④ 系统要有一定的安全保障措施。
⑤ 系统崩溃时不能破坏用户数据。
⑥ 系统的响应速度要快。

(3) 有人说过"系统分析实质上就是分析和了解待开发系统的实际状况和进一步的管理需求"，请谈一下你对这句话真正含义的理解。

三、绘制业务流程图

(1) 某银行储蓄所存(取)款过程如下，请根据该过程画出对应的业务流程图。

储户将填好的存(取)单及存折送交分类处理处。分类处理处按三种不同情况分别处理。如果存折不符或存(取)单不合格，则将存折及存(取)单直接退还储户重新填写；如果是存款，则将存折及存款单送交存款处处理，存款处理处取出底账登记后，将存折退还给储户；如果是取款，则将存折和取款单送交取款处处理，该服务台取出底账及现金，记账后将存折与现金退给储户，从而完成存(取)款处理过程。

(2) 一个网上书店实施个性化信息服务系统，即根据客户基本情况及购书情况，及时向其提供图书信息。系统包括客户基本信息、客户购书历史记录和书店图书目录。请根据下述系统业务构造业务流程图。

当客户登录网上书店时,对于老客户,只要输入客户号和密码;对于新客户,需要填写基本情况信息,然后注册。

对于成功登录的老客户,系统根据其购书的历史记录,从新到图书目录中查找客户可能感兴趣的书目,并将其主动推荐给客户;允许老客户查询其他图书。

对于新客户,系统除了主动推荐新书外,也可以查询整个图书目录。

四、绘制数据流程图

(1) 某工厂成品库管理的业务过程如下,请按该业务过程画出对应的数据流程图。

成品库保管员按车间送来的入库单登记库存台账。发货时,发货员根据销售科送来的发货通知单将成品出库,并发货,同时填写三份出库单,其中一份交给成品库保管员,由他按此出库单登记库存台账,出库单的另外两联分别送销售科和会计科。

(2) 某工厂采购部门的订货过程如下,请按该业务过程画出对应的数据流程图。

采购部门收到仓库的采购单后,先查阅订货合同单,若发现已订货,则向供货单位发出催货单,否则填写订货单,发供货单位。

采购部门收到供货单位的到货通知后,立即进行验收。若货物验收不合格,则将其退回;货物验收合格后,填写入库单,将货物送往仓库。

(3) 图 5.13 所示为配件公司业务流程简图,请据此画出配件公司管理信息系统的数据流程图。

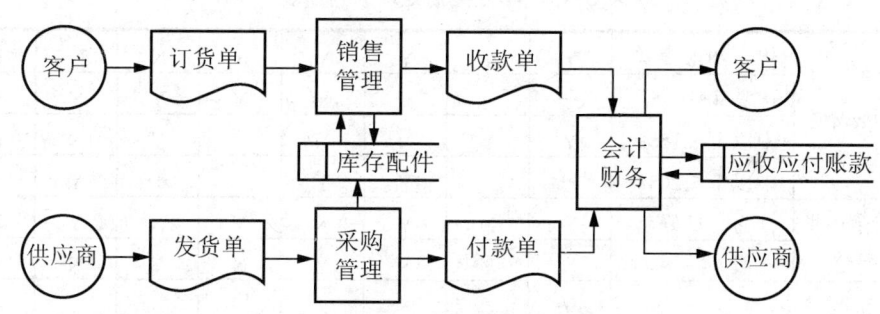

图 5.13 配件公司业务流程简图

五、绘制判断树

(1) 试用判断树描述下列情况。

某公司规定推销员的工资与经济效益挂钩,按推销的产品收入提成,多劳多得,上不封顶,下不保底,费用自理。规定如下:

每月推销额在 10 万元以上(含 10 万元,下同),付款比例在 80%以上且新产品在 5 成以上者,按推销额 6%提成;新产品不足 5 成则按 5%提成;若付款比例为 40%~80%,新产品 5 成以上按 5%提成;新产品不足 5 成则按 4%提成;若付款比例低于 40%,则按 3%提成。

推销额不足 10 万元,付款比例在 80%以上则按 4%提成;付款比例为 40%~80%则按 3%提成,不足 40%则按 2%提成。

(2) 请根据下述库存量监控功能的处理逻辑绘制判断树。

若库存量不大于 O,按缺货处理。

若库存量不大于库存下限,按下限报警处理。

若库存量大于库存下限，而又小于储备定额，则按订货处理。

若库存量大于库存下限，小于库存上限，而又大于储备定额，则按正常处理。

若库存量不小于库存上限，而又大于储备定额，则按上限报警处理。

(3) 请绘制判断树，用来表示某翻译公司的英文笔译收费标准。

若欲翻译的文档字数不大于 2 000 字，类型为一般读物的，每千字 180 元；类型为专业文章的，每千字 220 元。

若欲翻译的文档字数大于 2 000，但是不大于 8 000，类型为一般读物的，每千字 160 元；类型为专业文章的，每千字 200 元。

若欲翻译的文档字数大于 8 000 字，无论什么类型的文档，每千字均为 150 元。

六、绘制/分析判断表

(1) 邮寄包裹的收费标准如下，请用判断表来表示(重量用 W 表示)。

若收件地点在 1 000 千米及以内，普通件每千克 2 元，挂号件每千克 3 元；若收件地点在 1 000 千米以外，普通件每千克 2.5 元，挂号件每千克 3.5 元。若重量大于 30 千克，超重部分每千克加收 0.5 元。

(2) 请分析表 5-14 所示判断表所表示的含义，并将其转换成对应判断树形式。

表 5-14　学生奖励处理的判断表

条件	已修各门课程成绩比率	优≥70%	Y	Y	Y	Y	N	N	N	N	状态
		优≥50%	—	—	—	—	Y	Y	Y	Y	
		中以下≤15%	Y	Y	N	N	Y	N	N	N	
		中以下≤20%	—	—	Y	Y	—	—	Y	Y	
	团结纪律得分	优秀、良好	Y	N	Y	N	Y	N	Y	N	
		一般	N	Y	N	Y	N	Y	N	Y	
决策方案	一等奖		√								决策规则
	二等奖			√	√		√				
	三等奖					√		√	√		
	四等奖									√	

七、实践应用

(1) 某校学籍管理制度规定：

① 经补考，仍有两门课程不及格者，留级。

② 经补考，考查课与考试课共计仍有 3 门课程不及格者，留级。

③ 经补考，仍有不及格课程但未达留级标准者可升级，但要重修不及格科目。

试用结构式语言、判断树、判断表分别表示上述规则。

(2) 根据数据流程图的制作规则，分析图 5.14 所示的数据流程图中的错误有哪些？

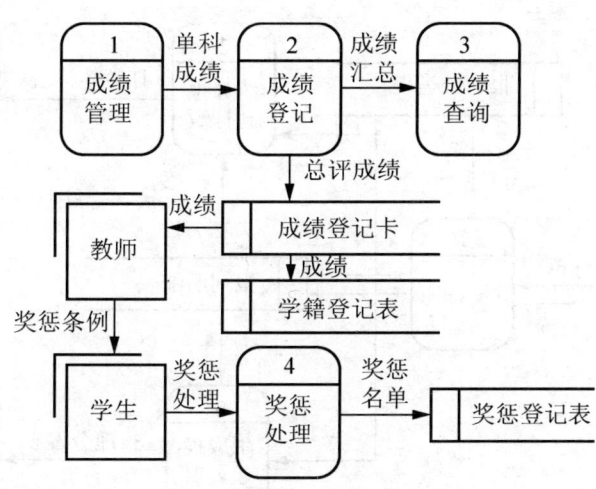

图 5.14 数据流程图示例

(3) 图书馆管理台需要开发一个图书查询系统。读者可在终端机上通过国际标准书号(International Standard Book Number，ISBN)、作者姓名、书名查出书籍的馆藏书号；管理员可通过 ISBN、馆藏书号查询图书的存放位置；当读者索要的图书因外借而无馆藏时，可以查到借阅者姓名及应还日期，必要时可催促借阅者还书。

请根据以上内容画出数据流程图，并编写数据字典。

(4) 某邮局的报刊订阅流程如下：订户根据所需报刊填写订单，邮局将订单的内容记入报刊明细表，并向订户出具回执。订报期截止后，邮局每天要做以下工作。

① 产生本邮局各报刊的订数统计表，并交给报刊分发中心。

② 产生投递分发表，并交给投递组。

③ 部分数据存储和数据流有如下说明。

报刊分类表：报刊号、报刊名称。

订单：姓名、邮编、街道名称、门牌号、报刊名称、份数、起订日期、终止日期。

报刊明细表：订户编号、订户姓名、邮政编码、街道名称、门牌号、报刊名称、份数、起订日期、终止日期。

订数统计表：报刊号、报刊名称、数量。

投递分发表：姓名、邮政编码、街道名称、门牌号、报刊名称、份数。

数据流程图如图 5.15 所示。

请回答下列问题：

① A 处需要进行哪些处理？能够发现什么错误？

② 如果同一个订户订阅多种报刊，为了减少数据冗余，可将报刊明细表分成订户表和订报表。试设计这两张表中的项目，并修改数据流程图。

(5) 如果要开发一个学生食堂管理系统，请你扮演系统分析员的角色，通过对全班同学发问的方式来获得系统的大致需求。

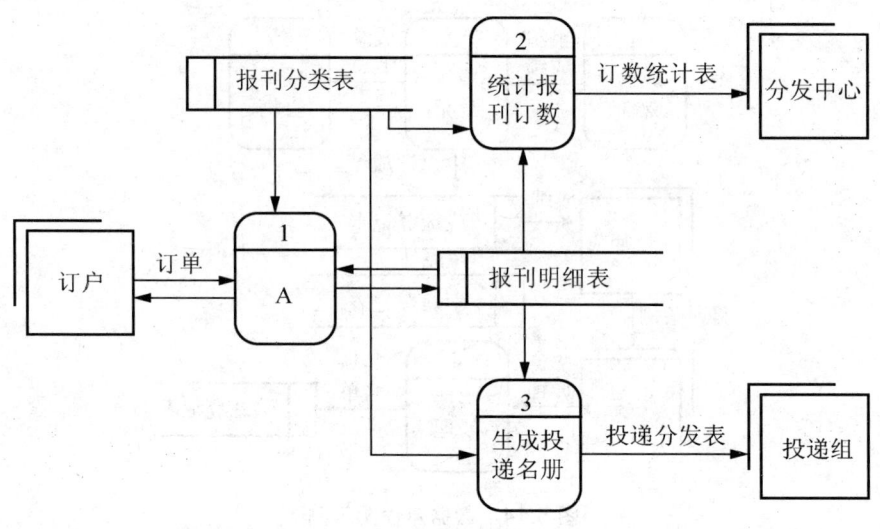

图 5.15 报刊订阅数据流程图

案例 5-1　W 公司 CRM 系统分析的失误

W 公司是一个专门生产和销售手机、电话机、小灵通等通信终端设备的大型企业。最近，该公司的客户关系管理(Customer Relationship Management，CRM)项目主管李明非常郁闷。自从企业匆忙引入 CRM 系统之后，公司领导对其实施一直不满意，这套 CRM 系统的硬伤首先体现在需求方面：最初是市场部门提出要更快地了解全国各地的市场信息、销售信息，更方便快速地统计，IT 部门接到需求后，从长远考虑出发，推荐了 CRM 系统，希望第一期实现市场部信息需求，接着是客户管理……而不希望只是简单地引入一个数据收集系统，造成太多信息孤岛。这种想法本身很好，但是项目实施之后的结果却不理想：CRM 系统并不擅长实现市场信息的收集和处理，需要大量的二次开发。勉强实现的功能扩展性也不好，不能适应公司不断增长的客户管理与服务的需求。

更让李明愤怒的是系统的开发。坦率地讲，公司选择的 CRM 平台很好(据说在国际上名列前茅)，但负责开发的人员却令人失望，技术和态度都差，一点也不从操作者的角度考虑。他们设计的数据录入界面十分烦琐，如输入销量时，要从每个零售店的界面中选择弹出一个窗口，然后再按机型逐一地录入，假设一个分公司管理 200 家零售店、10 个机型，意味着要进入 2 000 次界面。再如，报表输出部分，每种查询只能按固定的格式输出。如果公司要按机型、网型、分公司、零售店、促销员等多个角度来查询，开发人员说要开发数千个表，最后，原 CRM 项目组主管找到一个解决方法：找一个编程高手另外编一个报表形成程序。这样，CRM 系统就分成了两部分，一部分是由原供应商提供的数据录入、原始数据管理系统，另一部分是高手开发的报表查询系统。面对这些问题，李明觉得很头疼。

本来关系融洽的 IT 部和市场部也因为这个系统产生了一些冲突，IT 部门责怪市场部门需求变得太快、各地操作人员太笨，每天都要应付来自全国的大量的很简单的操作问题。市场部门责怪 IT 部门不了解需求，不能耐心地提供服务，对新需求的开发进度太慢……一位参与实施的员工在多次申请，终于脱离苦海后抛下一句话："以后再也不跟 IT 人员打交道了！"

这一切让李明陷入了深深的焦虑。现在再埋怨当初系统选型、需求分析、项目实施中的种种失误，已经没有意义。他现在最想知道的是，这个令人气愤的 CRM 系统"鸡肋"，是否有药可医，该如何医治？

案例讨论

1. 本例中，W 公司 CRM 软件系统建设遇到了什么困境？产生的主要原因是什么？
2. 从文中叙述分析：W 公司市场部门最初提出的用户需求，是想实施一个什么类型的 CRM 系统？而 IT 部门为其推荐的是何种类型的 CRM 系统？IT 部门为什么这么做？
3. 如果你是本例中的李明，你下一步将会怎么做？

案例 5-2 需求分析中的沟通问题

"软件工程师毫无用处，我宁愿雇佣雷达专家教会他如何编程，也不愿意雇佣程序员来教会他雷达信号流程"，这段措辞严厉的声明来自于一位大型项目经理，他所在部门的计算机系统曾经错误地发出了洲际弹道导弹(Intercontinental Ballistic Missile，ICBM)来袭的警报。更加令他不能忍受的是，程序员拒绝对此错误功能承担任何责任。程序员抱怨说这是由于系统说明不够全面造成的，而并非自己的过错。

这位经理意识到，需求文档未能指出特定的环境会导致错误的警报，但他仍然认为他所在部门的编程人员应该具备这样的基本知识。"没有任何雷达专家会犯如此低级的错误"，他坚持说。

案例讨论

1. 如何理解项目经理的抱怨？
2. 在一个项目的需求调研过程中，系统分析人员发现如果对用户进行简单的培训，他们做出的系统分析说明要比系统分析人员更加准确，你觉得这种现象正常吗？

第 6 章 系统设计

>知识架构

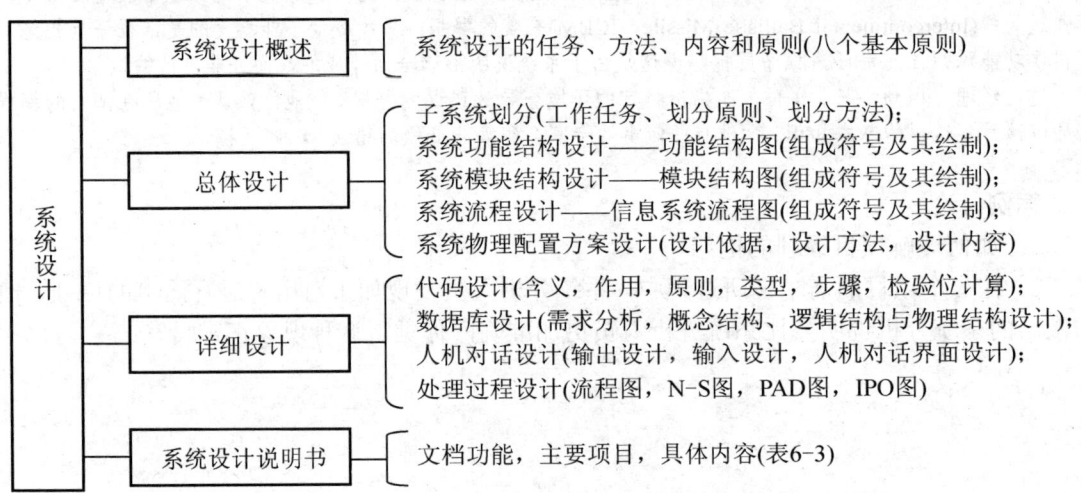

>学习目标

通过本章的学习，读者应该能够：
- 理解系统设计的任务和原则
- 熟悉总体设计具体工作内容
- 掌握代码设计的步骤与原则
- 学会代码校验位的计算方法
- 了解数据库设计的方法步骤
- 掌握输出输入与人机界面的设计
- 熟悉处理流程设计三种主要工具
- 了解系统设计说明书的内容格式

第6章 系统设计

 **导入案例**

案例 6-0 SAP助海尔物流信息系统建设

　　为了与国际接轨,建立起高效、迅速的现代物流系统,海尔集团(简称海尔)采用了 SAP 公司的 ERP 系统和 BBP 系统(原材料网上采购系统),对企业进行流程改造。经过近两年的实施,海尔的现代物流管理系统不仅很好地提高了物流效率,而且将海尔的电子商务平台扩展到了包含客户和供应商在内的整个供应链管理,极大地推动了海尔电子商务的发展。

　　1. 需求分析

　　海尔集团认为,现代企业运作的驱动力只有一个:订单。没有订单,现代企业就不可能运作。围绕订单而进行的采购、设计、制造、销售等一系列工作,最重要的一个流程就是物流。离开物流的支持,企业的采购与制造、销售等行为就会带有一定的盲目性和不可预知性。

　　建立高效、迅速的现代物流系统,才能建立企业的核心竞争力。海尔需要这样的一套信息系统,使其能够在物流方面一只手抓住用户的需求,另一只手抓住可以满足用户需求的全球供应链。海尔实施信息化管理的目的主要有以下两个方面:第一,现代物流区别于传统物流的主要特征是速度,而海尔物流信息化建设需要以订单信息流为中心,使供应链上的信息同步传递,能够实现以速度取胜。第二,海尔物流需要以信息技术为基础,能够向客户提供竞争对手所不能给予的增值服务,使海尔顺利从企业物流向物流企业转变。

　　2. 解决方案

　　海尔采用了 SAP 公司提供的 ERP 和 BBP 系统,组建自己的物流管理系统。系统构成如下所述。

　　1) ERP 系统

　　海尔物流的 ERP 系统共包括以下模块:MM(物料管理)、PP(制造与计划)、SD(销售与订单管理)、FI/CO(财务管理与成本管理)。

　　ERP 实施后,打破了原有的"信息孤岛",使信息同步而集成,提高了信息的实时性与准确性,加快了对供应链的响应速度。例如,原来订单由客户下达传递到供应商需要 10 天以上的时间,而且准确率低,实施 ERP 后订单不但 1 天内完成"客户—商流—工厂计划—仓库—采购—供应商"的过程,而且准确率极高。

　　另外,对于每笔收货,扫描系统能够自动检验采购订单,防止暗箱收货,而财务在收货的同时自动生成入库凭证,使财务人员从繁重的记账工作中解放出来,发挥出真正的财务管理与财务监督职能,而且效率与准确性大大提高。

　　2) BBP 系统

　　BBP 系统(原材料网上采购系统)主要是建立了与供应商之间基于因特网的业务和信息协同平台。该平台的主要功能包括两个方面:第一,通过平台的业务协同功能,既可以通过因特网进行招投标,又可以通过因特网将所有与供应商相关的物流管理业务信息,如采购计划、采购订单、库存信息、供应商供货清单、配额以及采购价格和计划交货时间等发布给供应商,使供应商可以足不出户就全面了解与自己相关的物流管理信息(根据采购计划备货,根据采购订单送货等)。第二,对于非业务信息的协同,SAP 使用构架于 BBP 采购平台上的信息中心为海尔与供应商之间进行沟通交互和反馈提供集成环境。信息中心利用浏览器和互联网作为中介整合了海尔过去通过纸张、传真、电话和电子邮件等手段才能完成的信息交互方式,实现了非业务数据的集中存储和网上发布。

　　3. "一流三网"

　　实施和完善后的海尔物流管理系统,可以用"一流三网"来概括。这充分体现了现代物流的特征:"一流"是指以订单信息流为中心;"三网"分别是全球供应链资源网络、全球用户资源网络和计算机信息网络。整个系统围绕订单信息流这一中心,将海尔遍布全球的分支机构整合之后的物流平台使供应商和客户、企业内部信息网络这"三网"同时开始执行,同步运动,为订单信息流的增值提供支持。

4. 经验总结

(1) 准确地选择软件厂商。海尔选择了 SAP/R3 成熟的 ERP 系统,而不是请软件公司根据海尔物流的现状进行开发,主要目的是借助于成熟的先进流程提升自己的管理水平。选用的系统是在基于 SAP 系统基础上开发而成的,所开发的 ERP 和 BBP(基于协同电子商务解决方案)具有典型的企业标准化的特征,开发的系统覆盖了集团原材料的集中采购、库存和立体仓库的管理、19 个事业部的生产计划、事业部原料配送、成品下线的原料消耗倒冲以及物流本部零部件采购公司的财务等业务,建立了海尔集团的内部标准供应链。

(2) 实施"一把手"工程和全员参与,有效推进信息系统的执行。海尔物流所有信息化的建设均是基于流程的优化,提高对客户的响应速度来进行的,所以应用面涉及海尔物流内部与外部很多部门,有时打破旧的管理办法,推行新流程的阻力非常巨大。海尔物流的信息化建设一直是部门一把手亲自抓工作,亲自在现场发现问题,亲自推动,保证了信息化实施的效果。例如,在 ERP 上线初期,物料清单(Bill of Material, BOM)与数据不准确是困扰系统正常运转的瓶颈,它牵扯到企业的基础管理工作与长期工作习惯的改变,物流推进本部部长发现问题后,亲自推动,制定出有效的管理模式,不但提高了系统的执行率,而且规范并提升了企业的基础管理(BOM 的准确率、现场管理),保证了信息系统的作用的发挥。

(3) 培训工作同步进行,保证信息系统的实施效果。由于信息化工作的不断推进,原有的手工管理变为计算机操作,这对物流的基层工作者如保管员、司机、年纪较大的采购员均是挑战。在实施 ERP 信息系统时,海尔物流开展了全员培训,并对操作人员进行严格的技能考试,考试通过后才能获得上岗证书。物流信息中心也开通了内部培训网站,详细介绍系统的基础知识、业务操作指导书,对操作的问题进行答疑,这些均保证了信息化使用的效果。

目前海尔已实现了即时采购、即时配送和即时分拨物流的同步流程。100%的采购订单由网上下达,这大大提高了劳动效率;以信息代替库存商品,也使采购成本降低,库存资金周转从 30 天降低到 12 天,呆滞物资降低 73.8%,库存面积减少 50%,节约资金 7 亿元,同比减少 67%。将 2 336 家供货商整合优化为 840 家,提高了其中国际化大集团的比例,达到 71.3%。

资料来源:改编自中国企业培训网 http://www.chinacpx.com/zixun/95042.html

●**点评**:本例中海尔集团认真分析自身需求,合理地确定系统的功能模块,然后准确地选择合适的软件厂商,以"通过业务流程的再造,建立现代物流"为理念,选用了 MYSAP.COM 协同化电子商务解决方案,成功地将海尔的电子商务平台扩展到客户和供货商在内的整个供应链管理,有效地提高了采购效率,大大降低了供应链的成本,使设计的系统获得了预期效果。海尔物流系统不仅实现了"零库存"、"零距离"和"零营运资本",而且整合了内部资源,协同了供货商,提高了企业效益和生产力,方便了使用者。

6.1 系统设计概述

系统设计是管理信息系统结构化开发方法中的第二阶段,主要解决系统"如何做"的问题。

6.1.1 系统设计的任务与内容

系统设计的任务是在科学、合理的设计和总体模型基础上,提高系统的运行效率、可靠性、安全性和工作质量,合理投入并充分利用人、财、物等资源,获得较高综合效益。

系统设计可以分为两个阶段:①总体设计,即设计系统总体框架;②详细设计,即对总体框架中的每个具体模块进行详细的输出、输入、内部处理流程的设计。除此之外,还有一些系统安全性、保密性、与其他应用系统接口等设计。

系统设计各个阶段所包含的具体工作内容见表6-1。

表6-1 系统设计的主要内容

设计项目	主要内容
系统总体设计	将系统进行模块化分解；绘制系统的模块结构图
	决定每个模块的功能和模块间的调用关系及数据传递关系
	设计信息系统流程图；决定主要模块的工作界面
	物理配置方案设计(包括计算机软硬件设备的配置，计算机通信网络的选择和设计，数据库管理系统的选择以及信息系统的总体布局设计等)
系统详细设计	代码设计；数据库设计
	输出设计、输入设计和人机界面设计
	模块内部的处理过程设计
	系统可靠性、安全性和保密性设计
	制定系统设计规范
	编写系统设计说明书
其他设计	系统断电应急措施，防火、防雷击等保护措施；系统与外部信息网络的连接

6.1.2 系统设计的方法与思想

当前，系统设计常用的方法是自顶向下的结构化系统设计方法。这种方法在设计系统时重视系统结构分析，强调系统模块、数据、功能结构以及它们之间的数据接口，运用一套标准的设计准则和工具，采用模块化的方法进行系统结构设计。

结构化系统设计方法适用于管理信息系统的总体设计，在实际应用中常把系统分析阶段的结构化分析与实施阶段中结构化程序设计方法前后衔接起来使用。

结构化系统设计方法的基本思想是采用分解的方法，它以系统的逻辑功能和数据流关系为基础，根据流程图和数据字典，采用标准的设计准则和图表工具，通过自上而下和自下而上的反复，把系统划分成为多个大小适当、功能明确、目标单一、具有独立性的模块，从而把复杂系统的设计转变为对多个简单模块的设计。

6.1.3 系统设计遵循的原则

1. 功能性

一个好的系统设计首先必须保证系统功能的完整，这包括系统是否解决了用户所希望解决的问题，是否能够进行所需要的各种运算，能否提供符合用户需要的信息输出等。

2. 合法性

合法性是指系统设计应符合现行的企业管理制度和其他相关法规的规定。它包含两层含义：①符合企业管理制度等微观法律、法规的要求；②符合国家宏观管理的要求。

3. 系统性

要从系统角度考虑系统设计：代码设计要合理，设计规范要标准，程序语言要一致，用户界面要统一，对数据采集要做到数出一处、全局共享，使一次输入得到多次利用。

4. 适应性

系统要具有很强的适应性，要容易修改。为此，系统应具有较好的开放性和结构可变性，应尽量采用模块化结构，提高各模块独立性。另外，系统软硬件平台和环境支持应选用开放的系统，便于不同机型、网络以及网络平台的互联，满足用户的开发和使用要求。

5. 可靠性

可靠性是指管理信息系统保证提供正确管理、决策和经营信息的能力。一个成功的管理信息系统必须具有较高的可靠性。

6. 安全性

系统的安全性是指系统设置安全保护措施，防止信息的泄露和破坏。安全性和可靠性既有联系又有区别，联系是指它们都是系统中的一些设置，防止信息的泄露和破坏；区别是可靠性主要防止系统产生不准确的信息，而安全性防止已生成的信息被泄露和破坏。

7. 经济性

经济性是指在满足系统需求的前提下，尽可能减少系统的开销。一方面，在硬件投资上不能盲目追求技术上的先进，而应以满足应用需要为前提；另一方面，系统设计中应尽量避免不必要的复杂化，各模块应尽量简洁，以便缩短处理流程、减少处理费用。

8. 高效性

高效性是指系统的运行效率，系统的运行效率包括以下内容：①吞吐能力，即单位时间内能处理的事务的个数；②处理速度，即处理单个事务的平均时间；③响应时间，即从发出处理请求到给出应答结果所需要的时间。

6.2 总体设计

总体设计是对新系统总体结构和可供利用的资源进行设计，内容包括子系统划分、系统功能结构设计、系统模块结构设计、系统流程设计以及系统物理配置方案设计。

6.2.1 子系统划分

子系统划分就是对系统进行分解，将一个复杂系统转化为若干个子系统和一系列基本模块的设计，并通过模块结构图把分解的子系统和一个个模块按层次结构联系起来。

如何将一个系统划分为多个合理的子系统呢？一个合理的子系统，应该是内部联系紧密，子系统间尽可能独立，接口明确、简单，适应用户的组织体系，有适当的公用性。

1. 子系统划分的原则

子系统划分的原则包括下述内容。

(1) 子系统要具有相对独立性。子系统的划分必须使得子系统的内部功能、信息传递等各方面的凝聚性较好。希望每个子系统或模块相对独立，尽量减少各种不必要的数据、调用和控制联系,并将联系比较密切、功能近似的模块相对集中,这样对于以后的搜索、查询、调试、调用都比较方便。

(2) 要使子系统之间数据的依赖性尽量小。子系统之间的联系要尽量减少,接口简单、明确。一个内部联系强的子系统对外部的联系必然是相对很少。所以划分时应将联系较多的都划入子系统内部。这样划分的子系统,将来调试、维护、运行都会非常方便。

(3) 子系统划分的结果应使数据冗余最小。如果忽视这个问题,则可能引起相关的功能数据分布在各个不同的子系统中,大量的原始数据需要调用,大量的中间结果需要保存和传递,大量计算工作将要重复进行。从而使得程序结构紊乱,数据冗余,不但给软件编制工作带来很大的困难,而且系统的工作效率也大大降低。

(4) 子系统的设置应考虑今后管理发展的需要。子系统的设置仅靠系统分析的结果是不够的,因为现存的系统由于各种原因,很可能都没有考虑到一些高层次管理决策的要求。为了适应现代管理的发展,对于旧系统的这些缺陷,在新系统的研制过程中应设法将它补上。只有这样才能使系统不但能够更准确、更合理地完成现存系统的业务,而且可以支持更高层次、更深一步的管理决策。

(5) 子系统的划分应便于系统分阶段实现。信息系统的开发是一项较大的工程,它的实现一般都要分期分步进行。所以子系统的划分应该考虑到这种要求,适应这种分期分步的实施。另外,子系统的划分还必须兼顾组织机构的要求(但又不能完全依赖于组织,因为目前正在进行体制改革,组织结构相对来说是不稳定的),以便系统实现后能够符合现有的情况和人们的习惯,更好地运行。

(6) 子系统的划分应该考虑到各类资源的充分利用。各类资源的合理利用也是系统划分时应该注意到的。一个适当的系统划分应该既考虑到有利于各种设备资源在开发过程中的搭配使用,又考虑到各类信息资源的合理分布和充分利用,以减少系统对网络资源的过分依赖,减少输入、输出、通信等设备压力。

2. 子系统划分的方法

按照结构化设计的思想,对子系统进行划分的方法通常有以下几种。

(1) 按职能划分,是目前最常用的一种划分方法,这种方法就是按管理的功能划分子系统。例如,把企业信息系统分为财务、物资、销售、采购等子系统。

(2) 按逻辑划分,把相似的处理逻辑功能放在一个子系统里。例如,把"对所有业务输入数据进行编辑"的功能放在一个子系统里。那么不管是库存还是财务,只要有业务输入数据都由这个子系统来校错、编辑。

(3) 按时间划分,把要在同一时间段内执行的各种处理结合成一个子系统。

(4) 按过程划分,即按工作流程划分。从控制流程的角度看,同一子系统的许多功能都应该是相关的。

(5) 按通信划分,把相互需要较多通信的处理结合成一个子系统或模块。这样可减少子系统间或模块间的通信,使接口简单。

一般来说,按职能划分子系统、按逻辑划分模块的方式是比较合理和方便的。

6.2.2 系统功能结构设计

系统功能结构的设计，就是从系统整体功能出发，逐步进行功能分解的过程，其主要目的在于描述系统内各个组成部分的结构及其相互关系，其结果描述工具是功能结构图。

所谓系统功能结构图，就是按照系统的功能从属关系，描述系统各个组成部分功能的一种图表，图中每一个框表示一个功能，各层功能模块与数据流程图中的加工相对应。

如图 6.1 所示，就是一个商业企业管理信息系统的功能结构图。

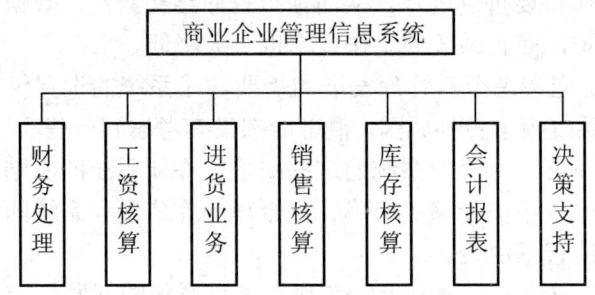

图 6.1　商业企业管理信息系统的功能结构图

6.2.3 系统模块结构设计

系统模块结构设计就是将系统合理地划分成若干个模块，并画出模块结构图。

1. 模块的概念

模块是组成目标系统逻辑模型和物理模型的基本单位，它的特点是可以组合、分解和更换。系统中任何一个处理功能都可以看成是一个模块。一个模块应具备以下四个要素：

(1) 输入输出。模块的输入来源和输出去向在正常情况下都是同一个调用者，即一个模块从调用者处取得输入，进行加工后再把输出返回调用者。

(2) 逻辑处理功能，指模块把输入转换成输出所做的工作。

(3) 内部数据，指仅供该模块本身引用的数据。

(4) 程序代码，指用来实现模块功能的程序。

前两个要素是模块的外部特性，即反映了模块的外貌。后两个要素是模块的内部特性。在结构化设计中，主要考虑的是模块的外部特性，其内部特性只做必要了解，具体的实现将在系统实施阶段完成。

2. 模块结构图

模块结构图是用于描述系统模块结构的图形工具，它不仅描述了系统的子系统结构与分层的模块结构，还清楚地表示了每个模块的功能。

模块结构图由模块、调用、数据、控制信息和转接符号五种基本符号组成，如图 6.2 所示。

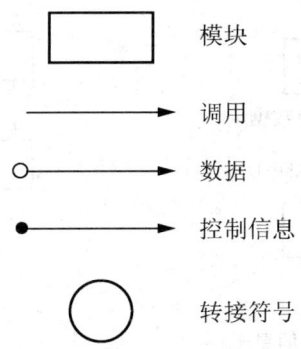

图 6.2　模块结构图的五种基本符号

(1) 模块。这里所说的模块通常是指用一个名字就可以调用的一段程序语句。在模块结构图中，用长方形框表示一个模块，长方形中间标上能反映模块处理功能的模块名称。模块名通常由一个动词和一个作为宾语的名词组成。

(2) 调用。在模块结构图中，用连接两个模块的箭头表示调用，箭头总是由调用模块指向被调用模块，但是应理解成被调用模块执行后又返回到调用模块。多层的模块调用自然形成了多层的模块结构图。模块间的调用关系有三种：直接调用、选择调用、循环调用。

① 直接调用。一个模块无条件地调用另一模块，模块 A 直接调用 B 如图 6.3 所示。

② 选择调用，也称为条件调用，是指一个模块是否调用另一个模块，取决于模块内某个先置条件。用菱形符号表示根据条件满足情况来决定调用哪一个模块，如图 6.4 所示。

③ 循环调用，也称重复调用。如果一个模块内部存在一个循环过程，每次循环过程均需调用一个或几个模块，则称这种调用为循环调用或重复调用。图 6.5 表示模块 A 对模块 B、C、D 的多次反复调用，而不是只调用一次。

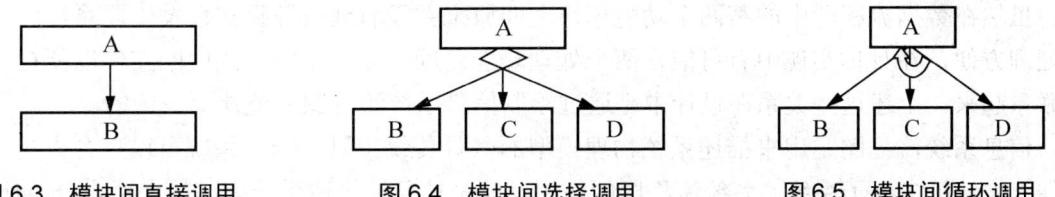

图 6.3　模块间直接调用　　图 6.4　模块间选择调用　　图 6.5　模块间循环调用

(3) 数据。当一个模块调用另一个模块时，调用模块可以把数据传送到被调用模块处供其处理，而被调用模块又可以将处理的结果数据送回到调用模块。在模块之间传送的数据，使用与调用箭头平行的带空心圆的箭头表示，并在旁边标上数据名。例如，图 6.6(a)表示模块 A 调用模块 B 时，A 将数据 x、y 传送给 B，B 将处理结果数据 z 返回给 A。

(4) 控制信息。为了指导程序下一步的执行，模块间有时还必须传送某些控制信息。例如，数据输入完成后给出的结束标志，文件读到末尾所产生的文件结束标志等。控制信息与数据的区别是前者只反映数据的某种状态，不进行处理。在模块结构图中，用带实心圆点的箭头表示控制信息。例如，图 6.6(b)中"无此职工"就是表示职工号有误的控制信息。

(5) 转接符号。当模块结构图在一张图面上画不下，需要转接到另外一张纸上，或为了避免图上线条交叉时，都可使用转接符号，圆圈内加上标号，如图 6.7 所示。

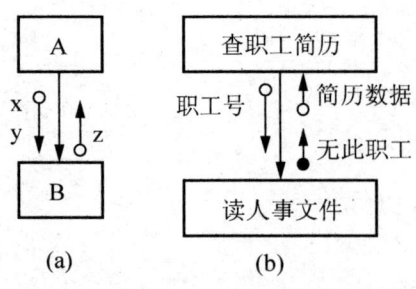 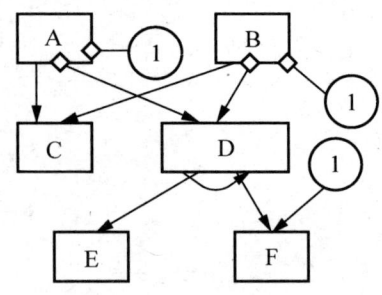

图 6.6　模块调用中的数据传递和控制信息　　　　图 6.7　转接符号的使用

3. 模块调用和通信规则

在模块结构图中，模块之间的相互调用和通信过程需要遵循如下规则。
(1) 上层模块可以有一个或多个直属下层模块。
(2) 下层模块可以有一个或多个直属上层模块。
(3) 同一层模块不能相互调用。
(4) 每个模块只能调用其直属的下层模块，不能调用非直属的下层模块。
(5) 模块间通信只限于直属上下层模块之间进行，可以是单向或双向，但不能越层。

6.2.4　系统流程设计

系统功能结构图主要从功能的角度描述了系统的结构，但并没有表达各功能之间的数据传送关系。事实上，系统中许多业务或功能都是通过数据文件联系起来的。例如，某一功能模块向某一数据文件中存入数据，而另一个功能模块则从该数据文件中取出数据。再如，虽然在数据流程图中的某两个功能模块之间原来并没有通过数据文件发生联系，但为了处理方便，在具体实现中有可能在两个处理功能之间设立一个临时的中间文件以便把它们联系起来。上述这些关系在设计中是通过绘制信息系统流程图从整体上表达的。

信息系统流程图是用来描述系统物理模型的一种传统工具。一个系统可以包含人员、硬件、软件等多个子系统。系统流程图的作用，就是抽象地描述系统内部的主要成分(如设备、程序、文字及各类人工过程等)，表达信息在各个成分之间流动的情况。

系统流程图以新系统的数据流程图和模块结构图为基础，首先找出数据之间的关系，即由什么输入数据，产生什么中间输出数据，最后又得到什么输出信息。然后，把各个处理功能与数据关系结合起来，就形成整个系统的信息系统流程图。

绘制信息系统流程图应当使用统一的符号。目前国际上所用的符号日趋统一，常用的符号及各自含义如图 6.8 所示。

图 6.9 是图书馆管理系统的系统流程图，可以看出，该系统由图书证注册与注销、借书、还书、图书查询、借阅查询、图书证挂失和图书统计等几个部分组成。

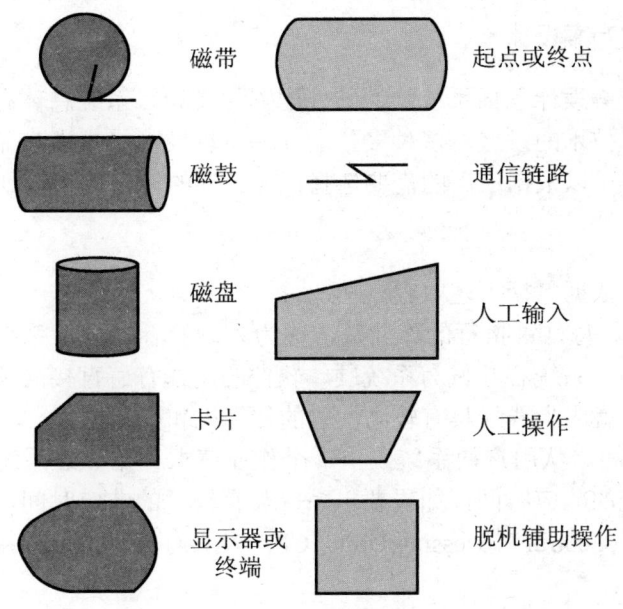

图 6.8 绘制系统流程图的常用符号

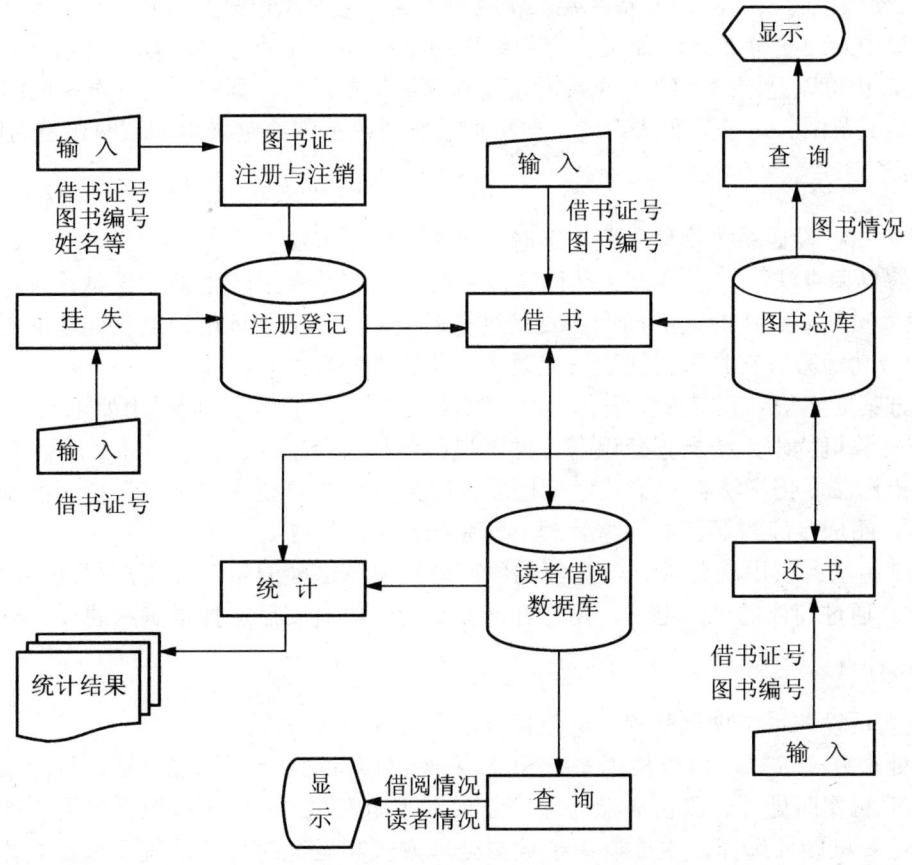

图 6.9 图书馆管理系统的系统流程图

6.2.5 系统物理配置方案设计

系统物理配置方案设计包括系统软、硬件配置的设计，系统总体布局设计以及网络结构的设计。随着信息技术的发展，多种多样的计算机以及网络技术产品为信息系统的建设提供了极大的便利，可以根据应用的需要选择性能各异的计算机软、硬件及其网络产品。

1. 设计依据

开发人员的设计依据包括下述内容。

(1) 系统吞吐量。每秒钟执行的作业数，称为系统的吞吐量。系统吞吐量越大，则系统的处理能力就越强。系统吞吐量与系统硬、软件的选择有着直接的关系，如果要求系统具有较大的吞吐量，就应当选择具有较高性能的计算机和网络系统。

(2) 系统响应时间。从用户向系统发出一个作业请求开始，经系统处理后给出应答结果的时间，称为系统的响应时间。如果要求系统具有较短的响应时间，就应当选择运算速度较快的中央处理器(Central Processing Unit，CPU)及具有较高传递速率的通信线路，如实时应用系统。

(3) 系统可靠性。系统的可靠性可以用连续工作的时间来表示。例如，对于每天需要24 小时连续工作的系统，其可靠性要求就应该很高，这时可以采用双机双工结构方式。

(4) 集中式还是分布式。如果一个系统采用集中式的处理方式，则信息系统既可以是主机系统，也可以是网络系统；若系统处理方式是分布式的，则应采用计算机网络。

(5) 地域范围。对于分布式系统，要根据系统覆盖范围决定采用广域网还是局域网。

2. 设计方法

开发人员在设计系统物理配置方案时，可采用以下方法。

(1) 信息调查法。信息调查法又称类似系统法，它适合于较小型的信息系统。该方法要求开发人员从要解决的实际问题出发，进行调查，找出成功地解决同样问题的用户，吸取别人的成功经验。它具有时间短、见效快、花费少的特点。

(2) 方案征集法。方案征集法又称建议书法。通常由用户向厂商提出要求，厂商根据要求提出计算机物理系统配置建议书，供用户评价和选择。

(3) 招标法。招标法类同于其他工程项目的招标形式。要求"标书"撰写严密，工作程序严格，组成专家组等。对大型管理信息系统常采用此法。

(4) 试用法。试用法要求参与竞争的厂商进行现场试验演示，使用户得到实际的、直观的感觉。通过商议的试用办法，用户在产品试用一段时间后选择最满意的计算机系统。

3. 设计内容

开发人员设计系统物理配置方案包括以下内容。

(1) 处理方式选择。可以根据系统功能、业务处理的特点、性能价格比等因素，选择批处理、联机实时处理、联机成批处理、分布式处理等方式，也可以混合使用各种方式。

(2) 计算机硬件选择。主要取决于数据处理方式和运行的软件系统。管理对计算机的基本要求是速度快、容量大、通道能力强、操作灵活方便，但计算机的性能越高，价格就越昂贵。硬件的选择原则：①技术上成熟可靠的系列机型；②处理速度快；③数据存储容量大；④具有良好的兼容性与可扩充性、可维护性；⑤有良好的性能价格比；⑥售后服务与技术服务好；⑦操作方便；⑧在一定时间内保持一定先进性。

(3) 计算机网络选择。主要考虑以下几个方面：①网络拓扑结构(有总线型、星型、环形、混合型等)，应根据应用系统的地域分布、信息流量进行综合考虑，一般来说，应尽量使信息流量最大的应用放在同一网段上；②网络的逻辑设计，通常首先按软件将系统从逻辑上分为各个子系统，然后按需要配备设备，如主服务器、主交换机、分系统交换机、子系统集线器、通信服务器、路由器和调制解调器等，并考虑各设备之间的连接结构；③网络操作系统，主要有 UNIX、NetWare、Windows NT 等。

(4) 数据库管理系统选择。这方面主要考虑：①数据库的性能；②数据库管理系统的系统平台；③数据库管理系统的安全保密性能；④数据的类型。目前，市场上流行的有 Oracle、Sybase、SQL Server、Informix、Visual FoxPro 等，Oracle、Sybase 内置有大型数据库管理系统运行于客户/服务器等模式，是开发大型管理信息系统的首选。Visual FoxPro 在小型管理信息系统开发中有大量应用，而 Informix 则适用于中型管理信息系统。

4. 设计时的注意问题

在设计系统物理配置方案时，应该注意以下问题。

(1) 必须要满足新系统的应用需求。在新系统的设计中，提出了新系统的目标、处理功能、存储容量、信息交互方式等。这就要求所选择的计算机系统能够满足它的需求，以新系统的处理功能为准则，从而减少不必要的投资。同时，兼顾购置的设备能被充分地利用，并且留有扩充的余地。在进行计算机物理系统配置时要注意如下倾向：①以价格为依据，认为价格越高性能越好；②以计算机系统性能指标为依据，认为计算机性能指标越高越好；③以计算机类型大小为依据，认为越大越好，外围设备和系统软件越多越好等。

(2) 实用性能强。可从以下方面来体现：①易于开发，方便使用；②选择的机型具有较强的生命力；③有较强的通信能力；④较高的性能价格比。

(3) 可扩充性。通常新系统都是采用"统一规划，分步实施"的方案。开始建立的系统规模不可能很大，随着应用需求的扩大，需逐步增添设备，扩充功能，这就要求所选择的计算机系统具有灵活的扩充能力，使得先期购置的设备和开发的应用软件不被浪费。

6.3 代 码 设 计

代码设计是信息系统开发中的一项重要内容，这是实现计算机管理的一个前提条件。一套好的代码系统，将会使信息系统的输入、输出、统计、查询等工作变得非常方便。

6.3.1 代码的含义与作用

代码是代表事物名称、属性、状态等的符号，为了便于计算机处理，一般用数字、字母或它们的组合来表示。现实生活中有很多代码的例子，如准考证号、学生学号、汽车牌照、商品编码、职工编号等。代码在信息管理方面具有以下重要作用。

(1) 代码缩短了事物的名称，可以节省时间和空间，并便于数据的存储和检索。

(2) 使用代码，按规定算法，可以提高排序、统计、汇总等信息处理的效率和精度。
(3) 代码提高了数据的全局一致性，减少了因数据不一致而造成的错误。
(4) 代码是人和计算机之间的共同语言，是两者交换信息的工具。

6.3.2 代码设计的原则

合理的编码结构是管理信息系统具有生命力的重要因素。在代码设计时，应遵循以下原则。

1. 适用性

设计的代码在逻辑上必须能满足用户的功能需要，在结构上应当与系统的处理方法相一致。例如，在设计用于统计的代码时，为了提高处理速度，往往使之能够在不需调出有关数据文件的情况下，直接根据代码的结构进行统计。

2. 单义性

每个代码必须具有单义性，即每个代码应该唯一标志它所代表某一种事物或属性；每一种材料、物资、设备等只能有一个代码，不能重复，必须保持代码单义性。

3. 可扩充性

代码设计时，要预留足够的位置，以适应不断变化的需要。否则，在短时间内，随便改变编码结构对设计工作来说是一种严重浪费。一般来说，代码愈短，分类、准备、存储和传送的开销愈低；代码愈长，对数据检索、统计分析和满足多样化的处理要求就愈好。但编码太长，留空太多，多年用不上，也是一种浪费。

4. 规范性

代码要系统化，代码的编制应尽量标准化，尽量使代码结构对事物的表示具有实际意义，以便于理解及交流。

5. 明义性

要注意避免引起误解，不要使用易于混淆的字符。例如，"O、Z、I、S、V"与"0、2、1、5、U"易混；不要把空格作为代码；要使用24小时制表示时间等。

6. 合理性

要注意尽量采用不易出错的代码结构。例如，"字母-字母-数字"的结构(WW2)比"字母-数字-字母"的结构(W2W)发生错误的机会要少一些；当代码长于4个字母或5个数字字符时，应分成小段。这样人们读写时不易发生错误。例如，726-499-6135 比 7264996135 易于记忆，并能更精确地记录。

6.3.3 代码的类型

代码可按文字种类或功能类别进行分类。按文字种类，可分为数字代码、字母代码(英语字母或汉语拼音字母)和数字字母混合码。按功能类别，则可以分成以下几类。

1. 顺序码

顺序码是一种用连续数字代表编码对象的码，通常从 1 开始编码。例如，中国民族代码的表示方式为，用 01 代表汉族，02 代表藏族，03 代表回族，等等。

顺序码的优点是短而简单，记录的定位方法简单，易于管理。但这种码没有逻辑基础，不适宜分类，本身也不能说明任何信息的特征，在项目比较多的时候，编码的组织性和体系性较差。此外，追加编码只能在连续号的最后添加一个号，删除则造成空码。

分区顺序码是顺序码的特例，它将顺序码分为若干区，如按 100 个号码分区，并赋予每个区特定意义。这样就可作简单分类，又可在每个区插入号码。例如，职工代码设计：0001 为张三，0002 为李四，0001～0009 的代码还表示为厂部人员；1001 为王五，1002 为赵六，1001～1999 的代码还可以表示为第一车间职工。

2. 区间码

区间码是把数据项分成若干组，每一区间代表一个组，码中数字的值和位置都代表一定意义。我国公民身份证号码就是典型的区间码，其编码规则如图 6.10 所示。

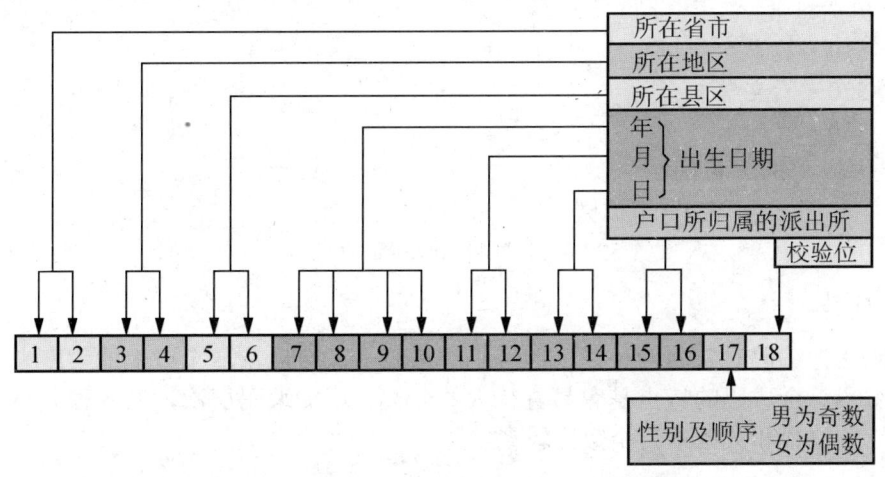

图 6.10 我国公民身份证代码的含义

下面根据图 6.10 对我国公民身份证代码的编码规则进行分析。

我国公民身份证代码共有 18 位，全部采用数字编码，各位数字的含义请参见图中说明，其中第 17 位数字是表示在前 16 位数字完全相同时，某个公民的顺序号，并且奇数用于男性，偶数用于女性。如果前 16 位数字均相同的同性别的公民超过 5 人，则可以"进位"到第 16 位。例如，有 6 位女性公民前 16 位数字均相同，并假设第 16 位数是 7，则这些女性公民的末两位编号分别为 72、74、76、78、80、82。另外，还特殊规定，最后三位数为 996、997、998、999 这 4 个号码为百岁老人的代码，这 4 个号码将不再分配给任何派出所。第 18 位数字为检验位，其具体设置方法后面将进行介绍。

区间码的优点是，信息处理比较可靠，排序、分类、检索等操作易于进行。但这种码的长度与它分类属性的数量有关，有时可能造成很长的码。在许多情况下，码有多余的数。同时，这种码的修改也比较困难。

3. 表意码

表意码是把表示编码对象属性的文字、数字等作为编码。例如，国际民航系统中，用 3 个字母代码表示飞机场地点，如 PEK 表示北京，SHA 表示上海，SFO 表示旧金山，等等。

表意码还可以用于物资的性能、尺码、重量、容积、面积和距离等。例如，利用 TV-B-17 代表 17 英寸黑白电视机，用 TV-C-29 代表 29 英寸彩色电视机，用 DFI 1×8×20 表示规格 1"×8"×20"的国产热轧平板钢。在有些表格中，性别输入时，用 M 表示男，F 表示女等。

表意码可通过联想记忆，容易理解。但随着编码数量的增加，其位数也要增加，为处理带来不便。因此，表意码适用于数据项数目较少的情况，否则可能引起联想出错。

4. 十进制码

十进制码是世界各地图书馆常用的分类法。它先把整体分成十份，进而把每一份再分成十份，这样继续不断。该分类对于那些事先不清楚产生什么结果的情况是十分有效的。

例如：

500·自然科学
    510·数学
    520·天文学
    530·物理学
        531·机构
            531·1 机械
                531·11 杠杆和平衡

5. 合成码

合成码是把编码对象用两种以上的编码进行组合，可以从两个以上的角度来识别、处理的一种编码。合成码的特点是容易进行大的分类、增加编码层次，做各种分类统计也很容易。缺点是位数和数据项个数比较多。

6.3.4 代码的校验

代码输入的正确性将直接影响到整个系统处理工作的正确性。当人们重复抄写代码或将代码通过人工输入计算机时，发生错误的可能性更大。为了保证代码的正确输入，人们有意识地在编码设计结构中原有代码的基础上，另外增加一个校验位，使它事实上变成代码的一个组成部分。代码校验位要事先通过规定的算法计算出来。

代码一旦输入，计算机会用同样的数学运算方法，按输入的代码数字计算出校验位，并将它与输入的校验位进行比较，以证实输入是否有错。

校验位可以发现以下各种错误：

(1) 抄写错误，如 1 写成 7。
(2) 易位错误，如 1234 写成 1324。
(3) 双易错误，如 26919 写成 21969。
(4) 随机错误，包括以上两种或三种综合性错误或其他错误。

产生校验值的方法很多，下面介绍适用于管理信息系统的"加权取余"方法。其步骤如下所述。

第一步：对原代码中的每一位加权求和 S。

假设 N 位代码为 $C1$，$C2$，$C3$，$\cdots$，Cn；

取权因子为 $P1$，$P2$，$P3$，$\cdots$，Pn；

则加权和为 $C1 \times P1 + C2 \times P2 + C3 \times P3 + \cdots + Cn \times Pn = S$，即

$$C1 \times P1 + C2 \times P2 + C3 \times P3 + \cdots + Cn \times Pn = \sum_{n-1}^{n} Ci \times Pi = S$$

其中，权因子的选取以提高错误发生率为基础。常用的取法包括算术级数 2，3，4，5，6，$\cdots$；几何级数 2，4，8，16，32，$\cdots$；质数级数 2，3，5，7，11，13，$\cdots$，等等。

第二步：求余数 R。

用加权和 S 除以模数 M 可得余数 R，即 $S/M = Q \cdots R$(其中 Q 为商，R 为余数)。

其中，模数 M 的选取，同样以提高错误发生率为基础。常用的模数为 10 和 11。

第三步：选择校验值。

可选用下述方法中的一种获得校验值：余数 R 直接作为校验值，或把模数 M 和余数 R 之差(即 $M-R$)作为校验值。

把获得的校验值放在原代码的最后，作为整个代码的一部分。

例如：为原代码 5186 生成一个校验值。

校验值生成过程：

① 选取质数级数为权因子，即 2，3，5，7。

② 求加权和 S。$S = 5 \times 2 + 1 \times 3 + 8 \times 5 + 6 \times 7 = 95$。

③ 选取 $M = 11$ 作为模数。

④ 求余数 R：$S/M = 95/11 = 8 \cdots 7(R)$。

⑤ 取上述余数作为校验值。

最后，加上校验值 7 以后的代码为 5186⑦。

6.3.5 代码设计的步骤

1. 代码设计中的分类方法

目前代码设计中常用的分类方案有两种，一种是线分类方法，一种是面分类方法。

1) 线分类方法

线分类方法中，首先给定分类的母项，然后下分若干子项，由对象的母项分大集合，由大集合确定小集合，最后落实到具体对象。

例如，一所大学中，专职授课教师的教师编号，可以先按照学院编码，然后每一个学院再按照系编码，每一个系再按照教研室编码。

线分类方法的特点是结构清晰，容易识别和记忆，易查找，适应于手工系统；但是其缺点是结构不灵活，柔性差。

线分类时要掌握两个原则：唯一性和不交叉性。

2) 面分类方法

面分类方法主要从面的角度来考虑分类，将需要编码的对象从几个方面进行总体分类，每一个类别的内容单独编号，然后综合各个方面的编号，最后得到编码对象的编码。

表 6-2 是某机械厂螺钉代码的设计方案。可以看出,代码为 2342 的就是材料为黄铜、直径为 1.5 厘米、钉头为方形、表面镀铬的螺钉。

表 6-2 螺钉代码设计举例

材料	螺钉直径	螺钉头形状	表面处理
1—不锈钢	1—ϕ 0.5	1—圆头	1—未处理
2—黄铜	2—ϕ 1.0	2—平头	2—镀铬
3—钢	3—ϕ 1.5	3—六角形状	3—镀锌
		4—方形头	4—上漆

这种编码方法还可以用于对服装厂的服装、鞋帽厂的鞋帽等进行编码。例如,一家鞋厂生产各种各样的鞋,对它们编码时,可以按鞋的用料、尺寸、性别、用途、样式进行不同的分类,每类均给出一个序号,组合到一起则可以将每个类型的鞋给出唯一的编码。

面分类方法的特点是柔性好,面上的增、删、改很容易,可实现按任意组配面的信息检索,对机器处理有良好的适应性;但是其缺点是不易直观识别,不便于记忆。

在实际应用中,要根据具体情况适当选择以上两种不同的分类方法。

2. 代码个数的计算

若已知码的位数为 P,每一位上可用字符数为 S_i,则可以组成码的总数为

$$C=\prod_{i=1}^{P}S_i$$

例如,对每位字符为 0~9 的三位码,共可组成 $C=10\times10\times10=1\,000$ 种代码。

3. 代码设计的步骤

在代码设计中,一般按照如下步骤进行。

(1) 确定代码对象。在调查分析的基础上,确定需要编码的项目,并确定编码的名称。

(2) 考查是否已有标准代码。如果已有就必须遵循,以便满足系统标准化的需要。

(3) 确定代码的使用范围。代码的设计不应该局限于某一企业或某一部门,它应该具有广泛的适用性。不仅能在本单位使用,还能在外单位使用。

(4) 确定代码的使用时间。无特殊情况,代码应可永久使用。

(5) 决定编码方法。根据编码的对象、目的、使用范围、使用期限等特性,选定合适的代码种类及校验方式。

(6) 编写代码表,对代码做详细的说明并通知有关部门,以便正确使用代码。

(7) 编写相应的代码使用管理制度,保证代码的正确使用。

代码使用时应尽量减少传抄以避免人为造成的错误,在输入代码时,建议用缩写形式输入,然后由系统自动生成相应正确的代码。

4. 代码设计书

确定了代码的类型及校验方法后,需要编写代码设计书,样式如图 6.11 所示。

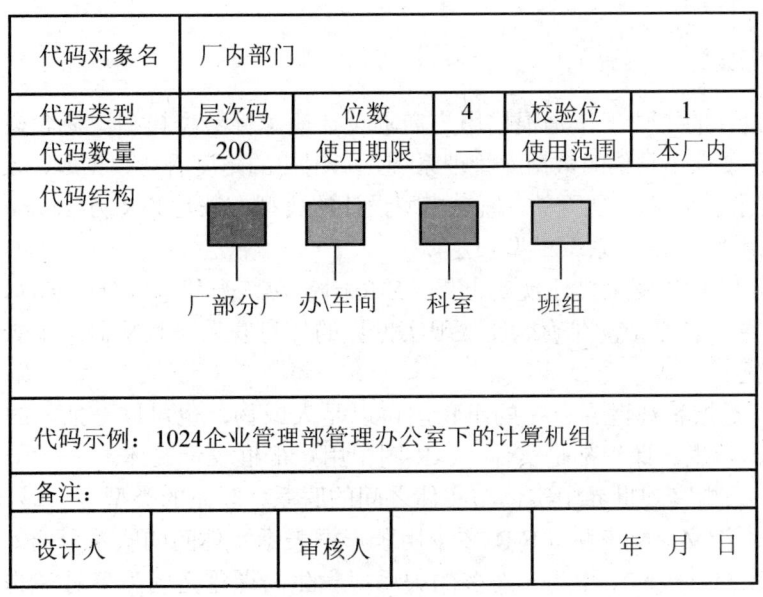

图 6.11 代码设计书

6.4 数据库设计

在管理信息系统中，数据存储主要通过数据库实现，数据库决定了数据存储的组织形式，以及数据处理的速度和效率。由于数据库设计的基本知识，在本系列教材关于数据库的其他图书中有专门讲解，本节只是简单介绍数据库设计的主要工作步骤。

数据库设计分为四个步骤：用户需求分析、概念结构设计、逻辑结构设计、物理结构设计，这四个步骤与管理信息系统开发的各个阶段相对应，用户需求分析和概念结构设计在系统分析阶段进行，逻辑结构设计和物理结构设计在系统设计阶段进行。

6.4.1 用户需求分析

在进行数据库设计时，首先调查用户的需求，包括用户的数据要求、加工要求和对数据安全性、完整性的要求。其次，在系统详细调查的基础上，确定各个用户对数据的使用要求，主要包括如下内容。

(1) 分析用户希望从数据库中获得哪些有用的信息，从而可以推导出数据库中应该存储哪些有用的信息，并由此得到数据类型、数据长度、数据量等。

(2) 分析用户对数据需要完成哪些加工处理，有哪些查询要求和响应时间要求，以及对数据库保密性、安全性、完整性等方面的要求。

(3) 分析现有系统的规模、结构、资源和地理分布等限制条件。了解所选用的数据库管理系统的技术指标。例如，选用 Microsoft SQL Server 2010，必须了解 SQL Server 2010 的最多字段数、最大记录数、最大记录长度、文件大小和系统所允许的数据库容量等。

6.4.2 概念结构设计

概念结构设计的主要工作是根据用户需求设计概念性数据模型。概念模型是一个面向问题的模型，它独立于具体的数据库管理系统，从用户的角度看待数据库，反映用户的现实环境，与将来数据库如何实现无关。概念模型设计的典型方法是 E-R 方法(Entity-Relationship approach)，即用"实体-联系"模型表示。

E-R 方法使用 E-R 图来描述现实世界，E-R 图包含三个基本成分：实体、联系、属性。E-R 图直观易懂，能够比较准确地反映现实世界的信息联系，且从概念上表示一个数据库的信息组织情况。

(1) 实体，是指客观世界存在的事物，可以是人或物，也可以是抽象的概念。例如，学校中的教师、学生、课程都是实体。E-R 图中用矩形框表示实体。

(2) 联系，是指客观世界中实体与实体之间的联系，联系的类型有一对一(1∶1)、一对多(1∶N)和多对多(M∶N)三种。E-R 图中用菱形框表示实体间的联系。例如，学校与校长为一对一的关系；学校与学生为一对多的关系；学生与课程之间为多对多的关系。

(3) 属性，是指实体或联系所具有的性质。例如，学生实体可由学号、姓名、性别、出生日期等属性来刻画。E-R 图中用椭圆表示实体的属性。

6.4.3 逻辑结构设计

逻辑结构设计的任务是设计数据的结构，把概念模型转换成所选用的数据库管理系统支持的数据模型。在由概念结构向逻辑结构的转换中，必须考虑到数据的逻辑结构是否包括了处理所要求的所有关键字段，所有数据项和数据项之间的相互关系，数据项与实体之间的相互关系，实体与实体之间的相互关系，以及各个数据项的使用频率等问题，以便确定各个数据项在逻辑结构中的地位。

6.4.4 物理结构设计

物理结构设计是在逻辑结构设计的基础上，进一步设计数据模型的一些物理细节，为数据模型在设备上确定合适的存储结构和存取方法。它的出发点是如何提高数据库系统的效率。物理结构设计主要有如下内容。

1. 确定数据的存储结构

根据数据库中数据的使用情况，从数据库管理系统提供的各种存储结构中选取适合应用环境的结构加以实现。确定存储结构的主要因素是用户的数据要求和处理要求、存取数据的时间、空间利用率和对存储结构的维护代价等方面。

2. 选择和调整存取路径

数据库必须支持多个用户的不同应用要求，因此应对同一数据提供多条存取路径。

3. 确定数据的存放介质和存储位置

根据数据的具体应用情况确定数据的存储位置、存储设备、备份方式以及区域划分。将数据库按不同的情况划分为若干个组，把存取频率和存取速度要求高的数据存入在高速存储器上，把存取频率低和存取速度要求较低的数据，存放在低速存储器上。

4. 确定存储分配的参数

许多数据库管理系统提供了一些存储分配参数。例如，缓冲区的大小和个数、溢出空间的大小和分布、数据块的尺寸等，这些参数的设置将影响数据存取的时间和存储分配的策略，设计人员应全面考虑。

5. 确定数据的恢复方案

对数据恢复问题应予以考虑。例如，采取双硬盘、多处理器并行工作、数据备份等有效措施，一旦发生故障，系统可以继续运行，数据可以及时恢复。

6.5 人机对话设计

人机对话是指在系统应用中，人与信息系统之间进行信息交流和结果反馈的各种方式，操作菜单、导航按钮、输入表单、输出报表、屏幕提示、警告信息等都是人机对话。人机对话设计如同商店的橱窗布置，会给用户一个直观印象。人机对话设计的好坏，关系到系统的应用和推广。人机对话设计包括输出设计、输入设计和用户界面设计三个方面。

6.5.1 输出设计

输出就是管理信息系统运行产生的结果，或者是提供给用户工作所需的信息。一般来说，判断一个系统的好坏就是看其输出结果在多大程度上能帮助用户完成自己的工作。

输出设计的目的，是为了正确及时地反映和组成用于生产和服务部门的有用信息。系统设计过程与实施过程相反，即先确定要得到哪些信息，再考虑为了得到这些信息，需要准备哪些原始资料作为输入。所以说，需要先进行输出设计，然后再进行输入设计。

1. 输出设计的要求

输出信息的使用者是用户，其内容与格式等是用户关心的问题之一，对输出信息的基本要求是全面、准确、及时、适用。为此，在设计过程中，开发人员必须做到以下几点。

(1) 详细分析现行系统的输出报表和内容，包括哪些报表是真正需要的，哪些是重复的或可以合并的，各份报表的输出周期，等等。

(2) 深入了解并与用户充分讨论、协商，实际了解用户的真正输出需求。

(3) 参考同类型企业或部门的情况，借鉴业务性质类似的其他管理信息系统的经验。

2. 输出设计的内容

输出设计的内容包括以下几点。

(1) 输出信息使用方面的内容，包括信息的使用者、使用目的、报告量、使用周期、有效期、保管方法和复写份数等。

(2) 输出信息的内容，包括输出项目、位数、数据形式(文字、数字)。

(3) 输出格式，如输出格式是文字、表格、图形、图表还是文件。

(4) 输出设备，如显示器、打印机、磁盘、网络、缩微胶片或其他专用设备。

(5) 输出介质，如输出到磁盘还是磁带上，输出用纸是专用纸还是普通白纸等。

3. 输出方式的选取

根据需要，可以设计不同的输出方式，下面简单介绍常用的输出方式。

1) 屏幕显示输出

屏幕显示输出就是将输出结果直接在屏幕上显示，它通常在功能选择、数据查询、信息检索时采用。这种方式的优点是快速直观、实时性强，但输出的信息不能保存。

2) 打印机输出

打印机输出一般用于输出报表、发票等，输出介质主要是各种规格的打印用纸，包括专用纸和通用纸。通用打印纸用于常用的一般打印机，输出内容全部需打印。专用纸是事先印刷好的报表或票据，输出时只要打印有关的数据即可，不需打印表格框架等。打印输出方式输出的信息可以长期保存和传递，但它也有不足之处：①购买、打印、储存和处理纸张的成本很高；②打印的信息生命期较短，可能会很快过期。

3) 磁盘输出

磁盘输出就是将产生的结果信息，输出到磁盘中。如果信息交换的双方都有计算机但还没有联网，磁盘输出方式是一个很好的选择，它减少了键盘输入可能导致的差错，特别是当前普遍使用的闪存(俗称优盘)和移动硬盘在信息传递中非常实用。磁盘文件输出方式是下级部门向上级部门报送资料的一种主要方式，也是数据备份的一种主要方式。

4) 网络输出

网络输出通过网络传送，可以使发送方所发出的信息直接转换为接收方的输入数据，减少了不必要的重复输入，有效地提高了信息的传送效率，降低信息的传输成本，进而提高信息的利用率。网络输出同时支持多种媒体(文本、图形、声音、视频等)的传输。由于网络传输的一系列优越性，这种输出方式将逐步成为今后一种主要的输出形式。

5) 专门输出形式

一些特殊的单位和部门还有一些专门的输出方式。例如，商场的 POS 机就是能够处理信用卡交易、打印详细收据、改变存货记录的一种计算机终端；银行的 ATM 机能够处理银行转账、打印存款单据和提现收据；另外，在企业中，一个系统的输出经常成为另一系统的输入，如企业中应收账款系统的支付数据为总账系统的输入。

6) 其他输出方式

其他输出方式还包括以下几种：①音频输出，是指使用自动电话应答系统来处理电话业务并为客户提供信息，如通过使用声讯电话可以核实考试成绩、检查电话卡账户余额或查询股票价格等；②自动传真和回传系统，一些企业通过使用自动传真和回传系统，传真会在几秒钟内传到用户的传真机上，用户能够以传真的方式打印输出。例如，计算机企业允许用户通过传真索取产品数据、关于新驱动设备的信息或技术支持。

虽然从社会可持续性发展的要求来看，未来发展趋势是企业普遍采用屏幕显示或网络输出方式以达到无纸化办公，但目前大部分企业在日常工作中仍然主要依靠打印输出方式。因为大多数人在处理信息时还是习惯于阅读纸上的内容，而不愿去读屏幕上的文档。

第6章 系统设计

4. 输出格式的设计

在系统设计阶段，设计人员应该给出系统输出的说明，这个说明既是将来编程人员在软件开发时进行实际输出设计的依据，也是用户评价系统实用性的依据。因此，设计人员要选择合适的输出方式，并以清楚的格式表达出来。常见的输出格式有以下两种。

1) 报表输出

报表输出是输出格式中最常见的一种方法，一般用来表示详细的信息。报表输出的关键在于如何根据信息使用者的具体要求和使用习惯来编排报表内容。常见的有两种编排形式，一类是二维报表格式，另一类是自由编排格式。好的输出设计应给予信息使用者一定的选择权，使其能在其权限范围内自由选择、组织、编排、显示其所需信息。

2) 图形输出

管理信息系统使用的图形信息主要有直方图、圆饼图、曲线图、地图等，图形信息在表示事物的趋势、多方面的比较等方面有较大的优势，可以充分利用大量历史数据的综合信息，表示方式直观，常为决策用户所喜爱。

究竟应该采用报表输出还是图形输出，应根据系统分析和管理业务的要求而定。一般来说，对于基层或职能部门的管理者，应采用报表方式给出详细的记录数据；而对于高层领导或综合管理部门，则应该采用图形方式给出数据统计分析结果或综合发展趋势。

5. 输出格式的注意事项

输出格式设计时，要注意以下问题。
(1) 使用方便，符合用户的习惯。
(2) 规格标准化、文字和术语统一。
(3) 屏幕输出要合理安排数据项的显示位置，并注意适当的色彩搭配。
(4) 输出的表格要考虑系统未来发展的需要。
(5) 在设计纸质报表的格式和大小时，要先了解打印机的工作特性和相关指标。
(6) 为了便于编写输出程序，设计输出格式时，最好先在方格纸上拟出草图。

6. 报表格式的设计

报表是系统内部数据经处理后的一种具体表现形式，它用简单明了、美观、易于理解的形式反映用户所要得到的信息。报表设计除了要注意数据的正确性外，还要精心安排数据的输出位置，以合乎用户的阅读习惯。

根据报表内容的性质和用途，报表可分为明细表、业务文件、管理报表三种。明细表主要记录企业或组织某一时期内往来的数据内容或某一类数据的明细，如进出货物交易明细报表、员工基本信息清单等。业务文件主要输出企业或组织的正式交易文件，如职工工资单、各种收据和发票等。管理报表主要是用于管理的统计报表，既可以是摘要的统计报表，也可以是统计图形，如业务状况统计图、生产情况统计表等。

报表的格式与组成内容，主要分为表头、内容明细、表底、备注四个部分。
(1) 表头。表头(heading)位于报表的最上端，主要由报表名称、使用单位名称、报表的印制时间、报表的页次、报表的编号所组成。
(2) 内容明细。内容明细(detail)位于报表的表头与表底之间，主要叙述此份报表的详细内容，如交易明细、统计结果等。内容明细是一份报表的主体。

(3) 表底。表底(footing)位于报表的底部，主要由一些总结性的数据所组成，如总计、合计等数据项，有时页码也可放置于此。

(4) 备注。备注(note)一般位于报表的表底之下，主要针对这份报表内的数据来源及其意义做一些说明，如报表数据的计算方式、各数据项的含义等。

6.5.2 输入设计

输出设计完成以后，就可进行输入设计。输入设计对系统的质量有着决定性的重要影响，输入数据的正确性直接决定处理结果的正确性。同时，输入设计还是信息系统与用户之间交互的纽带，决定着人机交互的效率。

1. 输入设计的原则

输入设计要在保证向信息系统提供正确信息和满足需要的前提下，尽可能做到输入方法的简单、迅速、经济，并方便使用者操作，也就是要达到"使用方便，操作简单，便于录入，数据准确"的目标，并遵循如下原则。

(1) 控制输入量。输入量应保持在能满足处理要求的最低限度，避免不必要的重复与冗余。输入量越少，错误率越小，数据准备时间也越少。

(2) 减少输入延迟。输入数据的速度往往成为提高信息系统运行效率的瓶颈，为减少延迟，可采用周转文件、批量输入等方式。

(3) 减少输入错误。输入的准备及输入过程应尽量简易、方便，并有适当查错、防错、纠错措施，从而减少错误的发生。

(4) 避免额外步骤。在输入设计时，应尽量避免不必要的输入步骤，当步骤不能省略时，应仔细验证现有步骤是否完备、高效。

(5) 尽早保存。输入数据应尽早地用其处理所需的形式记录下来，以避免数据由一种介质转换到另一种介质时可能产生的错误。

(6) 及时检查。应尽早对输入数据进行检查，以便使错误及时得到改正。

2. 输入设备的选择

输入设计时，首先要确定输入设备的类型，输入设备有以下几种。

(1) 读卡机。在计算机应用的早期，读卡机是最常用的输入设备。这种方法把源文件转换成编码形式，由穿孔机在穿孔卡片上打孔，再经验证、纠错，而后进入计算机。这种方法成本较低，但速度慢，且使用不方便，已被键盘-磁盘输入装置取代。

(2) 键盘-磁盘输入装置。由数据录入人员通过工作站录入，经拼写检查，可靠性验证后存入磁记录介质(如磁带、磁盘等)。这种方法成本低、速度快，易于携带，适用于大量数据输入。

(3) 光电阅读器。采用光笔读入光学标记条形码或用扫描仪录入纸上文字。光符号读入器适用于自选商场、借书处等少量数据录入的场合。而纸上文字的扫描录入尚处于试用阶段，读错率和拒读率较高，价格较贵、速度慢，但无疑具有较好的发展前景。

(4) 终端输入。终端一般是一台联网计算机，操作人员直接通过键盘输入数据，终端可以通过在线方式与主机联系，并及时返回处理结果。

3. 输入数据的获得

在管理信息系统中,最主要的输入是向计算机输送原始数据,如仓库入库单、领料单、财务记账凭证等。因此,在输入的前期,应详细了解这些数据的产生部门、输入周期、输入信息的平均发生量和最大量,并研究、计划今后这些数据的收集时间和收集方法等。

原始数据通常通过人机交互方式进行输入,为了提高输入速度并减少出错,可设计专门供输入数据用的记录单,在输入数据时,屏幕上画面格式与输入记录单应保持一致。

输入记录单的设计原则是:易使用,减少填写量,便于阅读,易于分类,整理和装订保存。有时也可以不专门填写输入记录单,而只在原始票据上框出一个区域,用来填写需特别指明的向计算机输入的数据。此方法容易为业务人员所接受,因为他们可减少填写记录单的工作量,但对输入操作不一定有利。

对于某些数据,最好的方法是结合计算机处理和人工处理的特点,重新设计一种新的人-机共用的格式。例如,入库单和领料单,可在原有人工使用的单据格式上增加材料代码、经手人员的职工号等栏目。业务部门和计算机操作员都可直接使用该单据,这样既可减少填写输入记录单的工作量,又方便了输入操作。当然,对于单据中的代码填写,业务人员仍需经过一段时间的使用才能适应。

4. 输入数据的校验

输入设计的目标是要尽可能减少数据输入中的错误,在输入设计中,要对全部输入数据设想其可能发生的错误,对其进行校验。

1) 常见的输入错误类型

常见的输入错误主要有以下三种类型。

(1) 数据本身错误,指由于原始数据填写错误或书写出错等原因引起的输入数据错误。

(2) 数据多余或不足,这是在数据收集过程中产生的差错,如数据(单据、卡片等)的散失、遗漏或重复等原因引起的数据错误。

(3) 数据的延误,也是数据收集过程中所产生的差错,不过它的内容和数据量都是正确的,只是由于时间上的延误而产生差错。这种差错多由开票、传送等环节的延误而引起,严重时,会导致输出信息无利用价值。因此,数据的收集与运行必须具有一定的时间性,并要事先确定产生数据延迟时的处理对策。

2) 数据出错的校验方法

数据的校验方法有人工直接检查、计算机程序校验以及人与计算机两者分别处理后再相互查对校验等多种方法。常用的方法是以下几种,可单独使用,也可组合使用。

(1) 静态检验。静态检验即人工校验。这种方法一般是在输入之前,由人工对数据进行检查。也可在数据输入之后,由计算机将输入的有关数据重新打印输出,然后由人工将计算机输出的数据与原始数据逐个核对,检查它们是否一致。例如,用户有若干张原始单据输入计算机,计算机通过输出模块将用户输入的原始数据打成"汇总明细单"输出,输入员用"原始单据"与"汇总明细单"逐笔核对,进行静态检验。

(2) 屏幕显示检验。通过屏幕将输入数据显示出来,提供人工检验。例如,录入员将凭证输入计算机后,审核员调用"审核模块"将凭证一一显示在屏幕上进行人工检验。

(3) 重复输入校验。对同一张单据，由两个操作员各输入一次，或者同一操作员先后输入两次，然后由计算机程序自动给予校对，如果不相同，则打印或显示出错误信息。

(4) 逻辑检验。逻辑检验是对输入的数据是否符合逻辑性，有关数据的值是否合理的一种校验方法，将逻辑检验方法设计在输入程序中，由计算机自动检验。例如，输入日期时，计算机马上进行逻辑性检查：月份是否在1～12之间，日期是否在1～31之间等。

(5) 界限检验。界限检验检查某项输入数据的内容是否位于规定的范围之内。例如，某单位职工的基本工资区间为500～5 000元，如果输入的数据不在此范围内，则认为数据输入错误。这可以防止将800元错误地输入为8 000元的情况发生。

(6) 平衡检验。平衡检验的目的在于检查相关数据项之间是否平衡。例如，会计工作中采用借贷记账法，其记账规则是"有借必有贷，借贷必相等"。利用这种平衡关系，可在每张凭证数据输入时，由计算机程序自动进行借贷金额平衡检验。若借方金额等于贷方金额，方可进行下一步处理，否则数据不对，输出错误信息。

(7) 校验位校验。根据已编好的数码，通过一定的数学模型，求得一位数字加在代码后面作为校验位，以验证输入代码的正确性，如前面介绍了代码检验位的设置方法。

(8) 控制总数校验。采用控制总数校验时，工作人员先用手工求出数据的总值，然后在数据的输入过程中由计算机程序累计总值，将两者对比校验。

(9) 格式校验，即校验数据记录中各数据项的位数和位置是否符合预先规定的格式。例如，身份证按规定应该为18位，如果输入的身份证只有17位，就认为该数据出错。

(10) 顺序校验，即检查记录的顺序。例如，要求输的数据无缺号时，通过顺序校验，可以发现被遗漏的记录。又如，要求记录的序号不得重复时，即可查出有无重复的记录。

3) 数据出错的纠正方法

在错误校验系统中，错误的纠正比校验更困难。应根据出错的类型和原因，进行不同的纠错。如果发现原始数据有错时，应将原始单据送交填写单据的原单位修改，不应由键盘输入操作员或原始数据检查员等主观地予以修改。

当由机器自动检错时，出错的恢复方法有以下几种。

(1) 待输入数据全部校验并改正后，再进行下一步处理。

(2) 舍弃出错数据，只处理正确的数据。这种方法适用于进行动态调查分析的情况，这时不需要太精确的输出数据。例如，统计项目的百分比、进行数据抽样调查分析等。

(3) 只处理正确的数据，出错数据待修正后再进行同法处理。

(4) 剔出出错数据，继续进行处理，出错数据留待下一运行周期再一并处理。此种方法适用于运行周期短而剔出错误不致引起输出信息准确性显著下降的情况。

5. 输入格式的设计

输入格式应该针对输入设备的特点进行设计。若选用键盘方式，人机交互输入数据，则输入格式的编排应尽量做到计算机屏幕显示格式与单据格式一致。

输入数据的形式一般可采用"填表式"，由用户逐项输入数据，输入完毕后系统应具有要求"确认"输入数据是否正确无误的功能。当前，基于图形化用户界面(Graphic User Interface，GUI)的输入设计是输入设计中常用的方法。这通常采用面向对象的方法来进行。在这种方法中，通过输入控件达到简化用户输入操作、减少输入错误的目的。常见的输入控件包括文本框、列表框、复选框、单选按钮等。

(1) 文本框。可以表示一个带可调节滚动条的区域,用户可在其中输入文本。文本框没有大小限制,因此可以作为应用程序(如字处理程序或 Web 浏览器)的主要显示区域。

(2) 列表框。使用列表框可以表示一系列选项或设置。列表框可以一次显示多个备选项,并允许用户同时选择两个或更多的值。

(3) 复选框。如果用户需要从一组选项中选择不止一个选项,则可使用复选框输入控件。使用复选框可以分别表示多个选项的选中或清除、启用或禁用。如果各个选项只有两种状态,则可使用复选框。

(4) 单选按钮。单选按钮是用户从一组选项中选中某一个选项的输入控件。使用单选按钮可以表示某选项的选中或清除、启用或禁用。如果待选项数目有限,则可使用单选按钮。单选按钮也可用于一次在用户界面上显示所有可能的选项的情况。一组单选按钮选项表明若干个不同的、互斥的可用状态,如当前文件的不同视图。

6.5.3 用户界面设计

用户界面设计是指人通过屏幕、键盘等设备,与计算机进行信息交换,控制系统的运行进程。用户界面是人和计算机联系的重要途径,是保证系统成功的重要条件之一。

1. 用户界面设计的原则

用户界面设计的基本原则是为用户操作着想,而不应从设计人员设计方便来考虑。因此,用户界面设计应注意以下几点。

(1) 要首选图形化用户界面,整体设置要清楚、简单,用词要符合用户习惯。

(2) 用户界面要适应不同操作水平的用户,便于维护和修改。用户开始使用时,要让操作人员觉得系统在教他如何使用,鼓励他使用。随着用户对系统的熟悉,可能又会觉得太详细的说明、复杂的屏幕格式太啰嗦。为适应不同水平的用户,操作方式应可以选择。

(3) 错误信息设计要有建设性。使用者判断用户界面是否友好,其第一印象往往来自当错误发生时,系统有什么样的反应。在一个好的错误信息设计中,用词应当友善,简洁清楚,并要有建设性,即尽可能告知使用者产生错误的可能原因。

(4) 关键操作要有强调和警告。对某些要害操作,无论操作人员是否有误操作,系统应进一步确认,进行强制发问,甚至警告,而不能一接到命令立即处理,以致造成恶劣的后果。这种警告,由于能预防错误,更具有积极意义。

2. 图形用户界面设计

图形用户界面已成为流行的界面设计技术,并将成为信息系统中用户界面的主流。

1) 图形用户界面的优缺点

图形用户界面具有以下优点:容易学习使用,使用菜单而不必记忆指令名称,大大减少了键盘输入的数量与错误;具有高度的图形功能,直观生动,如采用线条图、趋势图、动画等多角度的表达方式。但是,图形用户界面也有缺点:与文字指令界面相比,图形形式的指令不能表达复杂的复合指令;指令数目太大时,不容易在屏幕上安排菜单;对于熟练的使用者而言,键盘输入的速度要快于鼠标选项的输入。

2) 图形用户界面设计的原则

图形用户界面的设计,要注意遵循以下基本原则。

(1) 各个画面设计在整体上应保持相同或相似的外观，风格要一致。例如，按钮和选择项应尽可能安排在同样的地方，便于用户熟练掌握屏幕上的信息。

(2) 使用的词汇、图示、颜色、选取方式、交流顺序，其意义与效果前后一致。

(3) 正确使用图形的表达能力。图形主要适合用来表达整体性、印象感和关联性的信息，而文字更适用于表达单一的、精确的、不具关联性的一般资料，要根据需要选取。

3. 用户界面的形式

用户界面主要有以下几种形式。

1) 菜单式

菜单式用户界面通过屏幕显示出可选择的功能代码，由操作者根据需要进行选择，它适合于同一界面中功能较多的情形。

目前常用的菜单主要有平铺式菜单、下拉式菜单、快捷菜单、级联式菜单等。

设计菜单时，有两点必须特别注意：菜单的深度和菜单中各选择项的安排。前者指选单的层次。如果选单过深，使用者选择一个指令必须通过好几个层次，显然会影响到系统运行效率；层次过浅，选单又可能太长。因此，要合理设计选单的深度。一个选单中的选择项，一般可以按字母顺序、习惯顺序、类别、使用频率等进行排列。具体采用哪种排列方法，要从使用者心理、选单的长短、是否有习惯顺序等因素进行考虑。

2) 填表式

填表式一般用于通过终端向系统输入数据，系统将要输入的项目显示在屏幕上，然后由用户逐项填入有关数据的情况。另外，填表式界面设计常用于系统的输出。如果要查询系统中的某些数据时，可以将数据的名称按一定的方式排列在屏幕上，然后由计算机将数据的内容自动填写在相应的位置上。由于这种方法简便易读，并且不容易出错，所以它是通过屏幕进行输入输出的主要形式。

3) 回答式

当系统运行到某一阶段时，屏幕上显示问题，等待用户回答。回答方式也应在屏幕上提示，让用户简单地回答。系统根据用户的回答决定下一步执行什么操作。这种方法通常可以用在提示操作人员确认输入数据的正确性，或者询问用户是否继续某项处理等方面。

4) 提问式

提问式主要用于用户查询。例如，要查询某学生的基本情况，屏幕上提示"请输入学号"，用户回答之后屏幕上显示有关内容。

5) 按钮式

在软件的主要界面上用不同的导航按钮表示系统的执行功能，单击按钮即可执行该操作。按钮的表面可写上功能的名称，也可用能反映该功能的图形加文字说明。使用按钮可使界面显得美观、漂亮，使系统看起来更简单、好用，操作更方便、灵活。

6) 操作权限管理方式

为了保证系统的安全性，可以控制用户对系统的访问权限。可以设置用户登录界面，通过用户名和口令及使用权限来控制用户对数据的访问。

4. 基于 GUI 的用户界面设计

在管理信息系统的应用中，GUI 越来越受到用户的欢迎。从用户的角度来看，GUI 比基于字符的界面更容易使用。设计基于 GUI 的用户界面要体现如下内容。

(1) 实时反馈。实时反馈是指随时将正在做什么的信息告知用户(尤其是在响应时间较长的情况下)。否则，用户就无法判断是计算机出了问题还是应用系统存在问题。

(2) 系统消息显示。系统消息显示指随时将系统交给用户的信息用图标或声音的形式反馈给用户。系统要及时向用户提供反馈信息，以便使用户知道下一步该做什么。反馈是指计算机信息系统对用户的操作所采取的响应。通过及时反馈处理信息，可以避免用户产生系统处理错误的错觉。例如，在屏幕上显示消息"请输入数据："，提请用户输入数据，并告诉用户数据已被正确地输入系统中；自动将光标移至表单的下一个数据域，或者显示"输入正确"等信息；对于所需时间较长的处理过程，需要及时给出提示信息，如在屏幕上显示"系统正在处理，请稍候……"等，避免用户焦急等待或不知所措；告知用户某一任务或处理是否已经完成或失败，如在屏幕上显示"统计结束"、"打印机未准备好"等信息。信息、指令应在屏幕上停留适当的一段时间，从而使用户能够完整阅读所显示的信息。

(3) 状态。提供信息告知用户目前正处于系统的何种状态。在大型系统中，用户可能忘记他们正在使用什么工具。实际中往往会有这种情况，即虽然用户给出了语法正确的命令，但却是在错误的环境下执行的。

(4) 跳出。允许用户终止某种操作，并从该选择中跳出(escape)。许多操作是偶然被选中的，而一个不良的界面设计往往会使系统死锁在某种不想要的选择中。

(5) 最少工作。最少工作是指进行界面操作时应尽量减少用户的工作量。相关办法包括以最少的对话步骤、使用缩略语和代码来减少用户的阅读量和击键次数。冗长的对话在用户开始操作时可能是方便的，但用户在熟悉对话之后，这种缓慢的、多步骤的对话就变得令人厌烦。

(6) 默认值。默认值又称缺省值，指只要预知答案，就设置默认值，这样加快了用户工作。

(7) 在线帮助。对于那些不屑翻阅纸质操作手册的用户，在线帮助是学习上的辅导；对于有经验的用户，在线帮助是一个助手，可以帮助用户肯定一个操作的细节问题。在线帮助应该分层或嵌套，以使其信息直接针对用户想了解的选择或工具。

(8) 复原。用户在操作过程中可能会出错，想退回并重新开始。用户界面应提供返回原先状态的复原能力。另外，系统应该具有较高的容错能力。即使用户某一操作失误，也不应对系统产生致命的、不可恢复的影响。所以系统应该具有允许用户出错并恢复至系统发生错误之前状态的能力。对于一些具有破坏性的操作，如删除等，系统应该给予用户一次确认机会，防止由于误操作对系统造成破坏。

(9) 一致性。人机界面的一致性主要体现在输入输出方面的一致性，具体是指在应用程序的不同部分，甚至不同应用程序之间，具有相似的界面外观与布局，具有相似的人机交互方式以及相似的信息显示格式等。一致性将有助于用户学习，减少用户的学习量和记忆量。例如，各级跳出命令应使用同一代码，且应有相同的效果。

6.6 处理过程设计

在获得一个合理的模块划分即模块结构图以后，即可进一步设计各模块的处理过程，这就是处理过程设计。它将为程序员编写程序做好准备，是编程工作的依据。

处理过程设计的关键是用合适的工具描述每个模块的执行过程，这种工具应该简单、精确、方便、实用，并能直接导出用编程语言表示的程序。下面介绍几种主要描述工具。

6.6.1 流程图

流程图(Flow Chart，FC)，又称框图，它包含三种基本成分，如图 6.12 所示，用矩形框表示处理步骤，用菱形框表示条件判断，用箭头表示控制流。

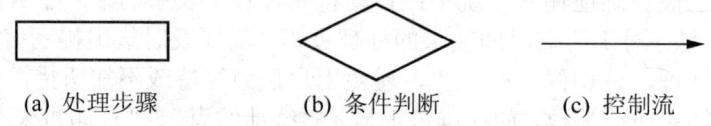

(a) 处理步骤　　　(b) 条件判断　　　(c) 控制流

图 6.12　流程图的基本符号

图 6.13 就是使用上述基本成分所表示的顺序、选择和循环三种基本程序结构，可以把它们再进行组合和嵌套，建立各种复杂的框图以表示程序的复杂逻辑关系。

图 6.13 中只是给出了流程图的三种基本结构，而图 6.14 则给出了流程图的五种控制结构(其中选择结构和循环结构都有两种不同的变化形式)。

图 6.15 就是一个由上面五种不同控制结构嵌套而成的程序流程图示例。

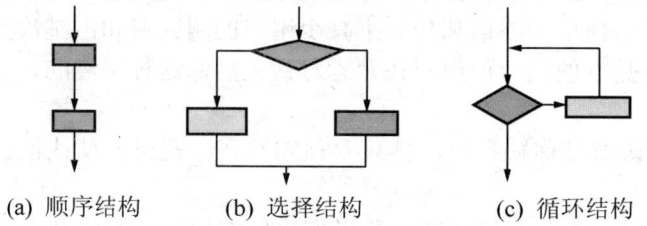

(a) 顺序结构　　　(b) 选择结构　　　(c) 循环结构

图 6.13　流程图的三种基本结构

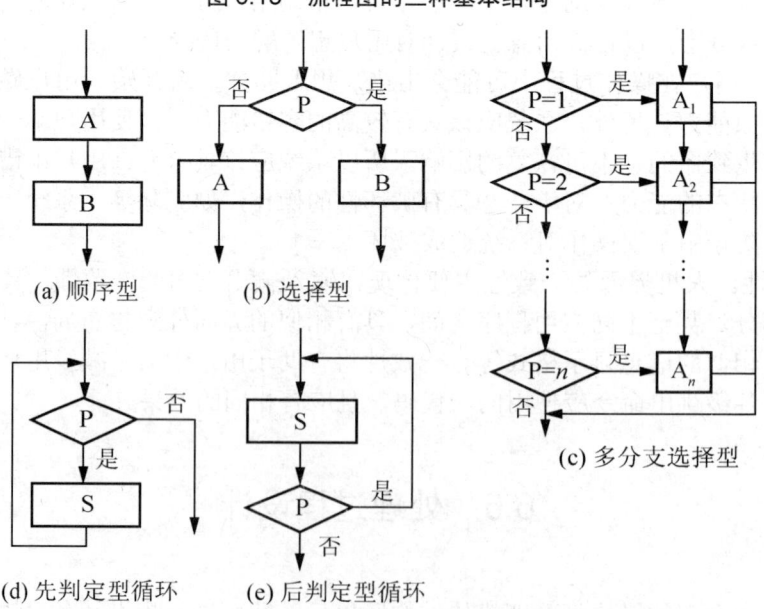

(a) 顺序型　　(b) 选择型　　(c) 多分支选择型

(d) 先判定型循环　　(e) 后判定型循环

图 6.14　流程图的五种控制结构

第 6 章 系统设计

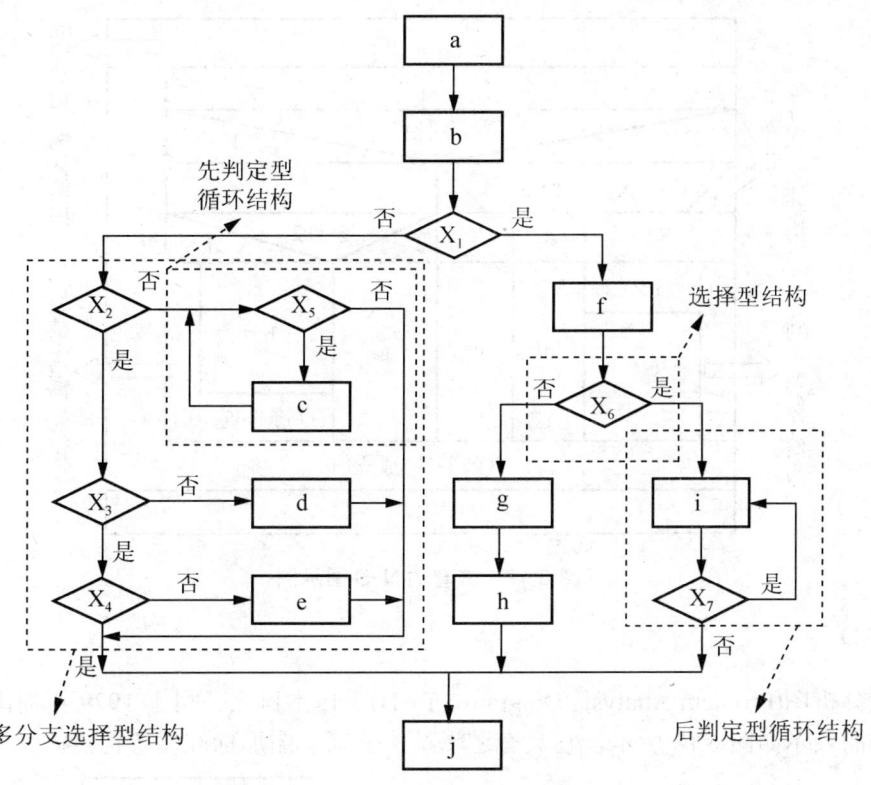

图 6.15 嵌套的流程图示例

6.6.2 N-S 图

N-S 图,又称为盒图,是 Nassi 和 Shneiderman 提出的一种符合结构化程序设计原则的图形描述工具,它采用了一种直观描述模块处理过程的自上而下的积木式表示方法。

N-S 图的五种控制结构,如图 6.16 所示。它比流程图紧凑易画,取消了控制线,限制了随意的控制转移,保证了良好的控制结构。可以看出,N-S 图中的上下顺序就是程序实际执行的顺序。

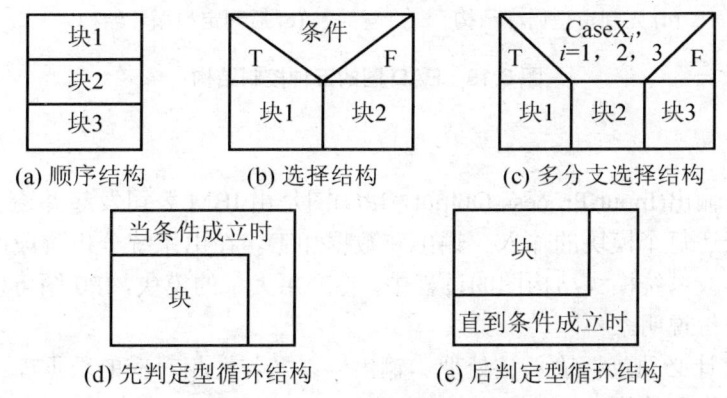

图 6.16 N-S 图的五种控制结构

图 6.17 就是一个由上面五种不同控制结构嵌套而成的 N-S 图示例。

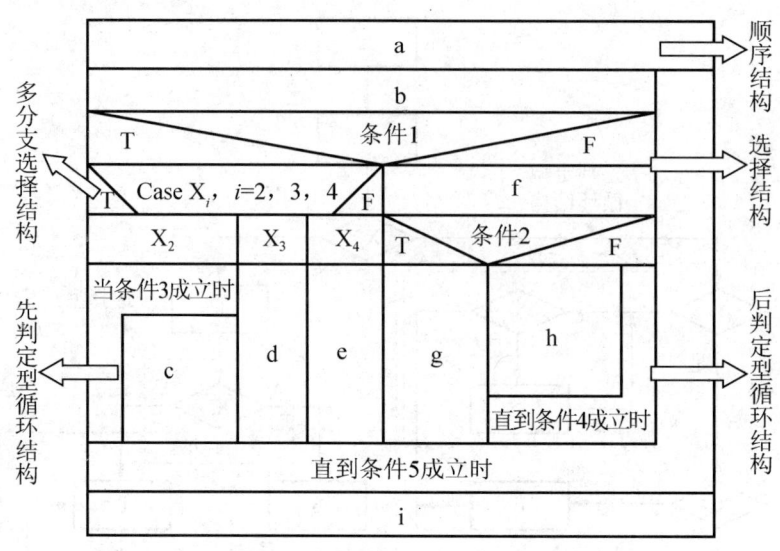

图 6.17　嵌套的 N-S 图示例

6.6.3　PAD 图

问题分析图(Problem Analysis Diagram，PAD)由日本日立公司于 1979 年提出，其五种控制结构的表示如图 6.18 所示，它具有逻辑结构清晰、图形标准化等优点。

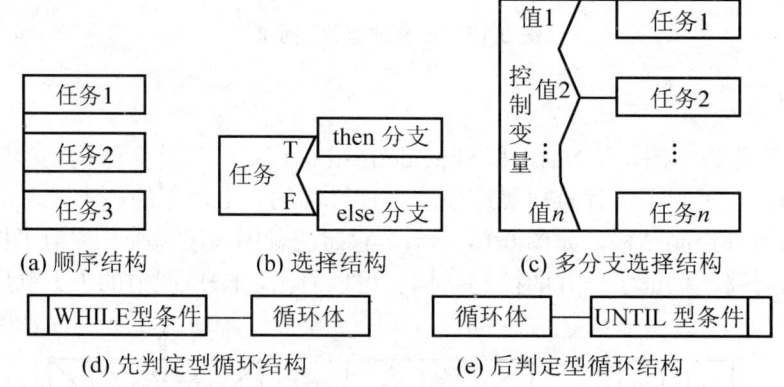

图 6.18　PAD 图的五种控制结构

6.6.4　IPO 图

输入-处理-输出(Input-Process-Output，IPO)图是由 IBM 公司发起并逐步完善起来的一种工具，用来表述每个模块的输入、输出和数据加工。在由系统分析阶段产生数据流图，经转换和优化形成系统模块结构图的过程中，将产生大量的模块，IPO 图可以帮助开发者为每个模块写出一份说明。

IPO 图的设计必须包括输入、处理、输出，以及与之相对应的数据库或文件在系统总体结构中所处的位置等信息。

如图 6.19 所示，就是一个固定资产管理系统中"固定资产增加"模块的 IPO 图。

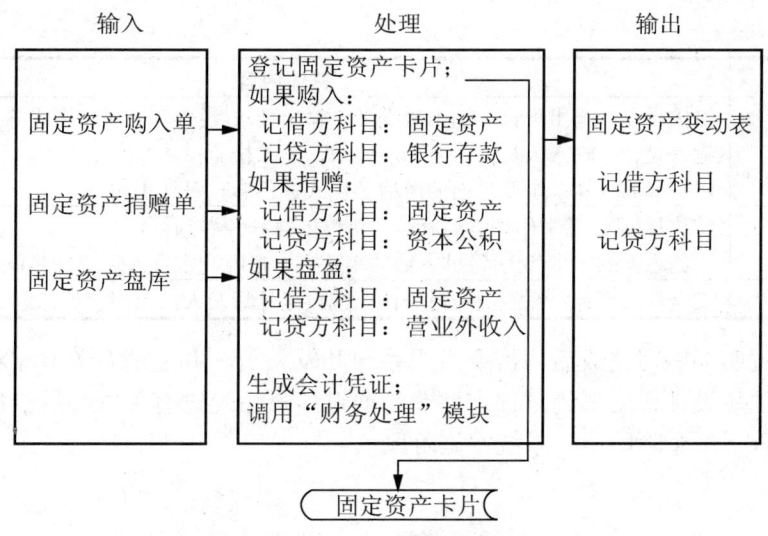

图 6.19 "固定资产增加"模块的 IPO 图

IPO 图的主体是处理过程说明。为简明、准确地描述模块的执行细节,可以用任何一种设计工具来描述,如判断树、判断表,以及问题分析图、程序流程图等工具。IPO 图是系统设计中一种重要的文档资料。

6.7 系统设计说明书

系统设计阶段的最终结果是系统设计说明书,它由各种设计方案和设计图表组成,是下一阶段工作——系统实施的基础。系统设计说明书的主要项目和内容见表 6-3。

表 6-3 系统设计说明书的主要项目和内容

主要项目	具体内容
概述	系统名称、设计目标、主要功能、项目开发者、用户、与其他系统的联系; 本系统在硬件、软件和运行环境方面的限制,保密和安全方面的限制; 参考资料和系统中专门术语说明
系统总体设计	总体结构、模块结构图、子系统结构图、计算机流程图等; 各个模块的 IPO 图(名称、功能、调用关系、局部数据项和算法说明等)
物理系统配置	系统总体模式,计算机系统的地理分布,计算机系统图,机房配置设计; 设备配置图:各种设备在各岗位的分布图,主机、网络、终端联系图等; 硬件配置:包括主机、外围设备、终端、辅助设备和网络结构等; 软件配置:包括操作系统、数据库管理系统、软件开发工具等; 网络配置:包括网络组成、网络拓扑结构、数网络协议等
代码设计方案	代码设计原则和设计方案; 各类代码的类型、名称、功能、使用范围和使用要求等的设计说明书
数据库设计	数据库设计的目标、功能要求、性能规定(精度、有效性及其他专门要求); 数据库的总体结构(主要指表与表之间的关联关系结构以及表内部的结构); 逻辑设计方案、物理设计方案、运行环境要求(支撑软件,安全保密等要求)

续表

主要项目	具体内容
人机对话设计	输出设计：输出项目，输出接受者，输出要求(设备、介质、格式等)； 输入设计：输入人员，主要功能要求，输入校验； 用户界面设计：主要界面的风格、样式、色彩、对话语句
系统实施方案	实施计划(包括工作任务的分解、进度安排和经费预算)； 实施方案的审批(说明经过审批的实施方案概况和审批人员的姓名)
其他内容	安全保密设计；系统故障对策；系统投运计划及人员上岗培训计划等

系统设计说明书编写完成后，需要组织系统开发人员，并邀请有关专家和管理人员参加评审工作。系统设计说明书经过评审并获得通过，最后经过有关领导批准后才能生效，系统开发便进入下一个阶段——系统实施阶段。

本 章 小 结

系统设计是在系统分析的基础上由抽象到具体的过程，在该阶段，要着重解决系统"如何做"的问题。本章介绍了系统设计的概念、方法，以及具体设计过程和内容。

本章首先介绍了系统设计的任务、内容、原则、目的和结构化系统设计方法。在总体设计部分，主要介绍了划分子系统的方法，系统功能结构图的绘制，信息系统流程图的描述，以及系统物理配置方案的设计，特别是重点介绍了模块的概念，模块结构图及其符号，模块结构图中模块之间的三种调用关系以及数据通信和控制信息的使用等。在详细设计部分，首先进行了代码设计的描述：介绍了代码设计原则，代码的种类，代码校验方法；随后介绍了数据库设计的步骤，输入、输出设计，用户界面设计的相关知识；处理过程设计的描述工具等内容。本章最后介绍了系统设计说明书的具体内容和编写要求。

通过本章学习，读者应该熟练掌握系统设计的基本知识和设计过程、设计方法。

关键术语

系统设计　总体设计　详细设计　模块　模块结构图　信息系统流程图　系统吞吐量　系统响应时间　代码　代码设计　顺序码　区间码　表意码　代码校验位　线分类方法　面分类方法　输出设计　输入设计　流程图　N-S 图　PAD 图　IPO 图　系统设计说明书

复 习 思 考

一、填空题

1. 一个模块应该具备四个组成要素，分别是_____、_____、_____和_____。
2. 组成模块结构图的五种基本符号分别是____、_____、_____、_____和_____。

3. 目前代码设计中常用的分类方案主要有两种，分别是_____和_____。
4. 输入设计的目标可描述为 16 个字，即_____。
5. 处理过程设计的主要描述工具有_____、_____、_____和_____。

二、名词解释

1. 模块结构图
2. 系统响应时间
3. 区间码
4. 代码校验位
5. 面分类方法

三、简答题

1. 简述系统设计阶段的任务和工作内容。
2. 系统设计要遵循哪些基本原则？
3. 总体设计的任务是什么？主要包括哪些内容？
4. 什么是模块？它包括哪些基本要素？
5. 什么是代码设计？代码设计要遵循哪些原则？
6. 请说明数据库设计的主要工作步骤。
7. 请说明输出设计的要求以及主要设计内容。
8. 为什么需要进行输入数据校验？主要有哪些校验方式？
9. 图形用户界面设计主要有哪些方式？请分别举例说明。
10. 简述系统设计说明书的主要内容。

实 践 训 练

一、调查分析

请调查贵校学生的学号、借书证号的代码系统是如何构成的，并分析其优点或缺点。

二、代码设计

1. 代码校验方案如下：源代码 4 位，从左到右取权 16、8、4、2，对各位源代码及其权值的乘积之和以 11 为模取余数作为校验码。试问：原代码 6137 的校验码应是多少？
2. 某企业设计了职工代码，其设计原则如图 6.20 所示。

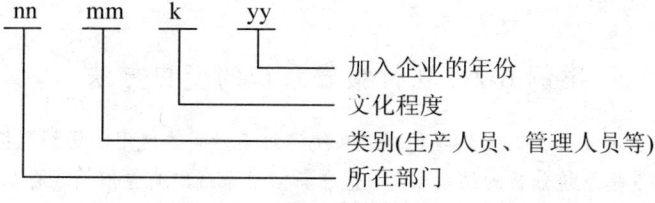

图 6.20 职工代码设计原则

根据代码设计原则,分析该代码系统设计的正确性,并给予适当的解释。

3. 某校师资管理信息系统中,教师编号的设置方案如下。代码整体为 5 位数字组成的层次代码。其中,前两位数字表示系部,第三位数字表示教研室,最后两位数字表示序列号。例如,03202 中 03 表示建筑系,2 表示装潢设计教研室,02 表示该教研室副主任张西景。

请问:

(1) 该代码属于什么类型代码?它具有什么优点?

(2) 为了保证原代码输入的正确性,现欲在原代码后再添加一个检验位,具体方案是,取 2、4、8、16、32 为权数,10 为模数,模数与余数之差(若为 10,取罗马数字 X 代替)作为校验位。那么,原代码为 12307 教师的校验位应是多少?

(3) 按照上面(2)中方案设置校验位后,若输入带校验位的代码 072146,计算机系统是否会提示"代码出错"?

三、实践应用

请绘制一个人力资源管理信息系统的功能结构图,并为相关人员设计一套代码体系。

案例分析

案例 6-1 某管理信息系统的安全设计

某开发小组正在为某公司开发一个销售管理信息系统。对于这个系统来说,如果因为偶然或人为因素导致数据丢失或信息泄露,将带来难以估量的损失。因此,系统的安全性和可靠性设计是非常重要的。

开发小组针对如下两种类型的隐患采取了不同的措施。

第一种措施是突发性物理破坏的应急处理。主机以及核心设备采用双机热备份方式,一套为生产机,另一套为备份机。每隔一定的时间,生产机就自检一次,若出现异常,系统将立刻切换到备份机继续工作,而不会影响系统运行。

第二种措施是防范人为的作弊与蓄意破坏。要求采用多种方法防范蓄意破坏,主要利用操作系统的安全性,防止对数据库进行非法访问。对于数据库的安全,在前、后台都有日志记载,使得系统发生故障后能够提供数据动态恢复或向前恢复的功能,确保主机数据的正确性。对于通信安全,采用通信加密的方式。对于前台安全,采用终端进行控制,对各台登录终端均给予记录,只有经过授权的终端才能访问数据库,以达到在地域上限制用户操作的目的。对于系统安全,采用加强用户授权控制及口令管理等措施。

案例讨论

1. 试分析上述系统安全设计的特点。
2. 系统安全性主要体现在哪些方面?你对上面的设计还有什么补充?

案例 6-2 现行报表系统的变更方法

据资深信息系统开发专家介绍,虽然现行报表系统经过长时间的使用,历经几批用户的修改和完善,但是并非无懈可击。从信息系统分析的结果出发,他在新信息系统中有意取消了自认为是多余的报表及报表中的若干个栏目,新系统投入使用一年后未被用户发现问题,可见他的分析和设计是正确的。然而当初他在征求用户意见时,管理人员坚称现有的报表、报表栏目一个也不能少。"不识庐山真面目,只缘身在此山中。"长期与报表为伴的管理人员先入为主,没有深入分析现有报表及其相互关系,不易发现现行报表系统中存在的问题。

案例讨论

1. 该资深信息系统开发专家的发现证明了什么?
2. 在变更现行的报表系统时,为什么要与系统分析人员协商?
3. 变更现行的报表系统时,为什么要获得用户及有关部门的批准?

第 7 章 系统实施与维护

知识架构

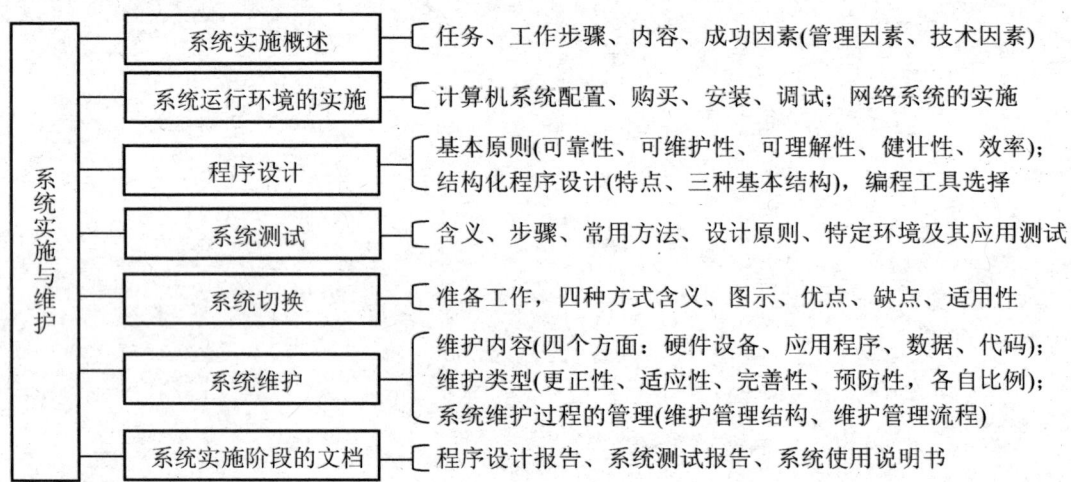

学习目标

通过本章的学习，读者应该能够：
- 理解系统实施的任务和内容
- 熟悉系统实施阶段工作步骤
- 掌握程序设计的基本要求
- 领会结构化程序设计思想
- 理解系统测试工作的目的
- 熟悉系统测试的方法步骤
- 掌握系统切换的四种方式
- 熟悉系统维护内容和类型

第 7 章 系统实施与维护

 **导入案例**

案例 7-0 A 公司开发管理信息系统的经验和教训

A 公司是一家生产化肥的中型国有企业。自改革开放以来，经济效益显著增长。早在 20 世纪 90 年代初，为了进一步提高企业管理水平，决定以委托开发方式为主开发管理信息系统。整个项目的研制工作开展得较有条理。首先是系统调研，规划了信息系统的总体设计方案，并购置了所需要的计算机设备。

在系统分析和系统设计阶段绘制数据流图和信息系统流程图时，课题组和主要科室人员在公司经理的支持下多次进行了关于改革管理制度和方法的讨论。他们重新设计全公司管理数据采集系统的输入表格，得出了改进的成本核算方法。整个系统由生产管理、供销存管理、成本管理、综合统计和网络公用数据库五个子系统组成。课题组夜以继日地工作，软件设计在延迟 5 个月后进入系统转换阶段。

系统转换阶段是系统开发过程最为艰难的一个阶段。许多问题在这个阶段逐步暴露出来。手工系统和计算机应用系统同时运行，管理人员要参与大量原始数据的输入和计算机结果的校核，加重了管理人员的工作负担，引起了管理人员的极大不满。仓库保管员不愿意为每一种材料填写代码，认为这样做太麻烦，等等。经过努力，问题逐一得到解决，但系统拖了很长时间才投入正常运行。

根据公司管理形势的变化，领导层决定对系统进行升级改造，并组织项目小组开发新的系统。

项目小组吸取上次的教训，系统转换采用直接方式。但新的问题又出现了，由于新旧系统的功能不同，系统管理出现不衔接的状况，严重影响了公司的正常生产。

●**点评**：系统实施就是将新系统的设计方案转换为能够实际运行的系统。在此期间，开发商和用户都将投入大量的人力、物力，占用很长时间，用户单位将发生组织机构、人员、设备、工作流程的重大变革，所以系统实施是系统开发的关键阶段，必须高度重视。

7.1 系统实施概述

7.1.1 系统实施阶段的任务

开发一个管理信息系统就像建一栋大楼，系统分析、系统设计就是根据大楼的要求画出各种蓝图，系统实施是调集各类人员、设备、材料，在现场根据图纸按实施方案的要求把大楼建起来。完成了系统分析、系统设计之后，如何将原来纸面上的、类似于设计图的新系统方案转换成可执行的实际系统，是系统实施阶段的主要工作。

7.1.2 系统实施的工作步骤

系统实施的工作步骤如图 7.1 所示，其内容包括硬件获取、软件获取、用户准备、人员聘用和培训、场所和数据准备、安装、测试、试运行以及用户验收等。具体工作包括以下几点。

(1) 建立硬、软件环境，实现物理系统并选择开发环境和工具。
(2) 进行程序设计和系统测试，排除错误并完善功能。
(3) 装载数据，系统试运行，并做局部功能的调整。
(4) 对用户单位相关人员进行全员培训。
(5) 进行系统转换，用新系统取代旧系统。

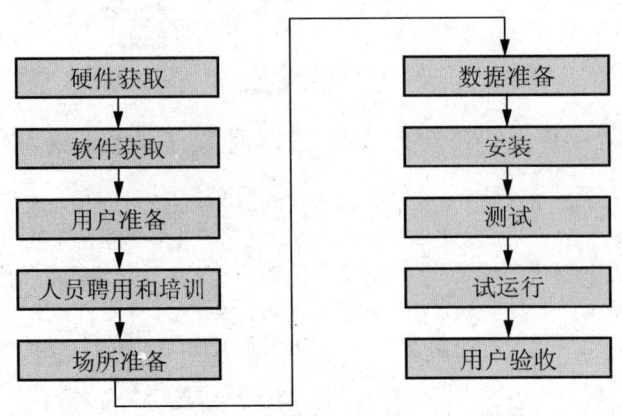

图 7.1 系统实施阶段的工作步骤

7.1.3 系统实施的成功因素

系统实施是一项十分复杂的系统工程,许多因素都会影响到系统实施的进程和质量。

1. 管理因素

系统实施要涉及开发人员、测试人员、各级管理人员,涉及大量物资、设备、资金和场地,涉及各个部门及应用环境,执行过程中情况十分复杂,如果没有强有力的管理措施,系统实施工作将无法进行。

实施管理的第一步就是要建立一个由企业主要领导挂帅的领导班子。另外,还要注意各部门人员之间的协同工作,这种协同包括行动上和思想上两个方面,同时,各类相关人员的培训也是系统实施中一项重要工作,培训质量的好坏直接关系到系统未来的效益。

2. 技术因素

影响系统实施的技术因素,主要包括以下三个方面。

(1) 数据整理与规范化。信息系统的成功实施,依赖于准确、全面、规范化的基础数据。如果没有高质量的数据原材料,信息系统就不可能生成高质量的信息产品。

(2) 软硬件及网络环境的建设。建设信息系统的软件、硬件及网络环境是一项技术性高、工作量大的任务。它是信息系统运行的基础设施和平台,如果它不能很好地工作,信息系统就不可能很好地工作,因此,软、硬件及网络环境的建设是企业应用的前提和基石。

(3) 开发技术选择和使用。要想快速高效地实现信息系统,一个根本途径就是使用合适的系统开发工具,它是直接影响管理信息系统实施的最重要的技术因素。

7.2 系统运行环境的实施

信息系统运行环境的实施是计算机系统配置、网络系统实施等一系列活动的总和。

7.2.1 计算机系统配置

信息时代，计算机技术的发展日新月异，不同厂家、型号的计算机产品为信息系统的应用提供了广阔的舞台，但也给系统的实施带来了一定的复杂性。必须从这些计算机产品中选择最适合应用需要的品牌。购置计算机硬件系统的基本原则：①能够满足管理信息系统的设计要求；②计算机系统是否具有合理的性能价格比；③系统是不是具有良好的可扩充性；④能否得到来自供应商的售后服务和技术支持等。

计算机对周围环境比较敏感，尤其在安全性较高的应用场合，对机房的温度、湿度等都有特殊的要求。通常，机房要安装双层玻璃门窗，并且要求无尘。硬件通过电缆线连接至电源，电缆走线要安放在防止静电感应的耐压有脚的活动地板下面。

另外，为了避免由于突然停电造成事故，应安装备用电源设备，如功率足够的不间断电源(Uninterruptible Power System，UPS)。

计算机设备到货后，应该按照合同进行开箱验收。安装与调试工作主要应由供应商负责完成，系统运行用的常规诊断校验系统也应该由供应商提供，供应商同时负责操作人员的培训。

7.2.2 网络系统实施

管理信息系统通常是一个由通信线路把各种设备连接起来组成的网络系统。在信息系统建设中，网络系统的实施就是用通信线路把各种设备连接起来组成网络系统，其中的主要工作包括网络产品的选型、网络结构的选择、通信设备的安装、通信介质的选择、电缆线的铺设以及网络性能的调试等工作。

网络产品的选型包括服务器的选择，路由器、交换机等设备的选用，选择时要根据管理信息系统的实际需要和企业自身的经济实力进行选择，同时要注意必须保证所选择的产品性能上要稳定可靠，售后服务要好，还要注意经济性、实用性和先进性的完美统一。

管理信息系统中的网络有局域网和广域网两种。局域网通常指一定范围内的网络，可以实现楼宇内部和邻近的几座大楼之间的内部联系。广域网设备之间的通信，通常利用公共电信网络，实现远程设备之间的通信。

常用的通信线路有双绞线、同轴电缆、光纤电缆以及微波和卫星通信等。

7.3 程 序 设 计

程序设计就是根据系统设计说明书中有关模块的处理过程描述，选择合适的计算机程序语言，编制出正确、清晰、健壮、易维护、易理解、工作效率高的程序。

7.3.1 程序设计的基本要求

要设计出性能优良的程序，除了要正确实现程序说明书所规定的各项功能外，程序设计时还要特别遵循以下几项基本原则的要求。

1. 可靠性

系统的可靠性是指编制的程序能够正确地完成系统的功能，保证系统的安全以及运行的可靠。可靠性在任何时候都是系统质量的首要指标。可靠性指标可分解为两个方面：一方面是程序或系统的安全可靠性，如数据存取的安全可靠性，通信的安全可靠性，操作权限的安全可靠性，这些工作一般都要在系统分析和设计时进行严格定义。另一方面是程序运行的可靠性，这一点只能通过在调试时的严格把关来保证编程工作的质量。

2. 可维护性

系统在其运行期间，逐步暴露出的隐含错误需要及时排错；同时，用户新增的要求也需要对程序进行修改或扩充；此外，计算机软硬件的更新换代也要求应用程序进行相应的调整或移植。所以由于排错、改正、改进的需要，系统的可维护性是必要的，是对程序设计的一项基本要求。考虑到管理信息系统一般要运行3~8年的时间，因而系统维护的工作量是相当大的。一个不易维护的程序，用不了多久就会因为不能满足应用需要而被淘汰。

3. 可理解性

可理解性是指程序结构清晰、易于理解，没有太多繁杂的技巧，能够让他人比较容易地读懂。可理解性对于大规模工程化地开发软件非常重要，这是因为程序的维护工作量很大，程序维护人员经常要维护他人编写的程序。如果程序不便于阅读，那么对程序检查与维护工作将会带来极大的困难，而无法修改的程序是没有生命力的程序。

4. 健壮性

健壮性是指系统对错误操作、错误数据输入能予以识别与禁止的能力，不会因错误操作、错误数据输入及硬件故障而造成系统崩溃。这是系统长期平稳运行的基本前提。

5. 效率

程序效率是指程序能否有效地利用计算机资源(如时间和空间)，也就是指系统运行时应尽量占用较少的空间，却能用较快的速度完成规定的功能。近年来，硬件价格大幅度下降，而其性能却不断完善和提高，所以效率已经不像以前那样举足轻重了。相反，程序设计人员的工作效率则日益重要。提高程序设计人员工作效率，不仅能降低软件开发成本，而且可明显降低程序的出错率，进而减轻维护人员的工作负担。

7.3.2 结构化程序设计方法

结构化程序设计方法是 E. Dijkstra 等人于1972年提出，用于详细设计和程序设计阶段，指导人们用良好的思想方法，开发出易于理解又正确的程序的一种程序设计方法。

结构化程序设计的三种基本结构如下所述。

1. 顺序结构

顺序结构是一种线性有序的结构，按语句的自然顺序从上到下一条一条地执行，如图7.2所示。几乎所有的高级语言都具有这种特征，如赋值语句、输入/输出语句等。

2. 选择结构

选择结构是一种双向或多向语句，它根据表达式(exp)条件成立与否或根据不同情况(CASE)选择程序执行路径的结构。当执行完被选择的语句后，程序将控制转向后续语句。

选择结构有三种。

(1) 结构 1：如图 7.3 所示。
   IF <条件>
    <命令组 1>
   ELSE
    <命令组 2>
   ENDIF

(2) 结构 2：如图 7.4 所示。
   IF <条件>
    <命令组 1>
   ENDIF

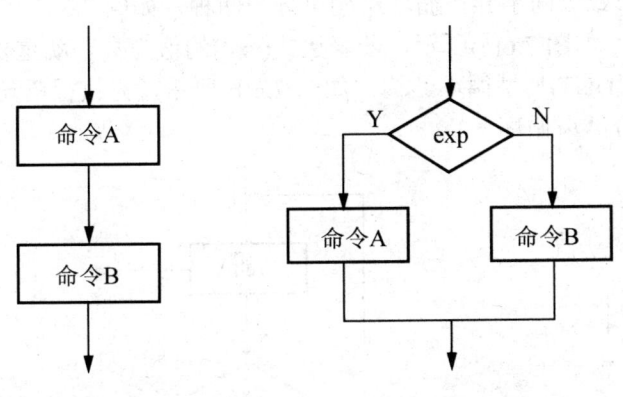

图 7.3 选择结构 1

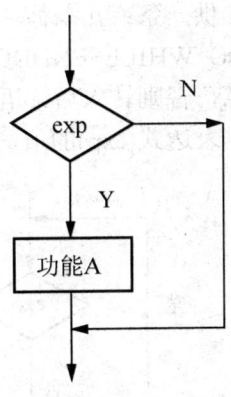

图 7.4 选择结构 2

(3) 结构 3：如图 7.5 所示。
   DO CASE
   CASE <条件 1>
    <命令组 1>
   CASE <条件 2>
    <命令组 2>
    ⋮
   CASE <条件 n>
    <命令组 n>
   ENDCASE

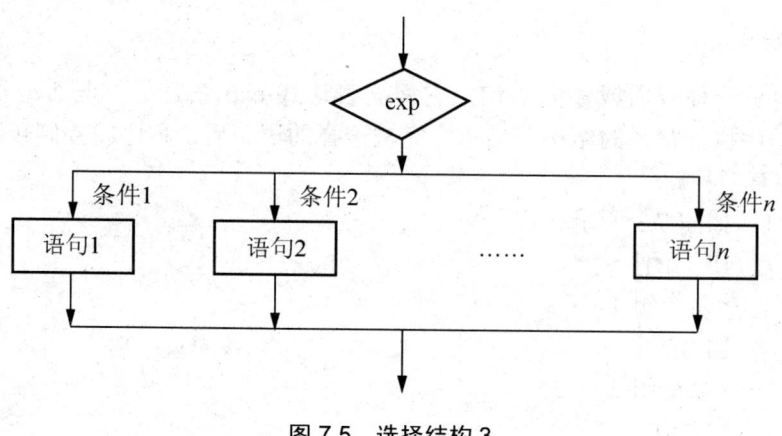

图 7.5 选择结构 3

3. 循环结构

循环结构由一个或几个模块构成,程序运行时重复执行,重复执行的次数根据问题的要求,由相应的条件式来控制,其中被重复执行的部分叫做"循环体"。所有的程序设计语言都提供一条或几条循环语句,形式大同小异。循环结构可分为两种,如图 7.6 所示。

DO WHILE-ENDDO 型循环,如图 7.6(a)所示,若表达式(exp)的值为真,就重复执行语句 A,否则转入后续语句;DO UNTIL 型循环结构,如图 7.6(b)所示,先执行语句 A 然后根据表达式(exp)的值,判断是否结束循环。

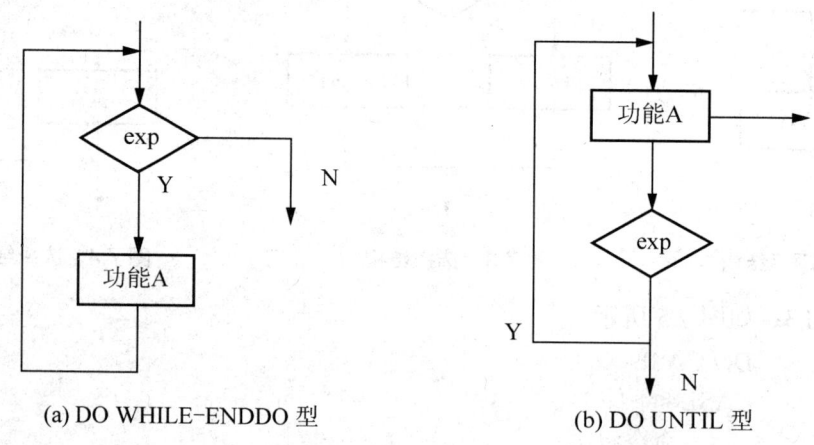

(a) DO WHILE-ENDDO 型　　　　　　　(b) DO UNTIL 型

图 7.6 循环结构

7.3.3 编程工具的选择

目前市场上供选用的编程工具非常多,这些工具不仅在数量和功能上突飞猛进,而且在其内涵和拓展上也日新月异。这既给人们开发系统提供了越来越多、越来越方便的手段,同时也要求我们了解和选用恰当的编程工具,以保证实现这一环节的质量和效率。

1. 常用编程语言类工具

常用编程语言包括 Visual Basic、Visual C、Visual C++、Delphi 等。

2. 数据库类工具

目前市场上提供的数据库软件工具产品主要有两类，一类是以微机关系数据库为基础的小型数据库系统，一类是大型数据库系统。前者以 Access，Visual FoxPro 的各种版本为典型产品；后者以 SQL Server、Oracle、Sybase、Informix、DB2 等最为典型。

3. 程序生成类工具

程序生成类工具又称为第四代生成语言(4th Generation Language)，是一种基于常用数据处理功能和程序之间对应关系的自动编程工具。

4. 系统开发类工具

系统开发类工具是在第四代程序生成工具基础上发展起来的，它不仅具备 4GL 的各种功能，而且更加综合化、图形化、可视化。目前系统开发工具主要有两类，即专用开发工具类(常见的如 SQL、SDK 等)和综合开发工具类(常见的如 FoxPro、Visual Basic、Visual C++、CASE、Team Enterprise Developer)。

5. 客户/服务器工具类

客户/服务器工具类是当今软件工具发展过程中出现的一类新的系统开发工具，常见的如基于 Windows 下 FoxPro，Visual Basic，Visual C++ 以及 Borland International 公司的 Delphi client/Server，Powersoft 公司的 PowerBuilder Enterprise 等。此类开发工具所开发出来的应用软件系统对硬件的要求较高。

7.4 系 统 测 试

7.4.1 系统测试的含义

系统测试是管理信息系统开发过程中十分重要的环节。尽管在系统开发周期的各个阶段均采取了严格的技术审查，但错误依然难免，这些差错如果没有在投入运行前的系统测试阶段被发现并纠正，问题迟早会在运行中暴露出来，到那时要纠正错误将会付出更大的代价。

系统测试就是要在计算机上以各种可能的数据和操作条件反复地对程序进行试验，发现存在的错误并及时加以修改，使其完全符合设计要求。

与"测试"相类似还有一个术语，叫"调试"。实际上，两者是有区别的。一般认为，"调试"是程序设计人员对所编程序的一种调整、检查方法，而"测试"则是指非程序员对系统的检查。严格来讲，程序调试之前是程序测试。程序测试的目的是为了发现尽可能多的错误；程序调试的任务则是根据测试时发现的错误，找出原因和具体位置，并进行改正。程序测试是程序调试的基础，有效的测试才能找出问题，并对程序进行调试以解决问题。它们是系统实施中非常重要的环节，也是系统实施成功的重要保证。

值得注意的是，测试只能证明程序有错误而不能证明程序没有错误。人们经常会认为测试的目的是为了说明软件是没有问题的，因此程序编完后，只要找几个数据，使程序能够走通就完成了测试任务。这种认识不仅不正确，而且是十分有害的。因为出于这个目的，人们会自觉或不自觉地寻找容易使程序通过的测试数据，回避那些易于暴露软件错误的测试数据，致使隐藏的错误不被发现。恰恰相反，系统测试是以找错误为目的，不是要证明程序无错，而是要精心选取那些易于发生错误的测试数据，要以十分挑剔的态度去寻找程序的错误。这种关于测试目的的观念对于测试工作是有很大影响的。实践证明，由于人类思维的严密性是有限度的，加上开发人员主观、心理、经验等方面的各种因素，一般大型的软件在测试前是不可能没有错误的，因此测试的目的就是发现程序的错误。

7.4.2 系统测试的步骤

根据信息系统的开发周期，系统测试可以分为五个阶段，分别是单元测试、组装测试、确认测试、系统测试和验收测试。

1. 单元测试

单元测试主要以模块为单位进行测试，即测试已设计出的单个模块的正确性。单元测试的主要内容包括以下几种。

(1) 模块接口，对测试模块，信息能否正确地流进流出。
(2) 数据结构，测试模块内部数据的内容、形式及相互关系是否正确。
(3) 边界条件，在为限制数据加工而设置的边界处，模块能否正确执行。
(4) 覆盖条件，模块的运行能否达到满足特定的逻辑覆盖。
(5) 出错处理，模块工作中出现问题时，出错处理措施是否有效。

2. 组装测试

在每个模块完成单元测试后，需按照设计时做出的结构图，把它们连接起来，进行组装测试。组装测试的内容包括以下几点。

(1) 各模块是否无错误地连接。
(2) 能否保证数据有效传输及数据的完整性和一致性。
(3) 人机界面及各种通信接口能否满足设计要求。
(4) 能否与硬件系统的所有设备正确连接。

3. 确认测试

组装测试完成后，在各模块接口无错误并满足软件设计要求的基础上，还需进行确认测试。确认测试的内容包括以下几点。

(1) 功能方面。测试系统输入、处理、输出是否满足要求。
(2) 性能方面。测试系统的数据精确度、时间特性(响应、更新处理、数据转换及传输及运行时间等)、适应性(操作方式、运行环境、应变能力等)是否满足设计要求。
(3) 其他限制条件的测试，如可使用性、安全保密性、可维护性、可移植性、故障处理能力等。

4. 系统测试

在软件完成确认测试后，对它与其他相关的部分或全部软硬件组成的系统进行综合测试。系统测试的内容包括以下几点。

(1) 恢复测试。使软件出错，测试其恢复的能力及时间。
(2) 安全测试。测试其是否有安全保密的漏洞。
(3) 强度测试。测试系统的极限能力。
(4) 性能测试。检验安装在系统内的软件运行性能，这种测试需与强度测试结合。

5. 验收测试

系统测试完成，且系统试运行了预定的时间后，企业应进行实际工作环境下的验收测试，确认软件能否达到验收标准。验收测试的内容包括以下几点。

(1) 文档资料的审查验收。各种文档资料是否编写齐全，并得到分类编目。
(2) 余量要求。必须实际考察计算机存储空间，输入、输出通道和批处理时间的使用情况等，要保证它们都至少有 20%的余量。
(3) 按照实施方案的规定，严格进行系统的性能测试、功能测试和强化测试。开发单位必须设计强化测试用例，其中包括典型运行环境、所有运行方式以及在系统运行期间可能发生的其他情况。

7.4.3 系统测试的方法

系统测试的常用方法有三种，分别为静态测试、动态测试和程序正确性证明。

1. 静态测试

静态测试又称代码复审，是指通过人工方式评审系统文档和程序，目的在于检查程序的静态结构，找出编译不能发现的错误。这种方法手续简单，行之有效。经验表明，组织良好的静态测试可以发现程序中 30%～70%的编码和逻辑设计错误。它有下列三种方法。

1) 个人复查

源程序编完以后，直接由程序员自己进行检查。由于对自己的错误不易发现，如果对功能理解有误，自己也不易纠正。所以这是针对小规模程序常用的方法，效率并不高。

2) 走查

"走查"一般由 3～5 人组成测试小组，测试小组成员应是从未介入过该软件设计工作的有经验的程序设计人员。测试在预先阅读过该软件资料和源程序的前提下，由测试人员扮演计算机的角色，用人工方法将测试数据输入被测程序，并在纸上跟踪监视程序的执行情况，让人代替机器沿着程序的逻辑运行一遍，发现程序中的错误。

由于人工运行很慢，因此"走查"只能使用少量简单的测试用例，实际上"走查"只是一种手段，是在"走"的进程中不断从程序中发现错误。

3) 会审

测试小组的构成与"走查"相似，要求测试成员在会审前仔细阅读软件有关资料，根据错误类型清单(从以往经验看一般容易发生的错误)填写检测表，列出根据错误类型提出的问题。会审时，由程序作者逐个阅读和讲解程序，测试人员逐个审查、提问，讨论可能产生的错误。会审要对程序的功能、结构及风格等全面进行审定。

2. 动态测试

动态测试是运用事先设计好的测试用例，有控制地运行程序，从多种角度观察程序运行时的行为，对比运行结果与预期结果的差别以发现错误。也就是说，动态测试是为了发现错误而执行程序。一般源程序通过编译后，要先经过静态测试，然后再进行动态测试。

动态测试的方法有两种：白盒法和黑盒法。

1) 白盒法

白盒法是把被测试的程序看成是一个透明的盒子，对系统内部过程性细节做细致地检查。它是以程序内部的逻辑结构及相关信息来设计或选择测试用例，使测试数据覆盖被测试程序的所有逻辑路径，因此白盒测试法又称为结构测试法或逻辑驱动测试法。白盒法主要用来发现模块内部的逻辑错误。

2) 黑盒法

黑盒法将被测试的程序看成是一个黑盒子，完全不考虑程序的内部结构和处理过程，只用测试数据来验证被测程序的功能，看其是否满足需求分析的要求，是否会发生异常情况。因此，黑盒测试法也称为功能测试法和数据驱动测试法，主要是为了发现以下错误：功能上，是否有不正确的功能；接口上，是否能正确接受输入，并输出正确的结果；性能上，是否能满足要求；是否有数据结构错误或外部信息访问错误；是否有初始化或终止性错误。

3. 程序正确性证明

程序正确性证明技术目前还处于初始阶段。在使用这种测试技术时必须提供实现程序功能的严格数学模型，然后根据程序代码证明程序确实能实现它的功能说明。证明程序正确性，对于评价小程序可能有一些价值，但是在证明大型软件系统正确性时，不仅工作量巨大，而且在证明过程中很容易出现错误，因此是不实用的。

7.4.4 测试用例的设计原则

动态测试时，在理论上只需用各种可能的输入数据运行程序，通过输出的结果来判断程序是否正确。但实际上，这是不可能的，即使一个很简单的程序，也无法穷尽所有可能的输入数据。这就要求测试人员从可能的输入数据中找出一组最具代表性、最有可能发现程序中错误的数据进行测试，这就是测试用例设计。

实际上，动态测试的关键问题就是如何设计测试用例，即设计一批测试数据，通过有限的测试用例，在有限的研制时间、研制经费的约束下，尽可能多地发现程序中的错误。

测试用例包括要测试的功能、应该输入的测试数据和预期结果。不同的测试数据发现程序错误的能力差别很大。因此，为了提高测试效率，应该选用高效的测试数据。

测试用例的设计，一般要遵循以下原则。

(1) 设计测试用例时，应同时确定程序的预期结果。

(2) 要选择合理的数据及不合理的数据。

(3) 检查程序应做的事情及是否做了不应做的事。

(4) 千万不能幻想程序是正确的。
(5) 保留有用的测试用例,以便再测试时使用。
(6) 测试用例要系统地进行设计,不可随意拼凑。

7.4.5 特定环境及应用的测试

针对当前管理信息系统基于 C/S 或 B/S 体系结构等环境,还需对特定环境和应用程序做测试。

1. 系统体系结构的测试

在实际工作过程中,针对 C/S 或 B/S 的系统体系结构进行测试是一项非常重要的工作。常用的测试有:客户端应用程序功能测试,包括服务器的协调功能、数据管理功能及服务器性能的测试;数据库的精确性和完整性的测试,检验数据是否被正确地存储、更新和检索;网络通信测试,测试网络结点间的通信是否正确进行,消息传递和网络安全方面是否存在隐藏的错误。

针对 C/S 或 B/S 的分布式性能、事务处理的相关性能和网络通信的复杂性,C/S 或 B/S 体系结构的软件测试通常从单一客户端开始,逐步集成客户端、服务器端和网络进行测试,最后进行系统的整体测试。各个客户端按照独立模式进行测试,不考虑服务器端和底层网络的运行情况;对客户端软件和关联的服务器端应用同一测试,并不过多地考虑网络运行对完整的 C/S 或 B/S 体系结构进行测试,包括网络运行情况和性能方面的测试。

2. 图形用户界面的测试

由于图形用户界面(GUI)开发环境有可复用的组件,开发用户界面已经成为一项省时、高效的工作,但图形用户界面的复杂性相应地增加了测试的难度。下面列出一些实际测试工作中经常需要考虑的测试内容。

(1) 下拉式菜单和鼠标操作的测试。测试内容包括菜单栏、调色板和工具栏是否在合适的语境中正常显示和工作;下拉式菜单的相关操作是否使用正常,实现的功能是否正确;能否通过鼠标来完成所有的菜单功能;能否通过其他的文本命令激活各个菜单功能;菜单功能能否随当前的窗口操作加亮或变灰;如果要求多次单击鼠标,或鼠标上有多个按钮,能否对其正确识别;光标、处理指示器和识别指针能否随操作而相应地改变。

(2) 窗口操作的测试。测试内容包括窗口能否改变大小、能否移动和滚动、能否响应相关的输入命令或菜单命令;窗口中的数据能否用鼠标、功能键、方向箭头和键盘加以操作;显示多个窗口时,窗口的名称能否正确表示,当前活动窗口是否被加亮;相关的下拉式菜单、工具栏、滚动条、对话框、按钮及其他控件是否能够正确显示并完全可用;多次或不正确单击鼠标是否会产生无法预料的后果;窗口的声音和颜色提示、窗口的操作顺序是否符合用户需求;窗口能否被正确地关闭。

(3) 数据项操作的测试。测试内容包括数据项(数字、字母)能否正确显示并输入;图形方式的数据项(如滚动条)能否正常工作;数据输入消息是否得到正确的理解,能否识别非法数据。

3. 实时系统的测试

一般来说,实时系统必须将软件、硬件、人力资源和数据库元素集成起来,产生某种动作来响应外部世界,必须能够高速地获得数据,并在严格的实践和可靠性约束控制下完成任务。时间是交互的核心,实时软件必须在问题域(由现实世界产生)规定的时间框架内对该问题域做出相应的处理。中断处理是实时系统不同于其他类型系统的一大特性。

由于受到各方面因素的限制,在设计实时系统时要面对诸如中断、多任务并发处理、同步和异步处理、时间约束等各种特殊问题。从总体上,对实时系统的测试可以分为以下几种。

(1) 任务测试。对每个任务设计白盒和黑盒测试用例,独立地测试各个任务。

(2) 行为测试。利用一些辅助工具创建软件模式,用以仿真实时系统,并按照外部事件的序列检查其行为。

(3) 任务间测试。测试任务间的同步是否存在问题。测试那些通过消息队列和数据存储进行通信的任务,以检查数据存储区域大小方面的问题。

(4) 系统测试。完成软件和硬件的有效集成,将其作为整体进行系统测试,以发现软件和硬件接口间是否存在问题。

7.5 系统切换

在完成系统测试后,即可将其交付使用。所谓交付使用,就是新旧系统的交替,旧系统停止使用,新系统投入运行。整个交付过程可以称为系统交换过程,也称为系统上线。

7.5.1 系统切换的准备工作

在完成系统转换任务之前,需要做好许多准备工作,主要包括以下几项。

1. 数据的整理与录入

数据整理就是按照新系统对数据要求的格式和内容统一进行收集、分类和编码。录入就是将整理好的数据送入计算机内,并存入相应的文件中,作为新系统的操作文件。另外还要完成运行环境的初始化工作(如权限设置等)。数据的整理与录入是关系到新系统成功与否的重要工作,绝不能低估它的作用。

新系统的数据整理与录入工作量特别庞大,而给定的完成时间又很短,所以要集中一定的人力和设备,争取在尽可能短的时间内完成这项任务。为了保证录入数据的正确,首先数据整理要正确,其次尽量利用各种输入检验措施保证录入数据的质量。

2. 文档的准备

在系统开发结束后,应有一套完整的系统开发文档资料,它记录了开发过程中的开发轨迹,是开发人员工作的依据,也是用户运行系统、维护系统的依据。文档资料要与开发方法相一致,且符合一定的规范。在系统运行之前要准备齐全,形成正规的文件。

3. 用户培训

系统转换必须切实重视人的因素。要加强对有关人员，包括基础操作人员、业务管理人员、系统管理人员，进行系统知识和技能的培训，同时还要注意进行信息管理规则的培训。为增强培训效果，通常对各层次人员实施不同内容的培训，具体如下所述。

(1) 操作人员，培训专门的操作和管理技能。

(2) 业务用户，了解系统原理和岗位职责，学会系统使用方法，熟练进行业务操作。

(3) 知识型用户，掌握信息系统资源的使用方法，能够与桌面系统有效地集成。

(4) 管理人员，懂得如何利用系统分析数据来辅助决策和管理工作，了解数据来源和分布情况，掌握必要的数据查询和分析方法。

各层次人员培训内容还应包括系统规则、管理制度、行为规范与防范措施等。

人员培训的方式可以根据实际需要灵活设置，通常采用的方式有集中授课、模拟演练、实习操作、上机帮助、在使用中进行指导等。

无论采用哪种方式，一般要求培训工作要有充分的提前量。这不仅是为了在系统完成之后就可以立即投入使用，也可以对硬件和软件进行及时的检验和进一步的修改和完善。

7.5.2 系统切换的方式

系统切换的方式有四种，分别为直接切换、并行切换、阶段切换和试点切换。

1. 直接切换

直接转换如图 7.7 所示，指在某一特定时刻，旧系统停止使用，同时新系统立即投入运行。这种方式操作简单、费用节省，但是风险较大。例如，电话号码升位采用的就是这种方式，它规定在某年某月某日的某一时刻，旧系统停止使用，新系统开始交割。

对于信息系统来说，如果要采用这种方式，则首先要经过详细地测试和模拟运行，系统转换后，因为风险大，还应有一定的保护措施；否则一旦运行失败，旧的系统已被弃之不用，新系统又不能正常运转，将直接影响到这个组织或企业的日常工作秩序，严重的可能会导致企业或组织的瘫痪，所以这种方式通常是不值得做的。一般只有在旧系统已完全无法满足需要或新系统不太复杂或数据不是很重要的情况下采用这种方法。

直接切换方式适用于小型的、不太复杂的系统，或者信息时效性要求不是很高的系统。一些比较重要的大型系统则不宜采用这种切换方式。

2. 并行切换

并行切换如图 7.8 所示，是指在一段时间内新旧系统并存，各自完成相应的工作，并互相对比、审核。这样在一定时期内，需要双倍的人员、设备，其费用是比较高的，但是可保证系统的延续性，可进行新老系统的比较，能保证平稳可靠的过渡，风险小，系统转换成功率高。在银行、财务和一些企业的核心系统中，这是一种经常使用的方式。

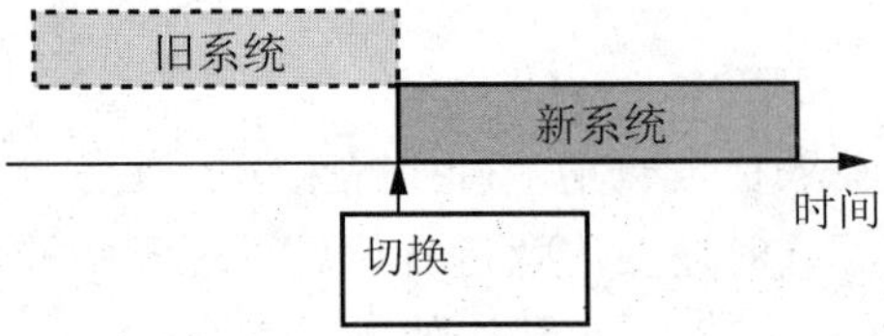

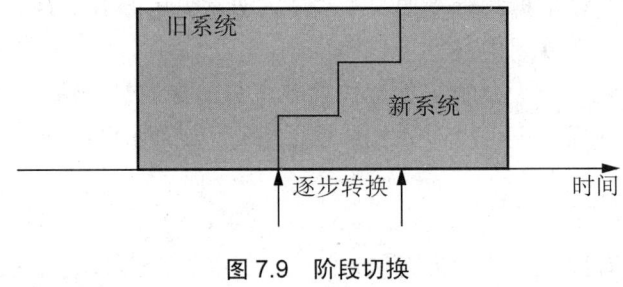

图 7.7　直接转换 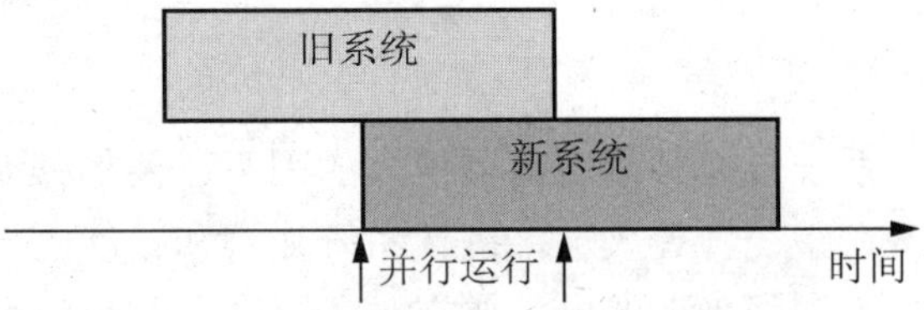　　　　　图 7.8　并行切换

3. 阶段切换

阶段切换如图 7.9 所示，是指分阶段、按部分地完成新旧系统的交替过程，开发完一部分则在某一时间段就平行运行一部分。这样做，既可避免直接转换的风险，又可避免并行转换的双倍费用，但这种方式的不足之处是接口多，有时会出现接口问题。

阶段切换可保证系统平稳、可靠，适用于大型系统，是目前许多组织选择的方式。

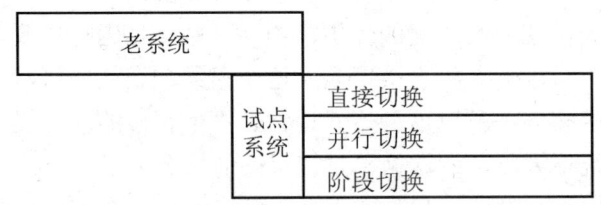

图 7.9　阶段切换

4. 试点切换

试点转换如图 7.10 所示。试点是一个执行了所有操作的试验系统，如一个部门或地区分部。试点切换是指先在一个试点安装运行新系统，如果试点成功，可以采取上述三种切换方法中的一种继续逐渐推广新系统。这种切换方式时间短、费用低，通过试点的成功切换，可大大增强系统用户或管理者对新系统的信心。

图 7.10　试点切换

7.5.3　系统切换的注意问题

在实际的系统切换工作中，并行切换方式用的较多，因这样做既安全，技术上也简单。当然，也有为数不少的系统是将四种切换方式配合起来使用。例如，在某些部分采用直接式，其他部分采用并行式。

无论一个系统采用何种切换方式，都应该保持系统的完整性，或者说，系统的切换结果应当是可靠的。因此，系统切换也存在着一个控制问题。在新旧系统交替前，必须为系统建立验证控制，如用户应掌握新旧系统处理的全部控制数字记录，用此来验证系统切换是否破坏了系统的完整性。

7.6 系统维护

系统刚建成时所编制的程序和数据很少能一字不改地沿用下去。系统人员应根据系统运行的外部环境的变更和业务量的改变，及时对系统进行维护。

7.6.1 系统维护的内容

系统维护的内容主要包括如下几个方面。

1. 硬件的维护

硬件的维护是指对主机以及外围设备的维护和管理，主要包括突发性故障维护和定期预防性维护，前者对于突发性的故障集中人力集中检修或更换；后者按照一定的设备维护理论，定期对系统设备进行检查和保养，如机器部件的清洗、润滑，易损部件的更换等。

2. 应用程序的维护

应用程序的维护是指根据需求变化或者硬件环境的变化对程序进行部分或者全部的修改。系统业务处理过程是通过应用程序的运行实现的，一旦程序发生问题或者业务发生变化，就必然引起程序的修改和调整。因此，系统维护的主要活动是对程序进行维护。

3. 数据文件的维护

数据文件的维护包括数据备份和存储空间整理，前者要求经常或定期对重要数据进行备份，对于重要数据实时备份；后者要求对系统运行过程中产生的各种临时文件等进行清理，减少存储空间的无谓占用，提高系统运行效率。

4. 代码的维护

随着系统应用范围的扩大、应用环境的变化，系统中各种代码都需要进行一定程度的增加、修改、删除以及编写新的代码。

7.6.2 系统维护的类型

系统维护的主要工作是系统的软件维护工作，系统维护可以划分为下面四种类型。

1. 更正性维护

由于在系统测试阶段往往不能暴露出系统中所有错误，因此，在系统投入实际运行后，就有可能暴露出系统内隐藏的错误，用户会发现这些错误并将这些问题报告给维护人员。对这类问题的诊断和改正过程，就是更正性维护，又称改正性维护。

2. 适应性维护

计算机技术发展迅速，操作系统的新版本不断推出，功能更加强大的硬件不断出现，必然要求信息系统能够适应新的软硬件环境的变化，以提高系统的性能和运行效率。为了使系统适应环境(包括硬件环境和软件环境)的变化而进行的维护工作，就是适应性维护。

3. 完善性维护

在系统的使用过程中,用户往往要求修改或增加原有系统的功能,提高其性能。为了满足这些要求而进行的系统维护工作就是完善性维护。完善性维护是系统维护工作最主要的部分。

4. 预防性维护

预防性维护是为了提高软件未来的可维护性、可靠性,或为未来的修改与调整奠定更好的基础而修改软件的过程。目前这类维护活动相对较少。

根据对多种维护工作的分布情况的统计结果,一般更正性维护占全部维护活动的17%～21%,适应性维护占18%～25%,完善性维护达到50%～66%,而预防性维护仅占4%左右。可见系统维护工作中,一半以上的工作是完善性维护。

7.6.3 系统维护过程的管理

在系统的维护过程中,无论是程序、文件还是代码的局部修改,都会影响系统的其他部分。因此,系统的维护工作一定要特别慎重,必须做好合理地组织与管理。通常,对于一些重大的修改项目还要填写变更申请表,由审批人正式批准后,才能进行工作。

为了减少维护过程中的混乱情况,明确职责,非常有必要成立一个维护机构,该机构由维护管理员、系统管理员和修改负责人组成,他们的职责范围各不相同。在这种组织方式下,维护管理员负责接受维护申请,然后把维护申请交给某个系统管理员去评价。系统管理员是一名技术人员,他必须熟悉软件产品的某一部分。系统管理员对申请做出评价,然后与修改负责人确定如何进行修改。

综上所述,从维护申请的提出,到维护工作的执行包含如下几个步骤。

1. 提出要求

由系统操作的各类人员或业务领导提出对某项工作的修改要求,申请形式可以是书面报告或填写专门申请表。

2. 领导批准

维护管理员接受维护申请。系统管理员对申请做出评价,由系统维护小组的领导负责审批各项申请。审批工作也要进行一定调查研究,在取得比较充分的第一手资料后,对各种申请表作不同的批示。

3. 分配任务

修改负责人根据维护的内容向程序员或系统的硬、软件人员进行任务分配,并订出完成期限和其他有关要求。

4. 验收成果

当有关人员完成维护修改任务后,由维护小组和用户人员验收成果,并将新的成果正式投入使用。同时,也要验收有关的文档资料。

第 7 章 系统实施与维护

5. 登记维护情况

登记所作的修改，作为新的版本通报有关用户和操作人员，指明系统新的功能和修改的地方。

在进行系统维护时，对于某些重大的修改，可以看做一个小型信息系统的开发项目。因此，要按照系统开发的步骤进行。

 阅读材料

一些实用的系统维护策略

下面是运用软件工程原理和维护管理技术，并结合本书作者信息系统维护工作的实践，而提出的一些系统维护策略，合理运用这些策略可以降低软件维护成本，保障维护质量，延长软件的生存期。

(1) 为维护工作制定流程。软件维护活动必须在一定流程的监控下进行，一旦失控就有可能造成整个软件报废。可结合前面给出的软件维护工作流程和维护过程描述制定合理的维护流程。

(2) 系统维护必须先提交申请，维护申请必须规范。维护申请可以是用户提出也可以是系统维护员提出，申请中应填写维护的原因、缓急程度。特别是改正性维护，用户必须完整地说明错误的情况，包括输入数据、输出信息、错误清单以及其他相关信息；如果是适应性维护，用户还要说明软件要适应的新环境。对于完善性维护，用户必须详细说明需求变化和性能要求，对于新增加的需求，仍然要进行需求分析、设计、编码和测试，相当于是一个二次开发的工程。

(3) 软件维护要有计划和维护记录。修改时，必须要制订维护方案和维护计划，维护过程中要认真做好维护修改报告，软件修改报告记录维护时对软件所做的每一次修改，包括问题来源、错误类型、修改内容、资源耗用、修改人等，以便跟踪软件的修改过程。维护记录可以检查维护计划完成情况、监督维护过程、保障软件质量的基本信息，所有维护人员必须按规定格式和内容详细填写维护过程和记录。

(4) 源程序修改策略。软件维护的最终是落实在修改源程序和文档上。为了正确、有效地修改源程序，通常要先理解和分析源程序，然后再修改，最后对整个程序进行重审和验证。阅读理解他人的源程序一般来说是较为困难的，需要掌握一些技巧，以下技巧有助于快速、准确地理解源程序。

① 在阅读源程序之前，首先应该阅读与源程序相关的说明性文档。这些文档通常是程序功能、数据结构、输入输出格式、文件格式、程序使用说明等。

② 在精读源程序之前先要泛读源程序。

③ 根据程序的处理流程画出数据流程图，对维护人员判断问题、理解程序非常实用。

④ 如果能够分析出程序中涉及的数据库表、数据文件结构及数据项的含义，就立刻写出。

⑤ 仔细阅读源程序的每个过程。比较有效的方法是画出每个过程的程序流程图，分析过程中定义的局部数据结构。可以建一张过程引用全局数据结构表，这样便于维护人员清晰地了解程序中对全局数据结构的访问情况。

⑥ 经过以上工作基本上能够理解源程序的功能和结构，然后就开始对源程序进行修改，修改前，先做好源程序的备份工作，以便于将来的恢复和结果对照。另一个重要的工作是将修改的部分和受修改影响的部分与程序的其他部分隔离开来。

⑦ 程序员修改源程序时应该尽量保持程序的原有风格，在程序清单上标注改动的代码，在修改程序时，建议将原有代码格式和修改的代码在字体格式上能有所区别，同时，在修改模块的头部简单注明修改原因和日期。

⑧ 修改源程序时要特别注意，不要共用原来程序中已经定义的临时变量或工作区。为了减少修改带来的副作用，修改者最好定义自己的变量，并且在源程序中适当地插入错误检测语句。

⑨ 开发人员编程时可遵循以下编码规范来提高程序的可读性：

181

- 尽量使用简单的算法和结构。
- 代码合理分段，并用有意义的注释为代码加说明。
- 命名应该有含义，其中的数字应放在末端；避免使用相似的变量名。
- 过程/函数之间用参数传递数据。
- 用于程序标号的数字应该按顺序给出。
- 一个模块只完成一个功能，并保证遵循"单入口、单出口"，"高内聚、低耦合"的原则。
- 建议开发人员养成良好的软件工作习惯，做好程序修改记录。

(5) 修改验证。修改后的程序应该进行测试，由于在修改过程中可能会引入新的错误，影响软件原来的功能，所以，测试时不但要检查修改的部分，还要检查未修改的部分。验证时，先对修改的部分进行测试，然后隔离修改部分，测试未修改部分，最后再对整个程序进行测试。另外，源程序修改后，相应的文档也应该修改。

(6) 保持软件文档的完整性和一致性。在软件日常的运行和维护过程中生成一些历史文档，会对将来的软件维护非常有利，比较重要的历史文档有三种：

① 系统开发日志。记录了软件开发原则、目标、软件功能的优先次序、软件设计方案、软件测试过程和工具及开发过程中出现的重大问题。

② 错误记载。记录了出错的历史，对于预测今后可能发生的错误类型及出错频率有很大帮助，可以更合理地评价软件质量。

③ 系统维护日志。记录了在维护阶段的修改信息，包括修改目的和策略、修改内容和位置、注意事项、新版本说明等信息。

(7) 从软件开发阶段入手，考虑软件的可维护性。除了在维护阶段采取必要的维护策略外，还应该在开发的各个阶段充分考虑提高软件的可维护性。

(8) 利用新的软件开发技术和开发平台，提高软件的质量，减少开发中引进的错误。尽可能充分利用成熟的软件包。

(9) 在系统设计时，把与硬件、操作系统、其他外围设备以及其他可能变化的相关因素考虑在内，并归到特定的程序模块中，可以减少某些适应性维护。一旦需要适应新的环境时，只要修改相关模块即可。

7.7 系统实施阶段的文档

系统实施阶段的文档主要包括程序设计报告、系统测试报告和系统使用说明书。

7.7.1 程序设计报告

程序设计报告是对系统程序设计过程的总结，包括以下几方面的内容。

(1) 程序设计的工具和环境概述。
(2) 系统程序模块的组成及总体结构描述。
(3) 程序之间的控制关系及其描述。
(4) 各程序模块中采用的算法及其描述。
(5) 各程序流程及其描述。
(6) 系统程序的源代码清单及有关注释的说明。

7.7.2 系统测试报告

系统测试报告是对系统测试过程的总结，包括以下主要内容。
(1) 系统测试的环境。
(2) 系统测试方法。
(3) 系统测试用例。
(4) 系统测试的步骤。
(5) 系统测试的结果及其分析。

7.7.3 系统使用说明书

系统使用说明书是提供给用户的系统操作指南，包括以下主要内容。
(1) 系统运行环境介绍。
(2) 系统安装说明。
(3) 系统的操作步骤、操作方法和数据的输入输出方式等。

本 章 小 结

系统实施是系统开发的最后阶段，也是将系统设计的结果最终在计算机系统上实现的阶段，内容包括物理系统实施、程序编写、系统测试、系统切换、系统运行与系统维护。

物理系统的实施就是根据系统目标做好设备选型。程序设计中，应注意提高程序的可靠性、可维护性、可理解性和开发效率。系统测试就是要在计算机上以各种可能的数据和操作条件反复地对程序进行试验。系统切换就是实现新旧系统的交替，方式有四种：直接切换、并行切换、阶段切换和试点切换。系统维护的内容包括对硬件、程序、数据和代码的维护，类型有更正性维护、适应性维护、完善性维护和预防性维护。系统实施阶段的文档包括程序设计报告、系统测试报告和系统使用说明书。

总之，通过本章的学习，读者应该对系统实施的整体流程非常熟悉，并熟练掌握系统测试、系统转换、系统维护等相关活动的含义、内容、类型、流程与方法等知识点。

关键术语

系统实施　可靠性　可维护性　健壮性　程序调试　系统测试　系统维护(更正性维护　适应性维护　完善性维护　预防性维护)　系统切换(直接切换　并行切换　阶段切换　试点切换)

复 习 思 考

一、填空题

1. 程序设计要遵循五个基本原则，分别是_____、_____、_____、_____和_____。
2. 结构化程序设计方法中，任何程序在逻辑上都可以用_____、_____、_____三种基本结构来表示。
3. 系统测试可以分为五个阶段，分别是_____、_____、_____、_____和_____。
4. 系统测试的常用方法有三种，分别是_____、_____和_____。
5. 系统切换的方式有四种，分别是_____、_____、_____和_____。

二、选择题(单选题)

1. 以下关于系统实施的成功因素中，不属于技术因素的是(　　)。
   A. 数据整理与规范化　　　　　　　B. 开发技术选择和使用
   C. 软硬件及网络环境的建设　　　　D. 注意各部门人员之间的协同工作
2. 以下关于系统测试的相关论断中，正确的是(　　)。
   A. 系统测试就是程序调试　　　　　B. 系统测试发现错误越少说明系统越好
   C. 系统测试能发现所有错误　　　　D. 系统测试就是尽可能多地发现错误
3. 组装测试完成后，在各模块接口无错且满足设计要求基础上，还需进行(　　)。
   A. 单元测试　　B. 确认测试　　C. 系统测试　　D. 验收测试
4. 以下关于系统测试的相关内容描述中，错误的是(　　)。
   A. 是确保系统正确的重要保障　　　B. 系统测试需要综合应用不同方法
   C. 经过测试之后就排除了所有错误　D. 系统测试需要按照一定的步骤进行
5. 能保证新系统平稳可靠的过渡，风险小，但是费用高的切换方式是(　　)。
   A. 直接切换　　B. 并行切换　　C. 阶段切换　　D. 试点切换
6. 在某特定时刻，旧系统停止使用，同时新系统立即投入运行的切换方式是(　　)。
   A. 直接切换　　B. 并行切换　　C. 阶段切换　　D. 试点切换
7. 系统维护的主要工作是系统维护四个部分内容中的(　　)工作。
   A. 硬件的维护　B. 应用程序的维护　C. 数据文件的维护　D. 代码的维护
8. 为了提高软件未来的可维护性、可靠性，或为未来的修改与调整奠定更好的基础而修改软件的过程称之为(　　)。
   A. 更正性维护　B. 适应性维护　C. 完善性维护　D. 预防性维护
9. 根据对多种维护工作的分布情况的统计结果，(　　)方式所占比例最大。
   A. 更正性维护　B. 适应性维护　C. 完善性维护　D. 预防性维护
10. 以下不属于系统实施阶段文档的是(　　)。
    A. 程序设计报告　　　　　　　　　B. 系统测试报告
    C. 系统设计说明书　　　　　　　　D. 系统使用说明书

二、判断题

1. 系统实施就是将新系统的设计方案转换为能够实际运行的系统。（ ）
2. 目前对程序设计中的效率要求主要还是时间和空间效率。（ ）
3. 系统测试只能证明程序有错误，而不能证明程序没有错误。（ ）
4. 在实际的系统切换工作中，一般来说并行切换方式使用的较多。（ ）
5. 在系统维护工作中，占任务量最大的工作就是完善性维护。（ ）

三、名词解释

1. 系统实施
2. 程序调试
3. 系统测试
4. 系统维护(更正性维护/适应性维护/完善性维护/预防性维护)
5. 系统切换(直接切换/并行切换/阶段切换/试点切换)

四、简答题

1. 简述系统实施阶段的工作任务和内容。
2. 画图描述系统实施阶段的工作步骤。
3. 程序设计的基本要求是什么？
4. 请说明系统测试与系统调试的区别。
5. 系统测试包括哪些步骤？每个阶段的任务分别是什么？
6. 请简述系统测试的常用方法。
7. 什么是系统切换？有哪些主要方式？它们各有什么特点？
8. 为什么要做系统维护工作？系统维护的内容包括哪些方面？
9. 系统维护有哪些类型？请说明每种方法的具体含义。
10. 系统实施阶段最后形成的文档有哪些？

实 践 训 练

一、专题讨论

(1) 讨论系统实施过程中的主要困难。为什么说系统实施不当也会导致系统失败？
(2) 在系统正常运行时，系统中哪一部分的破坏对于企业而言是致命的？为什么？
(3) 当软件维护量急剧增长时，说明系统出现了什么问题？

二、问题分析

一个项目组开发库存管理信息系统，项目现处于应用程序开发阶段，单元测试已经完成，正在进行最后几步的集成测试。主管领导希望能提前完成应用程序的开发，并提出是否可以将两周的系统测试缩减至三天。作为一名系统分析员，你对此有什么看法？

三、应用实践

实际上，软件开发者要提前预见到用户是如何实际操作软件几乎是不可能的。为此，大多数软件开发商采用一种称之为 α 测试和 β 测试的方法，以发现只有最终用户才能发现的错误。

请查询相关资料，说明 α 测试和 β 测试的含义和作用。

案例分析

案例 7-1 某系统开发小组的软件测试工作

某应用系统开发小组完成了系统的软件编程，进入测试阶段。在确定测试用例的设计目标时，项目经理强调测试用例"越详细越好"。具体要求：尽可能设计足够多的测试用例；测试用例应尽可能包括测试执行的详细步骤，达到"任何人都可以根据测试用例执行测试"，追求测试用例越详细越好。所以开发小组以极大的热情进行测试用例的设计，并按照项目管理的规则，进行严格的评审。可是等到测试用例设计、评审完成后，留给实际执行测试的时间已所剩无几。所以开发小组只好匆忙进行软件测试。

案例讨论

1. 系统开发中测试工作具有什么作用？在测试中，测试用例是否"越详细越好"？
2. 你认为本例中某开发小组的软件测试存在哪些问题？应该如何改进这些问题？

案例 7-2 联想公司 ERP 实施经验总结

联想公司从 1998 年 11 月 9 日 ERP 项目正式启动到 2000 年 1 月 5 日成功上线，400 多个日日夜夜，公司员工经历了一次深刻的磨炼，逐步掌握了 ERP 的实施规律，胜利地拿下了这场"攻坚战"。但是联想公司 ERP 的实施并不是一帆风顺的，是从痛苦和教训中走出来的。

1. 真正的"一把手工程"

一把手工程的落实取决于认识过程。在 ERP 项目前期，高层领导就表示出积极的支持态度，"要人给人，要钱给钱"。直至项目后期，高层领导的作用随着对项目目标、实施难度、谁是实施主体、需要什么资源等认识上的逐步清晰化、具体化，落实到从何角度、如何入手、如何组织等一系列可操作的措施上。

一把手要在关键的时刻起到关键的作用。一把手是项目的主人，要在项目的不同阶段，确定不同的介入程度。ERP 项目进入到集成测试阶段，上线的最后期限是硬指标，测试的巨大工作量必须完成，只有调动全公司的资源全力投入，才能确保项目顺利完成。在这个非常关键的阶段，公司召开了集团执委会所有成员及子公司主要领导参加的执委会扩大会议，形成一系列重要的决议，保证各方资源全力以赴地投入到项目中去。例如，每周一次的 ERP 项目核心领导小组例会，效果就特别明显。一把手主持例会的主要意义在于：一是使高层真正成为项目的拥有者，并落实到各级业务负责人的具体工作中；二是通过制度化的落实措施，也使一把手对项目的认识不断加深，便于更好地介入到项目中来；三是通过一把手的绝对权威，监督各块业务的积极投入，确保业务部门的有效参与，以及协调和决策，解决关键和棘手的实际问题。

"一把手工程"具体可以概括为以下三个方面：一是一旦出了问题，追究各级一把手的责任；二是项目组每一位负责人都要承担责任；三是领导主持实施的全过程。

2. 业务管理部门做主导

把 ERP 当成一个技术项目来实施是最大的误区。事实证明，信息系统的建设要结合公司业务发展的需求做出前瞻性规划，应是企业发展战略和核心竞争力的重要组成部分。

要进行业务流程重组,信息技术是必要的手段,因为业务流程必须要用信息流来统一规划和传递。但是信息技术人员无法决策流程的规范化和优化是否适合业务发展需要,不是也不可能成为项目推进的主导力量。而业务部门则应成为项目推进的主导者,要有熟悉全局业务、拥有决策能力且有权威性的业务骨干积极参与。

3. 培训、培训、再培训

知识转移和使用者全方位的培训,是 ERP 取得实效的保障。技术人员非常了解 ERP 系统,但不懂专项领域业务,必须将系统的语言转化过来,讲给业务人员听,才能把握什么样的系统配置才是最合理的。

4. "有话好好说"

ERP 项目组曾有这样一副对联:不见不散项目组,没完没了 ERP,横批是"有话好好说"。联想公司 ERP 实施是对项目组成员的精神、意志乃至体力的考验,有效的项目管理和激励方法,是 ERP 项目取得成功的基本保障。ERP 项目管理结合联想公司的文化和管理思想,形成了独具特色的 ERP 项目管理方法。

5. "十二分"的数据

对信息系统一般有这样的描述:三分技术、七分管理、十二分数据。数据的规范化和标准化是应用系统成功上线的前提。ERP 系统中包含很多数据,有几十万种静态数据,几万种动态数据。静态数据在任何时间点都是保持不变的,如客户信息;动态数据就是订单,在各个业务进程切换点,已被完成的订单有哪些,已被完成的采购订单有哪些,存货有哪些,应收账、应付账有哪些,等等。如果这些数据不在事前准确地处理好,即使系统功能再好,也不可能起到真正的作用。

6. 梳理、优化与变革

联想公司通过 ERP 项目的实施逐步认识到,业务流程重组是对管理基础的变革,是企业需要长期不懈进行的工作。要做好业务流程的优化和重组,不历经几次变革是不可能的。当现有的内部管理基础与目标之间存在较大差距时,就要把现实性放在第一位,通过设定更多的阶段性目标来完成。

案例讨论

1. 通过联想公司 ERP 实施的上述经验总结,可以得到什么启示?
2. ERP 等管理信息系统的实施是一个"一把手工程",对此如何理解?
3. 除了上面提到的经验之外,你觉得哪些因素对于 ERP 实施也很重要?请举例说明。

第3篇

管理篇

第 8 章　管理信息系统的管理

知识架构

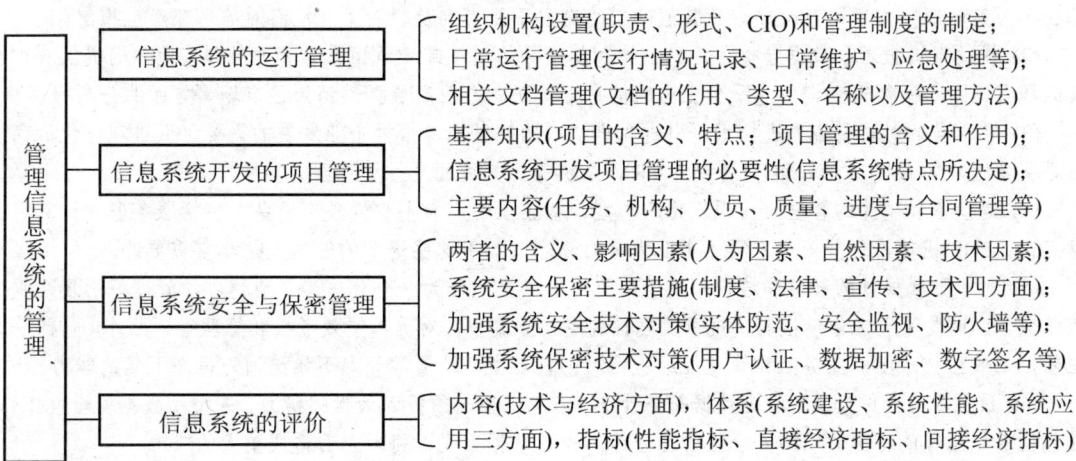

学习目标

通过本章的学习，读者应该能够：
- 熟悉管理信息系统的日常运行管理
- 了解信息系统开发项目管理的内容
- 理解管理信息系统安全与保密管理
- 了解管理信息系统的评价指标体系

 **导入案例**

案例 8-0 零售企业信息主管的职责

零售企业信息主管在不同商业企业叫法不一，或叫首席信息官，或叫信息部主任，或叫信息中心主管。他们主要管理着信息部的正常运作，保证系统的平稳运行，也对高层管理人员和其他部门提供技术支持。

零售企业信息主管的一般职责包括如下八个方面，这是与其职责的最基本要求，是一种整体概括。

(1) 信息系统的维护、升级。信息主管要能够了解常见的系统问题，并会对问题进行跟踪和解决。对于问题的跟踪和发现是信息主管的一项重要能力。另外，和其他部门沟通，整理对系统的需求，并在适当时候安排升级也是信息主管重点考虑的事情，在需求搜集时应该能对需求描述清楚。在很多情况下，信息部由于与其他部门沟通不及时，导致其他部门的需求不能得到及时满足，从而对信息部产生抱怨。

(2) 提供查询报表和数据分析。信息主管和其领导的信息部还承担着为管理层和其他部门提供查询报表的职责。除了做数据查询外，不少企业的信息主管还向企业高层提供销售、市场等方面的分析报告。

(3) 在适当的时候引进先进技术。引进先进技术的意思是，根据企业发展的需要，引进现代化的商业信息化系统，如 ERP 系统、SCM 系统、CRM 系统等，其目的是推动管理的发展。

(4) 对设备和硬件的管理。在现代化的大型零售企业中，有不少的硬件设备，包括服务器、计算机、盘点机、POS 机等，这些资产占用了企业大量的资产，对于这些资产的管理也是非常重要的。

(5) 对于下属成员的管理和培训。对于信息主管来说，作为一个管理者，要想办法管理好下属，提高工作效率。这些管理工作包括制定规章制度，制定业务流程，对员工绩效考核和管理等。另外，作为一个主管，一般在技术上、业务上和管理上经验相对比较丰富，还要学会对下属培训，提高下属的能力。

(6) 系统安全性保证。在保证数据安全性上，信息主管必须投入大量的精力，来推动数据安全性工作，这包括对数据库的备份，网络安全性的管理等。一旦数据丢失，将对企业造成重大的灾难。

(7) 门店信息部的管理。连锁企业中各门店信息部的管理重任也落在总部信息部头上。门店信息部技术实力较弱，只能满足日常业务，如何对门店信息部管理和培训也是信息主管需着重考虑的工作内容。

(8) 其他事务性工作。例如，单据录入、数据交换等工作由信息部来做，信息主管要对这些工作负责。

对于那些大型商业企业的信息主管来说，上面的要求是不够的，主要原因可能是企业规模、信息部的地位，有时候是因为信息主管自身能力的提高，使得他们在满足上述基本工作职能前提下，对于自身的工作职能进行了纵深的拓展。这些拓展是有意义的，不仅是对自身能力的提高，也为企业创造更多的价值。

大型商业企业信息主管职责的拓展主要表现在两个方面：一方面是对管理信息的分析和挖掘。各类管理数据是企业重要的财富，如何对管理数据进行分析和挖掘，是信息主管拓展自己工作职责的一个重要方面。另一方面是其他信息工作的拓展。具体包括以下几点：制定公司 IT 发展战略及公司 IT 业务计划和预算；设计信息系统结构和应用内容；负责信息系统开发的计划、预算和实施；负责系统管理、维护和升级（包括软硬件维护和升级）；建立和维护公司的信息库；负责各类型信息应用设计、维护和改善。

●**点评**：在现代化的零售企业中，各类管理信息系统对于企业发展具有重要的支撑作用。很多企业在这方面都投入了大量的资金进行硬件设备安装、应用软件开发以及信息系统集成。除此之外，在部门设置和人员安排方面，也要非常重视。上述案例对信息主管在零售企业信息化管理工作中的重要性进行了比较详细的说明，相关企业可以参照对比。

第 8 章 管理信息系统的管理

8.1 信息系统的运行管理

信息系统运行管理的内容包括日常操作、数据整理、系统维护、文档管理等。当前,很多单位存在"重开发,轻运行"的思想,因而强调运行管理十分必要,其目的就是使信息系统在一个预期的时间内能正常地发挥其应有的作用,产生其应有的效益。

8.1.1 信息系统运行的组织机构

1. 信息系统管理机构的职责

信息系统的运行管理必须设置相应机构,一般应命名为信息管理部、信息管理中心等,其主要职责是信息的管理与信息系统的管理。根据其所涉及的部门范围及信息的重要性,在企业中的地位应高于其他部门。信息系统管理机构除了负责系统的运行管理外,还要承担信息系统的长远发展建设、通过信息的开发与利用推动企业各方面的变革等工作。

2. 信息系统组织机构的形式

从信息系统在企业中的地位来看,目前我国各企业中负责信息系统运行的组织机构有四种形式,分别如图 8.1 中各子图所示。下面对这四种方式分别进行对比分析。

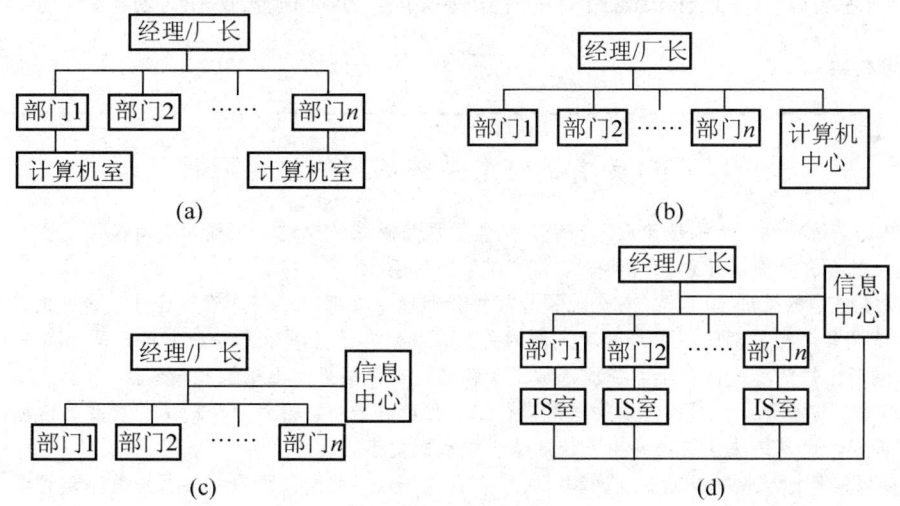

图 8.1 信息系统组织机构的四种形式

图 8.1(a)是信息管理机构的一种早期零散式的组织形式,各部门拥有自己独立的信息系统,系统内资源不能为企业的其他部门所共享。部门管理的局限性制约了系统整体资源的调配与利用,使系统的效率大受影响。

图 8.1(b)是将信息系统的管理机构独立出来,与企业内部的其他部门平行看待,享有同等的权力。这种方式改善了第一种模式下各部门系统各自为政的情况,能够有效地集成企业信息资源,信息系统的地位要比第一种方式高。但信息系统部门的决策能力较弱,系统开发、建立、运行中有关的协调和决策工作将受到影响。

图 8.1(c)是由最高层直接领导,信息系统作为企业的信息中心和参谋中心而存在。这种方式有利于集中管理、资源共享,能充分发挥领导的指挥作用和系统向领导提供的决策支持作用,但容易造成脱离业务部门或服务较差的现象。

图 8.1(d)是第三种方式的改进。由于目前计算机、网络、通信等各项技术的发展,客户机/服务器体系结构的运用,一方面企业信息系统管理部门以信息中心的名义独立存在于各业务部门之外,另一方面各业务部门也设立自己信息处理室(IS 室),更多的情况是业务部门的处理流程计算机化。各业务部门配有专人负责该业务部门的信息系统业务,这个专人或 IS 室在业务上同时又归信息中心领导。这样形成了一个矩阵结构,信息中心既能站在企业的高度研究信息系统的发展,又能深入了解并满足各业务部门的需要,有利于加强企业的信息资源综合管理。

3. CIO 职位的设置

目前,越来越多的企业设立了信息主管(Chief Information Officer,CIO)一职。CIO 往往是由组织的高层决策人士担任,其地位如同公司的副总经理,有的甚至更高。CIO 并不是传统的信息中心主任,并不负责服务性、辅助性部门的工作,其主要承担的任务包括在企业整体战略框架下负责企业信息管理战略规划的制定,积极参与单位的预测、决策、控制等管理活动,领导指挥信息管理部门,管理多种形式的企业运行信息、外部行业信息、国家性的经济政策,协助 CEO 有效利用信息技术所提供的信息确定企业战略目标和实施策略,当好领导参谋,并且在实施当中及时获得反馈,迅速调整战略规划。

阅读材料

```
┌─────────────────────────────────────────────────────────────────┐
              以 CIO 为首的信息系统部门的主要职责
```

(1) 制定系统规划。加强理论应用研究,负责管理信息系统规划、实施和更新换代,管理、运行和维护系统,制订资金需求计划,人员安排和培训等。

(2) 负责信息的处理全过程。与企业领导和相关职能管理部门一起,确定合理、统一的信息流程,按照流程协调各个相关部门在信息处理方面的关系;制定各项管理信息系统制度,同时负责对各个部门每时每刻产生的信息进行收集、整理、加工和存储,确保信息的准确性和一致性。

(3) 信息的综合开发。对各方面的信息进行综合处理和分析,得到对全局更为重要的信息,提供给各个管理部门,尤其是决策层,并由系统以适当的形式发布。

(4) 搞好信息标准化等基础管理。和有关管理部门一起,共同搞好系统运行中的基础管理工作,主要是信息编码等标准化、规范化工作。

(5) 负责系统的运行和维护。作为系统主要的日常技术性工作,包括系统硬件、软件维护;数据库管理的检查数据录入;机房日常管理;用户服务等。其中软件维护是最主要的工作。

8.1.2 信息系统运行的管理制度

企业实现管理信息化后,需要制定一系列管理规章制度。这些规章制度应该包括下述内容。

1. 各类机房安全运行管理制度

设立机房主要有两个目的：①为计算机设备创造一个良好的运行环境，保护计算机设备；②防止各种非法人员进入机房，保护机房内的设备、计算机内的程序和数据的安全。机房安全运行是通过制定与贯彻执行机房管理制度来实施的。机房管理的内容如下所述。

(1) 有权进入机房人员的资格审查。一般来说，系统管理员、操作员、录入员、审核员以及其他系统管理员批准的有关人员可进入机房，系统维护员不能单独进入机房。

(2) 机房内的各种环境要求，如机房的卫生要求、防水要求。

(3) 机房内的各种环境设备的管理要求。

(4) 机房中禁止的活动或行为，如严禁吸烟、喝水等。

(5) 设备和材料进出机房的管理要求，等等。

2. 信息系统的其他管理制度

信息系统的运行管理制度，还表现为软件、数据、信息等其他要素必须处于监控之中。信息系统的其他管理制度如下所述。

(1) 必须有重要系统软件、应用软件的管理制度。

(2) 必须有数据管理制度，如重要输入数据的审核、输出数据备份保管等制度。

(3) 必须有权限管理制度，做到密码专管专用、定期更改，并在失控后立即报告。

(4) 必须有网络通信安全管理制度。

(5) 必须有防病毒的管理制度，及时查、杀计算机病毒，并备有检测、清除的记录。

(6) 必须有人员调离的安全管理制度。人员调离的同时马上收回钥匙、移交工作、更换口令、取消账号，并向被调离的工作人员申明其保密义务，人员的录用调入必须经过人事组织技术部门的考核和接受相应的安全教育。

(7) 除了以上制度之外，还必须要有系统定期维护制度、系统运行操作规程、用户使用规程、系统信息的安全保密制度、系统修改规程以及系统运行日志及填写规定等。

8.1.3 信息系统日常运行的管理

信息系统日常运行管理的内容包括如下几点。

1. 系统运行情况的记录

系统运行中，必须要对系统软硬件及数据等运作情况进行记录。运行情况有正常、不正常与无法运行等，后两种情况应将所见的现象、发生的时间及可能的原因进行尽量详细的记录。运行情况的记录对系统问题的分析与解决有重要的参考价值。严格地说，从每天工作站点计算机的打开、应用系统的进入、功能项的选择与执行，到下班前的数据备份、存档、关机等，按要求都要记录系统软硬件及数据等的运作情况。由于该项工作较烦琐，在实际中往往会流于形式，因此一般应在系统中设置自动记录功能。

系统运行情况的记录应事先制定尽可能详尽的规章制度，具体工作由使用人员完成。系统运行情况无论是自动记录还是人工记录，都应作为基本的系统文档长期保管。

2. 系统运行的日常维护

在数据或信息方面，须日常加以维护的有备份、存档、整理及初始化等。

大部分的日常维护应该由专门的软件来处理，但处理功能的选择与控制一般还是由使用人员来完成。为安全考虑，每天操作完毕后，都要对改动过的或新增加的数据做备份。

一般来讲，工作站点上的或独享的数据由使用人员备份，服务器上的或多项功能共享的数据由专业人员备份。除正本数据外，至少要求有两个以上的备份。数据正本与备份应分别存于不同的磁盘或其他存储介质上，甚至放置到不同楼层甚至不同的建筑物里。

数据存档或归档是当工作数据积累到一定数量或经过一定时间间隔后转入档案数据库的处理，作为档案存储的数据成为历史数据。为了安全，档案数据也应有两份以上。

数据的整理是关于数据文件或数据表的索引、记录顺序的调整等，数据整理可使数据的查询与引用更为快捷与方便，对数据的完整性与正确性也很有好处。

在系统正常运行后，数据的初始化主要是指以月度或年度为时间单位的数据文件或数据表的切换与结转数等的预置。

在硬件方面，日常维护主要有各种设备的保养与安全管理、简易故障的诊断与排除、易耗品的更换与安装等。硬件的维护应由专人负责。

维护的管理工作主要是通过制定维护管理制度和组织实施来实现的。维护管理制度主要包括以下内容：系统维护的任务、维护工作的承担人员、软件维护的内容、硬件维护的内容、系统维护的操作权限、软件修改的手续等。

3. 对信息系统运行中一些突发事件的处理

信息系统运行中的突发事件一般是由于操作不当、计算机病毒、突然停电等引起的。当发生突发事件时，轻则影响系统的运行，重则破坏数据，甚至导致整个系统的瘫痪。突发事件应由企业信息管理机构的专业人员处理，有时要原系统开发人员或软硬件供应商来解决。对发生的现象、造成的损失、引起的原因及解决的方法等必须作详细的记录。

4. 系统的适应性维护

企业是社会环境的子系统，企业为适应环境，也必然要做相应的变革。为适应环境的变化而对系统做调整、修改与扩充即为系统的适应性维护。系统的适应性维护是一项长期的有计划的工作，并以系统运行情况记录与日常维护记录为基础，其内容包括以下几方面。

(1) 系统发展规划的研究、制定与调整。

(2) 系统缺陷的记录、分析与解决方案的设计。

(3) 系统结构的调整、更新与扩充。

(4) 系统功能的增设、修改。

(5) 系统数据结构的调整与扩充。

(6) 各工作站点应用系统的功能重组。

(7) 系统硬件的维修、更新与添置。

(8) 系统维护的记录及维护手册的修订等。

8.1.4 信息系统的文档管理

1. 系统文档的作用

信息系统的文档是描述系统从无到有整个发展与演变过程及各个状态的文字资料，是系统开发过程的记录，是系统维护人员的指南，是开发人员与用户交流的工具。

规范的文档意味着系统是按照工程化、规范化开发的，意味着信息系统的质量有了程序上的保障。文档的欠缺、文档的随意性和文档的不规范，极有可能导致原来的系统开发人员流动后，系统难以维护、难以升级，变成一个没有扩展性、没有生命力的系统。

2. 系统文档的种类

系统文档不是事先一次性形成的，它是在系统开发、运行与维护过程中不断地按阶段依次推进编写、修改、完善与积累而形成的。

系统文档有不同的分类方法，按照产生的频率可分为一次性文档和非一次性文档；按照信息系统生命周期的阶段不同，可以划分为系统规划阶段文档、系统分析阶段文档、系统设计阶段文档、系统实现阶段文档和系统运行与维护阶段文档；按照文档服务目的的不同，可以分为技术文档、管理文档与记录文档等。

表 8-1 列出了主要的信息系统文档名称及其产生阶段。

3. 系统文档的管理

文档管理是有序地、规范地开发与运行信息系统所必须做好的重要工作。为了建立一个良好的管理信息系统，不仅要充分利用各种现代化信息技术和正确的系统开发方法，同时还要做好文档的管理工作。系统文档的管理工作主要有以下内容。

(1) 文档管理的制度化、标准化。包括文档标准与格式规范的制定；明确文档的制定、修改和审核权限；制定文档管理制度，如文档的收存、保管与借用手续的办理等。

(2) 维护文档的一致性。一旦需要对某一程序进行修改，要及时、准确地修改与之相关的文档；否则将会引起系统开发工作的混乱。而这一过程又必须有相应的制度来保证。

(3) 维护文档可追踪性。为保持文档一致性，所有文档都要收全，集中统一保管。

表 8-1 信息系统文档名称及其产生阶段

分类	文档名称	产生阶段	备注
技术文档	系统总体规划报告	系统规划	
	系统分析报告	系统分析	
	系统设计说明书	系统设计	
	程序设计说明书	系统设计	
	数据设计说明书	系统设计	
	系统测试说明书	系统设计	
	系统使用说明书	系统实施	
	系统测试报告	系统实施	
	系统维护手册	系统实施	运行中继续完善

续表

分类	文档名称	产生阶段	备注
管理文档	系统需求报告	系统开发前	
	系统开发计划	系统规划	
	系统开发合同书	系统规划	委托或合作开发时
	系统总体规划评审意见	系统规划	
	系统分析审批意见	系统分析	
	系统实施计划	系统设计	
	系统设计审核报告	系统设计	
	系统试运行报告	系统实施	
	系统维护计划	系统实施	
	系统运行报告	系统运行与维护	
	系统开发总结报告	系统运行与维护	
	系统评价报告	系统运行与维护	
	系统维护报告	系统运行与维护	
记录文档	会议记录	各阶段	
	调查记录	各阶段	
	系统运行情况记录	系统运行与维护	
	系统日常维护记录	系统运行与维护	
	系统适应性维护记录	系统运行与维护	

8.2 信息系统开发的项目管理

信息系统的开发是一项费时费力、艰巨复杂的系统工程。为了尽可能经济有效地保质、按时开发好信息系统,应将信息系统的开发工作作为一个工程项目来管理。

8.2.1 项目管理的基本概念

"项目",在两千多年之前就已存在。埃及金字塔、中国万里长城都是国际上众人称颂的典型项目。但是,直到第二次世界大战爆发,战争需要新武器、探测需要雷达设备,这些从未做过的项目接踵而至,不但技术复杂,参与人员众多,时间又非常紧迫。此时,人们开始关注如何有效地实行项目管理来实现既定目标。"项目管理"一词由此产生。

1. 项目的定义

一般认为,项目是一个特殊的将被完成的有限任务,它是在一定时间内,满足一系列特定目标的多项相关工作的总称。现实生活中,项目应用的例子比比皆是。例如,个人写一本书、进行一次旅行、解决某个研究课题;公司开发一个软件、研制一个新产品;政府部门建造一座桥梁、进行一个组织的规划、实施一项大型活动等。

上面的项目定义实际包含三层含义:①项目是一项有待完成的任务,且有特定的环境与要求;②在一定的组织机构内,利用有限资源(人力、物力、财力等)在规定的时间内完

第8章 管理信息系统的管理

成任务；③任务要满足一定性能、质量、数量、技术指标等要求。这三层含义对应着项目的三重约束——时间、费用和性能。项目的目标就是满足客户、管理层和供应商在时间、费用和性能(质量)上的不同要求。

2．项目管理的定义

项目管理是通过项目经理和项目组织的努力，运用系统理论和方法对项目及其资源进行计划、组织、协调、控制，旨在实现项目的特定目标的管理方法体系。

项目管理首先是管理，只不过管理的对象很专一，就是项目；管理的方式是目标管理；项目的组织通常是临时性、柔性、扁平化的组织；管理过程贯穿着系统工程的思想；管理的方法、工具和手段具有先进性和开放性，用到多学科的知识和工具。

8.2.2 信息系统项目管理的必要性

近几年，项目管理在信息系统建设中得到普遍重视。究其原因，主要有以下几点。

1．项目管理是信息系统建设的"保护神"

对于以往信息系统的建设，业界有两个 80/20 的估计：①80%的项目都失败了，只有20%是成功的；②在失败的项目中，80%是非技术因素导致的，只有 20%是由技术因素导致的失败。在这里，非技术因素包括企业业务流程与组织结构的改造问题、企业领导的观念问题、企业员工的素质问题、项目管理问题等。

在绝大多数情况下，信息系统项目的失败最终表现为费用超支和进度拖延。有了项目管理，不能保证信息系统建设就一定能成功，但项目管理不当或根本就没有项目管理意识，信息系统建设必然会失败。显然，项目管理是信息系统建设成功的必要条件。

阅读材料

> ### 某知名IT企业缺乏项目管理经验造成的失败
>
> 尽管项目管理失误造成信息系统建设失败的现象在 IT 业中尤为突出，但在相当一段时期内却并未受到重视。其原因在于 IT 行业平均利润率远远高出传统行业，因此即使内部存在很大的问题，却仍能赢利，从而造成众多 IT 企业忽视了项目管理的作用。
>
> "中青在线"曾登载过一个例子：某家知名 IT 企业的市场部接到一个老客户的项目，由该客户支付 1 亿元人民币开发该项目。承接任务时计算出的理论利润相当高，但当项目结束后进行财务结算时，却发现该项目居然亏损。追究原因时，财务部对该项目进行了严格的审查，结果发现，亏损的主要原因是客户多次更改需求，而项目小组始终认为还有足够的利润，因而并未对客户提出的变更收取相应的更改费用，同时客户部花费了大量资金用于宴请或赠送礼品以维系客户关系。这个例子反映出该企业在项目管理上存在着严重的问题，可以说是项目管理上的疏忽注定了该项目的失败。

2．信息系统开发本身非常复杂

信息系统开发涉及很多技术因素和社会因素，本身的过程非常复杂。具体表现在以下方面。

1) 技术手段复杂

信息系统建设试图用先进的技术手段解决社会经济问题。而计算机硬件和软件、数据通信与网络技术、人工智能技术、各种决策模型都是当今发展最快的技术，是信息系统借以实现各种功能的手段。所有这些都决定了信息系统建设的技术手段非常复杂。

2) 内容复杂，目标多样

信息系统面向管理，需要的信息量大、面广、形式多样、来源复杂，同时综合性的信息系统要支持各级部门的管理；组织各部门和管理人员的信息需求不尽相同，甚至相互冲突，很难让各方面都满意；另外，有些需求是模糊的，不易表达清楚，不容易通过模型进行实验；系统开发周期长，容易造成人力、物力和时间的浪费。

3) 投资密度大，效益难以计算

信息系统建设是一种高智力、劳动密集型项目，需投入大量的人力做系统分析、设计和编程，开发费用很大。同时，信息系统给组织带来的效益主要是间接效益，不便于衡量。

4) 环境复杂多变

信息系统的开发必须适应组织的竞争环境，系统建造者需要深刻理解组织面临的内外环境及其发展趋势，同时要考虑到管理体制、管理思想、管理方法和手段，考虑到人的习惯、心理状态以及现行的制度、惯例和社会、政治等诸多因素。

由于信息系统的目标、功能既要适应组织当前的发展水平和能力，又要有足够的适应性，可以在一定范围内适应规章制度的变化。所以，对其开发单位提出了很高的要求。

5) 用户参与与否影响系统的开发

信息系统开发不仅仅是技术过程、"交钥匙工程"，开发不仅仅是技术人员的工作，用户在系统分析、实施前期培训、系统转换等环节必须积极参与；同时，系统分析中，用户也不仅仅是陈述需求，也要参与系统功能的分析，否则将造成误解，延误开发，对资源造成浪费，或导致系统短命。

6) 信息系统建设受社会人文因素影响

信息系统开发、维护都离不开人的参与，信息系统开发过程本质上是一个社会过程。

信息系统开发是人类活动的协调序列，是多种参与者的协作过程。用户、系统管理者、系统分析员、技术专家、程序员等参与者相互联系，相互影响，沟通效果影响系统成败。同时，信息系统建设要改变某些业务流程乃至组织机构，引起部门之间、人员之间的利益冲突，也对信息系统成败有很大的影响。

7) 信息系统建设可能会遇到阻力

信息系统的开发是一种变革，常常会遇到单位各类人员的不同阻力。其中，基层的阻力来自担心自己的工作被计算机替代或由于难以改变自己的工作方式而采取不合作的态度；中层的阻力来自担心新的信息系统会使权力结构与管理方式发生变化，从而影响自己原有的地位；高层的阻力则是由于没有真正了解信息系统及其作用，不重视、不亲自参与而造成的对系统开发的不支持。

3. 信息系统项目的特殊性

信息系统建设作为一类项目，具有三个鲜明特点。

(1) 目标不精确、任务边界模糊、质量要求主要是由项目团队定义。在信息系统开发中，客户常常在项目开始时只有一些初步的功能要求，没有明确的想法，也提不出确切的需求，因此信息系统项目的任务范围很大程度上取决于项目组所做的系统规划和需求分析。由于客户方对信息技术的各种性能指标并不熟悉，所以，信息系统项目所应达到的质量要求也更多地由项目组定义，客户则担负起审查任务。为了更好地定义或审查信息系统项目的任务范围和质量要求，客户方可以聘请信息系统项目监理或咨询机构来监督项目的实施情况。

(2) 用户需求随项目进展而变，导致项目进度、费用等不断变更。信息系统开发前，尽管已经做好了系统规划、可行性研究，签订了较明确的技术合同，然而随着系统分析、设计和实施的进展，客户的需求不断地被激发，导致程序、界面以及相关文档需要经常修改。而且在修改过程中又可能产生新的问题，这些问题很可能经过相当长的时间后才会被发现，这就要求项目经理不断监控和调整项目的计划执行情况。

(3) 信息系统项目是智力密集、劳动密集型项目，受人力资源影响最大，项目成员的结构、责任心、能力和稳定性对信息系统项目的质量以及是否成功有决定性的影响。信息系统项目工作的技术性很强，需要大量高强度的脑力劳动。尽管近年来信息系统辅助开发工具的应用越来越多，但是项目各阶段还是需要大量的手工劳动。这些劳动十分细致、复杂和容易出错，因而信息系统项目既是智力密集型项目，又是劳动密集型项目。

此外，由于信息系统开发的核心成果——应用软件是不可见的逻辑实体，如果人员发生流动，对于没有深入掌握软件知识或缺乏信息系统开发实践经验的人来说，很难在短时间里做到无缝承接信息系统的后续开发工作。另外，信息系统的开发特别是软件开发渗透了人的因素，带有较强的个人风格。为高质量地完成项目，必须充分发掘项目成员的智力才能和创造精神，不仅要求他们具有一定的技术水平和工作经验，而且还要求他们具有良好的心理素质和责任心。与其他行业相比，在信息系统开发中，人力资源的作用更为突出，必须在人才激励和团队管理问题上给予足够的重视。

8.2.3 信息系统项目管理的内容

信息系统项目管理内容很多，受篇幅所限，下面仅从任务划分、机构管理、人员管理、质量管理、进度管理、合同管理等方面，介绍一下信息系统项目管理的基本知识。

1. 任务划分

项目管理中首先要进行任务划分，内容包括任务设置、资金划分、编制任务计划时间表以及设置协同过程与保证完成任务的条件。所用方法包括按系统开发项目的结构和功能划分，按系统开发阶段划分，将上述两种方法结合起来进行划分。在任务划分时，还要注意：

(1) 任务划分的数量不宜过多，否则将引起项目管理的复杂性与系统集成的难度；但也不能太少，否则对项目组成员特别是项目负责人有较高的要求，而影响整个开发。

(2) 在任务划分后应该给任务负责人赋予一定的职权，明确责任人的任务、权限、对其他任务的依赖程度，确定约束机制和管理机制。

(3) 任务划分完成后，为了以后进度控制的方便，需要应用甘特图、网络计划技术等方法来描述工作计划进度。

2. 机构管理

在对信息系统进行项目管理中，必须成立项目管理机构。机构管理的工作主要有专业要求与人员的确定、开发组织的建立、任务的分工及开发工作的协调等。

一个信息系统要成立一个项目组，项目组由一个项目经理直接领导和负责。必要时，可再按专业或子项目分设若干开发小组，一般包括过程管理小组、项目支持小组、质量保证小组、系统工程小组、开发测试小组和系统集成测试小组等，各自的职责如下所述。

(1) 项目经理。保证整个开发项目的顺利进行，负责协调开发人员之间、各级最终用户之间、开发人员和广大用户之间的关系，拥有资金的支配权。

(2) 过程管理小组。负责整个项目的进度控制、配置管理、安装调试、技术报告的出版、培训支持等任务，是一个综合性的机构，用以保证整个开发项目的顺利进行。

(3) 项目支持小组。属于后勤支持，要及时提供系统开发所需要的设备、材料；负责进行项目开发的成本核算；负责合同管理、安全保证等。

(4) 质量保证小组。任务是及时发现影响系统开发质量的问题并及时给予解决。

(5) 系统工程小组。用系统的观点制定出系统开发各个阶段的任务，即将整个开发过程按阶段划分出各个任务，规定好每个任务的负责人、任务的目标、检验标准、完成任务的时间等。只有明确每一项任务的责、权、利，才能使得开发工作顺利进行。

(6) 开发测试小组。充分利用系统开发的一些关键技术、开发模型以及一些成熟的商品软件从事各子系统的开发与集成，并对各子系统进行测试。项目管理的关键是组织好该小组成员，并采用统一的方法和标准进行工作。

(7) 系统集成测试小组。系统集成是对整个信息系统进行综合的过程，该小组成员在充分注意软硬件产品与所开发的信息系统之间的结合、最大限度地保证系统可靠性及发挥系统最高效率的前提下，完成软硬件等各方面的集成，并做好测试工作。

3. 人员管理

1) Brooks 定律

对于小型软件开发项目来说，一个人就可以承担需求分析、设计、编码以及测试等一系列工作。但是大型项目就不会采取让一个人长期单独负责的办法，而是让一群人共同参与开发工作，而这些人员之间需要合理分工、积极协调。

一般来说，两个人合作开发一个软件项目总比一个人单独开发所需时间要少，但是不能依此类推，得出结论：如果开发进度落后，只要增配程序员，就可以赶上进度。

曾在 IBM 公司任职的 F.布鲁克斯(F. Brooks)从大量的系统开发实践中得出一个结论：向一个进度已经落后的项目增派开发人员，可能会使项目完成得更晚。鉴于这一发现的重要性，许多文献中将其称为 Brooks 定律。Brooks 定律说明了"时间与人员未必能互换"这一原则。对此的合理解释是，当开发人员以算术级数增长时，这些人员之间交换意见的路径数将以几何级数增长，从而可能导致"得不偿失"的结果。所以，在许多场合下，开发时间宁可长一点，开发人员宁可少一点，才符合经济性原则。

2) 合理组织开发人员

信息系统的开发需要多种专业知识的人员。从所涉及的学科及已有的经验可知，系统开发人员在知识构成上需要管理科学、计算机技术、通信技术、运筹学及系统工程等学科的知识；在人员配备上，系统开发需要系统分析员、系统设计员、系统硬件与系统软件人员、程序员、数据员、管理模型设计人员及项目管理人员等多种技术人员。另外，专业人员的配备要强调重点在于信息与管理，而不是计算机。

开发人员的组织还要特别注意的是系统用户或企业管理人员，尤其是企业各部门中熟悉具体业务的管理人员或主管，应作为开发组的协助人员，共同参与项目的开发。这不仅是增强开发力量，也是项目成败的关键因素之一。项目负责人的物色与确定对项目的成功也是至关重要的，他不仅要在技术上总体把关，还要承担许多诸如人员协调等非技术性工作。项目领导小组的主要工作是负责有关项目开发过程中出现的涉及面较广的重大问题的决策与解决。

3) 信息系统开发人员之间的协调

信息系统开发人员之间的协调也是开发人员组织的重要工作之一，一般由项目负责人承担。信息系统的开发是一项复杂的系统工程，涉及各种不同背景的人员，多种用途各异的设备与软件，所要建立的系统由多个相对独立的分系统有机地组成，因此在开发人员之间、用户与开发人员之间、系统各组成部分之间都有许多协调工作要做。开发人员之间的协调主要通过系统的总体规划、总体结构、开发规范、接口约定等来实现，项目负责人对各开发人员作具体的分工，并指导他们遵照总体要求开展各自的工作。当开发人员之间或各自的工作之间产生不一致或矛盾时，要及时进行分析，寻求解决的方法，如果是由于总体要求不明确所致，应对原定要求作进一步的细化与明确，甚至修改；如果是由于开发人员理解或观点的不同所致，则可通过讨论澄清问题，克服认识差别。当然，协调的最好办法是事先明确要求与规则，并在开发过程中多交流，尽量减少冲突的产生。

4. 质量管理

目前人们对信息系统项目提出的要求，往往只强调系统必须完成的功能和应该遵循的进度计划以及开发这个系统花费的成本，却很少注意在整个生命周期中信息系统应该具备的质量标准。这种做法的后果是，许多系统的维护费用非常高，为了把系统移植到另外的环境中，或者使系统和其他系统配合使用，都必须付出很高的代价。

信息系统的质量管理不仅仅是项目开发后的最终评价，而是信息系统开发过程中的全面质量管理。一般来说，在信息系统质量的指标体系中，可以把影响软件质量的因素分为三组，分别反映用户在使用软件产品时的三种不同观点，分别是系统的可修改性、系统的可转移性和系统的可运行性。其中，系统的可修改性包括可理解性、可维护性、可测试性以及灵活性；系统的可转移性包括可移植性、可重用性和互运行性（衡量把该系统与另一个系统结合起来需要工作量的大小）；系统的可运行性包括正确性、健壮性、完整性、可用性、效率和风险性等。

5. 进度管理

在实际中，几乎没有一个信息系统开发项目能按计划进度完成，由此造成的损失也是很大的，因此信息系统开发项目的进度控制显得尤为重要。进度控制通过计划执行的监督和检查、计划延误的分析和解决等活动实现。

对于计划发生延误的原因，要进行具体分析，除了有与其他工程项目同样存在的环境变化、资金不到位、人员变动等原因外，还有一些特殊的原因。

(1) 开发活动的工作量是凭经验估计的，实际工作量与预计数量存在较大的差别。

(2) 开发过程中产生不少事先没有估计到的活动，使工作量增加。

(3) 由于需求或其他情况发生变化，使已完成的成果要做局部修改，造成返工。

针对不同的延误原因，应采取不同的解决措施。

(1) 开发中的不确定性问题，可事先在工作计划中留有一定的宽裕度，如工作量取上限，预设机动时间等。

(2) 开发过程中经常性地与用户交换意见，随时掌握企业的发展动向，及时地明确遗留的不确定问题，以减少返工现象。

(3) 当关键路线上的活动延误时，要调配现有开发人员，或加班加点，或集中人力予以重点解决。

(4) 增加开发人员，充实薄弱环节，但如前所述，开发人员并不能与时间成正比对换，即增加开发人员对延误问题的解决能力是很有限的。

(5) 在上述措施难以有效解决延误问题时，对原定计划做调整。

信息系统是一个复杂的人机系统，开发项目工作计划进度的控制也必然是一项难度极大的工作，目前已有的方法也不是很成熟。从根本上说，信息系统开发进度问题的解决还有赖于企业管理模式的规范化、系统开发的标准化等问题的解决。

6. 合同管理

前面讲过，企业开发信息系统有委托开发、自行开发和合作开发等方式，委托合同和合作合同在必须明晰各方权利和义务方面没有本质的区别，但从信息系统开发的不确定性特点考虑，一般最好采用合作开发的方式，并且在合同管理中要注意以下事项。

(1) 系统开发一般是分步实施的，先期投运与最后完成会有一个较长的周期，因此合同要包括阶段要求的条款，也可采用一次签约分段生效的方式。

(2) 要带有足够的与合同同样有法律效用的附件，以说明委托或合作细节，以及具体的技术要求。

(3) 要由企业负责合同的专业人员或法律顾问审阅合同，保证合同基本条款的规范性，避免潜在的风险。

(4) 各方在签订合同时不仅要注意开发要求和条件，也要考虑开发成功后的成果归属权问题，这是常遇到的纠纷焦点，应该事先予以明确。

8.3 信息系统安全与保密管理

在当前网络化背景下，信息系统容易受到攻击和破坏(如遭到非法人员、黑客和病毒的入侵，传输数据被截取、篡改、删除)。因此，加强系统安全与保密管理显得非常重要。

8.3.1 信息系统安全与保密的含义

信息系统的安全与保密是两个不同的概念，信息系统安全是指为防止有意或无意的破坏系统软硬件及信息资源行为的发生，避免企业遭受损失所采取的措施，包括硬件安全、软件安全、数据安全和运行安全；信息系统保密是指为防止有意窃取信息资源行为的发生，使企业免受损失而采取的措施。下面介绍几种信息系统可能面临的安全和保密威胁。

(1) 系统穿透。系统穿透是指未授权人通过一定手段对认证性进行攻击，假冒合法人接入系统，实现对文件进行篡改、窃取机密信息、非法使用资源等。

(2) 违反授权原则。违反授权原则是指一位授权进入系统做某件事的用户，他在系统中进行未经授权的其他事情。表面看来这是系统内部的误用或滥用问题，但这种威胁与外部穿透有关联。

(3) 植入。一般在系统穿透或违反授权攻击成功后，入侵者常要在系统中植入一种能力，为以后攻击提供方便条件。例如，向系统中注入病毒、蛀虫、特洛伊木马、陷阱、逻辑炸弹等来破坏系统的正常工作。

(4) 通信监视。通信监视是一种在通信过程中从信道进行搭线窃听的方式。

(5) 通信窜扰。攻击者对通信数据或通信过程进行干预，对完整性进行攻击，篡改系统中数据的内容，修正消息次序、时间(延时和重放)，注入伪造消息。

(6) 中断。中断主要对可用性进行攻击，破坏系统中的硬件、硬盘、线路、文件系统等，使系统不能正常工作，破坏信息和网络资源。

(7) 拒绝服务。拒绝服务指合法接入信息、业务或其他资源受阻，如一个业务口被精心地策划进行滥用而使其他用户不能正常接入，再如 Internet 的一个地址被大量信息垃圾阻塞。

8.3.2 影响信息系统安全与保密的因素

影响信息系统的安全和保密的因素是多方面的，归纳起来，有以下三大类。

1. 人为因素

人为因素是指系统运行中由人的行为造成的不利因素，主要有两类：一类是系统的合法使用者失误造成的损失，如操作失误、管理不善、录入错误、应急措施不足等；另一类是故意制造的损失，即各种类型的计算机犯罪、计算机病毒制造和信息窃取、篡改等。应该指出的是，在信息系统的安全控制中，故意或者说是恶意的人为破坏可能会极大地危害办公系统，甚至是危害国家利益，必须予以注意。但是，操作失误因素对信息系统的危害是每时每刻都可能发生的，其造成的损失同样不可估量。

2. 自然因素

自然因素是指各种由自然界、环境等影响造成的对信息系统的不利因素，如洪灾、火灾、雷电、地震以及环境空间中存在着的电磁波等。这一类因素的危害主要针对系统设备、存储介质、通信线路等。

3. 技术因素

技术因素主要涉及三个方面：①物理方面，主要是指计算机系统及各种附加设备的管理与维护，包括主计算机系统的可靠与稳定、存储介质的保管、网络结构的合理与适用、电源电压的变化或中断故障处理以及是否有电磁泄漏抑制措施等；②软件方面，主要是指软件(包括系统软件、支撑软件和应用软件)是否有重大缺陷，软件在发生故障或者遭受破坏后是否具有自恢复能力等；③数据方面，主要指系统的数据保护能力，如能否限制、制止数据的恶意或无意的修改、窃取和非法使用，是否有对数据的安全性、正确性、有效性、相容性的检查与控制等。

8.3.3 加强信息系统安全与保密的主要措施

为了确保信息系统的安全，可以在系统安全管理和保密控制方面采取以下几类措施。

1. 严格制度管理

加强管理可以从制度上对信息系统的安全起保护作用，它是信息系统安全最主要的一道防线。在实际业务中，可以考虑制定如下具体管理制度。

(1) 建立计算机管理和监察机构，制定系统安全目标和具体的管理制度。

(2) 对计算机系统的关键场所，如主机房、网络控制室、数据介质库房和终端室，应视不同情况进行安全保护，重要部位应安装电视监视设备，有的区域应设置报警系统。

(3) 计算机系统启用前进行安全性检查，重要部门的计算机在启用前要报请有关部门进行安全保密检查，如是否有计算机病毒或逻辑炸弹等非法程序侵入等。

(4) 执行主要任务的机构应该做到专机、专盘、专用；重要数据应定时、及时备份。

(5) 采用口令识别、分级授权、存取控制等成熟的安全技术。

(6) 进行安全审计，掌握非法用户访问或合法用户的非法操作，以便发现潜在的问题，及时制止非法活动或者对刚出现的问题采取补救措施。

(7) 禁止使用来历不明的磁盘，严禁玩游戏；慎重使用共享软件，尽量不从网上下载软件，来历不明的电子邮件不要随便查阅。

(8) 完整地制作系统软件和应用软件的备份，并结合系统的日常运行管理与系统维护，做好数据的备份及备份的保管工作。

(9) 敏感数据尽可能以隔离方式存放，由专人保管。

2. 加速法制建设

建立完善的计算机信息系统安全法律体系是系统安全的法律基石，主要包括两个方面：①由国家最高领导部门组织制定计算机安全方针、政策，颁布法令；②建立计算机安全法律体系，加快信息系统法制化的进程。1994 年 2 月 18 日，国务院颁布了《中华人民共和国计算机信息系统安全保护条例》，这标志着我国信息安全工作进入了有法可依的阶段。该条例规定，由公安部主管全国计算机信息系统安全保护工作，其重点是维护国家事务、经济建设、国防建设、尖端科学技术等重要领域的计算机信息系统的安全。

1997 年 3 月 14 日修订的新刑法中增加了 3 项关于计算机犯罪的罪名：非法侵入计算机信息系统罪、破坏计算机信息系统罪(包括破坏计算机信息系统功能罪、破坏计算机信息系统数据和应用程序罪、制作和传播计算机病毒罪)和利用计算机进行传统犯罪。

1997年12月11日，由国务院批准、公安部发布《计算机信息网络国际联网安全保护管理办法》等一系列法规、条例，用来加强对互联网的管理。

3. 加强宣传教育

开展计算机信息系统安全的宣传和教育工作，使社会全体人员了解计算机信息系统安全的重要性，提高个人修养，加强职业道德，是保障信息系统安全、杜绝隐患的重要工作内容。当人们对于计算机安全问题有了明确的了解，并加以警惕以后，一切针对系统的影响、干扰与破坏就会得到有力的控制。

4. 开展技术研究

加强信息系统系统安全和保密方面的技术研究工作，选择其中的关键性技术，有计划、分层次地研究防护措施，是确保系统安全保密的重要途径包括进行信息系统有关风险分析，确定影响系统安全的各个要素；研究系统安全理论与有关政策，以建立完整有效的计算机安全体系；加强信息系统安全的具体技术研究；加强计算机安全产品的设计与应用，即将有关理论和技术的研究转化为具体的产品。

8.3.4 保证信息系统安全的常用技术对策

1. 实体安全防范

实体安全防范有以下内容：①必须对自然灾害加强防护——防火、防水、防雷击；②采取必要的措施防止计算机设备被盗，如固定件、添加锁、设置警铃、刻上标签、购置机柜等；③尽量减少对硬件的损害。

2. 安全监视技术

安全监视技术是一种采用监视程序对用户登记及存取状况进行自动记录以保护系统安全的方法。用户登记包括对用户进入系统的时间、终端号、用户回答口令的时间与次数等情况的自动记录。为了防止非法者进入，监视系统将对口令出错达到规定次数的用户报警并拒绝其进入。对用户存取状况的监视系统将自动记录下用户操作运行的程序、所使用的数据文件名称、增删情况、越权行为和次数等，形成用户使用日志，还将记录对被保护的信息的维护状况，特别是违反保密规定的行为。

3. "防火墙"技术

"防火墙"技术是运行特定安全软件的计算机系统，它在内部网与外部网之间构成一个保护层，使得只有被授权的通信才能通过保护层，从而阻止未经授权的访问、非法入侵和破坏行为。

4. 终端识别

终端识别又称回叫保护，在通信网络中广泛应用。计算机除了对用户身份进行识别外，还对终端联机的用户终端位置进行核定，如果罪犯窃取了用户口令字在非法地点联机，系统将会立即切断联络并对非法者的地点、时间、电话号码加以记录，以便追踪罪犯。

5. 计算机安全加权

计算机安全加权是通过对用户、设备和数据文件授予不同级别的权限，以防止非法应用。用户权限，是对具有进入系统资格的合法用户，根据不同情况划分不同类别，使其对不同的数据对象和设备所享有的操作被授予不同的使用权限。设备权限，用于对设备(特别是终端和输出设备)能否进入系统的某一层次、部分以及能否输出和拷贝系统程序、运行程序或数据的规定。数据的存取控制，包括对数据的只读、读/写、打开、运行、删除、查找、修改等不同级别操作权限的规定。

6. 计算机反病毒技术

计算机病毒是具有自我复制能力的计算机程序，它能够影响和破坏正常程序的执行和数据的安全。它具有传染性、寄生性、潜伏性、可触发性和可衍生性，并具有广泛的破坏性。目前的反病毒技术主要为(查)杀毒软件和硬件防病毒产品两大类。其中，杀毒软件是由查毒和杀毒功能组成的软件。当用户使用其查毒时，它将计算机文档与已知病毒的特征值作比较，一旦相同便认定感染病毒并报告用户执行杀毒程序，清除被感染的文档使之恢复原样；硬件防病毒产品是以动态防御为主的反病毒模式，系统随时或在计算机和程序启动时自动激活监控和阻止病毒的传染和破坏，可防未知病毒，可杀磁盘上的已知病毒。对于无法杀的未知病毒可准确得知其宿主文件，便于报给杀毒软件公司，升级杀毒软件。

8.3.5 加强信息系统保密的常用技术对策

1. 用户认证技术

用户认证技术是一种由计算机验证回答身份是否合法的保密技术。一般有以下几种：①利用用户的专有信息，采用口令字、密码保密，其缺点是失窃后不留痕迹；②利用用户的专用物品，如钥匙、磁卡或 IC 卡插入计算机的识别器以验证身份；③利用保密算法，用户采用某一过程或函数对某些数据进行计算，计算机根据其结果以验证身份；④利用用户的生理特征测定，如采用指纹、声音、视网膜等由计算机识别以验证身份。

2. 计算机数据加密技术

计算机数据加密技术是一种为防止数据在传输过程或计算机存储系统中被非法获得或篡改而采用的技术。具体做法是将原始的数据(明文)按照某些特定的复杂规律(算法)转变成难以辨认的数据(密码)。这样即使第三者非法窃取到数据，因不能理解信息内容，也无法使用，而合法用户可按照规定方法将其译为明文。数据加密是对机密性丧失和正确性丧失两种威胁的有效手段。

3. 数字签名技术

数字签名是一种利用电子方式对网上文档资料进行身份验证的技术。它能够实现在网上传输的文件具有一定的身份保证，接收者能够核实发送者对报文的签名，发送者事后不能抵赖对报文的签名，接收者不能伪造对报文的签名。我国的《电子签名法》已经于 2005 年 4 月 1 日起正式颁布实施。

4. 用户的自我保护

对于用户来说，要避免使用"脆弱的口令"，即很容易被入侵者破解的口令。可采取以下一些方法：使用数字或者加入特殊字符作为口令字，用很长的缩写名作为口令字，如一首歌或一个短语的首字母缩写，最好是个人化词语的缩写。

 阅读材料

典型的信息系统安全保密对策方案

各个单位要根据自身经济状况以及保密的要求等级，立足现有技术条件，根据系统实际需要，以数据加密为基础，采用防火墙、用户认证、数字签名、存取控制等不同手段，对信息系统中的敏感数据进行保护，是目前比较有效实用的一种方式。为保证信息系统的安全，一般单位采用的安全措施主要有以下内容。

(1) 加强系统安全制度建设，进行安全知识宣传，加强系统使用人员的安全意识。
(2) 利用操作系统、数据库、电子邮件及应用系统提供的安全机制，对用户权限进行控制和管理。
(3) 在网络内的桌面工作站上安装防病毒软件，加强病毒防范。
(4) 在 Intranet 与 Internet 的连接处加装防火墙和隔离设备。
(5) 对重要信息的传输采用加密技术和数字签名技术。

另外，对于处理秘密、机密甚至绝密信息的系统而言，这些安全措施远远不足，系统还很容易遭到黑客和病毒的入侵，传输的数据也可能被截取、篡改，因此，多数的信息系统，如政府、银行、保险、电信、交民航等行业的信息系统还需要建立自己独立的 Intranet，必要时在物理上与外部网络世界隔离。

8.4 信息系统的评价

信息系统投入运行后，要在运行管理基础上对其评价，检查新系统是否达到预期目标，是否充分利用各种资源，管理工作是否完善，以及指出系统改进和扩展的方向等。

8.4.1 信息系统的评价内容

信息系统的评价，主要是从技术与经济两方面进行。

1. 技术上的评价内容

技术上的评价内容主要是系统性能，具体包括以下内容。
(1) 信息系统的总体水平，如系统的总体结构、网络的规模、采用技术的先进性等。
(2) 系统功能的范围与层次，如功能的多少与难易程度或对应管理层次的高低等。
(3) 信息资源利用范围与深度，如企业内、外部信息比例，外部信息的利用率等。
(4) 系统的质量，如系统的可使用性、正确性、可扩展性、可维护性、通用性等。
(5) 系统安全与保密性，系统文档的完备性等。

2. 经济上的评价内容

经济上的评价内容,主要是系统的效果和效益,包括直接的与间接的两个方面。

直接的评价内容有系统的投资额、系统运行费用、系统运行所带来的新增效益。

间接的评价内容有对企业形象的改观、员工素质的提高所起的作用;对企业的体制与组织机构的改革、管理流程的优化所起的作用;对企业各部门间、人员间协作精神的加强所起的作用。

8.4.2 信息系统的评价体系

除了上面提到的从技术上和经济上进行系统评价外,还可以将系统评价体系分解为系统建设、系统性能、系统应用三个方面,这也是常用的一种系统评价体系。

1. 系统建设评价

系统建设评价包括以下几项。

(1) 系统规划目标的科学性。分析管理信息系统规划目标的科学性,并考虑经济上、技术上、管理上和法律上的可行性。

(2) 规划目标的实现程度。分析管理信息系统是否达到规划阶段提出的规划目标。

(3) 先进性。满足用户的需求,充分利用资源,融合先进管理知识,先进组织管理,设计的科学性、适应性。

(4) 经济性。投资与所实现的功能的相适应程度。

(5) 资源利用率。对计算机、外围设备、各种硬软件、系统资源的利用程度。

(6) 规范性。系统建设遵循相关的国际标准、国家标准和行业标准,有关文档资料的全面性和规范程度。

2. 系统性能评价

系统性能评价包括以下几项。

(1) 可靠性。系统所涉及硬件系统和软件系统的可靠性。

(2) 系统效率。系统完成各项功能所需要的资源,通常以时间衡量,包括周转时间、响应时间、吞吐量等。

(3) 可维护性。确定系统中的错误,修改错误所需做出努力的大小,通常以系统的模块化程度、简明性及一致性衡量。

(4) 可扩充性。系统的处理能力和功能的可扩充程度,分为系统结构、硬件设备、软件功能的可扩充性等。

(5) 可移植性。系统移至其他硬件环境下所需做出努力的程度。

(6) 安全保密性。系统抵御硬件设备、软件系统和用户误操作、自然灾害及敌对者采取的窃取或破坏系统的能力,系统采取的安全保密措施。

3. 系统应用评价

系统应用评价包括以下几项。

(1) 经济效益。系统所产生的经济效益,如降低成本、提高竞争力、改进服务质量、获得更多利润等,通常以货币化衡量。

(2) 社会效益。系统对国家、地区和民众的公共利益所做出的贡献，不能用货币化指标衡量的效益。例如，思想观念的转变、技术水平的提高、促进经济社会协调发展、决策科学化、生产力水平的提高、公共信息服务、合理利用资源、改变工作方式等。

(3) 用户满意程度。用户对系统的功能、性能、用户界面的满意程度。通常以人机界面友好、操作方便、容错性强、系统易用性高、界面设计清晰合理、帮助系统完整等衡量。

(4) 系统功能应用程度。系统的目标和功能实现了多少，用户应用到什么程度，是否达到预期的目标和技术指标。

8.4.3 信息系统的评价指标

1. 系统性能指标

系统性能指标主要包括以下几项内容。
(1) 人机交互的灵活性与方便性。
(2) 系统响应时间与信息处理速度满足管理办公业务需求的程度。
(3) 输出信息的正确性与精确度。
(4) 单位时间内的故障次数与故障时间在工作时间中的比例。
(5) 系统结构与功能的调整、改进及扩展，与其他系统交互或集成的难易程度。
(6) 系统故障诊断、排除、恢复的难易程度。
(7) 系统安全保密措施的完整性、规范性与有效性。
(8) 系统文档资料的规范、完备与正确程度。

2. 直接经济效益指标

直接经济效益指标主要是分析系统投资额、系统运行费用与系统运行新增效益之间的综合比较。

(1) 系统投资额，包括系统硬件、系统软件的购置、安装费用；应用系统的开发或购置所投入的资金；企业内部投入的人力、材料费用；系统维护所投入的资金费用等。

(2) 系统运行费用，包括存储介质、纸张与打印油墨等耗料费用；系统投资折旧费(由于信息系统的技术成分较高，更新换代快，一般折旧年限取 5～8 年)；硬件日常维护费；系统所耗用的电费；系统管理人员费用等。

(3) 系统运行新增效益，包括成本的降低；库存积压的减少；流动资金周转的加快与占用额的减少；销售利润的增加及人力的减少等。

新增效益可采用总括性的在同等产出或服务水平下有无信息系统所致的年生产经营费用节约额来表示，也可分别计算上述各方面的效益，然后求和表示。由于引起企业效益增减的因素相互关联错综复杂，新增效益很难做精确的计算。

3. 间接经济效益指标

间接经济效益又称定性效益，是通过改进办公业务流程、组织结构、运作方式以及提高人员素质等途径，促使办公效率提高、审批手续精简而逐渐地间接获得的效益，具有以下作用。

(1) 对组织为适应环境所做的结构、管理制度与管理模式等变革会起巨大的推动作用，这种作用一般无法用其他方法实现。

(2) 能显著地改善单位形象，对外可提高客户对单位的信任程度，对内可提高全体员工的自信心与自豪感。

(3) 可使办公管理人员获得许多新知识、新技术与新方法，进而提高他们的技能素质，拓宽思路，进入学习与掌握新知识的良性循环。

(4) 系统信息的共享与交互使部门之间、管理人员之间的联系更紧密，这可加强他们的协作精神，提高单位的凝聚力。

(5) 对单位的规章制度、工作规范、办事流程、计量与代码等的基础管理产生很大的促进作用，为其他管理工作提供有利的条件。

需要说明的是，信息系统在运行与维护过程中不断发生变化，因此评价工作不是一项一次性的工作，系统评价应定期进行或每当系统有较大改进后进行。

信息系统的第一次评价一般安排在开发完成并投运一段时间，进入相对稳定状态后，通常第一次评价的结论将作为系统验收最主要的依据。

本 章 小 结

系统运行机制管理包括日常操作、数据整理、系统维护等，其目的是使信息系统在一个预期时间内能正常地发挥作用，产生效益。运行管理主要包括系统运行情况的记录，系统运行的日常维护，对系统运行中一些突发事件的处理以及各种系统文档的管理等。

信息系统开发过程非常复杂，在其中引入项目管理非常必要。项目管理是信息系统建设的"保护神"，内容包括任务划分、计划安排、经费管理、审计控制和风险管理等方面。

加强系统安全与保密管理工作非常重要。各个单位一定要根据自身经济状况以及安全、保密的要求等级，立足现有技术条件，根据系统实际需要，以数据加密为基础，采用防火墙、用户认证、数字签名、存取控制等不同手段，对信息系统中的敏感数据进行保护。

为了保证信息系统达到实效，信息系统运行后要及时进行信息系统评价。

总之，通过本章内容的学习，读者应该掌握信息系统的项目管理、运行管理、安全管理、保密管理和信息系统评价等知识点。

 关键术语

系统运行管理　CIO(首席信息官)　系统文档管理　项目管理　Brooks 定律　信息系统安全　信息系统保密　安全监视技术　用户认证技术　数据加密技术　数字签名技术　信息系统评价　系统性能指标　直接经济效益指标　间接经济效益指标

复 习 思 考

一、填空题

1. 影响信息系统安全与保密的三类因素分别是_____、_____和_____。
2. 保证信息系统安全的常用技术对策有实体安全防范、安全监视技术、防火墙技术、_____、_____和_____等。
3. 信息系统的评价，主要是从_____和_____两个方面进行。
4. 除了从技术上和经济上进行信息系统效果评价之外，还可以将系统评价体系分解为_____、_____和_____三个方面，这也是常用的一种系统评价体系。
5. 信息系统直接经济效益指标是进行_____、_____和_____之间的综合比较。

二、名词解释

1. CIO(首席信息官)
2. Brooks 定律
3. 用户认证技术

三、简答题

1. 请说明信息系统运行管理中的注意事项。
2. 什么是项目？信息系统项目有什么特点？
3. 信息系统开发中项目管理的内容包括哪些？
4. 影响信息系统安全和保密的因素有哪些？
5. 加强信息系统安全和保密的主要措施和技术对策有哪些？
6. 信息系统评价的内容有哪些？
7. 信息系统评价的指标体系包括哪些方面？

实 践 训 练

一、案例搜集

每个同学先自己通过图书、杂志、网络以及人际关系，搜寻尽可能多的信息系统开发的失败案例，然后同学之间进行交流学习，最后对信息系统失败的原因进行归纳分类。

二、论文撰写

请搜集相关材料，写一篇有关信息系统安全和保密管理的小论文，2 000 字以上。

三、观点分析

试分析项目管理上的如下几个观点。

(1) 项目管理向人们提供一种解决问题的思路和方法。
(2) 优秀的项目经理是实干出来的，不是学出来的；是带出来的，不是教出来的。
(3) 项目开发的组织机构通常有基于职能和基于任务两种。
(4) 项目开发中对工作效果影响最大的是人为因素。
(5) 质量保证措施应以提前预防和实时跟踪为主，以事后测试和纠错为辅。

四、角色演练

在你负责的一个信息系统项目中，客户在项目开发进程中，总是不断对移交的系统提出修改意见，更可气的是，有些问题刚刚开始提出更改，某一天客户就突然发现情况不对，又要求你马上再给改回来，看起来客户的这种需求变更总是无穷无尽。

问题：作为本信息系统开发项目的项目经理，你该如何应对这种令人沮丧的局面？

 案例分析

案例 8-1　某饭店信息系统项目管理的失误

某饭店投资 50 万元用于管理信息系统的建设，系统开发者是某校计算机科学与技术专业的师生。

在系统开发前期的需求分析阶段，该专业的教师组织学生在饭店设备处计算机室负责人的陪同下对各业务部门进行走访，在此基础上根据各业务部门的要求编制按业务部门划分的系统功能模块需求说明书。然后，再将学生编制成若干软件开发小组，分别负责各个功能模块的开发。

两年过后，大部分的功能模块开发完毕，但发现各模块之间的数据不能很好地共享和传递，系统相关单证的录入、校对和流转比原来的手工处理过程更为复杂，且随着饭店经营规模的扩大和经营方式的转变，原有的业务部门也做了一定的调整，所发的功能模块只有 30% 可以勉强使用。

目前，由于大部分学生都已毕业离校，各模块的开发文档资料也已无法获得。

案例讨论

1．从项目管理的角度，分析导致该项目失败的主要原因有哪些？
2．下一步的工作应该如何开展？

案例 8-2　项目经理面对进度拖延怎么办？

某信息系统集成公司现有员工 50 多人，业务部门分为财务部、销售部、行政部、人力资源部、项目管理部、软件开发部、系统集成部、网络管理部以及客户服务部等。

经过近半年的多次沟通和商务谈判，在今年 1 月，公司销售部直接与某制造业企业签订了一个网络化的应用软件集成化应用系统，整个项目包括网络组建、软件开发与系统集成，应用系统涉及销售、财务、人事、采购、库存等多个部门。合同规定，7 月 1 日之前，整个系统必须投入试运行。

在合同签订之后，销售部将此项目移交给了项目管理部，项目管理部很快就开始组建项目部，由项目部经理小王负责对整个项目实施的管理。项目经理小王做过 5 年的系统分析和设计工作，但这是他第一次

担任项目经理,并且小王还兼任系统分析工作,此外项目还有 3 名有 1 年工作经验的程序员,2 名测试人员,2 名负责组网和布线的系统工程师。项目组成的成员均全程参加项目。

在承担项目之后,小王组织大家制定了项目的工作分解进度表,并依照以往的历史项目经验,制订了本项目的进度计划。

1. 应用软件子系统
(1) 1 月 5 日～2 月 5 日需求分析。
(2) 2 月 6 日～3 月 6 日总体设计。
(3) 3 月 7 日～3 月 26 日详细设计。
(4) 3 月 27 日～5 月 10 日程序编码。
(5) 5 月 11 日～5 月 30 日系统内部测试。
2. 综合布线
2 月 20 日～4 月 20 日完成调研和布线。
3. 网络子系统
4 月 21 日～5 月 21 日设备安装、联调。
4. 用户培训
6 月 1 日～6 月 10 日用户培训。
5. 系统内部调试、验收
(1) 6 月 1 日～6 月 10 日系统调试。
(2) 6 月 11 日～6 月 20 日源数据录入。
(3) 6 月 21 日～6 月 29 日试运行。
(4) 6 月 30 日系统验收。

项目开始后,小王一直忙于系统分析,很多问题因为与客户沟通存在问题,部分需求的确认一再修改,以至于到了 2 月 25 日,需求分析才得以最终完成;需求规格说明书经过审核之后,已经到了 3 月 2 号,之后很快进入了总体设计阶段,此时小王才发现总体系统设计才是刚刚开始,由此推测 3 月 6 日根本无法完成总体设计,那么 3 月 26 日要想完成详细设计也就非常困难,甚至有可能后续工作都会受到影响。

案例讨论
1. 请分析造成项目进度拖延的可能原因有哪些?
2. 从技术人员转为管理人员,作为项目经理应该特别注意哪些事项?
3. 小王对进度计划的控制应该怎样做?
4. 小王应采用哪些管理措施来保证后期的项目整体进度不被拖延?

案例 8-3　某化工企业开发管理信息系统的经验教训

某化工企业是一个生产硼化物的企业。该厂占地面积 10 万平方米,在册职工 5 万人。改革开放以来,建立了厂长负责制,改变了经营方式,搞活了企业,经济效益明显增长,1985 年荣获省、部级"六好企业"称号。当时,作为全国知名企业家的总经理,为了进一步提高企业管理水平,决定与某大学合作,以委托开发方式为主研究管理信息系统。接受委托单位进行了可行性分析,认为根据当时企业条件,还不适于立即开始管理信息系统的全面开发,最好先研制一些子系统。原因是该厂技术力量薄弱,当时只能从车间中抽调出三名文化程度较低的工人和一名中专程度的技术人员组成计算机室,管理人员对于应用微型计算机也缺乏认识,思想上的阻力较大。但是,总经理决定马上开始中等规模的管理信息系统开发。他认为,做个试验,即使失败也没有关系,于是开发工作在 2006 年 1 月就全面上马了,学校抽调了教师和研究生全力投入。

整个项目的研制工作开展得较有条理。首先是系统调研，人员培训，规划了信息系统的总体方案，并购置了以太局域网软件和五台 IBM-PC。在系统分析和系统设计阶段绘制数据流程图和信息系统流程图的过程中，课题组和主要科室人员在总经理的支持下多次进行了关于改革管理制度和方法的讨论，他们重新设计了全厂管理数据采集系统的输入表格，得出了改进的成本核算方法，试图将月盘点改为旬盘点，将月成本核算改为旬成本核算，将产量、质量、中控指标由月末统计改为日统计核算。整个系统由生产管理、供销及仓库管理、成本管理、综合统计和网络公用数据库五个子系统组成。各子系统在完成各自业务处理及局部优化任务的基础上，将共享数据和企业高层领导所需数据通过局域网传送到服务器，在系统内形成一个全面的统计数据流，提供有关全厂产量、质量、消耗、成本、利润和效率等多项技术经济指标，为领导决策提供可靠的依据。在仓库管理方面，通过计算机掌握库存物资动态，控制最低、最高储备，并采用 ABC 分类法，试图加强库存管理。

原计划从 2006 年 1 月开始用一年时间完成系统开发，但实际上，虽然课题组夜以继日地工作，软件设计还是一直延续到 2007 年 9 月，才开始进入系统转换阶段（即人工系统和基于计算机的信息系统并行运行阶段）。可以说，系统转换阶段是系统开发过程最为艰难的阶段。许多问题在这个阶段开始暴露出来，下面列举一些具体表现。

(1) 手工系统和计算机应用系统同时运行，对于管理人员来说，是加重了负担，在这个阶段，管理人员要参与大量原始数据的输入和计算机结果的校核。特别是仓库管理系统，需要把全厂几千种原材料的月初库存一一输入，工作量极大，而当程序出错、修改时间较长时，往往需要重新输入。这就引起了管理人员的极大不满。

(2) 仓库保管员不愿意在库存账上为每一材料写上代码，他们认为这太麻烦，而且无法理解这样做的原因。

(3) 计算机打印出来的材料订购计划比原来由计划员凭想象编写的订购计划能产生明显的经济效益，计划员面子上过不去，到处说计算机系统不好用，而且拒绝使用新的系统。

(4) 总经理说："我现在要了解本厂欠人家多少钱，人家欠我厂多少钱，系统怎么显示不出来？"

以上这些问题，经过努力，逐一得到解决，系统开始正确运行并获得上级领导和兄弟企业的好评。但同时企业环境却发生了很大的变化。一是总经理奉命调离；二是企业外开发人员移交后撤离，技术上问题时有发生；三是原来由该企业独家经营的硼化物产品，由于原材料产地崛起不少小企业而引起市场变化，不仅原材料来源发生问题，产品销路也有了问题，企业效益急剧下降，人心惶惶，无暇顾及信息系统发展中产生的各种问题。与此同时，新上任的总经理认为计算机没有用，不再予以关注。这时，原来支持计算机应用的计划科长也一反常态，甚至在工资调整中不给计算机室人员提工资，结果是已掌握软件开发和维护技术的主要人员调离企业，整个系统进入瘫痪状态，最后以失败而告终。

案例讨论

1. 该企业关于开发项目规模的决策是否符合诺兰阶段模型？为什么？
2. 系统开发比原计划拖延较长时间，说明了什么问题？
3. 只开发成本管理系统而不进行整个财务系统的开发，对不对？
4. 企业管理人员的素质对系统开发的效果有什么影响？
5. 通过这个案例，你认为企业一把手对于系统开发有什么影响？
6. 根据本例说明管理信息系统开发不仅是一个技术系统，更是一个社会系统。

第4篇

应用篇

第 9 章 业务层管理信息系统

知识架构

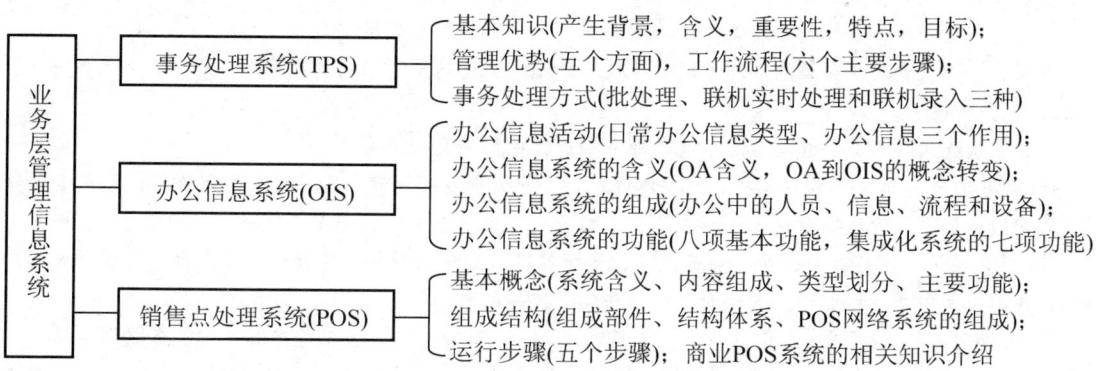

学习目标

通过本章的学习，读者应该能够：
- 掌握事务处理系统含义与特点
- 理解事务处理系统的管理优势
- 熟悉事务处理系统的工作流程
- 理解办公信息系统含义与功能
- 熟悉办公信息系统的构成要素
- 了解办公信息系统的主要类型
- 熟悉 POS 系统及其在零售中应用

导入案例

案例 9-0　内蒙古联通大客户业务管理信息系统应用案例

1. 项目背景

电信市场的竞争格局在我国已逐步形成。竞争为电信业务运营带来的一个突出特点就是市场由卖方市场向买方市场转变。为适应形式，联通公司经营战略在逐步从以产品业务为中心向以客户为中心转变。

大客户业务是联通整体营销战略的重要组成部分，发展大客户能为公司带来很好的经济效益。大客户业务管理信息系统的建设，目的是在大客户售前、售中和售后的整个生命周期中，为客户的市场开拓、有关大客户的信息管理、客户服务及营销决策支持提供一个综合信息处理平台。

内蒙古联通大客户业务管理信息系统的建设正是基于上述这些背景而提出来的。

2. 业务功能

内蒙古联通大客户业务管理信息系统的业务功能包括如下几个方面。

(1) 大客户基本信息管理。包括客户基本资料、客户营业业务资料、客户计费账务资料、客户信用资料、客户服务资料、内部重要员工资料、项目工程资料、资源占用资料等基本信息。

(2) 绿色通道。围绕客户走访、业务办理、合同签订、工程实施和业务开通工作流程，实现对大客户业务的售前、售中的过程管理，并通过人机协作实现流程的自动化。

(3) 黄色通道。大客户服务相关业务，包括客户走访、客户来访、友情服务等日常业务联系活动。

(4) 红色通道。处理与大客户有关的故障、投诉等业务。

(5) 渠道管理。用于管理渠道代理信息，以及与渠道相关的业务信息，包括绩效佣金管理、合同管理、培训管理。

(6) 客户经理管理。管理大客户发展中心员工及与大客户发展中心有业务往来的相关部门的员工信息，以及与员工相关的业务信息，包括基本信息管理、奖金绩效管理、业务计划管理、工作日志管理、回访走访管理、培训管理。

(7) 资源市场信息管理。信息内容包括产品信息、宏观经济信息、行业经济信息、客户需求信息(按行业划分)，竞争对手信息、行业经典案例、政策、法律环境对企业可能的影响，企业所处行业的发展态势及行业内竞争状况。

3. 应用效果

内蒙古联通公司在实施大客户业务管理信息系统之后，协调和改进原有业务流程，使其所有的业务环节更好地满足客户需求和降低运营成本，从而达到保留现有大客户和发掘潜在大客户并提高企业盈利的目的。通过为大客户提供高品质、个性化的服务，大客户业务管理信息系统的实施提高了大客户的信赖度和忠诚度，形成并保持内蒙古联通核心竞争力，带来了良好的经济收益和客户美誉。

资料来源：http://solution.chinabyte.com/175/1720175.shtml

点评：在当今时代，企业管理必须要从过去的"产品导向"转变为"客户导向"，只有快速响应并满足客户个性化与瞬息万变的需求，才能在激烈的竞争中得以生存和发展。而要实现客户关系管理理念，必须有配套的业务管理信息系统支撑，加强客户信息管理。

9.1 事务处理系统

事务处理系统(Transaction Processing System，TPS)是信息系统中最常见的一种基础信息系统，它产生基础数据库，为整个系统服务。事务处理系统的特点是要加工处理大量的数据，对任何企业来说，事务处理系统都是一类不可缺少的信息系统。

9.1.1 事务处理系统的基本知识

1. 事务处理系统的产生背景

事务又称业务，是某种工作的手续的集合。以下列举几种典型的企业事务活动。
(1) 每月进行工资结算，打印工资条，放入信封后分发。
(2) 每月进行销售发票的核实、结算，打印后放入信封，寄给客户。
(3) 每天进行采购订单的核实结算，打印后放入信封，寄出。
(4) 支票结算，打印后放入信封，寄给供应商。
(5) 每天发掘潜在顾客，确认并拜访。
(6) 每天安排员工以及设备，用来完成特定时间的任务。
(7) 不断抽检产品，采取粗检、细检、测量或者其他方法，检出不合格产品。

许多企业中，有大量的规律性的事务处理工作需要完成，上述工作只是其中的很少部分。有些大型企业，每天都有数以千计类似的工作需要完成。

1954 年 10 月，美国通用电气公司首次利用电子计算机计算职工薪金的举动，引起了数据处理技术的变革，开创了利用计算机进行数据处理的新纪元。从此之后，计算机开始大量应用在经营管理工作的数据处理中，早期主要是在会计和统计中，代替算盘、手摇计算机、现金出纳机等，形成了所谓的电子数据处理系统。由于它是用来处理一些具体事务的，所以又叫做事务处理系统。同时，这类系统主要用于运作层，所以现在也有人把它叫做运作性信息系统、业务信息系统、操作层信息系统等。

当前财会业务是大多数企业基本活动的重要组成部分。然而，事务处理系统不仅仅包括企业的财务处理。事务处理系统记录、处理并报告企业中所有重复性的日常活动和组织活动。这些活动不仅发生在会计和财务部门，也发生在人力资源、生产制造和营销部门。

2. 事务处理系统的含义

事务处理系统就是一个处理有关组织的基本业务，记录和更新所需详细数据的系统，它通过跟踪组织的基本活动，来支持操作管理人员，其目的是利用组织中实时的、准确的数据，解决一些日常管理问题，其运行目标是迅速、及时、正确地处理大量信息，降低成本，提高管理工作的效率、准确度和服务水平，增加辅助决策的数据。

每个组织都有手工的和自动化的事务处理系统，该系统是一个处理有关组织的基本业务，记录和更新所需详细数据的系统。这些处理系统包括订单录入、存货控制、工资单、应付账款、应收账款和总分类账处理等。其中输入包括顾客订单、购货订单、收据、发票和工资单等基本事务收据，处理结果是更新记录以反映组织的当前状态。自动化的事务处理系统包括数据库、远程通信、人、过程、软件和硬件这些组成部分。处理包括数据收集、数据编辑、数据修改、数据操作、数据存储和文档生成。它应用信息技术支持组织中最基本的、每日例行的业务处理活动，如工资核算、销售订单处理、原材料出库、费用支出报销等，是组织中处于业务操作层的最基本的信息系统。

目前，事务处理系统可以用在管理的各个部门，以独立形式存在，或者构成大系统的组成部分。例如，目前我国市场上普遍流行的商业进销存系统、订单跟踪系统、生产流程系统、职工工资系统、现金管理系统、培训和发展系统等都是这类系统。

3. 事务处理系统的重要性

事务处理系统是大多数企业中众多信息系统中的一种，它向 MIS、DSS 等系统提供所需数据，是其他系统的基础。事务处理系统不需要综合或复杂的处理，但要进行大量的数据输入和输出，它的有效性和可靠性对组织的业务运行至关重要，一旦发生故障，将会给组织带来直接的经济损失。因此事务处理系统在安全性、可靠性方面具有极高的要求。事务处理系统不仅直接支持组织的各项基础业务活动的实现，也为组织内各层次的管理人员提供了业务运行的第一手资料，同时也是组织中其他各类信息系统的主要信息来源。

事务处理系统处理的问题处于较低管理层，因而问题较结构化，处理步骤较固定。其主要的操作是排序、列表、更新和生成，主要使用是加、减、乘、除等算术运算，主要的使用人员是业务层的运行操作人员；其主要功能是处理日常业务和产生报告，使日常事务处理自动化，支持日常的运行工作；其主要目的在于提高效益，而不过分看中效率；其缺点是一般不能提供分析、计划和决策信息，它只是 MIS 的初级阶段，是进行日常业务的记录、汇总、综合、分类的系统；它的输入往往是原始单据，输出往往是分类或汇总的报表。例如，订货单处理、旅馆预约系统、工资系统、雇员档案系统以及领料和运输系统等。

现代的企业若没有 TPS，简直无法工作。TPS 的故障将造成银行、超市、航空订票处的工作停止，带来极大的损失。当代的企业 TPS 所处理的数据量大得惊人，是人用手工无法完成的。例如，一个银行营业所白天 8 小时所积累的业务，用手工至少加班 4 小时才能处理完，现代的计算机只需几分钟。利用计算机 TPS 系统，一个人每天可以处理 500 笔业务，如果不用计算机可能要 50 人才能完成。TPS 已成为现代企业无法离开的系统。

TPS 是企业信息的生产者，其他系统将利用它所产生的信息为企业做出更多的贡献。TPS 现在有跨越组织和部门的趋势。不同组织的 TPS 连接起来，如供应链系统和银行的清算系统相连，甚至可把这些组织结成动态联盟，因此 TPS 是企业的非常重要的系统。

4. 事务处理系统的特点

事务处理系统是计算机在管理中的最初形式，也是最基本的形式。由它所产生的描述过去活动的事务性数据，具有重复性、描述性、可预测性及客观性等特点。系统通常有规律地产生详细的、高结构化的准确信息，这些信息来自企业内部信息源。在一定程度上，对必须完成系统工作的员工而言，这些系统工作纯粹是单调、乏味的。而信息系统技术在事务处理系统中的应用大大地减少了这种单调性，并为管理者提供了很多有利条件。

一般来讲，所有事务处理系统都具有如下特点。

(1) 能迅速有效地处理大量数据的输入和输出。

(2) 能进行严格的数据编辑，以保证记录的正确性和时效性。

(3) 通过审计,能保证所有输入数据、处理程序和输出结果是完整、准确和有效的。
(4) 提供了有关数据安全防范和保密设置问题的防护能力。
(5) 支持许多人对数据进行协同处理,因此系统的故障会对组织有严重致命的影响。
(6) 能产生各种数据文件、管理报告等,可定期生成常规报表,也可能生成例外报告。

总之,TPS 可以对日常数据进行常规的处理,它充分利用了计算机对数据进行快速运算和大量存储的能力,可减轻业务人员大量重复性的劳动。因此,它是基层业务人员的得力助手,无论是大企业、大机关,还是中小企业或一般组织,甚至个体业主都可以使用。

5. 事务处理系统的目标

由于事务处理的重要性,因此事务处理系统应能达到如下目标。

1) 处理由事务产生的以及与事务相关的数据

事务处理系统的基本目标是获取、处理和存储事务,以及产生与企业例行活动相关的不同文档。这些活动直接或间接地与销售或顾客服务有关。处理订单、购买材料、控制存货、为顾客开账单、向员工和供应商付款都属于这类活动。这些活动构成了事务处理系统要处理的事务。

2) 保持数据信息处理的高准确度

任何事务处理系统的目标之一是输入和处理无差错数据。在引入计算机技术之前企业就已有事务处理系统。在原来这些人工系统中,员工检查所有由事务处理系统产生的文档和报告。由于员工难免犯错,因此常发生不准确的事务,从而需要消耗时间、劳力和资源来加以修正。自动化的事务处理系统必须保障数据的高度准确。

3) 保证数据和信息的完整性

事务处理系统的另一个目标是保证所有存储在计算机数据库中的数据和信息是准确的、及时的和适当的。确认和编辑过程也常被用在数据存储前,以便检查其准确性及时性。例如,编辑程序能判断输入数据应是"25 天",而不是由于录入错误而造成的 250 天或者 2 500 天。由于事务处理系统产生的数据和信息常被组织的其他系统使用,所以公司要保证数据的完整性和准确性。

4) 及时生成文档和报告

人工事务处理系统常常要用几天的时间才能生成文档,而计算机事务处理系统极大地降低了响应时间。信息技术的提高,特别是硬件和通信技术的进步,使得事务能在几秒钟内完成。及时处理能力对组织的创利十分重要。例如,票据若早几天发给顾客,那么款项就能早日收回。对于像订单处理、开发票、应收账款、库存控制和应付账款这样的应用软件,时效性也非常关键。由于记录信息和销售信息的传送均已电子化,所以事务处理能在几秒钟内完成而不是整夜,从而改善了公司的现金流动。

5) 提高劳动效率

以前人工处理需要许多员工和设备,如今事务处理系统能充分降低人力需求。许多事务处理系统由于节省劳力而节省了成本。

6) 有助于改善服务

毫无疑问,我们正处于面向服务的经济中,包括家用电器、汽车等大制造公司也认识到提高顾客服务的重要性。帮助组织提高服务水平是事务处理系统的一个目标。例如,一些使用 EDI 系统的公司，其顾客由于使用了电子订单，从而避免了缓慢且易出错的手写或口头通信。

7) 有助于建立和维持顾客信心

事务处理系统是与顾客通信的工具，这些系统能让顾客满意并再次光临是很重要的。

9.1.2 事务处理系统的管理优势

自动化的事务处理系统比人工系统运行得更快，而耗费的人力资源和其他企业资源更少。已实现事务处理系统自动化的企业，通常会从以下几个方面获益。

1. 降低成本

信息技术从实质上降低了事务处理系统的成本。为确定每一名员工的工时和工酬，大公司需要人工读入计时卡，累计每天和每月总工作时间，并计算正常工资、加班工资、总工资、应扣款及净工资。多数公司通过应用信息技术，从实质上减少了产生月工资及相关记录的工作量。实际上，应用到事务处理系统的信息技术，有助于提高企业的竞争地位，成为同行业中低成本的带头人。

2. 提高速度

信息技术还极大地提高了企业作业级任务的完成速度，从而提高了对顾客和客户的服务水平。例如，信息技术加快了销售订单的录入及处理，允许公司在收到订单的当天完成货物装运。货物一经装运，就将发票寄给客户，从而加速资金流动。

3. 提高准确度

从一个记录往另一个记录中抄写数据，如从订货单上向销售发票中抄录数据，经常会产生错误。手工计算订货总量和折扣可能会使客户发票出现错误，进而令客户不高兴。如果按照工人开始工作及离开工作的汇报数，实现员工工作时间电算化，在应用上述数据计算总工时、总工资、应扣款和净工资时可以减少错误。

4. 提高服务水平

信息技术的应用，也提高了企业满足每一位客户或顾客对特殊产品和服务要求的能力。计算机系统可以帮助企业记录、处理并跟踪许多细节信息。利用这些信息，企业可以在客户需要的时候，以客户需要的方式提供客户需要的产品。信息技术还能帮助企业跟踪已发送给顾客的货物，使企业能够掌握顾客货物的信息，并能尽快地回答顾客的询问。

5. 增加辅助决策的数据

事务处理系统对决策制定也很重要。事务处理系统产生的数据，不仅反映了大多数组织的基本活动，也可作为战术和战略信息系统的原始资料。通过比较、推断及其他方法处理作业级数据而形成报告，能够帮助管理者制定战术和战略决策。

9.1.3 事务处理系统的工作流程

事务处理系统获取和处理反映企业基本事务的数据，这些数据用来更新数据库并产生公司内部和外部人员使用的报告。所有事务处理系统均完成一系列共同的基本数据处理过程,这个过程称为事务处理周期。如图 9.1 所示,事务处理周期包括六个步骤或活动,分别是数据搜集、数据编辑、数据修改、数据操作、数据存储和输出文档。

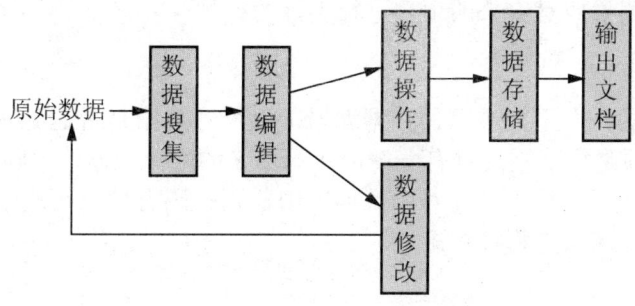

图 9.1 事务处理系统的数据处理活动

1. 数据搜集

获取和收集完成事务处理所需数据的过程称为数据搜集。有些情况下,数据搜集可以手工完成,如收集有关销售订单或库存变化的手写数据;而有些其他数据搜集,可以通过扫描仪、POS 设备、光字识别器(Optical Character Recognition,OCR)、自动柜员机(Automated Teller Machine,ATM)、自动记录仪以及其他终端输入设备自动完成。

数据搜集从顾客订单开始,产生输入事务处理系统的原始数据。数据应从源位置获得,并及时准确地记录,手工工作量应降到最小,数据应能直接送入计算机而不要以某种文档形式键入,这种方式称为源数据自动化。例如,超级市场结账处用扫描仪自动读取通用产品代码(UPC)。读取 UPC 条形码要比收银员人工输入代码快而准确。扫描仪读取每件商品的条形码并在数据库中查询其价格。POS 事务处理系统根据价格数据制作顾客账单。购买数量、日期、时间和价格也用于更新库存数据库和详细的销售数据库。库存数据库产生报告,通知仓库经理哪一项存货量已低于再订货数量下限。详细的销售数据库可被仓库(或销售市场研究公司、厂商)用于销售的详细分析。

源数据自动化已经有许多方法,但是目前还没有达到全自动化。销售业务自动数据输入过程的图形描述如图 9.2 所示。

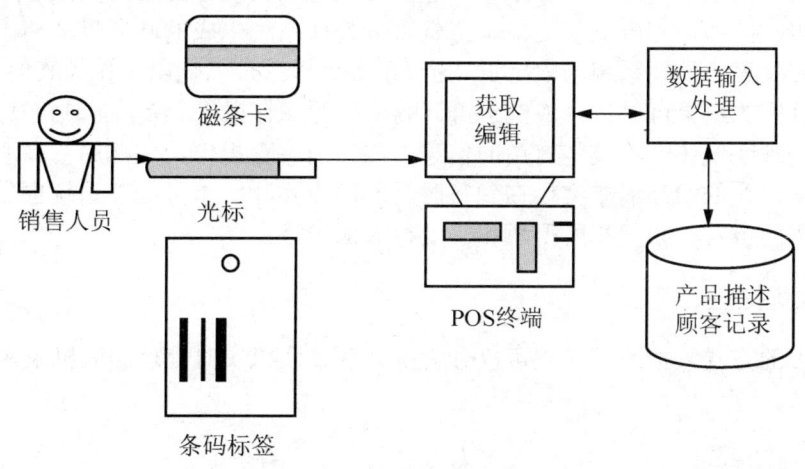

图 9.2 自动数据输入

又如，公司员工在开始或结束工作时刷卡考勤，以便向工资事务处理系统输入数据。这些设备不仅提供重要的员工注册信息，而且帮助组织决定每项工作或项目需要多少劳力，从而进行劳动力的调整或对将来的项目进行更好的计划。

2. 数据编辑

处理事务数据的一个重要步骤是数据编辑，以检查数据是否达到有效性和完整性。例如，数量和成本必须是数字型的且有一个以字母命名的唯一代码，否则数据项无效。通常，与个别事务有关的代码如果出现在对照数据库中，则代码有效，可进行编辑；如果输入的代码不在数据库中，那么它将被拒绝。

3. 数据修改

无效数据不能简单地都被拒绝。系统应提供错误信息，以便向数据编辑提出警告。这些错误警告信息应指出出现了什么问题，数据要进行怎样的修改。数据修改包括重新输入那些错误键入或错误扫描的数据。例如，扫描的 UPC 必须在有效的 UPC 代码表中。假如代码被误读或不在表中，结账处员工应得到指示以便重新扫描或手工键入数据。

4. 数据操作

事务处理系统另一个主要活动是数据操作，即执行和计算其他与企业事务相关的数据转换过程。数据操作包括数据分类、数据排序、数据计算、汇总结果，以做进一步处理。例如，在工资事务处理系统中，数据操作包括将员工工作时间和每小时工资相乘的计算，也包括超时工作的计算、为税务部门代扣所得税和扣减额的计算等。

5. 数据存储

数据存储是指用新事务处理数据来更新事务数据库。一旦更新完成，数据可被其他系统进一步处理和使用，并可用于管理决策。因此，事务数据库又被认为是事务处理的副产品，它们对组织的所有其他信息系统和决策支持过程都会产生显著的影响。

6. 输出文档

输出文档包括生成输出记录和报告，它们可以是纸文档等的硬拷贝或显示在计算机屏幕上的软拷贝。例如，工资支付支票是工资事务处理系统生成的硬拷贝文档，而发票平衡报表是应收账款事务处理系统的软拷贝显示。事务处理系统的输出常作为其他系统的输入，更新库存数据库的结果可导致生成低于再订购下限的库存报告。除了支票和发票等文档外，大多数事务处理系统还产生其他有用的信息，如当前库存报告、定购的商品清单等。商品接收人员利用定购的商品清单文档在到货时辅助清点实物。事务处理系统也生成当地相关职能部门所需的报告，如代扣所得税和季度收入报告等。

9.1.4 事务处理的三种方式

事务处理的方式，按照其特点可以分为批处理、联机实时处理和联机录入三种。

1. 批处理

1) 批处理的含义

批处理是周期性地收集源文件，然后成批处理，其特点是在事件的发生和更新记录的最终事务处理之间有一定延迟。例如，银行存款处理，白天一天所收到的存单等到下班后一起交数据处理部门，由他们累加和分析。这里处理周期就是一天。

2) 批处理的活动过程

一个批处理活动的主要过程如下。

(1) 收集源文件，如订单、发票，并将它们分成批。
(2) 把源文件录入到输入媒体，如磁带、磁盘。
(3) 把源文件排序，排序应根据某个关键词，一般这个关键词和主文件的相同。
(4) 将源文件和主文件合并处理，建立一个新文件并输出，这些文件如发票、支票等。
(5) 定期地将业务成批地送往远方的中央计算机保存和进一步处理。

如图 9.3 所示，就是一个银行批处理的活动过程。

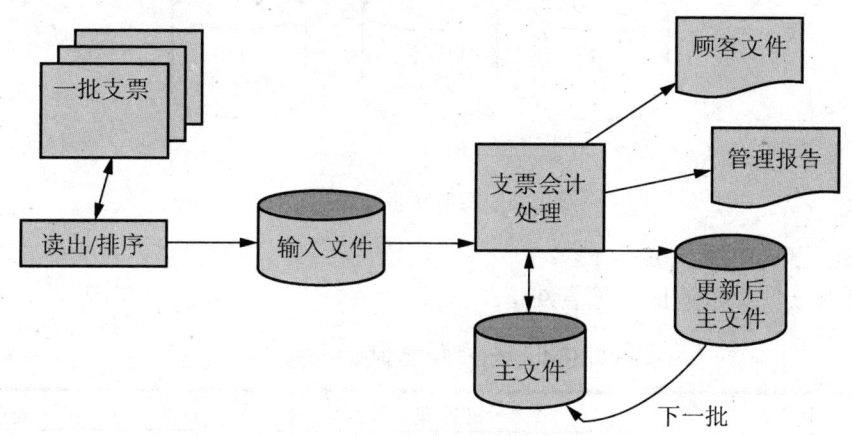

图 9.3　银行批处理的活动过程

这里主文件是一种永久存储的文件，如客户主文件，包括客户名称、地址、电话、生产主要产品、主要业务等数据；学生主文件包括学生姓名、年龄、籍贯、学号等，有可能包括成绩等具有档案性质的文件；支票主文件记录支票金额、接收方、开出方、日期、编号等数据。业务文件是一种中间存储文件，具有暂存的性质，一旦它的内容并入主文件，业务文件即消失。更新后的主文件在下一批处理就处于主文件的位置。

3) 批处理的优缺点分析

当要处理大量的数据时批处理是一种比较经济的方法。每笔业务处理时没有必要翻动主文件，这样可以避开白天的时间，让机器在晚上处理，从而能够充分利用机器的资源。同时，进行批处理时机器的速度不一定很高，机器档次和设备费用可以大大降低。但批处理也有很多缺点：主文件经常是过时的，无法实时提供信息，马上查出当前的情况是不可能的。所以，许多业务转向实时处理。某些实时处理系统中还保留着某些业务的批处理。

2. 联机实时处理

1) 联机实时处理的含义

联机实时处理又称联机事务处理(On-line Transaction Processing，OLTP)，这种方法对每个事务及时进行处理，并更新这一事务涉及的数据。这时数据只要一经输入，记录、转换、更新主文件一气呵成，响应顾客的查询也是即时的。因此，联机系统的数据在任意时刻反映的都是最新状况，如航空订票系统即时处理、更新座位和应收账款数据库。这种处理对诸如航空订票代理处、股票投资公司、超市 POS 收银系统、饭店前台预订系统等需要迅速获取数据和更新数据的业务是必需的。如图 9.4 所示，就是一个实时销售处理系统。

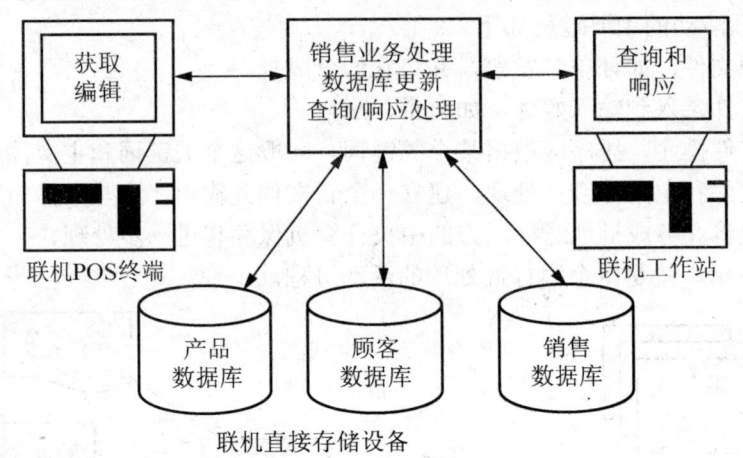

图 9.4　实时销售处理系统

2) 批处理和实时处理的比较

批处理和实时处理的比较见表 9-1。

表 9-1　批处理和实时处理的比较

特　　性	批处理	实时处理
业务处理	记录业务数据累计成批，排序周期处理	数据一旦产生就立即处理
文件更新	批处理时	业务处理时
响应时间(周转时间)	几小时或几天	几秒钟

防止数据处理故障是很重要的问题。在批处理的情况下要保留多个副本，一般要三个，而且在不同的地方。每次批处理完后，副本也跟着产生，当主机损坏时可以根据两个副本恢复数据。在实时处理情况下，也要留副本，不过它是在每笔业务后及时留副本，所以要用联机存储器，甚至更多处理器。具有多处理器而且能支持实时恢复数据的处理叫做容错数据处理(Fault Tolerant Processing，FTP)，这种计算机系统叫做容错系统。

3) 联机实时处理的优缺点分析

联机实时处理能及时处理、及时更新和及时响应顾客。因而在要求及时的情况下，只有联机实时系统能满足要求。联机实时处理的缺点是由于联机，直接存取必须采取特殊的措施保护数据库，以便及时防止病毒、黑客和不明身份的闯入者。

3. 联机录入

事务处理的第三种方法是联机录入，它是介于批处理和联机实时处理之间的一种折中的处理方法。这种方法中事务或订单在发生时就送入系统，但并不立刻处理。例如，当拨打免费电话订购时，订单当时就被输送入计算机。然而，订单直到下班后的晚上才被集中处理。对于不同的组织，要根据其应用的需要而选择不同的事务处理方法。

9.2 办公信息系统

办公信息系统(Office Information Systems，OIS)也是一种主要面向业务管理层的信息系统，它主要对各种类型的文案工作提供支持。从事这些工作的人员主要有文秘、会计、文档管理员等。他们的工作性质大部分不是创造信息，而是应用和处理信息。

9.2.1 办公室信息活动及其作用

在组织中，大部分数据处理工作发生在办公室，包括经理的大部分工作。进入 20 世纪 80 年代，办公室已经与传统的办公室截然不同，它是职业数据工人最重要的工作场所之一，在协调整个组织的信息流动方面起着重要的作用。由于移动电话、传真机、因特网等信息技术的出现，有时办公室是一个"虚拟办公室"，它是数据工人可以完成其工作的任何地方——汽车、飞机、火车、家里等。办公室工作需要许多人员共同参与完成，因而在一定意义上，办公室工作变得更复杂了，它既强调群体中个体的作用，更强调不能缺少协调性，就像一个交响乐队一样。群体办公目前已经成为组织中的一种主要工作方式。

办公室中的日常信息活动主要包括以下几点。
(1) 文档管理，包括文档生成、存储、检索和传播。
(2) 为个人或群体进行的工作日程安排。
(3) 为个人或群体进行的基于声音、数字、文本的相互交流。
(4) 数据管理，如雇员、客户、供应商等的数据管理。
(5) 项目管理，如项目的计划、实施、评估和监督，资源分配，做出个人决策等。

办公室在现代组织中起着三个非常重要的作用。
(1) 协调、管理组织中数据工作和信息工人的工作。
(2) 把组织中各个层次、各种职能的工作有机地连接起来。
(3) 使组织适应其外部环境，如组织与其客户或供应商的有效联系。

事实上，当与一个组织联系时，就是在与这个组织中的某个办公室联系。

9.2.2 办公信息系统的含义

办公自动化(Office Automation，OA)作为一个术语是由美国通用汽车公司 D.S.哈特于 1936 年首次提出。20 世纪 70 年代美国麻省理工学院教授 M.C.Zisman 为办公自动化下了一个较为完整的定义："办公自动化就是将计算机技术、通信技术、系统科学及行为科学应用于传统的数据处理难以处理的数量庞大且结构不明确的、包括非数值型信息的办公事务处理的一项综合技术。"

1985 年，我国召开第一次办公自动化规划讨论会，与会的专家、学者们综合了国内外的各种意见，将办公自动化定义为，办公自动化是利用先进的科学技术，不断使人的一部分办公业务活动物化于人以外的各种设备中，并由这些设备与办公室人员构成服务于某种目标的人-机信息处理系统，其目的是尽可能充分地利用信息资源，提高生产率、工作效率和质量，辅助决策，求得更好的效果，以达到既定(即经济、政治、军事或其他方面的)目标。办公自动化的核心任务是为各领域各层次的办公人员提供所需的信息。

20世纪90年代以后，计算机网络的发展不仅为办公自动化提供了信息交流的手段与技术支持，更使办公活动跨时空的信息采集、处理与利用成为可能，并为办公自动化赋予了新的内涵和应用空间，也提出了新的问题与要求。鉴于上述情况，在2000年11月召开的办公自动化国际学业术研讨会上，专家们建议将OA更名为OIS，认为OIS是以计算机科学、信息科学、地理空间科学、行为科学和网络通信技术等现代科学技术为支撑，以提高专项和综合业务管理水平和辅助决策效果为目的的综合性人-机信息系统。该系统利用先进的办公设备，代替办公室工作人员的部分手工劳动，其主要目标是充分利用信息资源，提高办事效率和办公质量。

现在信息技术被广泛应用于办公信息系统中，以支持办公室中的各项活动。例如，电子日历、电子邮件、工作流程管理、桌面数据管理和桌面项目管理系统等。

9.2.3 办公信息系统的构成

办公信息系统的构成要素涉及人员、业务、机构、制度、设备、环境等多个方面，其中最主要的有四个，分别是办公人员、办公信息、办公流程和办公设备。

1. 办公人员

办公人员包括高层领导、中层干部等管理决策人员，秘书、通信员等办公室工作人员，以及系统管理员、软硬件维护人员、录入员等其他人员。这些人应当具有现代化的思想，掌握一定的现代科学技术知识、现代管理知识与业务技能。他们的自身素质、业务水平、敬业精神、对系统的使用水平和了解程度等，对系统的运行效率乃至成败至关重要。

2. 办公信息

办公信息是各类办公活动的处理对象和工作成果。办公在一定的意义上讲就是处理信息。办公信息覆盖面很广，按照其用途，可以分为经济信息、社会信息、历史信息等；按照其发生源，又可分为内部信息和外部信息；按照其形态，办公信息有各种文书、文件、报表等文字信息，电话和录音等语言信息，图表手迹等图像信息，统计结果等数据信息。各类信息对不同的办公活动提供不同的支持：它们可以为事务工作提供基础，为研究工作提供素材，还能为管理工作提供服务，为决策工作提供依据。

3. 办公流程

办公流程是有关办公业务处理、办公过程和办公人员管理的规章制度、管理规则。办公流程的科学化、系统化和规范化，将使办公活动易于纳入自动化的轨道。应该注意的是，由于办公信息系统往往要模拟具体的办公过程，办公流程或者组织机构的某些变化必然会导致系统的变化，同时，在新系统运行之后，也会出现一些新要求、新规定和新的处理方法，这就要求办公信息系统与现行办公流程之间有一个过渡和切换。

4. 办公设备

办公设备是决定办公质量的物质基础。传统的办公用品历来以笔、墨、纸、砚文房四宝和记事本、记录本、电话、钢笔、蜡板等为主；现代化的办公设备包括计算机、打印机、扫描仪、电话、传真机、复印机、微缩设备等。办公自动化的环境要求办公设备主要以现代化设备为主。办公设备的水平与成熟程度，直接影响办公信息系统的应用与普及。

9.2.4 办公信息系统的功能

1. 办公信息系统的基本功能

从外在形式上看，办公信息系统的基本功能包括如下八个方面。

(1) 公文管理。公文管理包括公文的收发、起草、传阅、批办、签批、会签、下发、催办、归档、查询、统计等基本功能，初步实现公文处理的网络化、自动化和无纸化。

(2) 会议管理。会议管理包括会议计划、通知、组织、纪要、归档、查询、统计等功能和会议室管理功能，使会议通知、协调、安排都能在网络环境下实现。

(3) 部门事务处理。部门事务处理包括部门值班、休假安排、工作计划、工作总结、部门活动等。

(4) 个人办公管理。个人办公管理包括通讯录、日程、个人物品管理等。

(5) 领导日程管理。领导日程管理包括为领导提供的日程、活动的设计、安排等。

(6) 文档资料管理。文档资料管理包括文档资料的立卷、借阅、统计等。

(7) 人员权限管理。人员权限管理包括人员的权限、角色、口令、授权等。

(8) 业务信息管理。业务信息管理包括人事、财务、销售、库存、供应和其他业务信息的管理。

2. 集成办公环境下办公信息系统的功能

具体来说，一个完整的办公信息系统应该实现下面七个方面的功能。

(1) 建立内部通信平台。

建立单位内部的邮件系统，使单位内部的通信和信息交流快捷通畅。

(2) 建立信息发布平台。

在单位内部建立一个有效的信息发布和交流的场所，如电子公告、电子论坛、电子刊物，使内部的规章制度、新闻简报、技术交流、公告事项等能够在单位内部员工之间得到广泛的传播，从而使员工能够了解单位的发展动态。

(3) 实现工作流程自动化。

工作流程自动化包括流转过程的实时监控、跟踪，解决多岗位、多部门之间的协同工作问题，实现高效率的协作。例如，公文的处理，收发文件，各种审批、请示、汇报等流程化的工作，通过实现工作流程的自动化，就可以规范各项工作，提高单位协同工作的效率。

(4) 实现文档管理自动化。

文档管理的自动化可使各类文档能够按权限进行保存、共享和使用，并有一种便捷的查找手段。办公自动化使各种文档实现电子化，通过电子文件柜的形式实现文档的保管，按权限进行使用和共享。实现办公自动化以后，如果单位来了一位新员工，管理员只要分配给他一个用户名，并给其一个口令，新员工自己上网就可以查看单位积累下来的各种规章制度以及相关技术文件等，减少了很多培训环节。

(5) 实现辅助办公自动化。

辅助办公涉及很多内容，如会议管理、车辆管理、物品管理、图书管理等与日常事务性的办公工作相结合的各种辅助办公，都实现了这些辅助办公的自动化。

(6) 促进业务信息集成。

每一个单位都存在大量的业务系统，如采购、库存、销售、人事、计划等各种业务系统，单位的信息源往往都在这个业务系统里，办公信息系统应该与这些业务系统实现很好的集成，使相关的人员能够有效地获得整体的信息，提高整体的反应速度和决策能力。

(7) 实现分布式办公。

分布式办公就是要支持多分支机构、跨地域的办公模式以及移动办公。目前，随着单位规模越来越大，地域分布越来越广，移动办公和跨地域办公已成为一种迫切的需求。

9.3 销售点处理系统

销售点处理系统(Point of Sales System，POS 系统)最早应用于零售业，以后逐渐扩展至金融、宾馆、餐饮、邮电等行业。本节简单介绍其基本知识和典型应用。

9.3.1 POS 系统的基本概念

1. POS 系统的含义

POS 是英文 Point of Sales 的缩写，通常被译为"销售终端"，它的出现使磁卡作为支付手段成为一种方便、快捷和安全的方式，并为人们所接受。特别是伴随着 IC 智能卡技术的迅速发展及其应用领域的不断扩展，POS 系统已经不再仅仅局限于商业零售、金融支付，而正在餐饮、烟草专卖、公交、旅游、社保、医疗和交通管理等领域被广泛使用。

而 POS 系统通常称为"销售点实时处理系统"，这是从系统处理这一角度考虑的，主要是因为 POS 系统的主要任务是对商品交易提供服务和实时管理。

2. POS 系统的内容

以商业销售所用 POS 系统为例，其具体内容如下所述。

(1) 以不同的销售方式(零售、批发、折让、折扣、调价、减价等)、不同的结算方式(现金、支票、信用卡等)、不同的处理方式(条形码扫描、键盘数据录入、刷卡等)完成商品交易并产生所需要的收据。

(2) 对商品销售信息进行统计和实时管理，如统计交易次数、时段销售金额、时段各类商品的销售量、自动更新库存量、提供可靠的存货信息。

(3) 控制各类商品的库存量并管理商品的订货等。

总之，POS 系统是指以商业环境为中心的进货、销货、存货和内部调配货物的信息管理系统。其中，进货是指商业环境与批发商或制造商之间的商品流通信息管理；存货是指商业环境内部对各级库房所保管商品的信息控制；调配是指商品在商业环境内部进行流转的控制；商品销售是指商业环境对客户的直接服务，并由此而产生销售信息控制。

3. POS 系统的分类

根据不同的分类标准，可以将 POS 系统分成不同的类别。例如，按照应用领域的不同，POS 系统可以分成金融 POS 系统、行政 POS 系统和商业 POS 系统。

(1) 金融 POS 系统主要应用在商场、连锁超市和娱乐场所等场合中，通过公用电话线或分组交换网与银行联机进行业务处理。该系统通常具有自动授权、自动转账、账户查询、密码设置、消费结算、退货管理、支付统计等多项功能。

(2) 行政 POS 系统主要协助政府职能部门，如工商管理、户籍管理、烟草专卖局等部门完成对个体经销商、流动人口、烟草分销商的管理。

(3) 商业 POS 系统主要应用在商场、饭店、电信、餐饮、公交等行业，配合智能卡作为特定场合替代现金交易的销售终端处理系统。

另外，根据通信方式的不同，还可以将 POS 系统分成有线 POS 系统和无线 POS 系统；按照 POS 系统工作方式的不同，又可以将其划分为在线方式和离线方式。

4. POS 系统的功能

企业应用 POS 系统，可以取得十分明显的效果，主要体现在以下几个方面。

(1) 使用自动识别技术，便于管理多种商品，从而使营业额及利润增长。

(2) 节约大量人力、物力，提高有效库存。

(3) 快速提供财务、库存、销售等数据，能使经营决策者做出快速反应。

(4) 通过库存水平合理化，提高商品周转率，并最终提高企业的资本周转率。

(5) 可以对促销方法进行效果分析，把握顾客购买动向，按商品品种进行利益管理。

9.3.2 POS 系统的组成结构

现代 POS 系统将计算机网络技术、电子数据交换技术、条形码技术、电子监控技术、电子收款技术、电子信息处理技术、远程通信、自动仓储配送技术、自动售货和备货技术等一系列科技手段融为一体，从而形成一个综合性的信息管理系统。

以商业零售业 POS 系统为例，它通过自动读取设备(如收银机)，在销售商品时直接读取商品信息(如商品名、单价、销售数量、销售时间、销售店铺、购买顾客等)，实现前台销售业务的自动化，对商品交易进行实时服务和管理，并通过通信网络和计算机系统传送到后台，通过后台管理信息系统的计算、分析与汇总等处理，掌握商品销售的各项信息，为企业管理者分析经营成果、制定经营方针提供依据，以提高经营效率。

1. POS 系统的组成部件

POS 系统的基本组成部件包括硬件和软件两个部分。硬件部分主要包括前台收款机、扫描仪、网络、微型计算机与硬件平台等。前台收款机具有小型显示器、票据打印机、条码扫描仪，可以共享网上商品库存信息，保证对商品库存实时处理，便于日后随时查询销售情况，进行商品销售分析和管理。条码扫描仪可根据商品的特点选用手持式或台式以提高数据录入的速度和可靠性。而软件部分主要包括系统软件和收款机应用管理软件等。

2. POS 系统的结构体系

为了使 ECR 和 POS 系统能够完成经营销售与结算的主要任务，需要将收款机和计算机连成系统，目前常见的 POS 系统的结构体系有以下几种。

1) 独立收款机的 POS 系统

因为收款机本身具有商品交易处理、商品信息存储和管理的功能，所以收款机单机可以独立直接与银行主机系统连接组成 POS 系统。当前一般单机组网采用的多是基于 PC 的三类收款机，利用其较强的功能自成系统。目前，这种小型的 POS 系统，多适用于小杂货店、小餐厅、小超市、面包房、专卖店以及小型的连锁商店等。

2) 收款机与 PC 机组成的 POS 系统

由多台收款机通过通信线路组网与 PC 机相连，如图 9.5 所示。它是由一台 PC 机和多台收款机连接而成的收款机网络。该 PC 机挂在与主机系统相连的局域网上，收款机网络上挂有供各收款机使用的静态外部存储器和软盘存储器。

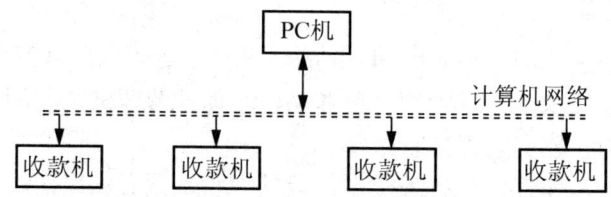

图 9.5 收款机与 PC 机组成的 POS 系统体系结构

电子收款机在这里主要完成商品交易的支付结算、打印收据，收集各种商品销售信息供 PC 机处理使用。PC 机则将电子收款机运行时所需的信息(商品名称、价格)等下载到收款机，存储各种商品销售信息、职工业绩信息等，并对它们进行分别处理和管理，同时还要对电子收款机进行控制和管理。这种系统适用于中型连锁企业及中小型商场。

3) 收款机、网络、计算机组成的 POS 系统

该系统是由一组(多台)电子收款机与一台 PC 机相连，而各台 PC 机又通过网络与主计算机相连，如图 9.6 所示。这里的 PC 机仅仅起着管理作用，即收款机运行时所需要的信息，先由主机系统下载到 PC 机，然后再由 PC 机下载到收款机。收款机则将商品交易的信息传送到 PC 机，PC 机再通过网络传送到主计算机系统，由主机系统去完成各种商品的进、销、存的处理和分析。

这种系统结构，适用于大型百货商场、购物中心和连锁集团企业。在大型商场的每一楼层配置一个收款机网，将收款机网中的 PC 机挂在跨越楼层的局域网上，在局域网上挂有用做系统服务器和专用工作站的高档微型机或小型机，共用它们的存储器来存储整个商场的商品销售信息、库存信息、进货信息及财务信息，并对这些信息进行跟踪、分析和处理。这种 POS 系统的 ECR 通过网络可以实现与银行及金融结算中心管理系统相连，在商品交易中，客户就可以使用信用卡进行购物消费交易结算。

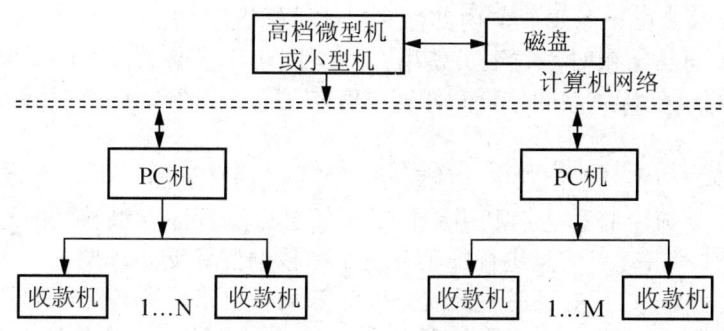

图 9.6 收款机、网络、计算机组成的 POS 系统

3. POS 网络系统的组成

POS 网络系统是指金融机构和商业企业等服务行业为顾客提供服务的系统设备,是由 POS 终端以及其他附属设备,如密码键盘、电子收款机、条形码识读扫描仪、金融信用卡刷卡设备、回单打印机、通信接口以及网线等构成。

通常 POS 网络系统由软件和硬件两个部分组成,包括银行主机业务系统、POS 网络管理系统、网络控制器和 POS 销售终端 ECR 设备,如图 9.7 所示。

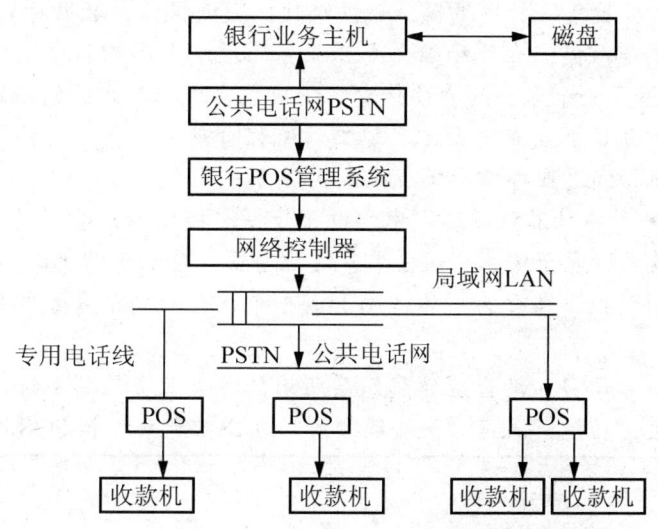

图 9.7 POS 网络系统组成结构图

在 POS 网络系统中,通过 ECR 刷卡、计算机系统处理、网络通信,可以做到高可靠性的信息传递和数据存放,能够在交易日结束时与处理中心核对账目,保证数据处理的正确性。不仅如此,这种系统的数据处理终端还具有丰富的商户功能:支持多种交易类型并向用户提供灵活的监控统计信息;在数据安全性上提供了多层次的保护和自动纠错能力,可以自动地与处理中心核对账目。其性能完全可以适应金融商业服务业的各种要求,属于金融商业专用 POS,可以通过通信线路方便地对每台 POS 进行管理。

9.3.3 POS 系统的运行步骤

典型 POS 系统的运行,包括以下五个步骤。

(1) 在销售商品上贴上条形码、内部标签或电子标签。

(2) 顾客购买商品结账时，收银员使用扫描仪自动读取商品条形码或电子标签上的信息，通过微型计算机确认商品的单价和计算顾客购买总金额等，同时返回收银机，打印出顾客购买清单和付款总金额。

(3) 各个店铺的销售时点信息以在线联结方式，及时传送给总部或物流中心。

(4) 在总部、物流中心和店铺利用销售时点信息来进行库存调整、配送管理和商品订货等作业。通过对销售时点信息进行加工分析来掌握消费者购买动向，找出畅销商品和滞销商品，以此为基础，进行商品品种配置、商品陈列、价格设置等方面的作业。

(5) 在零售商与供应链的上游企业(批发商、生产厂商等)结成协作伙伴关系的情况下，零售商以在线联结的方式把销售时点信息即时传送到上游企业，上游企业可以利用销售现场的最及时准确的销售信息制订经营计划、进行决策。

本 章 小 结

每个组织都有手工或自动化的事务处理系统，它们被用来完成大量规律性的事务处理，过程包括数据搜集、数据编辑、数据修改、数据操作、数据存储和输出文档。

办公信息系统是以提高专项和综合办公业务管理水平和辅助决策效果为目的的综合性人-机信息系统。一个完整的办公信息系统应该实现七个方面的功能，分别是建立内部通信平台、建立信息发布平台、实现工作流程自动化、实现文档管理自动化、实现辅助办公自动化、促进业务信息集成以及实现分布式办公。

POS 系统是一种将计算机网络技术、电子数据交换技术、条形码技术、电子监控技术、电子收款技术、电子信息处理技术、远程通信、自动仓储配送技术、自动售货、备货技术等一系列科技手段融为一体，而形成一个综合性的信息管理系统，目前其应用非常普遍。

总之，通过本章学习，读者应熟悉基层所用的各类业务信息系统，特别要熟悉事务处理系统的含义、功能、流程以及处理方式；办公信息系统和 POS 系统的应用。

关键术语

事务处理系统(TPS)　批处理　联机实时处理　办公信息系统(OIS)　销售点处理系统(POS)

复 习 思 考

一、填空题

1. 事务处理的方式，按照其特点可以分为_____、_____和_____三种。

2. 办公自动化(Office Automation，OA)作为一个术语是由美国通用汽车公司 D.S.哈特于_____年首次提出。

3. 办公信息系统的构成要素涉及人员、业务、机构、制度、设备、环境等多个方面，其中最主要的有四个，分别是_____、_____、_____和_____。

4. POS 是英文_____的缩写，通常被译为"销售终端"。

二、名词解释

1. 事务处理系统
2. 批处理
3. 联机实时处理
4. 办公信息系统
5. 销售点处理系统(POS)

三、简答题

1. 请说明事务处理系统的主要特点及其重要性。
2. 请描述事务处理系统的工作流程。
3. 列出并简要讨论事务处理系统的目标。
4. 事务处理方式有哪些？说出各自含义与优缺点。
5. 简述办公信息系统的构成要素以及主要功能。
6. 典型 POS 系统的运行包括哪些步骤？
7. 企业应用 POS 系统可以取得哪些成效？
8. 请阐述商业 POS 系统的主要功能和模块组成。

实 践 训 练

一、问题讨论

分组讨论事务处理系统怎样用于提高企业的竞争优势？请给出一个相关具体实例。

二、观点分析

本章介绍的"事务处理系统"，也可以称为"业务处理系统"，而与"业务处理系统"相关还有一个术语"业务员处理系统"。

你认为"业务处理系统"与"业务员处理系统"有何联系与区别？请说出你的个人理解。

三、实践调查

(1) POS 系统功能及其操作实践。

利用实验室的 POS 系统进行操作练习，熟悉 POS 系统的主要功能和操作方法(如果学校没有购置相关软件，可自己上网搜索 POS 系统相关的操作说明文档阅读)。

(2) 智能大厦 5A 智能化情况调研。

请同学们首先按照 5 人一组的规模分组；然后在所在城市确定一栋数字写字楼或者智能大厦，了解其智能化/自动化/信息化建设情况。最后，把调查结果写成一个调研报告(可以参考如下的格式和内容，内容有删减)。

附：A 数字大厦 5A 智能化情况调研

我们小组选定了 A 数字大厦进行 5A 智能化情况进行调研，以下为我们的主要调查结果。

1. 通信自动化系统(CAS)

采用美国思科公司的办公楼信息光纤综合布线系统，设有 6 000 个信息终端，并采用多光纤数据传输垂直网络，可实现数据交换千兆到楼层，百兆到桌面。大厦还配有双向电视系统、电视电话会议系统、美国 PBI 公司的卫星天线电视系统、公共广播系统、数字式用户交换机系统、楼内移动电话系统……

2. 楼宇自动化系统(BAS)

采用美国江森自控设备对大厦的空调、冷热源系统、配电系统、给排水系统、照明系统和电梯管理系统均实现了智能化远程实时监测、控制，达到舒适及节约能源的目的。还配有(西班牙)弗曼科斯公司的公寓大门可视对讲系统、北京鼎伦系统集成公司的停车场管理系统……

3. 办公自动化系统(OAS)

大厦配备高科技办公配套设备条件，建立了计算机网络系统、会议中心系统、门厅多媒体查询系统、物业管理计算机系统，实现了办公设施高效率，低能耗……

4. 安保自动化系统(SAS)

采用了现代化的安保设施。在保安方面，除了 24 小时专业保安人员巡更外，采用美国 AD 公司的楼宇监控摄像系统及报警系统对大厦实施 24 小时的监控，保证大厦业主的安全，并配有(美国)奥凯特公司的无线巡更系统、(美国)天特罗拉公司的无线对讲系统，立体设防，达到多重防范的预警效果……

5. 消防自动化系统(FAS)

采用(日本)松下的完善而先进的消防总报警系统，写字楼的 21 层、36 层均为防火避难层，每层均有两个安全出口，大厦的广播系统遍布各公共区域。对大厦的烟感系统、湿感系统、自动喷淋及消防栓系统、自动消防报警系统、防排烟系统、自动喷雾系统和中庭水炮系统实现了智能化实时监控……

 案例分析

案例 9-1 DF 智能大厦 OAS 应用实例

智能大厦俗称"5A 大厦"，这里的"5A"包括楼宇自动化系统(Building Automation System，BAS)、办公自动化系统(Office Automation System，OAS)、通信自动化系统(Communication Automation System，CAS)、消防自动化系统(Fire Automation System，FAS)、安保自动化系统(Security Automation System，SAS)五个方面。下面以 DF 智能大厦为例，介绍其办公自动化系统(OAS)的应用。

1. DF 大厦 OAS 的组成

DF 大厦的 OAS 的组成结构主要包括计算机网络平台(包括主干网和局域网,提供广域网的连接服务)；公用网络设备(如服务器、网桥、交换式 HUB 和端接设备等)；公用办公设施及资源(如激光打印机、复印机、传真机等)；共享软件和数据库系统。

2. DF 大厦 OAS 网络系统软件的选取

DF 大厦采用 Windows NT Server 中文版作为 OAS 网络操作系统。网络工作站采用 Windows XP 作为用户环境，为了实现来自各楼层、各商户的各种网络系统的有效互联，采用 TCP/IP 网络协议。为了更加方便、安全地对数据库进行维护和管理，数据库管理采用客户机/服务器结构。数据库后台选用 SQL Server 服务器，前台选用 PowerBuilder、Sybase、Visual FoxPro 等作为开发平台。

3. DF 大厦 OAS 的应用软件设计

DF 大厦 OAS 的应用软件主要包括两个子系统，各自功能描述如下。

1) 大厦物业管理公司内部信息系统

DF 大厦物业管理公司内部信息系统主要包括以下几个功能模块。

(1) 商户入住管理。商户入住管理模块主要管理商户的基本信息，包括商户单位名称、电话、房间面积、单元编号、商户营业执照号码、经营范围、入伙交费情况、法人姓名、法人身份证号码、单位工作人员状况等信息。

(2) 装修管理。装修管理用于对业主的装修情况进行管理，即对业主提交的装修图纸、装修合同、装修责任人、装修日程及违章装修的罚款金额、违章类别等归档管理。

(3) 水、电、管理费收费管理。水、电、管理费收费管理依据市物业管理收费标准的规定及市供电局、市自来水公司收费规定，建立商户收费标准库。按各商户的具体情况计算水电费、管理费、滞纳金，并产生收费通知单和银行托收文件、月收费报表，及各项收费回收率等管理项目。

(4) 投诉管理。投诉管理将来自大厦各不同商户及物业管理人员的投诉按照电梯、给排水、空调、供电、照明、通信线路、保卫安全等进行分类，通过网络第一时间将其投诉单分发给各主管工程师，主管工程师再将其派发给各执行班组并督促进行处理，投诉内容、处理结果、反馈信息等记入档案，根据投诉档案产生报表，按以上的投诉分类进行投诉率、投诉处理率等统计，产生分析报表、分析图形。

(5) 设备管理。设备管理模块主要包括三部分：第一部分是设备台账管理，按设备的分类即按给排水设备、排烟设备、电机设备、电梯设备、其他设备等进行管理，管理内容包括设备名称、设备编号、设备型号、产地、投入运行时间、安装地点、大修、中修、小修及例检周期、设备的配套情况等。第二部分是设备检修管理，将设备检修的内容记录检修库之中，内容包括设备名称、检修日期、检修类别、检修人员、检修结果、人工费、材料费及检修的详细内容。第三部分是设备检修计划管理，它是以设备台账库和设备检修库为基础的，每月月底根据检修库中设备最后一次检修的日期及设备台账库中的检修周期，计算统计出下月设备检修计划。

(6) 文件和人事档案管理。文件管理是指对国家在物业管理方面的法规文件、大厦物业管理规章制度、上级单位下发的一些文件进行归类存档，在大厦公司内部可进行无纸化办公，方便、快速、准确地进行文件的传递、批阅、存档等。人事档案管理用于对大厦公司内部员工进行统一管理，可随时查看人员的基本情况，可对各类人员进行不同要求的统计。

(7) 工资和财务管理。工资管理模块包括员工出勤情况、基本工资状况、奖惩状况等，可进行员工出勤统计及工资、奖金的计发。财务管理用于对大厦的财务进行统一管理，采用金蝶财务电算化软件。包括财务管理系统、应收应付系统、固定资产管理系统、报表合并管理系统及远程数据传输系统等。

(8) 仓库及物资管理。仓库及物资管理模块内容包括材料名称、放置位置、价格、材料现有存货、材料最低存货、领用人、领用日期、用途等。可随时打印出库单、产生库存台账、统计库存领用报表，随时进行货存极限报警，以协助仓管人员科学地进行管理。

(9) 停车场车位管理。DF 大厦有露天和地下停车场，露天有 90 个车位，供临时停车，地下有 143 个车位，其中有一部分是临时车位、一部分是固定车位。停车场车位管理包括单位名称、车牌号码、车位位置、月租金、责任人等内容，并能统计停车场收费情况。

(10) 消防管理功能。消防管理模块用于管理消防资料，如探头、花洒、消火栓等消防设备。对这些设备名称、代号、安装位置、目前状况等进行登记归档。把火灾事故、发生原因、解决办法等也存入消防档案库中，以便随时可进行查询统计。

2) 大厦公用信息系统

大厦公用信息系统是为入住大厦的各商户们提供的公共信息服务系统。

DF 大厦是通过交换机与外界专用光纤连接，使大厦的内联网与 Internet 相连，提高了大厦商户之间、商户与外界的通信性能，使商户可通过 Internet 获得网页的浏览、E-mail、FTP、电子公告牌等技术服务，其主要功能如下所述。

(1) 信息的发布。通过 Web 服务器与外界发布信息，为商户提供广告信息，使商户获得更多的利润。

(2) 大厦内部信息的交流。向大厦商户发布一些紧急通知，商户之间的信息流动，大厦的通讯录、电话簿、内部文件等。

(3) 电子邮件。大厦内部之间和大厦各商户与外部的电子信息传递。
(4) 社会公共信息。提供给用户一些公共电话、飞机、火车时刻表、邮政编码。
(5) 电子公告牌。提供内部商户之间就相关问题进行讨论的电子公告牌服务。

案例讨论

1. 根据上面的案例，请你谈谈如何理解智能大厦中 OAS 建设的重要性？
2. 请查阅相关资料，了解一下 5A 大厦中其他几个"A"的相关情况及其重要作用。

案例 9-2 商业企业 POS 系统应用实例

1. 商业企业导入 POS 系统的原因

过去零售业常规收款机只能处理收银、开发票、结账等简单的销售作业，得到的管理信息极为有限。而对于一般零售卖场，少则上千多则上万种商品的基本经营情报，如营业毛利分析、单品销售资料、畅滞销商品、商品库存、回转率等却无法获得。导入 POS 系统主要是为了解决上述零售业管理盲点。

POS 系统的基本作业原理如下：首先，把商品资料创建于计算机文件内，透过计算机与收款机构成的联机服务网络，商品上的条码能透过收银设备上光学读取设备直接读入，或由键盘直接输入代号，然后就可以在 POS 的屏幕上显示商品信息(单价、部门、折扣等)，这样就加速了收银速度与正确性。每笔商品销售明细资料(售价、部门、时段、客层)也能够自动记录下来，再由联机服务网络传回计算机。经由计算机数据处理后，就能生成各种销售统计分析数据、表格或图表，依此作为经营管理的重要依据。

POS 系统除能提供精确销售信息外，透过销售记录还能掌握卖场上所有单品库存量供采购部门参考或与 EOS 连接。总之，目前 POS 系统已经成为了现代零售管理的必备工具。

2. 商业企业 POS 系统的功能和效益

现代的商业企业都离不开 POS 系统，其强大的作业功能和管理功能为他们带来了巨大的经济效益。

1) POS 系统的作业功能

POS 系统的作业功能主要有以下几项。

(1) 超级市场在进行收银结算时，POS 收银机会自动记录商品销售的原始资料和其他相关的资料，并根据电脑程序设计要求，有一段时间的保证记录期。

(2) POS 收银机会自动储存、整理所记录的全日的销售资料，可以反映每一个时点、时段和即时的销售信息，作为提供给后台计算机处理的依据。

(3) POS 收银机上的小型打印机可打印出各种收银报表、读账、清账以及时段部门账。

(4) 超市连锁公司总部的中央计算机可利用通信联网系统向每一家超市门店输送下达管理指令、商品价格变动、商品配送等资料。

(5) 中央计算机还可统计分析出每个门店的营业资料，产生总部各部门所需要的管理信息资料，作为总部决策的依据。

(6) POS 系统能迅速而准确地完成前台收银的工作，同时能保存完整的记录。

2) POS 系统的管理功能

POS 系统的管理功能主要体现在以下几点。

(1) POS 系统能准确、迅速地获得商品销售信息，在商品管理上有助于调整进货和商品结构，减少营业损失，抓住营业机会。

(2) 可作为商品价格带管理，作为促进销售和进货最有力的依据。

(3) 可作为消费对象管理，进行有的放矢的商品进货和销售。

(4) 可作为营业时间的管理，以合理地配备营业人员，节省人工费用。

(5) 大大节省营业人员编制报表的时间，有益于现场实际销售作业。

(6) POS 系统可分类别地对商品进行 ABC 分析，也可根据营业资料做超级市场与上周、上月和上年同期增加的比较分析，经营者据此可制订出企业发展的营业计划等。

3) POS 系统的经济效益

就商业企业而言，POS 系统的应用将产生以下的经济效益。

(1) 可为商场、连锁店、超级市场提供大量商品销售信息。根据这些信息分析、了解畅销商品与滞销商品，并分别采取不同的处理措施，使商店的进、销、存管理协调合理，提高经营管理水平，促使企业在激烈的市场竞争中处于有利地位。

(2) 可以提高服务质量和商品销售量。客户用一张信用卡就可以从各商店购买欲购之物，而无需携带现金；每笔交易结账迅速；能及时了解客户需求，并为顾客提供适合的商品。由于使用信用卡购物具有方便性、安全性等优点，今后信用卡购物将被人们大量采用，能够采用 POS 系统进行购物和结账的商店，必将会增加顾客访问量和商品销售量。

(3) 能够实现对企业信息和职工的规范化管理，能够按日期、部门、小组、进价、批发价、零售价、前台码、后台码、商品规格、名称等途径迅速查询商场内经营的各种商品，能够清楚地记录每个职工、包括收银员和营业员的工作业绩。

(4) 运用 POS 系统会大大降低商业企业的库存水平，并提高产品销售的能力，大大提高商品的周转率和毛利率。由于运用 POS 系统可以准确地把握投向市场的商品种类、数量和价格，再加之商品采购和配送系统的配合，商品周转率和毛利率的提高、商品库存量和商品降价量的减少就成为可能。

(5) 运用 POS 系统这一现代科学的管理手段，将为企业提供更迅速、更精确、更有用的信息资料，能为决策提供可靠的依据，这对市场分析和企业决策极为重要。另外商业企业对消费趋势的把握，对新消费需求的创造也都离不开 POS 系统。商业企业可以凭借 POS 系统所把握的未来消费趋势，积极主动地引导工业生产。

3. 商业企业 POS 系统的数据组织

POS 系统数据组织的目的，在于能够有效地完成对商品的单品管理、部门管理、人员管理，以及提供大量有价值的报告。POS 系统的数据组织直接关系到整个商业企业管理信息系统运行质量的好坏，同时也是 POS 系统开发最为基础的环节。由于数据的组织是与管理的需求紧密相关的，因此要求在进行数据组织设计时一定要认真考虑需求。下面就是通过对某连锁超市进行需求分析之后，确定的数据组织形式。

(1) 商品信息库。商品信息库是 POS 系统最重要的数据库，是电子收款机管理销售的基础，而且与 POS 系统前台软件直接相关。它的设计一定要合理，可扩充性要强。它包含商品编码、类码、品名、自编条码、原条码、售价及其他辅助信息。

(2) 商品类码库。商品类码库是生成商品信息库的关键，也是商品进行分类管理所必需和不可缺少的。由于 POS 系统的前台程序支持商品按照类码销售，因此应包含商品分类码和类码描述等。

(3) 操作信息记录库。收款员在进入系统后所做的任何操作都会被记录于操作信息记录数据库中，因为当发现结算收款过程确有问题时，可以通过查阅该库了解操作过程，所以在数据库中需记录收款员的编码及所做的各种操作。

(4) 内存数据记录库。该库的建立使得 POS 系统和 ECR 的安全性得到了保障，并使作业操作能够保持连贯性。该库是在进行每笔交易结束后将信息保存在磁盘上，每次开机需要首先读取该库信息，这样可以确保关机时数据不会丢失。

(5) 人员库。收款员登录及密码的查询都来自该库，它包括了操作人员的所有信息，如人员编码、姓名、口令等。

(6) 销售库。销售库记录了电子收款机所做的每一笔交易，它是进行商品单品销售管理最重要的数据库，所有与收款有关的数据均可以在该库中得到，包含收款日期、时间、收款机号、收银员编码、商品编码、商品类码、商品数量、商品销售价格、商品变更价格、商品销售金额数、付款方式、商品折扣率、商品销售折扣率预置，以及其他与统计相关的标志位等。

(7) 快速键定义库。快速键定义库，包含了快速键码和快速键描述等。

(8) 交易流水号库。存储交易号，每次在做交易时，交易号累加并记录到该库中，每次开机则需要到该库取出新的交易号。

4. 商业企业 POS 系统的操作

下面以利用信用卡持卡消费为例，说明 POS 网络系统的操作流程，步骤如下所述。

(1) 将商品的条形码，通过条码器进行扫描识别，并读入商品的类别、单价等信息。
(2) 在 ECR 收款机上，输入商品数量、消费金额及总价确认等。
(3) 在 POS 终端的附属设备信用卡刷卡机具上进行刷卡。
(4) 由客户通过密码键盘，输入自己的信用卡密码。
(5) 业务员通过 POS 拨号与银行处理中心建立联系，传送数据并等待响应。
(6) POS 在接收到银行处理中心的响应后，进行业务处理，并显示处理结果。
(7) 由 ECR 电子收款机打印凭条。
(8) 由电子收款机回单打印机打印信用卡消费单据。

5. 商业 POS 系统的主要功能

一个完整的商业 POS 系统包括了对所经销商品的购、销、调、存全过程的管理。其具体任务包括用计算机和通信技术对商品的购、销、调、存数据的收集、处理、分析；企业效益、资金流转、财务等数据的计算与分析；收集有关市场信息；实现持卡交易等。

商业 POS 系统包括前台 POS 销售系统及后台 POS 销售系统，如图 9.8 所示。

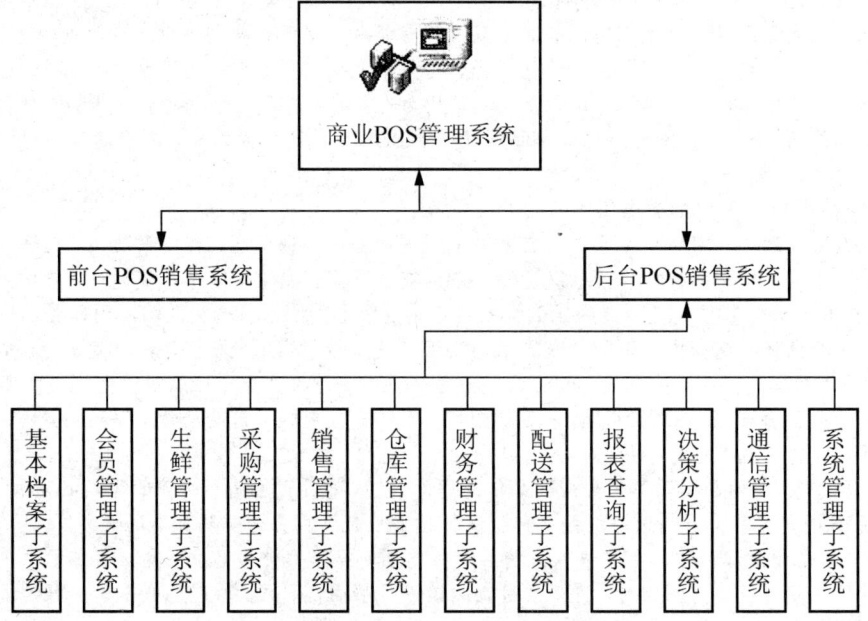

图 9.8　商业 POS 管理系统功能结构图

1) 前台销售系统

前台销售系统的功能主要包括独立/联网运行、停电保持、暂停付款及恢复付款、收款员密码保护、选择删除功能，采用数字商品编码，每台收款机的商品种类不受限制，可使用多种销售方式，多货币兑换率自动处理，可使用条形码、磁卡阅读器等辅助输入设备，自动计算钱柜中各币种的金额，可打印收款员报表及收款员损益报表等。

在实际应用中，前台销售管理系统还要具有以下功能特点。

(1) 支持多种消费方式，如零售、退货、赠送等。
(2) 支持多种优惠方式，如会员特价、团购低价、时段打折、限量购买、折扣折价等。
(3) 支持多种销售方式，如零售、折扣、变价、退物、现金、支票、信用卡、会员卡、VIP 卡、储值卡、积分卡、赠送等。

(4) 支持多种支付方式，如现金、支票、信用卡、外币、会员卡、礼券等。
(5) 支持几乎所有的 POS 机和相关专业外设。
(6) 支持 POS 机断网销售，使 POS 机具备自动监测网络通信状态及自动恢复功能。
(7) 支持正式销售和模拟练习两种模式，提供收银员上岗考核功能。
(8) 提供操作日志全程跟踪，值班信息实时传送等多项管理功能。

2) 后台销售系统

后台销售系统包括进、销、调、存等管理功能，具体可以分为如下的多个子系统。

(1) 基本档案子系统。具有商品基本档案、部门大组档案、商品档案审核、商品有效性检查、供应商档案、供应商期初账款、快讯日历期间设置、供应商档案审核、客户档案、客户账款期初设置、机构基本档案、库存指标设置、币种档案、付款方式档案、收银机档案及收银员档案等多项管理功能。

(2) 会员管理子系统。具有会员档案管理、会员卡管理、会员消费报表及会员补卡报表等多项管理功能。

(3) 生鲜管理子系统。具有生鲜档案建立、生鲜商品调价、生鲜档案自动转秤、生鲜商品组合拆分、生鲜促销组合及生鲜耗材管理等多项管理功能。

(4) 采购管理子系统。具有快讯订单、永续订单、普通订单、自动订单、订单更正单、店内促销单、采购退货单、调进货价单、商品改包装结构单、商品礼篮组合单、订单审核打印及商品转供应商等功能。

(5) 销售管理子系统。具有调零售价单、调会员价单、商品特价信息、前台销售监控、前台收银机监控、收银机销售数据校对及收银机销售数据恢复等多项管理功能。

(6) 仓库管理子系统。具有验收入库单、赠送入库单、验收单审核打印、商品移库单、商品库存转移单、报损单、领用单、数量更正单、金额更正单、库存更正单、盘点、商品条形码打印及商品价格标签打印等多项管理功能。

(7) 财务管理子系统。具有供应商结算、账务处理及总收对账等多项管理功能。

(8) 配送管理子系统。具有商品出入库管理、库存商品管理、门店配送管理及商品盘点管理等多项功能。

(9) 报表查询子系统。具有订单报表、采购入库报表、收银报表、销售报表、商品库存报表、商品出入库报表、财务日报、楼面查询、综合业务查询、综合单据查询及综合进销存查询等多项管理功能。

(10) 决策分析子系统。具有当日销售汇总、销售排行榜(数量、金额)、ABC 分析、毛利日报表(商品、部门、供应商)、毛利月报表(商品、部门、供应商)、进销存报表(商品、部门、供应商)及调价报表等多项管理功能。

(11) 通信管理子系统。具有数据通信设置、数据通信、数据传输后备处理、门店传输监控、通信流水记录及删除通信流水记录等多项管理功能。

(12) 系统管理子系统。具有设置系统、操作员档案、综合数据日结、综合数据月结及数据备份与恢复等多项管理功能。

案例讨论

1. 根据上面的内容叙述，说明商业企业 POS 系统的主要功能是什么？
2. 请说明 POS 网络系统的操作流程。它是否就是在商场看到的收银操作一般简单？
3. 请调查几家不同规模的商业企业，了解其 POS 系统的不同组成结构和使用情况。

第 10 章　职能层管理信息系统

知识架构

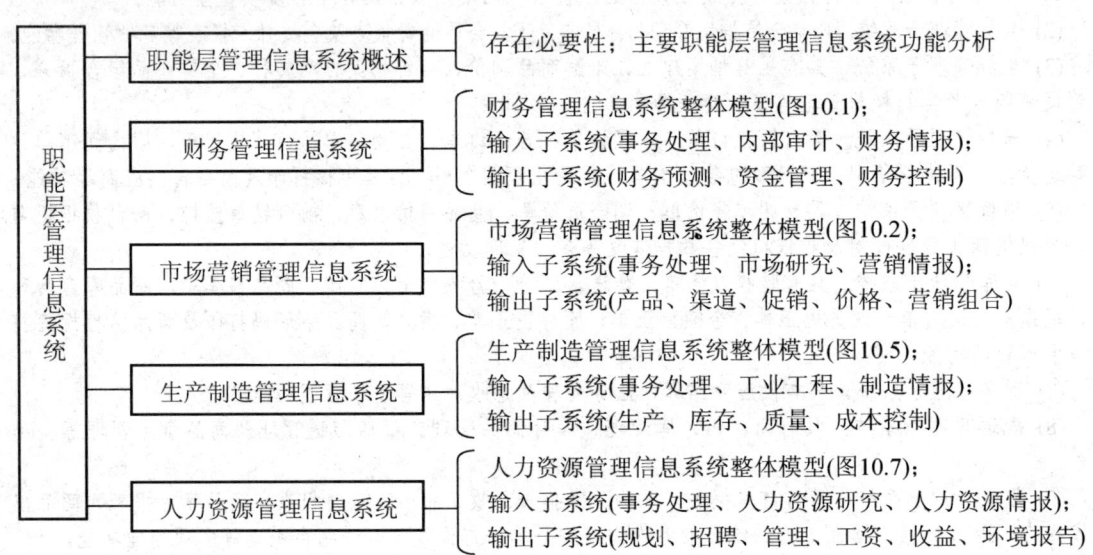

学习目标

通过本章的学习，读者应该能够了解：
- 职能层主要职能信息系统的概述
- 财务管理信息系统的模型及结构
- 市场营销信息系统的模型及结构
- 生产制造信息系统的模型及结构
- 人力资源信息系统的模型及结构

第10章 职能层管理信息系统

导入案例

案例10-0　某豪华饭店员工的"超级记忆"能力

于先生因公务原因，经常出差泰国。第一次入住堪称亚洲饭店之最的泰国东方饭店时，其良好的饭店环境和服务就给他留下了深刻的印象，当他第二次入住时几个细节更使他对饭店的好感迅速升级。

那天早上，在他走出房门准备去餐厅时，楼层服务生恭敬地问道："于先生是要用早餐吗？"于先生很奇怪，反问"你怎么知道我姓于？"服务生说："我们饭店规定，晚上要背熟所有客人的姓名。"这令于先生大吃一惊，因为他频繁往返于世界各地，入住过无数高级酒店，但这种情况还是第一次碰到。

于先生高兴地乘电梯下到餐厅所在的楼层，刚刚走出电梯门，餐厅的服务生就说："于先生，里面请"，于先生更加疑惑，因为服务生并没有看到他的房卡，就问："你知道我姓于？"服务生答："上面的电话刚刚下来，说您已经下楼了。"如此高的效率让于先生再次大吃一惊。

于先生刚走进餐厅，服务小姐微笑着问："于先生还要老位子吗？"于先生的惊讶再次升级，心想"尽管我是第二次在这里吃饭，但上次也有一年多了，难道这里的服务小姐记忆力那么好？"看到于先生惊讶的目光，服务小姐主动解释说："我刚刚查过电脑中的客户档案，您去年6月8日在靠近第二个窗口的位子上用过早餐。"于先生听后兴奋地说："老位子！"小姐接着问："老菜单？一个三明治，一杯咖啡，一个鸡蛋？"现在于先生已经不再惊讶了，"老菜单，就要老菜单！"于先生已经兴奋到了极点。

上餐时，餐厅赠送了于先生一碟小菜，这种小菜于先生是第一次看到，他就问："这是什么？"服务生后退两步说："这是我们特有的某某小菜。"服务生之所以要先后退两步，是因为怕自己说话的口水不小心落在客人食品上，这种细致的服务让于先生觉得非常满意。这一次早餐对他留下了终生难忘的印象。

后来，由于业务调整，于先生有三年的时间没有再到泰国去，在于先生生日的时候，突然收到了一封东方饭店发来的生日贺卡，里面附了一封短信，内容是"亲爱的于先生，您已经有三年没有来过我们这里了，我们全体人员都非常想念您，希望能再次见到您。今天是您的生日，祝您生日愉快。"于先生当时激动地热泪盈眶，发誓如果再去泰国，绝对还要住在东方饭店，而且要说服所有的朋友也像他一样选择。于先生看了一下信封，上面贴着一枚六元的邮票。六块钱就这样买到了一颗心，这就是客户关系管理的魔力。

●**点评**：本例很好地体现了先进的客户关系管理思想。在当前"以客户为中心"的经济时代，企业管理必须要从过去的"产品导向"转变为"客户导向"，只有快速响应并满足客户个性化与瞬息万变的需求，才能在激烈的市场竞争中得以生存和发展。

10.1　职能层管理信息系统概述

组织中的各职能部门都有着自己特殊的信息需求，需要专门设计相应的功能子系统，以支持其管理决策活动，同时各职能部门之间存在着各种信息联系，从而使各个功能子系统构成一个有机结合的整体，管理信息系统正是完成信息处理的各功能子系统的综合。

以生产制造企业为例，按照管理职能划分，它应该包括如下的职能管理信息系统。

1. 财务管理子系统

财务管理子系统包括财务和会计两个方面。其中，财务的职责是在尽可能低的成本下，保证企业的资金运转，包括现金管理、资金筹措、财务分析和财务控制等。会计则是把财

务工作分类，汇制标准财务报表，制定预算及对成本数据的分类与分析，为各种财务管理功能提供决策分析信息。

在财务管理子系统中，运行控制层的作用是生成各种财务报表、例外情况报告、延误处理记录、未处理事项报告等；管理控制层利用财务资源成本、会计数据处理成本及差错率等信息；战略管理层的职责包括制订保证足够资金的长期战略计划、为减少税收冲击的长期税收会计政策以及对成本会计和预算系统的计划等。

2. 市场营销子系统

市场营销子系统包括市场和销售两个方面，其功能主要包括产品的市场分析、市场开拓、促销、推销、销售以及售后服务的全部活动。

在市场营销子系统中，业务处理主要包括销售订单、推销订单的处理；运行控制活动包括雇佣和培训销售人员、编制销售计划和推销工作的各项目，以及按区域、产品、顾客的销售量定期分析；管理控制涉及总的成果与市场计划的比较，它要用到有关客户、竞争者、竞争产品和销售力量等方面的数据；在战略管理方面包括新市场的开拓和新市场的战略，它使用的信息有顾客分析、竞争者分析、顾客调查信息、收入预测和技术预测等。

3. 生产制造子系统

生产制造子系统的功能包括产品的设计与制造、生产设备计划、作业的调度与运行、生产工人的录用与培训、质量的控制与检验等。

在生产制造子系统中，典型的业务处理是生产指令、装配单、成品单、废品单和工时单等的处理；运行控制要求把实际进度和计划比较，找出瓶颈环节；管理控制需要概括性报告，反映进度计划、单位成本、所用工时等项目在整个计划中的绩效变动情况；战略管理包括制造方法及各种自动化方案的选择。

4. 人力资源子系统

人力资源子系统主要处理与组织人力资源相关的各项活动，包括人员的招聘录用、上岗培训、岗位分配、日常考勤、业绩考核、工资确定、奖金发放、档案管理、职称评定、职务晋升、终止聘用、退休离岗等。

在人力资源子系统中，业务处理要产生有关聘用条件、培训说明、人员的基本情况数据、工资变化、工时、福利及终止聘用通知等内容；运行控制层要完成聘用、培训、终止聘用、改变工资和发放福利等；管理控制主要进行实际情况与计划比较，产生各种报告和分析结果，用以说明在岗工人的数量、招工费用、技术专长的构成、应付工资、工资率分配及是否符合政府就业政策等；人事战略计划包括对招工、工资、培训、福利等各种策略方案的评价，这些策略将确保企业能获得完成战略目标所需的人力资源。战略管理还包括对就业制度、教育情况、地区工资率的变化及对聘用和留用人员的分析。

5. 物流管理子系统

物流管理子系统涉及采购和仓库管理两个部门，包括采购、收货、库存控制、发放等管理活动。它们的职责是为生产活动及时提供保质保量的各种原材料、消耗品。

在物流管理子系统中，业务处理数据为购货、申请、购货订单、加工单、收货报告、库存票、提货单等；运行控制要求把物资供应情况与计划进行比较，产生库存水平、采购成本、出库项目和库存营业额等分析报告；管理控制信息包括计划库存与实际库存的比较、外购项目的成本、缺货情况及库存周转率等；战略管理主要涉及新的物资供应战略、对供应商的新政策以及"自制与外购"的比较分析等，以及考虑如何与上游供应商达成"战略合作联盟关系"，保证自己供应链的高效运转。

6. 高层管理子系统

高层管理子系统为高层领导服务，其业务处理活动主要是信息的查询和决策的支持，处理的文件常常是信函和备忘录以及高层领导向各职能部门发送的指示等。

运行控制层主要是会议安排、信函管理和会晤记录文档；管理控制层要求各功能子系统执行计划的当前综合报告情况；最高层的战略管理活动包括组织的经营方针和必要的资源计划等，它要求综合外部和内部的信息，这里的外部信息可能包括竞争者信息、区域经济指数、顾客偏好、提供服务的质量等。

关于高层管理信息系统的相关知识，第 11 章决策层管理信息系统将做详细介绍。

7. 信息处理子系统

信息处理子系统的作用是保证各职能部门获得必要的信息资源和信息处理服务。

在信息处理子系统中，业务处理有工作请求、采集数据、改变数据的请求，软硬件情况的报告以及设计方面的建议；运行控制包括日常任务的调度、差错记录和设备故障信息登记等，对于新项目的开发，还需要程序员的工作进展情况和调试时间的安排；管理控制层对计划情况和实际情况进行比较，如设备费用、程序员的能力、项目开发的实施计划等情况比较；战略管理层则主要关心功能的组织，如采用集中式还是分散式，信息系统的总体规划，硬件、软件和网络的总体结构等。

以上各个职能管理系统之间都是相互联系、彼此合作的。在以上的职能信息系统中，目前典型应用的有财务管理信息系统、市场营销管理信息系统、生产制造管理信息系统、人力资源管理信息系统等。下面将分别介绍这四个职能管理信息系统。

10.2 财务管理信息系统

财务管理信息系统为企业内外关心公司财务状况的人员和组织提供信息。这些信息包括各种定期报表、特殊报表、数学仿真结果、电子信件和专家系统建议等形式。

10.2.1 财务管理信息系统的模型

财务管理信息系统的模型如图 10.1 所示，它由输入子系统和输出子系统组成。

输入子系统中的两个系统(事务处理系统和情报子系统)在其他职能系统中也存在，但第三个系统(内部审计子系统)由企业的内部审计人员组成，他们分析企业的概念系统以确保用正确的方式处理财务数据。

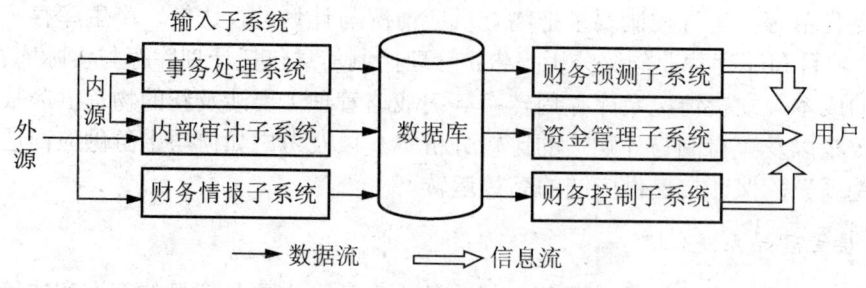

图 10.1 财务管理信息系统模型

　　三个输出子系统影响企业的资金流：财务预测子系统规划企业在某种经济环境中的长期活动；资金管理子系统管理资金流，努力保持资金平衡和盈余；借助控制子系统，经理们可以有效地利用他们能得到的所有资源。像其他职能管理信息系统一样，输出子系统包含各种类型将数据库内容转化为管理中所需要信息的软件。

　　后面我们都将采用类似的模型表示方法，来描述其他职能管理信息系统。对每一种职能信息系统，分别从输入子系统和输出子系统两个方面进行展开介绍。

10.2.2　财务输入子系统

　　从图 10.1 的模型可以看出，输入子系统主要功能是收集各种财务数据，这些数据的来源包括内部系统和外部环境。这种模型的结构在职能性子系统中很具有代表性。

　　1. 事务处理系统

　　事务处理系统记录企业中资金运用情况。一条记录组成一个事务，描述发生了什么事情、何时发生、有谁参与以及涉及金额。可以用各种方法分析这种数据，以满足管理人员的信息需求。几乎所有重要的财务信息都是从每一事务处理系统中收集到的，包括工资单、库存控制、订单处理、应付账款、应收账款和总账。总人工成本、库存投资和一段时间内的总销售额、采购成本、客户欠款总额，以及明细的财务数据等构成了财务报表。

　　2. 内部审计子系统

　　各种规模的企业都依赖外部审计人员审计会计记录，以证实其准确性。大企业拥有自己的内部审计队伍，他们与外部审计人员进行同样的分析，但具有更广的职责。将内部审计作为财务管理信息系统的一个输入子系统的原因，在于它能从财务角度独立地评估和影响公司的运作。

　　3. 财务情报子系统

　　因为财务职能控制企业的资金流，而促进资金流动需要信息。财务情报子系统力图找到最佳资金来源和盈余资金的最佳投资。为了满足这个目标，财务情报子系统收集股东、金融界以及政府的相关数据和信息。影响资金流的大部分信息来自中央政府和省市政府以及地方政府。

10.2.3 财务输出子系统

1. 财务预测子系统

财务预测是商业活动中最古老的数学应用之一。计算机使预测人员能更方便快捷地进行各种演算,企业的经理们经常将预测作为未来规划的基础。

财务预测分为长期预测和短期预测。短期预测通常由职能部门进行,如营销职能部门预测短期销售(1~3年)。所有职能部门都利用销售预测来决定支持预计的活动需要的资源。长期预测通常由财务部门或直接向首席执行官负责的战略规划小组来实施。

2. 资金管理子系统

资金管理子系统的重要功能包括确保组织有足够的现金来满足需要;将各时期过剩的资金通过投资加以利用;在现金流不充足的情况下,通过提高贷款能力以满足组织对现金的需要。公司如果不能有效管理和使用资金,会导致利润减少或面临破产。资金管理子系统的输出与财务管理信息系统的其他子系统结合起来,可以找出严重的现金流量问题,帮助组织增加利润。

资金的内部使用包括增加库存、新建和修改厂房和设备、增加人工、购并其他公司、开发计算机系统、市场拓展和广告、原料、土地、新产品投资、研究开发。资金外部使用一般与投资相关。有时公司会将多余的现金用于外部投资。资金外部使用常常包括银行账户、股票、汇票、支票、期货、期权和外汇等。

3. 财务控制子系统

经理们都有一定的经营目标,如售出或生产一定量或一定产值的产品。对应经理们的经营目标,他们往往有一笔经营预算,即用于实现经营目标的一笔可支配的资金。

经营预算通常覆盖一个财政年度的运营。可以利用预算报表和性能比了解经营状况。

1) 预算报表

负有预算职责的经理每月都会收到一份预算报表,该报表由每个基本支出项目的开销组成,列出该部门相对于预算的实际支出。利用预算报表,管理人员可以及早发现问题。经理的目标是满足今年的总预算,而预算报表使得经理密切注意预算完成情况,及时应对较大的预算偏差。某公司2005年10月的预算报表见表10-1。

表10-1 某公司2005年10月预算报表

项目	本月情况			本年累计		
	预算	实际	盈亏	预算	实际	盈亏
工资	23 500	2 000	−1 500	59 000	54 250	−4 750
差旅费	8 250	9 000	+750	23 500	28 100	+4 600
招待	1 400	1 635	+235	4 200	5 100	+900
电话	200	85	−115	600	225	+375
租金	535	535	0	1 605	1 605	0
家具	0	0	0	420	505	+85
办公用品	625	410	+215	1 875	1 320	−555
杂项	400	620	+220	1 200	1 965	+765
总计	34 910	34 285	−625	92 400	93 070	+670

2) 性能比

除预算报表外，财务控制子系统还可能产生很多性能比。性能比是指两个或多个起度量作用的组织活动的指标之间的关系。

最常见的性能比是流动比率，它用于度量企业或组织部门能在多大程度上用其易于转换为现金的资产抵偿其短期债务。其计算公式为

$$流动比率 = \frac{流动资产}{当前负债}$$

期望的流动比率应该大于等于 1，因为这意味着不必出售固定资产就能偿还债务。

另一个常见的比率是库存周转率，它借助库存投资度量公司的销售额。该比率是衡量公司达到高销售额而不占用较大库存能力的指标。其计算公式为

$$库存周转率 = \frac{售货总费用}{平均库存值}$$

例如，假设一家公司维持价值 200 万元的库存，而一年中售出的库存价值 1 000 万元。因此，可以认为库存周转或售出了五次。一般地，库存周转率越高越好。

性能比是高度精炼的会计数据，并且提供了利用数据了解经营状况的简便方式。企业经理及金融分析家、潜在投资者和股东经常利用这些比率监控公司的经营情况。

计算机能在财务控制领域发挥极大作用。如果存在准确地反映最新情况的财务数据库，那么生成预算报表以及计算性能比就十分容易。

10.3 市场营销管理信息系统

市场营销的主要内容包括广告、促销、产品管理、定价、销售预测、销售自动化和销售业务管理等。市场营销信息系统是企业的一个重要子系统，专门提供市场营销信息方面的问题。

10.3.1 市场营销管理信息系统的模型

图 10.2 是市场营销管理信息系统的模型结构图，其中：输入子系统收集来自单位内部和外部环境的市场数据，并存入营销应用数据库。输出子系统是按客户的要求输出相关信息。

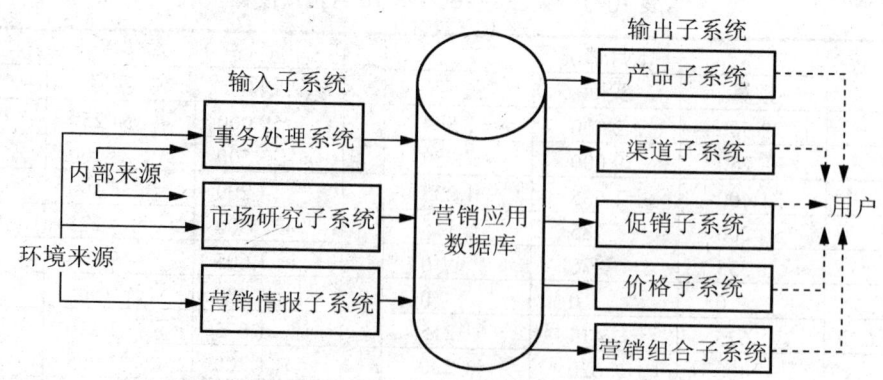

图 10.2 市场营销管理信息系统模型

10.3.2 市场营销输入子系统

1. 事务处理系统

事务处理系统为市场营销子系统提供了大量数据。这方面的情况在第 9 章已经讨论过。在此，输入子系统的是销售行为的细节记录、周期性的报告、专门性的报告和各种数学图表和模型。

2. 市场研究子系统

市场研究子系统收集有关市场运作方面的数据，尤其是关于客户和潜在客户的数据。数据分两类，即原始数据和二手数据。原始数据是企业搜集的数据，如企业销售人员采集的数据；其他人搜集的数据称为二手数据。数据的收集主要通过市场调查、深入访谈、观察和实验等方式进行。通过收集大量的客户数据可以有效地保有市场占有率，开拓新市场。

3. 营销情况子系统

营销情报子系统重点收集企业竞争对手的信息。数据的收集很难有规范性的方法，系统的运作也有很多的灵活性。例如，了解竞争对手的商店情况；进入竞争对手的办公室和工厂等。营销情报子系统是符合社会道德标准的，它不同于行业间谍窃取情报。营销不负责建立向外流向竞争者的数据流，但必须建立向内的数据流。

10.3.3 市场营销输出子系统

市场营销输出子系统的内容很多，主要包括以下部分。

1. 产品子系统

产品是市场的第一成分，没有产品也就没有市场可言。同样，产品子系统是营销组合中最先被详细说明的要素，它确定后才能定义其他要素(渠道、促销、价格)。

1) 产品生命周期

产品生命周期是从产品进入市场到退出市场的全过程。产品生命周期指导营销管理者正确制定营销组合的战略和策略，然后把它们集成到整个营销计划中。产品生命周期的四个阶段是引入、成长、成熟和衰退。

图 10.3 表示这几个阶段，以及产品子系统利用现代技术帮助营销管理者进行面向产品的决策的各个时期。第一个阶段要在产品引入之前，这时要决定是否开发和营销该产品；第二个时期必须考虑使销售量增加的各种战略；最后一个时期处于产品衰退期，这时取消产品成为可行方案。

2) 新产品评价模型

开发新产品的决策必须经过深思熟虑，要有稳妥的财务基础，并且由经理层做出决策。那些投放了许多新产品的企业有一个规范的程序，来考虑潜在利润和资源效率等因素。企业可以成立一个新产品委员会，起到筛选的作用，用新产品评价模型来给候选新产品打分。公司经理按照分数做出新产品决策。

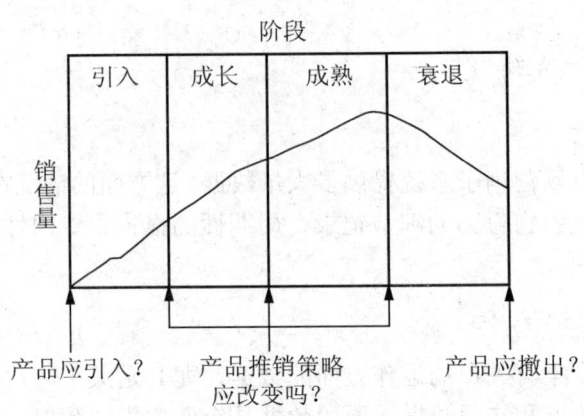

图 10.3　产品生命周期和相关决策

2．渠道子系统

企业用来把产品传递给消费者的分销渠道有的很短，如美国的 DELL 公司销售计算机采用直销方式；有的分销渠道很长，如农产品要经过包括批发商、代理商和分销商的各种中介网络才能到达超市。

图 10.4 说明销售渠道中除了有产品或原材料外，资金也在渠道中流动，这样的渠道包括供应商、制造商、批发商、零售商和最终消费者。物流从供应商开始，到消费者终止；资金流恰好相反；信息通道提供了连接所有参与者的双向信息流。

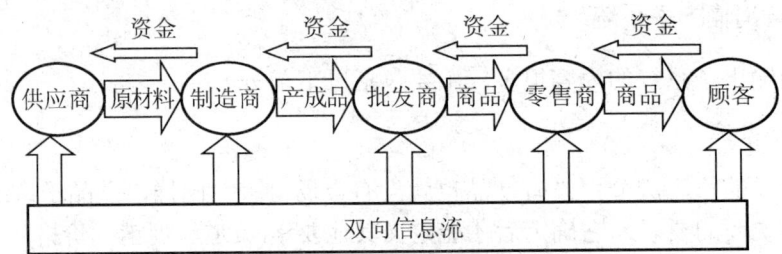

图 10.4　销售渠道中的物流、资金流与信息流

所有渠道成员都必须知道产品流的详细情况，因为这关系到他们在分销过程中的角色定位。例如，制造商必须了解批发商购买产品的速度，以及零售商从批发商处购买的速度和消费者从零售商处购买的速度。如果一种产品只是摆放在零售的货架上积累灰尘，那么制造商显然不应该继续生产。

3．促销子系统

销售人员在销售的来往奔波中，随身携带笔记本电脑，完成以下操作。

（1）查询数据库，回答顾客对有兴趣购买的产品所提出的问题，如是否有货、价格、运输成本等。

（2）将销售订单数据输入订单录入系统。

（3）提交电话报告，总结每个销售电话，详细描述联系人是谁、讨论了什么问题、下一个销售目标是什么等。每个电话报告应以一种简单的内容形式来设计，以便能有一些地方用来记录竞争情报。

营销管理部门采用电子通信系统，让销售人员看到他们的销售将怎样提高是非常重要的。例如，系统能提供给销售人员：潜在顾客的信息；现有顾客的信息，如购买习惯；在考虑不断变化的佣金比率、奖金和销售竞赛等因素下，销售获利性最高的产品信息。

这些信息能使销售人员把工作做得更好。每个人都可以获得好处——销售人员提高了他们的佣金，公司增加了销售额，顾客获得了更好的服务。

4. 价格子系统

企业可以根据不同的定价政策进行定价，常见的有以下两种。

1) 基于成本的定价

基于成本的定价是先确定成本是多少，再加上一个期望的毛利就是产品的价格。企业如果有好的事务处理系统，可以获得精确的成本数据，定价子系统就很容易支持基于成本的定价。

2) 基于需求的定价

基于需求的定价是根据客户对产品的购买需求来决定价格。这种方法的关键是要准确估计需求大小。这要求对消费者和市场，包括竞争状况及经济状况都要有很好的了解。如果企业采取以需求为导向的定价方法，那么可以用计算机建立数学模型来提供支持。有了数学模型，管理者就可以像玩"如果……那么"游戏一样，确定一个价格水平，在不激化竞争的条件下使利润最大化。

5. 营销组合子系统

营销组合是指产品、渠道、促销和价格。这个模型利用组合一体化来完成输出子系统。组合一体化模型是用来给输出子系统分类的。产品子系统是向企业经理提供所有的有关产品的信息；渠道子系统描述了产品是如何分销给客户的；促销子系统目前能做的就是关心客户的购买行为和如何做广告；商品价格的有关信息就是由价格子系统来实现的。管理者可以利用这些信息和市场营销组合集成子系统制定企业营销战略。

10.4 生产制造管理信息系统

一旦管理者确定了需求，而且决定要去实施，后面的任务就是生产制造管理信息系统的内容了。这里说的生产是广义的生产，对生产产品的企业来说就是制造，对于服务业来说就是服务运营。麦当劳把大生产的管理技术用到餐饮服务，取得了巨大的成功。这说明了生产和服务的相似性。由于生产管理中最困难、最复杂的还在于制造业，所以现在就针对制造业来讲述，其他任何行业均会从中受益。

生产制造管理信息系统可以分为两大类：一类是通过技术实现产品生产的系统；一类是通过管理实现生产的系统。本节主要介绍与后者相关的内容。

10.4.1 生产制造管理信息系统的模型

生产制造管理信息系统的模型如图10.5所示。制造业管理信息系统专门提供信息帮助解决企业制造方面出现的管理问题。模型中未包括计算机辅助制造和计算机辅助设计。

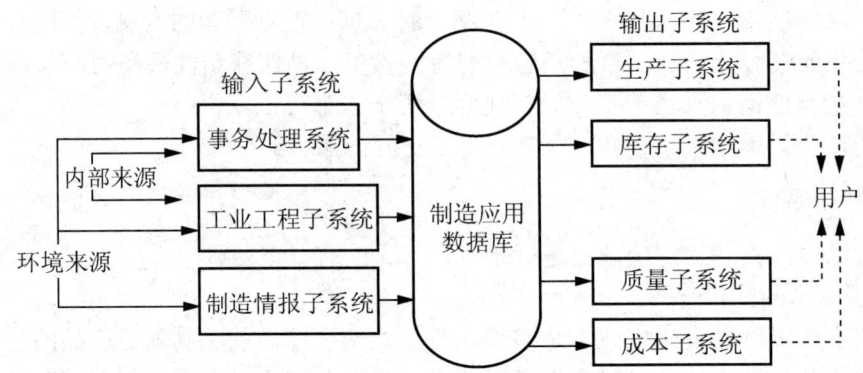

图 10.5 生产制造管理信息系统的模型

10.4.2 生产制造输入子系统

制造业管理信息系统的输入子系统与我们讨论的财务输入子系统从思路上是一样的。对于制造管理信息系统来说,理论上它收集数据的终端应该遍布全厂,这样才能忠实地记录下所有与制造有关的行为和这些行为所产生的信息。这方面包括制造者的信息、设备资源的信息、原材料的信息、在制品和产成品的信息。终端可以接在现场,随时接收物理制造系统的情况。

描述制造操作的内部数据是通过工业工程子系统来实现的。工业工程子系统以研究生产过程为出发点,其目的是为了提高效率。工业工程子系统花费大量时间在设计物理的生产系统上,要决定工厂和车间设在什么地方、如何设置生产线,以及在生产过程中按什么顺序进行生产。工业工程子系统也有概念上的信息系统,这方面的主要工作是计划表的制定和库存控制,数据和信息是由工业工程子系统提供的。

制造情报子系统提供两个方面的信息,即劳动信息(生产工人的数据)和供应商(供货者)信息。供应商可以通过各种各样的审查方式进行选择,一旦选取了某个供应商,那么采购员必须时刻关注该供应商的实际能力。描述每个供应商实际表现的数据都存储在数据库中。制造情报子系统能使制造管理与劳动资源、物料资源、设备资源保持同步。

10.4.3 生产制造输出子系统

从图 10.5 可以清楚地看到,制造系统的输出子系统由生产过程的四部分组成,即生产子系统、库存子系统、质量子系统和成本控制子系统。

1. 生产子系统

生产子系统提供给管理人员生产计划信息和生产制造的当前状况。管理者可以通过查询数据库获取信息,以便确定某项特定工作的当前状况。根据生产过程的时间参数跟踪生产的物流,一道工序接着一道工序地处理信息。

2. 库存子系统

库存子系统监控由库存所表示的生产量,库存从原材料转移到生产过程中,最终转移到产成品。库存子系统要确定最佳订货量,采用经济订货量模型使维护成本和采购成本平衡，确定最低的组合成本。经济制造量模型平衡存货维护成本和生产效率成本，用于向企业自己的制造职能部门下达存货补充订单。

通过使用包含诸如经济订货量和经济制造量这些概念的科学存货管理方法，存货子系统可以降低企业的存货成本，使企业获得巨大的竞争优势。

3. 质量子系统

质量子系统监测着从原材料到产成品的质量。质量的监控是一个过程，从原材料的购进到整个生产过程，以及最后完成的产品离厂都在质量控制的监督之下。质量不是要满足企业自己制定的标准，而是要满足客户制定的标准。

4. 成本控制子系统

成本控制子系统监控生产过程发生的所有成本。成本子系统包括准备周期报表和特殊报表的程序。周期报表可能被打印并分发到各部门，也可能以某一种预定义的格式存储在数据库中，以备后用。

10.5 人力资源管理信息系统

人力资源是组织中一种重要的资源，人力资源流在组织内部无处不在。因此，人力资源的管理在组织中就具有举足轻重的地位。

过去的人事部门主要职责仅仅包括维护人事档案、考核人员的晋升、调整工资。而现在的人力资源部的任务远比这个宽广。除了上述职能外，还包括招聘、选择和雇用，岗位设置，业绩评价，雇员酬劳分析，员工培训与发展，员工健康、保安和保密。实际上它贯穿人员雇用的整个生命周期，可以用图10.6来表示。

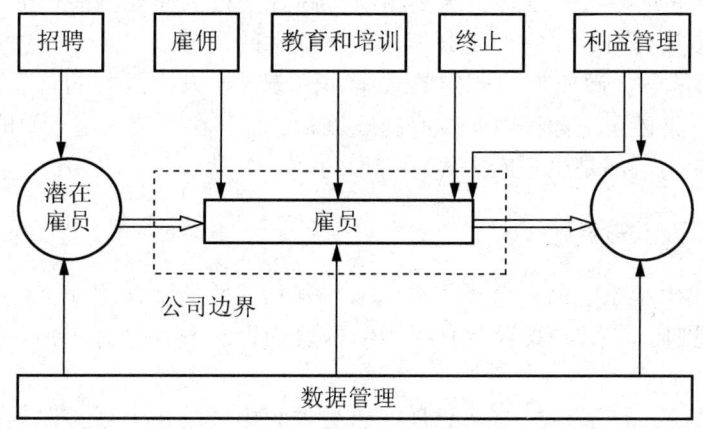

图 10.6 人力资源管理的功能流程

10.5.1 人力资源管理信息系统的模型

人力资源管理信息系统管理和提供组织中所有有关人力资源的信息。人力资源管理信息系统的模型如图10.7所示。

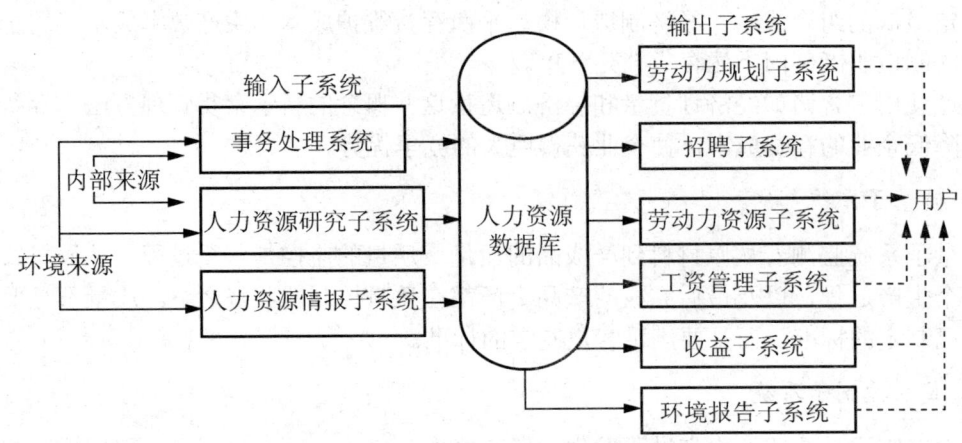

图 10.7　人力资源管理信息系统模型

10.5.2　人力资源输入子系统

输入子系统与其他信息系统一样，离不开事务处理系统；另外两个子系统是人力资源研究子系统和人力资源情报子系统。事务处理系统提供基础的与人力资源有关的财务数据，如雇员的工资收入、奖金等。这类数据与其他数据相结合可以对人力资源进行分析。

人力资源管理是一项专门的学问，需要大量的信息和某些专门的知识和技能。人力资源管理可以说是受环境影响最大的管理领域之一，人力资源情报子系统就是负责收集和管理相关的信息和数据的。具体需要掌握的环境方面的信息包括以下几个方面。

(1) 财经方面的信息。这类信息提供的是经济方面的预测，这些经济因素对于人力资源管理和使用会有长期深远的影响。

(2) 劳工组织和竞争者的信息。这方面的信息会对人力资源产生重要的影响。

(3) 人力资源中介组织的信息。这类组织有高等院校、职业介绍中介机构、专业招聘网站、专业人才猎头公司等，它们是公司与人才联系的通道。

(4) 政府部门信息。政府部门制定的政策和法律对于人力资源的管理和政策有时具有决定性的影响。企业必须符合和遵守政府的政策和法规。在我国，这方面的影响更为关键，因为我国国有企业的干部是由政府来统一管理的。

10.5.3　人力资源输出子系统

人力资源的输出子系统由六个子系统组成。其功能和情况说明如下。

(1) 劳动力规划子系统。其功能有组织结构计划、工资预测、工作分析、工作评价以及劳动力模型。

(2) 招聘子系统。该子系统的功能是把递交求职申请的申请者按时间先后排序，然后进行招聘；另外根据企业内部的人员工作情况及时调整其工作岗位。

(3) 劳动力管理子系统。其功能为培训职工、每年对职工进行评价、对某些关键岗位的人员进行调整等。

(4) 工资管理子系统。其功能是管理职工的所有报酬，包括工资、奖金、各种补助和经理的红包等。

(5) 收益子系统。收益子系统对于现有职工和退休职工的利益给予支持。这些利益的支持包括股票买卖的计划、确定退休养老保险金的水平，以及确定职工的贡献。收益子系统还可以根据不同的收益确定随机的收益组合计划，使收益最佳。这项工作比较复杂，且与企业的状况、企业中管理劳动力人员的素质有很大关系。

(6) 环境报告子系统。该子系统可以管理和提供所有涉及人力资源的政府文件、政策和法律；同时该子系统还应保存所有有关职工的记录。

总的来说，相对于其他信息系统，人力资源管理信息系统应用水平还是较低的，国外统计只有47%的公司应用，主要原因是这个部门的工作内容非结构性较强。

本 章 小 结

职能管理信息系统与企业的功能领域是一致的。典型的职能管理信息系统有财务管理信息系统、市场营销管理信息系统、生产制造管理信息系统和人力资源管理信息系统。

职能管理信息系统模型中，有三个标准的输入子系统，其中，事务处理子系统向所有的职能管理信息系统提供基础数据；与职能管理信息系统的功能有关的主要是业务研究子系统；情报子系统用来收集环境中的各种数据。在职能管理信息系统中，各个输出子系统一般是针对功能子系统的特殊要求而设计的，不同的职能系统会有不同的输出子系统。

总之，通过本章的学习，读者应对主要职能管理信息系统的基本知识有所了解。

关键术语

财务管理信息系统　　市场营销管理信息系统　　生产制造管理信息系统
人力资源管理信息系统

复 习 思 考

1. 为什么每个职能管理信息系统的输入子系统中都有事务处理系统？
2. 财务管理信息系统中的输出子系统都有哪些？各起什么作用？
3. 市场营销管理信息系统的输出子系统都有哪些？各起什么作用？
4. 生产制造管理信息系统中的输出子系统都有哪些？各起什么作用？
5. 请说明人力资源管理的主要工作内容，并指出哪些工作可以使用计算机来管理？

实 践 训 练

一、案例搜集

请通过一定渠道,搜集一些企业财务管理信息系统、人力资源管理信息系统、生产制造管理信息系统或者财务管理信息系统建设与运用方面的案例,总结其成功经验或失败教训。

二、操作练习

根据学校管理信息系统软件的购置安装情况,自己上机练习操作方法。如果学校没有类似软件,可以从网上下载一个免费的职能管理信息系统,练习其安装和操作。

三、观点分析

"按照企业业务管理的需要,每个职能管理信息系统均不是独立的。"请问你如何理解这句话?请举例说明财务管理信息系统和其他哪些系统有着密切的联系。

 案例分析

案例 10-1 九芝堂的营销管理信息系统

湖南九芝堂股份有限公司是国家重点中药企业,深交所上市公司。创建于 1650 年,是中国著名老字号。多年来,公司的经济效益取得了显著的增长,跻身于全国中药行业十强之列。

1. 系统情况

九芝堂营销管理信息系统囊括了业务管理、仓库管理、账务管理、客户管理、领导查询、费用管理、计划管理、系统管理八大子系统,基本涵盖了营销业务领域的方方面面。实现了以事务为基础,以客户为中心,确保账账相符、账实一致的营销管理指导思想。

业务管理:以对发货单、发票、结算单、往来凭证的流水线式管理为基础,以客户、产品、仓库、业务员、销售机构、销售区域六大要素的组合报表为延伸,以应收账款管理为核心,是三者的有机构成。

仓库管理:基本事务是各仓库的单据管理,同时通过发货、收料与业务方面紧密相连,通过入库、领料、残损与账务连成一体。

账务管理:业务和仓库管理流程的审结者,它调入业务和仓库基本数据来产生产成品账、销售账和销售利润账,还要通过与业务方面的对账来发现和规范业务管理。

客户管理:在建立全面标准化的客户档案的基础上,保证了客户作为最重要业务资源的有效性、可管理性和可指导、制约业务的特性。

领导查询:可以调取领导最为关心的营销信息对比和排比表,实时清晰地了解业务进展情况。

费用管理:按照品牌、业务员和科目将各项费用细分,同时也与业务的实际发生情况进行了挂钩。

计划管理:从计划和综合报表(台账等)两个角度,在综合采集业务数据的基础上自动生成。

系统管理:有两大特色,其一,按岗定职责;其二,可以从数据安全的角度将整套营销系统透明一致地开放给业务员、分(子)公司经理等具有不同数据访问权限的人员使用。

2. 系统业务、技术特色

特点之一在于它充分体现了 8/2 定律,通过周密细致的客户分析可以使业务会计将注意力集中在 20%能带来 80%效益的客户上,从而对业务进行指导、监督和审核。

特点之二在于通过实时的库存管理,可以有效地对库存进行控制,从而减少库存损失,减少不合理的库存占用资金,盘活和提高资金的周转率。

特点之三在于进、销、存、财的一体化,数据的透明性和一致性将确保各部门对账的顺畅,减少错误和摩擦,提高工作效率。

特点之四在于通过数据的安全性控制可以将过于集中的营销管理职能适当分离出去,从而减少内勤部工作压力,提高内勤部的综合战斗力。

特点之五在于通过各类报表(尤其是综合报表和到天的账龄分析表),可以有效发挥营销中心的指导和监督、审核职能,将一些更严格的管理规则应用到业务实践中去,通过管理产生效益。例如,通过应收账龄和结算账龄分析来控制对客户发货和开票工作等。

纵观国内医药行业,公司的营销模式是先进而成功的,所以基于这套营销模式的营销管理系统也承继了此特性:严格的客户管理机制,严密的安全体系结构,方便快捷的操作方式,丰富实用的统计报表,进、销、存、财一体化的流程控制。

3. 应用情况实例

(1) 工作效率对比:系统在发货单、发票、结算单等单据登账时速度比原系统提高30多倍(原系统单据登账时,每笔单据登账时间是1分钟,而新系统是1秒多),系统在查询、数据分析时的速度远比原系统高,配合多达400多个实用报表的使用,因此营销中心在每月结算时所用的时间比原来减少了一倍多(数据量比原先多1/3情况下)。

(2) 安全、稳定对比分析:系统由于在系统设计、数据库方面的先天优势,绝对不会在进行单据处理、登账时丢失数据,而原系统则不能保证数据的稳定性,经常发生莫名奇妙丢失数据的情况。从一年多的应用情况来看,新系统没有发生一例此情况(从理论上来说,也不可能)。同时,系统安全特性(按岗定职责、数据权限可分配性)使整个系统在安全方面有了很大的提高。

(3) 数据对账分析:业务系统中增加了关账功能,账务系统中增加了客户对账、产品对账功能,它能使业务、财务、仓库迅速、准确对账,将财务部对账的时间减少一半。

(4) 业务监督、审核对比分析:系统中有客户管理和对客户的应收账款、结算的分析处理功能,在系统中能通过对客户、业务员应收账款指标的设定,使业务管理部门大大提高对业务员、客户的业务监督、审核的职能,如营销部门在使用此系统后,使原先3 671个客户集中到865个客户进行管理,充分体现了经营的"28"原则,减少了因此方面所带来的呆账、烂账等问题。

(5) 实时的仓库管理:在仓库管理中,系统采用了电话拨号的方式,当仓库每进出一批货物时,都及时通过电话拨号与总部进行通信,交流数据、处理业务,使仓库库存能及时、真实地反映,使营销管理人员能有效对库存进行控制。

资料来源:中国教学案例网 http://www.cctc.net.cn/zyzx/ShowInfo.asp?InfoID=783

案例讨论

1. 九芝堂的营销管理信息系统能够发挥作用的前提条件是什么?
2. 营销管理信息系统与普通的管理信息系统有何区别?

案例10-2 资生堂人力资源管理信息系统解析

1. 企业概况

日本株式会社资生堂(简称资生堂)是世界著名的化妆品公司,资生堂丽源化妆品有限公司是由日本资生堂和北京丽源化妆品公司于1992成立的合资公司。它在中国大陆拥有近2 000名员工,分布于58个城市和地区。其总部设在北京,下有经营管理本部、工厂本部和市场营销本部。市场营销本部下面分为北方区销售和南方区销售,在全国58个城市有销售机构,这些销售机构由在重点城市设立的19个办事处分别管理。

2. 问题分析

资生堂主要是化妆品生产和销售型企业，其性质也决定了它分支机构众多、分布广泛，各分支机构主要从事销售工作，人员变化很大，为公司的人力资源管理带来很多困难。以前没有使用电子化的管理手段，资生堂对全国各地销售机构的各项管理，如人事资料、评估、考勤等都是通过书面或邮件传递的。这样做根本不能保证数据的准确性、即时性、唯一性。有时因为数据的延误还会影响总部每月的薪资计算。总部没有实时而完整的人力资源信息，也就无法对其企业内部的人力资源状况进行必要的统计和分析。

3. 产品选型

为了解决上述问题，公司决定进行人力资源管理的信息化建设。合资的中日双方对系统的选型工作都十分重视和谨慎，因此为这个项目花了很长时间做前期的市场调查。他们表示选择一套HR系统不仅要考虑它的功能性、稳定性、安全性、扩展性等各方面的因素，也需要考虑供应商实施e-HR系统的经验、自身技术力量以及售后服务体系等综合因素。企业领导层对实施HRMS系统的重视，为该项目的顺利实施提供了充分的保障。资生堂最终选用万古科技的eHR Soft2000是一套比较成熟的e-HR管理系统。万古科技也结合资生堂的管理特色和现有的网络条件，提出了"为人力资源部的管理人员提供专业的HR管理工具，为直线经理提供便捷的流程管理平台"的解决方案。这一解决方案得到了资生堂的认可。

4. 方案设计

公司现有的网络条件是仅在北京总部有公司局域网，外地办事处均通过拨号接入公司总部局域网内。

在上述企业性质和网络条件的背景下，为了实现企业的集中化人力资源管理，资生堂所采用的HRMS系统必须从网络环境、运行效率、安全性、易维护性等几个方面加以考虑。为此，采用了如下方案：

(1) 在北京总部建立完全集中化的数据库，存放公司全体员工的人力资源数据。

(2) 在北京总部安装了万古科技有限公司研制的eHR Soft2000人力资源管理系统软件。

(3) 各分支机构拨号上网，通过浏览器直接进入eHR Soft2000系统(无需安装任何客户端程序)。

(4) 保证参与e-HR管理工作的管理人员有独立的计算机，或用于资料输入的公用计算机。

5. 系统目标

总部人力资源部的管理人员进行各个功能模块的管理操作，包括人事管理工作的各个方面，如人事、休假、福利、薪资、绩效评估(员工评价)、考勤及辅助功能模块。

各办事处负责人和部门部长进行日常的管理流程及最新资料的更新，如管理所辖部门或地区的人员进出、人事资料、考勤、评估等，同时在系统中通过不同的权限设置实现二级审批流程。

6. 管理流程

通过eHR Soft2000系统，资生堂对其在中国大陆境内所有相关机构的人力资源进行了集中化管理，包括人事、考勤、休假、薪资福利、评估及培训等管理，全部可以通过浏览器的方式进行操作。

在资生堂，部门需每月给每一位员工做出客观、公正的评价，它是员工半年评价、年终评价、升级升职、合同签订与否的重要基础资料。下面仅以员工业绩评价为例，说明其信息管理的流程，总体如下：

(1) 录入人：部门经理、办事处负责人或指定输入员。

(2) 录入时间：每月规定的时间进行。

(3) 一级审批人：经营管理本部及工厂本部各部门经理、市场营销本部北方地区/南方地区负责人。

(4) 一级审批时间：每月规定的时间进行。

(5) 二级审批人：经营管理本部部长、工厂本部部长、市场营销本部部长。

(6) 二级审批时间：每月规定的时间进行。

北京本部有局域网，因此使用者可以随时进入e-HR系统进行相关的操作，外地办事处采用拨号的方式进入公司e-HR的系统。每个操作人员和审批人员的所有工作都是在浏览器端直接进行的，根据权限设定区分和控制每个人员的操作权限和操作对象范围。通过网络，加密数据可直接提交到后台数据库。人事部人员可以随时获取最新的各种人事信息。按照上述的权限区分和时间段划分的方式解决了不能随时在线沟通的问题，利用有限的资源达到比较理想的效果。

7. 使用效果

eHR Soft2000系统的使用不仅实现了企业人力资源信息统一的流程化管理，使企业通过eHR Soft2000

系统拥有了一个及时、准确、完整的企业人力资源数据库和网上管理流程，也极大提高了人力资源部和各直线经理的工作效率。例如，各分支机构聘用新员工后，在录入个人信息后，其相应的福利政策、薪资等级和休假政策就会全部自动生成。薪资子系统为资生堂58个分支机构设定了58套不同的薪资福利政策。其人事信息、绩效考核的结果、考勤的记录等资料都自动与薪资系统相连。

系统高度集成的后台处理，使以前近半个月的工作在一天内就可完成。

e HR Soft2000自身强大的报表功能以及与财务系统的高度兼容，也为人力资源管理融入企业整体管理之中提供了理想的解决方案，为企业实现战略性人力资源管理奠定了良好的基础，大大地保证了总部与各分部之间数据传输的即时性、准确性，使资生堂在中国的员工管理提高到了一个新的水平。

案例讨论

1. 本例中资生堂的人力资源管理信息系统具有什么功能？
2. 如何看待本例中资生堂人力资源管理的e-HR模式？
3. 本例对国内企业人力资源管理的信息化有哪些启发？

第 11 章 决策层管理信息系统

知识架构

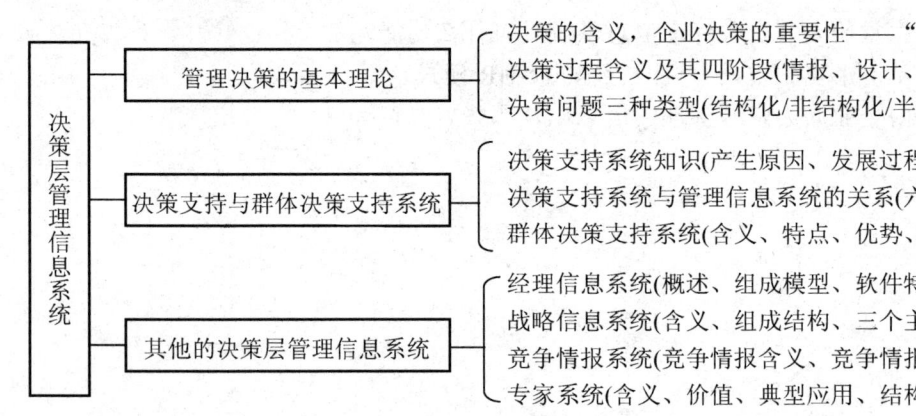

学习目标

通过本章的学习，读者应该能够：
- 熟悉决策含义和决策过程组成
- 理解决策问题三种结构化类型
- 理解决策支持系统含义与功能
- 了解决策支持系统的组成结构
- 理解群体决策支持系统的类型
- 熟悉群体决策支持系统的结构
- 掌握经理信息系统概念和特征
- 熟悉战略信息系统概念与特点
- 熟悉竞争情报系统的结构组成
- 了解专家系统概念与组成结构

第11章 决策层管理信息系统

导入案例

案例 11-0　广东国税局税务分析与决策支持系统应用案例

1. 建设背景

随着电子政务系统的发展以及税务信息化程度的不断提高,在税务决策支持方面不断吸纳新的信息处理技术、提高决策的科学性和规范性,成为提高税务机关行政办公效率、促进经济发展的关键所在。

广东省国家税务局(简称国税局)自"科技兴税"战略实施以来,信息化工作在网络建设、设备配置、应用系统开发应用等方面已逐步得到完善,金税工程、统一征管软件、出口退税、公文管理、人事管理等应用系统都已推广应用多年,具备一定的应用规模和应用深度,并取得了较好的应用效果。

广东省国税局的业务系统在满足日常税收业务需求的同时也采集了大量的业务数据。例如,每年采集2 000多万份的申报数据和2 000多万份的税票数据,其中出口专用税票数据达100多万份,专用发票数据5 000多万份。这些业务数据的背后隐含了丰富的信息和规律,也给税务信息化建设带来一些问题,主要体现在:业务数据分散在不同的应用系统中,数据共享度低且格式不统一;数据太多而信息太少;缺乏快速、高效、便捷的获取信息的工具;基层单位的管理手段日益先进,而上级管理机关却仍然停留在以汇报和检查为主的传统的管理模式上;上级管理部门没有或只有很少信息,上下级税务机关信息不对称等方面。

为进一步加强税务信息化建设,实现对税收业务和纳税人的纳税情况进行科学分析,为管理决策提供及时准确的信息,以进一步加强税收管理,加强业务监控,促进依法治税,广东省国税局提出建设税务分析与决策支持系统。该系统作为国家税务总局关于税务信息化"一个网络,一个平台,四个系统"的总体规划的重要组成部分,其目标在于通过建立规范统一、高度共享的综合性主题数据库,并在此基础上,建设一个能够对税收收入的规模、构成、分布、发展速度、平均水平、平衡程度等特征以及增长变化规律和发展趋势、事物之间(如GDP与税收收入)的相关关系、强度及均衡性等问题进行分析的平台。

2. 系统选型

广东省国税局经过市场调查,最终选用了菲奈特软件公司的税务分析与决策支持系统(BI.TAXATION),该系统能全面满足广东省国税局的需求,它建立在商业智能平台——BI.Office上,应用了数据仓库、OLAP分析和数据挖掘等技术,能够同时适应省局和各市局的要求,广东省国税系统将全面推广使用。广东省国税局相关负责人认为:菲奈特软件公司的税务分析与决策支持系统(BI.TAXATION)将全面提高税务决策的科学性和规范性,增强税收对国民经济的杠杆作用;并加强业务监管力度,有效地打击偷漏税违法行为,从而极大地提高广东国税的税收管理水平。

3. 应用环境

在应用环境上,该税务分析与决策支持系统可以应用于税务局税务分析中的各个领域。

商业智能平台(BI.Office)是菲奈特软件公司成功自主开发的基于企业业务数据库的商业智能应用开发平台。BI.Office建立在传统的业务系统上,面向企业决策层和综合管理层,提供综合决策支持、风险评估、预警系统和相关企业事务管理系统,是企业信息化的高层应用;同时,它可以全面地分析企业信息,为企业发现潜在的商机,寻找隐藏的客户消费规律,监控企业潜在的风险。

4. 应用效果

使用该税收决策支持系统提供的查询统计、综合分析、业务预警、税收预测四大业务功能,以查询、分析、报表三位一体,不断循环深入为手段,可提供多角度的税收数据查询、分析、预警、预测功能。实现税收宏观分析、税收收入分析、税收征管分析、出口退税分析、专用发票分析、纳税人分析、纳税人审计分析等功能。它可以对经济和税收综合数据进行科学分析,研究经济与税收增长的弹性、发展的均衡性等数量关系,揭示税收收入和税收负担等重大指标的长期增长趋势、波动规律、发展速度、地区分布、行业分布、所有制分布和月度时序特征;运用对比分析方法揭示事物之间的关系、强度及均衡性;对税收收入、出口及出口退税等重大税收指标进行精确监控和科学预测;根据纳税人的生产经营情况和纳税情况对其申报的真实性进行量化评测和科学分类。

●点评：从本例可以看出，广东省国税局采用菲奈特软件公司商业智能系统平台，为广东省国税局打造了一个税务分析与决策支持系统。这是广东省国税局在"科技兴税"战略实施上的又一进步，同时也是税务信息化发展到一定阶段的必然产物。其他系统和行业与税务系统一样，在信息系统发展到一定程度一致后，必须建立决策支持系统，以便辅助领导决策。

11.1 管理决策基本理论

决策贯穿于管理过程的各个环节，管理工作的好坏取决于决策的正确与否，而决策的质量则取决于信息的质与量。正确、及时、适量的信息是减少不确定因素的根本所在。

11.1.1 决策的含义

决策是人们为达到一定目的而进行的有意识、有选择的活动。

作为个人，每天都要做许多决策，有简单的也有复杂的：简单的决策如下班后路过服装店时决定要不要买一件正在降价促销的时装；复杂的决策如今天是否应该买进某支股票。显然，购买股票要比买服装的决策复杂得多，因为它有太多的选择，而且不是所有的选择都能量化。因此，在购进股票的可选方案中选出"最好"的方案就显得困难得多。

企业与人一样，每天都面临许许多多的决策，对一位有绩效的企业管理人员来说必须对大量的问题做出决策。例如，是否要裁员，是否要采用不同的原材料，是否有必要再上一条生产线等。卡耐基麦隆大学曾获得诺贝尔经济学奖的西蒙教授甚至强调，管理就是决策，决策充满了整个管理过程。例如，确定目标、制订计划、选择方案是经营目标及其计划决策；机构设计、生产单位组织、权限分配是组织决策；计划执行情况检查、在制品控制及控制手段的选择是控制决策。

11.1.2 决策的制定过程

在一定的制约条件下，人们为了实现特定目标，可从多种可供选择的策略中做出决断，以求得最优或较好效果的过程就是决策过程。决策科学先驱西蒙教授指出：任何决策过程活动都可以分为情报收集、方案设计、方案选择、决策实施四个阶段。

1. 情报收集阶段

情报收集就是决策者确定要解决的问题，包括诊断和解释，表明问题存在的现象。决策的问题可能是企业所面临的困难、难题以及企业的需求或者企业发展的新机遇。在任何情况下，现存状况和期望状况之间的差异是决策问题存在的必要条件。

问题的现象可能有多种表现形式，从现象发现问题可能需要管理人员付出很多的努力。例如，A企业的次品率高，这就是一个现象，真正的问题是什么，可能是采购的原材料质量差，也可能是生产设备老化需要更新，也可能是员工无法胜任生产活动。在诊断阶段，重要的是透过现象发现问题的本质，在充分收集了相关信息和分析的基础上确定问题是什么。A企业经过调查发现次品率高的主要原因是员工的能力无法胜任生产活动。

2. 方案设计阶段

考虑各种解决企业问题、满足需要、抓住竞争机遇的方案。该阶段重点是找出所有可能的解决问题的方案，不要有遗漏。例如，上面 A 企业可以设计出三种方案或更多的方案：①更新设备，企业购买操作更方便的设备，以降低次品率；②对企业现有的员工进行培训，让他们掌握降低次品率的方法；③解雇现有的员工，雇用更好的、具有生产合格产品技能的员工。

3. 方案选择阶段

检查各种解决问题方案，评价其优劣，估计各种方案可能产生的后果，根据后果选择最优方案。结果可能是成本最低、最容易使用、最节约时间等。例如，A 企业在对上述三个不同方案所需要的成本进行比较之后，认为对现有员工进行培训成本最低，所以 A 企业选择第三个方案。

4. 决策实施阶段

实施选择阶段确定的方案，检查方案执行的结果；如果需要，还要对方案进行调整。大部分方案实施过程中都要进行细微的调整，对选择的方案不进行任何调整是不可能的。

图 11.1 反映了决策过程的四个阶段，可以看出这四个阶段不是完全的线形顺序，如在选择阶段可能发现问题并没有得到完全的理解，需要重新定义，仍然可以回到情报阶段。

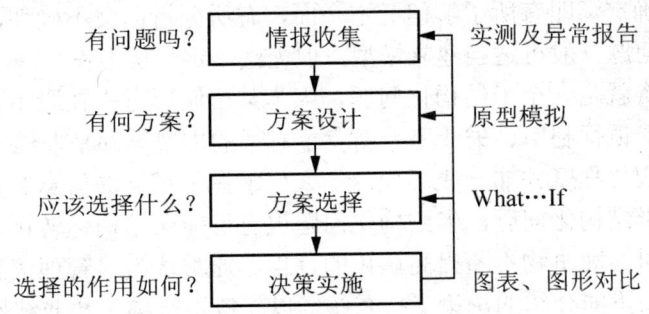

图 11.1 决策过程的四个阶段

11.1.3 决策问题的类型

按照决策问题的结构化程度不同，决策问题可分为三种类型：结构化决策问题，非结构化决策问题，半结构化决策问题。表 11-1 列举了对应不同管理层的三种决策问题类型。

表 11-1 不同结构化程度的决策问题

	结构化	半结构化	非结构化
战略性	厂址选择	资金分配计划	管理体制确定
战术性	作业计划	作业调度	广告部署
业务性	库存补充	奖金分配	选择销售对象

1. 结构化决策

结构化决策问题相对比较简单、直接，是指那些重复的、日常性的、有一定的步骤和方法可以遵循的问题。这类决策问题往往可以找到最好的决策方案。例如，企业决定给员工发多少工资的决策，就可以用员工的基本工资加上员工加班时间乘以每小时加班费，来计算员工的应发工资，这样的决策就是一个结构化的决策。再如，一家生产制造企业的采购部通过公开招标采购原料，他们会选择同样品质但原来报价最便宜的供货商，这也是一个结构化的决策。早期的多数管理信息系统，都能够很好地求解这类结构化决策问题。例如，应用数据解析方法、运筹学方法等求解资源优化问题。

2. 非结构化决策

非结构化决策问题则是新的、太复杂的、结果无法预计的，可能有几个正确的答案，也可能没有什么方法能够保证一定可以找到正确答案的决策。企业决定是否新建一条流水线、是否公开选拔干部、商品是否需要降价促销等，这些都是非结构化决策。

非结构化决策问题没有固定的决策规则和通用模型可依，决策者的主观行为(学识、经验、直觉、判断力、洞察力、个人偏好等)对各阶段的决策效果有相当影响。

3. 半结构化决策

半结构化决策问题就是介于上述两者之间，其决策过程和决策方法有一定规律可以遵循，但又不能完全确定，即有所了解但又不全面，有所分析但又不确切，有所估计但又不确定。这样的决策问题一般可适当建立模型，但无法确定最优方案。

股票市场的投资就是一个半结构化问题，因为某个股票过去在股市表现是结构化的问题，而未来的收益、银行利率、失业率、新竞争对手的出现等都是非结构化的问题。

决策问题的结构化程度并非一成不变，当人们掌握了足够的信息和知识时，非结构化问题有可能转化为半结构化问题，半结构化问题也有可能向结构化转化，因此，决策问题的转化过程是人们对客观事物不断提高认识的过程。通常认为，管理信息系统主要解决结构化的决策问题，而下面介绍的决策支持系统则以支持半结构化和非结构化问题为目的。

11.2 决策支持系统

尽管事务处理系统和管理信息系统对管理人员是有帮助的，但是管理人员，特别是高层管理人员非常希望操作和分析现有的数据库，来获得他们所需要的信息，以便支持重大决策任务。于是，决策支持系统(Decision Support Systems, DSS)应运而生。

11.2.1 决策支持系统的产生与发展

20 世纪 60 年代末 70 年代初出现的管理信息系统使企业的信息获得了系统的开发与利用，将企业的管理水平提高到一个新的层次，但它仅解决了组织中的一些结构化问题。在此背景下，人们寻求着能有效地解决半结构化、非结构化问题的新方法。而 20 世纪 70 年代起推出的用来支持决策的各种系统正呼应着此需求。

20 世纪 70 年代中期 Keen 和 Scott Morton 首次提出了"决策支持系统"一词，标志着利用计算机与信息支持决策的研究与应用进入了一个新的阶段，并形成了决策支持系统新学科。在整个 20 世纪 70 年代，产业界和学术界的许多专家研究开发出了许多较有代表性的 DSS。例如，支持投资者对顾客证券管理日常决策的 Profolio Management；用于产品推销、定价和广告决策的 Brandaid；用以支持企业短期规划的 Projector 及适用于大型卡车生产企业生产计划决策的 Capacity Information System 等。

到 20 世纪 70 年代末，DSS 已经非常流行，一般认为 DSS 是一个利用计算机强大的信息处理能力和人的灵活判断能力，以交互方式支持决策者解决半结构化和非结构化决策问题的系统。当时 DSS 大都由模型库、数据库及人机交互系统三个部件组成，称为初级 DSS。20 世纪 80 年代初，DSS 增加了知识库与方法库，构成了三库系统或四库系统。

近年来，DSS 又获得了长足的发展。主要表现在以下方面。

(1) 专家系统与 DSS 相结合，充分利用专家系统定性分析与 DSS 定量分析的优点，形成了智能决策支持系统，提高了 DSS 支持非结构化决策问题的能力。

(2) DSS 与计算机网络技术结合，构成了新型的能供异地决策者共同参与进行决策的群体决策支持系统，支持了范围更广的群体决策。

(3) 在群体决策支持系统(Group Decision Support System，GDSS)的基础上，为了支持范围更广的群体，包括个人与组织共同参与的大规模复杂决策，人们又将分布式的数据库、模型库与知识库等决策资源有机地集成，构建分布式决策支持系统。

(4) 1985 年欧文(Owen)等人提出了由专业人员组成的，支持决策者使用 DSS 解决决策问题的决策支持中心(Decision Support Center，DSC)的概念。DSC 既容易实现，也能明显改进决策环境。

(5) 在新型框架方面，近年来还推出了智能型、交互型与集成化的决策支持系统——智能决策支持系统(Intelligent Decision Support System，IDSS)，它以面向决策者、面向决策过程，综合各种方法与工具为特色，适用面更广泛。

DSS 的概念是 20 世纪 80 年代末引入我国的，但在此之前有关辅助决策的研究早就有所开展。目前，我国在 DSS 领域的研究已有不少成果，决策支持系统已逐步推广应用到大、中、小型企业中的预算分析、预算与计划、生产与销售、研究与开发等智能部门，并开始应用于军事决策、工程决策、区域开发等方面。

11.2.2 决策支持系统含义与功能

1. 决策支持系统的概念

决策支持系统是一种具有高度灵活性和交互性的信息系统，它专门用来支持非结构化问题的决策制定。其中，高度的灵活性是指决策支持系统能对不同的管理问题有一定的适应性；高度的交互性是指决策支持系统在管理人员使用系统过程中可以与系统进行对话，系统根据用户的不同输入得出不同的结果。

决策是人们在改造客观世界过程中为实现主观目的而进行策略或方案选择的一种行为，它必然带有决策者的大量主观因素。现实中更多的决策问题，如维系企业生存与发展的战略规划的制定、投资方向的选择等半结构化或非结构化决策问题的解决主要依赖于决策者经验的分析与判断。因此，所选的方案往往因人而异，难免不反映个人的风格和意志。

2. 决策支持系统的特征

从上面几个决策支持系统运用的案例，可以分析出决策支持系统具有如下特征。

(1) DSS 辅助管理人员完成半结构化和非结构化的决策问题。这些问题很少或得不到管理信息系统的支持，而 DSS 可以解决一部分分析工作的系统化问题，但这一过程的控制还需要依靠决策者的洞察力和判断力。

(2) DSS 必须是辅助和支持管理人员。因此，计算机既不应该试图提供最终答案，也不应该给决策者强加一套预先规定的分析顺序。

(3) DSS 通过它的人机交互接口为决策者提供辅助功能。DSS 的人机交互接口注重用户的学习、创造和审核，即让决策者在依据自己经验和洞察力的基础上，主动利用各种支持功能，在人机交互过程中反复地学习和探索，最后根据自己的判断选取一个合适方案。

(4) DSS 的目标是辅助人的决策过程，以改进决策制定的效能，因而它不会也不可能取代以提高管理效率为目标的电子数据处理和管理信息系统。

3. 决策支持系统的功能

DSS 的目标要通过所提供的功能来实现。在总体上，DSS 的功能可归纳为以下几点。

(1) 管理并随时提供与决策问题有关的组织内部信息，如订单要求、库存状况、生产能力与财务报表等。

(2) 收集、管理并提供与决策问题有关的组织外部信息，如政策法规、经济统计、市场行情、同行动态与科技进展等。

(3) 收集、管理并提供各项决策方案执行情况的反馈信息，如订单或合同执行进程、物料供应计划落实情况、生产计划完成情况等。

(4) 能以一定的方式存储和管理与决策问题有关的各种数学模型，如定价模型、库存控制模型与生产调度模型等。

(5) 能够存储并提供常用的数学算法，如回归分析、线性规划、最短路径算法等。

(6) 上述数据、模型与方法能容易地修改和添加，如数据模式的变更、模型的连接或修改、各种方法的修改等。

(7) 能灵活地运用模型与方法对数据进行加工、汇总、分析、预测，得出所需的综合信息与预测信息。

(8) 具有方便的人机对话和图像输出功能，能满足随机的数据查询要求，回答 "What…if…"（"如果……，则……"）之类的问题。

(9) 提供良好的数据通信功能，保证及时收集所需数据并将加工结果传送给使用者。

(10) 具有使用者能忍受的加工速度与响应时间，不影响使用者的情绪。

11.2.3 决策支持系统与管理信息系统的关系

DSS 是在 MIS 的基础上发展起来的，两者都以数据库为基础，都需要进行数据处理，也都在不同程度上为用户提供辅助决策信息，但是两者是有区别的，主要表现在以下几点。

(1) MIS 是面向中层管理人员，为管理服务的系统，而 DSS 是面向高层人员，为辅助决策服务的系统。

(2) MIS 是按事务功能(如生产、销售、人事等),并综合多个事务功能的电子数据处理(EDP),而 DSS 则通过多个模型的组合计算进行辅助决策。

(3) MIS 是以数据库系统为基础,以数据驱动的系统,而 DSS 是以模型库系统为基础,以模型驱动的系统。

(4) MIS 着重分析系统对总体信息的需求,输出的报表模式是固定的,而 DSS 的分析着重于决策者的需求,数据输出的模式是复杂的。

(5) MIS 系统追求的是效率,即快速查询和产生报表,而 DSS 追求的是有效性,即决策的准确性。

(6) MIS 支持的是结构化决策,这类决策是已知的、可预见的,而且是经常的、重复发生的,而 DSS 支持的是半结构化或非结构化决策,这类决策既复杂又无法准确描述处理原则,并涉及大量计算;同时,这类决策既要应用计算机又需要用户干预。

11.3 群体决策支持系统

上一节介绍的决策支持系统支持的是个人决策制定。其实,企业很多决策是由多位管理人员一起制定的。随着计算机技术特别是网络通信技术的发展,现在出现了 GDSS,它是一种支持多个群体成员完成一项任务或目标,并为一个共享的环境提供用户界面的基于计算机的信息系统。

11.3.1 群体决策支持系统概述

1. 群体决策支持系统的概念

群决策支持系统是在决策支持系统 DSS 基础上发展起来的。DSS 对支持个人(如领导者)决策是很有成效的,随着社会和科学的进步,个人决策逐步向群体决策发展。如对长远发展的重大决策,个人决策局限很大,需要群体决策来解决,支持群体决策的 GDSS 随之得到发展。一般群体的成员大多分布在较远的地方,这需要利用计算机分布式网络来连接他们,故分布式网络对 GDSS 是不可缺少的。

简单来讲,GDSS 是一种在 DSS 基础上利用计算机网络与通信技术,供多个决策者为了一个共同的目标,集成多个决策者的智慧、经验以及相应的决策支持系统,通过某种规程相互协作地探寻半结构化或非结构化决策问题解决方案的信息系统。

2. 群体决策支持系统的特点

与传统的会议决策或传递式群体决策相比,GDSS 具有以下一些特点。
(1) 不受时间与空间的限制。
(2) 能让决策者相互之间便捷地交流与共享信息,减少片面性。
(3) 决策者可克服消极的心理影响,无保留地发表自己的意见。
(4) 能集思广益,激发决策者思路,使问题的方案尽可能趋于完美。
(5) 可防止小集体主义及个性对决策结果的影响。

(6) 可提高决策群体成员对决策结果的满意程度和置信度。

(7) 群体越大效果越显著。

从理论上讲，GDSS 对群体决策是非常有益的手段，但它涉及的面很广。GDSS 要面对不同风格与偏好的个人，要综合决策科学、人工智能、计算机网络、运筹学、数据库技术、心理学及行为科学等多种学科的理论、方法与技术，系统研究与开发的难度非常大。

3. 群体决策支持系统的优势

群体决策支持系统通过提高交流质量来提高决策的质量。提高交流质量主要通过让与会者把讨论焦点集中在问题上，减少游离主题所浪费的时间来实现的。节约的时间可以更好地对问题进行讨论，可以更多的决策方案进行比较，增大了挑选最佳方案的可能性。

群体决策支持系统另外两个优点是可以并行交流、匿名交流。并行交流让与会者可以同时发表自己的想法和意见，而不需要像传统的会议那样要每个人轮流发言，更节约会议时间。匿名交流是指与会者在将自己的想法和意见输入计算机时不必具名，这样就不会产生盲从，其他与会者会针对想法和意见发表看法，而不是根据提出想法和意见的人。

11.3.2 群体决策支持系统的类型

根据决策问题所在组织的环境、群体成员的大小、成员的空间位置分布、决策周期的长短等因素，群体决策支持系统大致可以分成以下四种类型。

1. 决策室

决策室可以让小群体召开面对面的会议，它像一个传统的会议室，在主持人旁边配置有计算机和投影仪，每个与会者也都配有计算机。与会者可以直接相互交流，也可以利用计算机进行交流。投影仪用来展示想法和分析被选方案。在决策室中间一般放一个会议支持人员的控制台，控制台负责随着会议的进程为与会者提供技术上的支持。

决策室是一种相对简单的 GDSS，它只是适用于决策者面对面集于一室在同一时间进行群体决策的情况。

2. 局域决策网

所谓局域决策网，就是建立在计算机局域网基础上的，用于多位决策者在近距离内的不同房间(一般是自己的办公室)里定时或者不定时进行群体决策的一种系统。

在无法让一个群体的人集中在同一个会议室进行面对面的会议时，如果与会者是在同一个局域网内，如在一个公司的同一栋楼里或者相邻的几栋楼里，他们可以通过局域网相互交流。与会者在各自办公室的计算机输入对会议问题的看法，他们也可以通过自己的计算机的屏幕看到其他与会者的意见。

局域决策网的主要优点是克服了定时决策的限制，也就是说决策者可以在决策周期内时间分散地参与决策。

3. 远程电子会议

远程电子会议利用远距离通信网络，使在地理位置上相距比较远的、分设在不同城市的、两个或两个以上决策室的与会者能够以不见面的方式进行集中决策。例如，将位于中国深圳的沃尔玛中国区董事会议室和美国沃尔玛总部决策室通过网络连接，两个会议室可以看到对方会场的情况。与会者就不必飞过半个地球去参加一个 2 个小时的会议，大大节约高层管理人员的会议时间。

远程电子会议在实质上与决策室相同，它的优点是能克服空间距离的限制。

4. 异步会议

分布在不同地方的与会者(如美洲和亚洲的与会者)，因为存在时差可能很难找到一个共同的时间来参加会议，有的时候在同一个城市中的与会者也难以找到一个共同的时间来开会。这些管理人员还是可以召开会议，他们可以召开异步会议。异步会议就是与会者可以不在同一个时间参加会议。这样的会议可能持续很长的时间，从几天到几个月。

这类会议可以使用电子公告板、集中数据库和电子邮件来完成。例如，负责召开会议的人把议事日程通过电子邮件发给与会者，与会者将意见、建议通过电子邮件发送给会议召集人，然后会议召集人负责把收集、整理、分类过的意见、建议发布在电子公告板上，当然也可以把这些意见建议通过电子邮件发给其他与会者。会议召集人可以在一段时间之后再次收集、整理意见、建议，交给大家讨论，最终得出多数人的意见。这类会议成功的关键是会议的召集人，如果没有合适的召集人，可以把职责分散给与会者。这样的会议形式适合时间不紧迫的议题。

异步会议充分利用广域网等信息技术来支持群体决策，它综合了局域决策网与远程电子会议的优点，可使决策参与者异时异地共同对同一问题做出决策。

11.3.3 群体决策支持系统的组成

GDSS 在计算机网络的基础上，由私有 DSS、规程库子系统、通信库子系统、共享的数据库、模型库及方法库、公共显示设备等部件组成。图 11.2 所示是一种典型的 GDSS 的系统结构图。

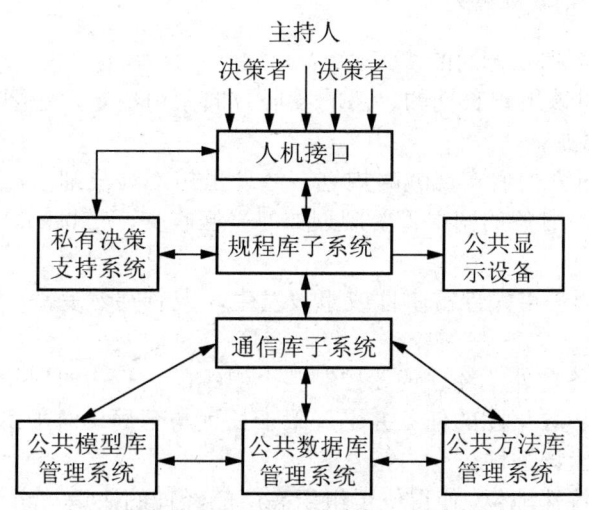

图 11.2 GDSS 的系统结构图

与个人 DSS 相比，GDSS 必须建立在一个局域网或广域网上，在构件上增设了规程库、通信库、共享的公共数据库、模型库及方法库等。

GDSS 一般以一定的规程展开，如以正式会议或虚拟会议的方式运行，会议由一位主持人及多位与会者，围绕一个称为"主题"的决策问题，按照某种规程展开。

在上面的图 11.2 中，几个主要组成部件的功能介绍如下。

(1) 人机接口。接收决策群体的各种请求，包括主持人关于会议要求与安排的发布请求，与会者对数据、模型、方法等决策资源的请求等。

(2) 通信库子系统。相当于会议的秘书处，是系统的核心，它存储与管理主题信息、会议进程信息及与会者的往来信息，负责这些信息的收发，沟通与会者之间、与会者与公共数据库、模型库、方法库之间的通信。

(3) 公共显示设备。通过其屏幕将会议的一些公共信息通信库子系统传送至各参会者的站点。

(4) 规程库子系统。存储与管理群体决策支持的运作规则及会议事件流程规则等。例如，决策者请求的优先级别规则、决策意见发送优先级别规则及各种协调规则等。

11.4 经理信息系统

经理信息系统(Executive Information Systems，EIS)出现于 20 世纪 80 年代后期，它向高层领导提供单位内、外部汇总的综合信息，以及在此基础上所做的比较、评价和分析。

11.4.1 经理信息系统概述

本节的经理是指位于组织高层的人员，他可以指一个行政长官、高级管理人员，或一个总经理，一个对企业决策具有权力的法人。经理的责任是协调组织内不同部门的活动，他立足于组织的整体而不是某一部门来思考问题，并为组织的发展制定长期战略决策。

1. 经理的决策活动及其特征

经理常常要做出下列三方面的决策。

(1) 战略规划。对该组织长期的、总的发展方向做出决定，这要由经理负责制定，由领导集团(领导班子)参加。

(2) 战术规划。研究如何实现战略规划。经理虽然不涉及细节，但也要对战术问题有一般性的部署。例如，财务的副主管要规划如何平衡收支，市场的副主管要考虑如何安排产品以供应市场需要。

(3) 紧急处置。有些重大异常事件或事故发生，或有突然变故，都需要经理做出应急决定，快速拍板。

除了上述决策任务之外，经理还要控制整个组织的运行，时时检查原定目标与计划完成情况。所以经理与领导集团的任务并不局限于长远与全局，对于影响长远与全局的、当前的、局部的问题也应该关注。

由于经理所处的特殊地位，使得位于组织高层的经理的决策与组织低层的决策相比较，具有不同的特征。具体表现为，结构更简单、重复更少；影响时期更长、对组织的影响范围更广；使用更多的聚集数据、使用较少的细目数据；使用更多来自机构之外的数据；需要与更多的人进行信息交换。

2. 经理的信息来源及其特点

在当今信息爆炸的时代,经理们要忙于接受和处理的信息源多种多样,既包括书面的信件、报告、备忘录、会议记录和期刊报纸,也包括口头的交流,如电话、会议、交谈和社会活动等。概括来讲,经理的信息来源有以下几种。

(1) 事务处理系统或管理信息系统。通过报表或查询了解的内容是组织内部正常运行情况与可能出现的问题。

(2) 组织内部的计划或预测信息。

(3) 外部信息。组织外部的信息对经理显得更加重要,因为经理的决策多半是为了调整内部以适应外部环境的变化或突发事件。

经理所获得和利用的信息有以下特点:信息一般是综合而不详尽的,笼统而不精确的;信息的不确定性很大;信息来源可通过正式渠道,但有些是通过非正式渠道。

3. 经理信息系统的含义

经理信息系统,也称为总裁信息系统、高层管理信息系统、经理支持系统(Executive Support Systems,ESS)等,是指用于提供经理决策所需要的信息的系统。它面向组织高层领导,能支持领导管理工作,为他们提高效率和改善对信息的需求而构造,其目的就是支持经理高效率地工作和高效益地决策,重点在于满足经理的战略信息需求,这种战略信息是关于企业的关键成功因素的信息。其满足的方式在于易取和及时,同时经理信息系统的使用也有利于经理向下属传达指令,有利于组织的战略转变或重组。

经理信息系统建立在一个独立的客户机上。其终端与人机接口部分使用起来非常简便,主管及其助手即使不太熟悉计算机技术,也能运用自如。

经理信息系统从通常的管理信息系统、事务处理系统中去抽提信息,经过综合汇总整理,为经理提供企业整体绩效信息,信息可以很方便地被检索,并且可以提供各种详细程度不同的信息。经理信息系统构建在职能部门信息系统之上,它负责向经理提供信息。这些信息既有来自于公司内部的,也有来自于公司外部的环境信息与数据。

经理信息系统和职能子系统的关系如图11.3所示。

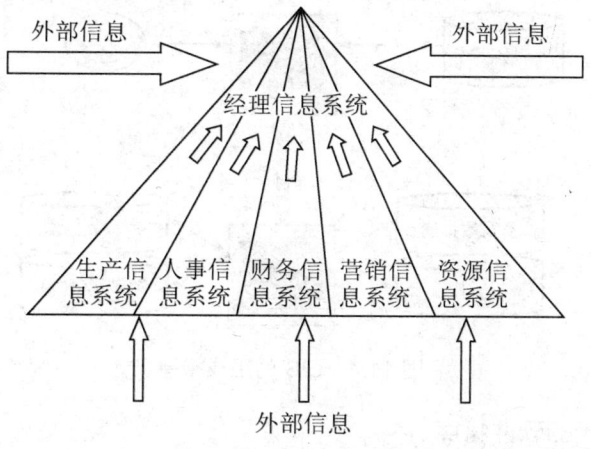

图11.3 经理信息系统和职能子系统的关系

4. 经理信息系统的功能特征

EIS 与其他信息系统相比有重叠，也有区别，这些区别形成了 EIS 的特点。

从系统形式、内涵与功能来看，EIS 应该有以下一些功能特征。

(1) 面向数据。这是因为经理决策通常没有过多的结构，并且不经常定期重复，不值得开发复杂模型，而更多的是抽取、过滤、压缩、汇总和跟踪关键数据。

(2) 提供在线状态存取、趋势分析、例外报告和深入挖掘数据的功能，包括电子报表、查询语言和决策支持系统等；包含提高个人工作效率的工具，如电子日历、电子备忘录、通讯录、日程安排等。

(3) 人机界面必须十分友善且富有个性，图文表并茂且层次清晰，用户可在很短的时间内，不用培训或少量培训即可掌握其使用方法。

(4) 支持电子通信，包括电子邮件、传真、计算机会议、日程安排与公文处理等基于通信的功能。因为无论从组织外部获取数据，还是内部人员交换信息都要依赖通信。由于经理的流动性很大，必要时要配备便携机流动站点，实现远距离通信，形成移动办公室。

(5) 能够适应经理的个人偏好。EIS 都是主管经理直接使用，不需要中间人，所以它应该能根据经理的需要和习惯去精心定制系统。如有的经理喜欢图像显示，有的喜欢例外报告，有的喜欢深挖数据的功能，一般的经理均不大喜欢模型能力。

11.4.2 经理信息系统的组成模型

EIS 的配置一般包括一台供经理使用的个人计算机作为经理工作站，其上保存有经理数据库。通常 EIS 的工作站是连到公司的主干机或部门的中型机或局域网上，经理数据库包含由企业主干机进行预处理后的数据和信息。经理通过 EIS 菜单向系统输入指令，既可以直接访问经理数据库，也可以由局域网上获取软件，通过数据库管理软件，去存取内部运行库、外部数据库以及特殊管理库中的数据，或者使用企业的电子邮件系统。信息则可以用表格、图形或文字等形式表现出来。这种响应是实时的，而且是多媒体的。它能根据现实的状态预测未来的趋势，具有模型分析能力，可以像决策支持系统那样进行方案评价。

根据 EIS 的工作特性，EIS 的组成模型如图 11.4 所示。

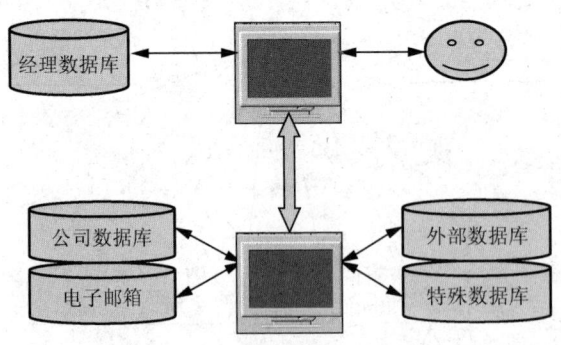

图 11.4 EIS 的组成模型

11.4.3 经理信息系统的软件特点

在进行经理信息系统的软件设计时应体现以下几方面的特点。

(1) EIS 应该及时构建数据仓库。数据仓库中的历史信息可以按照描述性变量、时间阶段以及业务单位来进行数据挖掘和信息划分。例如，利用数据挖掘技术，经理人员应能从数据仓库中查看最近 1 个月(时间阶段)A 产品(业务单位)的销售额(描述性变量)。

(2) 提供基于图形、表格的用户界面和类似网页上"热点"的访问方式。例如，用于显示公司在全国各地销售网点的产品销售数据的界面可以是一张地图，每一个销售网点均可定义为"热点"，这样当经理人员在某个"热点"处单击鼠标时，即可显示出与该区域相关的销售数据。

(3) 提供深入挖掘数据的功能。设计合理的 EIS 屏幕应能够指示哪些信息是可以"深挖"的，以使用户能够从汇总数据开始，通过关联的细节层挖掘到感兴趣的数据。例如，Y 经理在查看公司的财务报表时发现，在众多的产品中电视机的利润同预算比较具有较高的负方差，于是经理想得到更详细的信息，为此向下查看电视机的各项成本、费用、支出，结果发现研发费用超支，从而找到了问题的关键所在，知道了解决问题的工作重心。

(4) 提供关键数据指示器。当该指示器打开时，它能够自动高亮度显示经理所需的关键数据。例如，财务经理一旦靠近他的办公桌就想了解其最关心的每只股票的价格、库存周转率以及利率方面的数据；而主管制造业务的经理则更关心最近的生产与产品质量方面的控制报告。当他们需要这些数据时，只需打开关键数据指示器即可。

(5) 使用不同的显示方式来突出显示例外情况。设计 EIS 时应该考虑将不同的例外数据用不同的颜色、阴影、字体和闪烁等形式显示，以提醒用户注意。例如，当原材料的库存量低于警戒数时用红色且闪烁的形式显示。某个特定的数据项今天可能显示成红色，到明天则可能显示成灰色，这些都是根据数据库中数据的动态变化以及例外条件确定。

(6) 允许访问"软"信息。这种类型的信息结构往往不是高度结构化的，不存在于数据库或数据仓库中。例如，经理应该能用 EIS 快速获取关于行业经济发展的评论、观点以及预测等信息。这些信息有助于经理人员准确地定位趋势、理解数据背后的含义。

(7) 提供对组织外部信息的访问。外部信息是指不能从公司内部数据库获取的信息。例如，有关公司所在的行业的发展情况、竞争者的经营状况的新闻报道、公众数据库提供的各大报纸的全文、市场调查数据和政府经济数据等信息。

11.4.4　经理信息系统的发展趋势

随着越来越多的具有计算机背景的中层管理者正在成为经理阶层，大公司中 EIS 的应用会很普及，而小公司则会对低价位、专门型的 EIS 软件有很大需求。未来的 EIS 应当是一个什么样的系统，才能使它获得广泛的应用，从功能来看应有以下几点。

(1) 具有原来 EIS 的信息查询和模型处理能力。
(2) 具有原来 EIS 一样的使用简单的界面。
(3) 具有更强的通信能力，支持有线的和无线的通信，支持网络视频会议功能。
(4) 具有更强的多媒体信息处理能力，如能摄像、录音和文字识别等。
(5) 体积更小，便于像手机一样携带。
(6) 不仅能支持经理决策，提高效益，而且能支持经理日常办公提高效率，能支持经理学习培训提高水平，甚至可以支持一些休闲活动，如游戏、下棋以调节经理的情绪。

当前在西方发达国家，EIS 已成为一个热门话题，研究与开发已有较大的发展，我国有关的学者与企业界也在不断地探讨。可以看出，EIS 是很有前途的应用系统领域。

11.5 战略信息系统

随着信息技术和计算机网络的发展，信息系统对于企业的生存发展至关重要，其中能帮助企业成功地实施发展战略，出色地开展战略活动，保持其竞争优势的信息系统，称为战略信息系统(Strategic Information Systems，SIS)。它通常随着组织的生产、服务、内部业务过程的变化来改变组织，并驱动其产生新的行为模式和竞争力。战略信息系统是一种重要的战略资源，是保证企业获得竞争优势的基础。

11.5.1 战略信息系统的概念

过去大多数企业机构的高层主管，都认为"信息系统"只是支持组织活动，使组织作业顺利推动，而很少企业将信息系统与赢利、市场占有率、新产品等混作一谈。其实，目前新的科技与竞争环境，已改变了"信息系统"的角色，信息系统会影响企业的赢利、新产品与新市场。也就是说，信息系统已不单纯与组织的内部活动有关，它甚至能够影响或改变组织外部的竞争环境。

20 世纪 80 年代中期，信息技术在一些企业的应用取得了巨大的成功，为这些企业带来了明显的竞争优势，极大地促进了这些企业的发展。此时，人们开始关注如何从战略上应用信息技术，战略信息系统的概念开始出现，并引起人们的高度兴趣和重视，得到广泛的研究。战略信息系统中的"战略"，是指这些信息系统的功能、作用是战略性的，它能支持企业的竞争战略，为企业带来竞争优势，能够与企业的经营战略形成协同效应。

1988 年，查尔斯·惠兹曼(Charles Wiseman)为战略信息系统下了一个较有代表性的定义："一个成功的战略信息系统，是指运用信息技术来支持或体现企业竞争战略和企业计划，使企业获得或维持竞争优势，或削弱对手的竞争优势"。之后，劳登(Laudon)夫妇对战略信息系统所下的定义更加具体："战略信息系统是通过生成新产品和服务，改变与客户和供应商的关系，或者通过改变公司内部的运作方式，以使公司具有竞争优势的信息系统"。1992 年，Liang 和 Tang 提出，一个战略信息系统必须至少具备三个特点：①系统能连接多个实体，能为这些实体带来直接效益，并促进竞争；②系统能带来明显的效益，这种效益并不一定是战略性的；③系统能影响企业间的竞争，可能会给行业以及产业结构带来一定程度的影响。

当今市场变化频繁，竞争日益激烈，企业在发展方向上的决策稍有失误就会蒙受巨大的损失，甚至被淘汰。因此人们对战略规划的重要性有了新的认识，企业不能仅考虑眼前利益，而更应着眼于长远的发展。在此背景下产生的战略信息系统能为企业经营战略的分析与决策提供有力的支持。

11.5.2 战略信息系统的结构

战略信息系统是一种支持企业赢得或保持竞争优势，制定企业中长期战略规划的信息系统。因此，发掘战略信息系统机会的重点，是要知道做什么改变，以及如何去改变。

SIS 利用反映环境和竞争对手等状况的企业外部信息及企业内部关键因素信息，借助市场分析预测与战略决策等模型，以人机对话的方式在计算机上做出供高层管理者决断的企业中长期战略发展方案。SIS 的逻辑结构如图 11.5 所示。

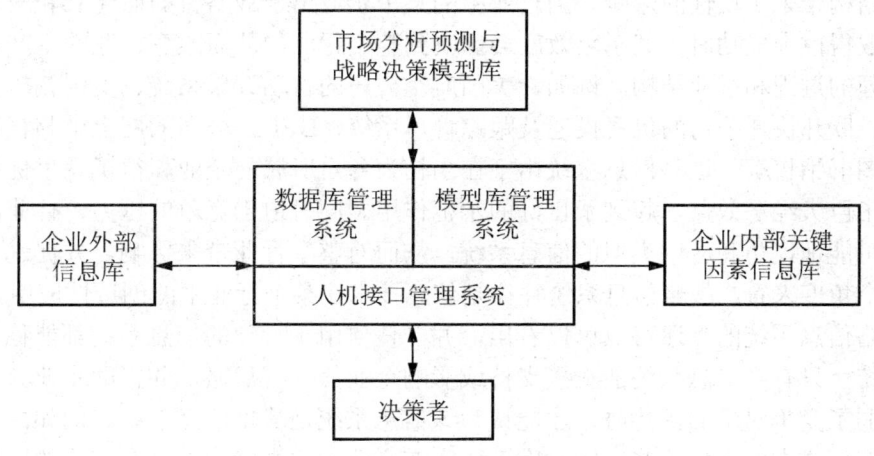

图 11.5　战略信息系统逻辑结构

11.5.3　战略信息系统的特点

分析战略信息系统的各种定义，以及总结人们对战略信息系统的研究成果，可以看出，战略信息系统往往具有以下特点。

1. 战略信息系统能支持公司的经营战略

战略信息系统是信息技术的战略应用，它不同于过去人们应用信息技术的简单模式，如提高效率、减轻人的劳动、辅助决策等，而是将信息技术与公司的经营战略结合在一起，直接辅助经营战略的实现，或者为经营战略的实施提供新的方案。例如，20 世纪 80 年代，美国花旗银行(Citibank)为实施其"改善客户服务、降低业务成本"的经营战略，率先在纽约建立起包括 800 多台自动提款机(ATM)的网络系统，自动提款机 24 小时全天候地工作，为客户提供了更加及时和快捷的服务，使客户在任何需要的时间都能提取现金。显然，这一以自动提款机网络应用为代表的战略信息系统，为花旗银行经营战略的实施提供了全新的解决方案，有力地促进了其战略目标的实现。

2. 战略信息系统能极大地改变企业的管理和运作方式

战略信息系统能极大地改变企业的管理和运作方式，并为企业带来竞争优势，或削弱竞争对手的优势。许多战略信息系统的实施，如管理信息系统(MIS)、办公自动化系统(OAS)及企业资源规划系统(ERP)、客户关系管理系统(CRM)等，往往会引起企业业务流程的再造、人员的精简及组织机构的重组，同时，也对企业管理人员的工作方式与决策手段产生深刻的变革。业务流程的优化、机构的重组以及管理手段的变革，能大大提高企业运作的效率，降低经营成本，缩短生产周期，减少库存数量，并极大地改善服务质量，使企业的综合竞争实力显著增强，获得明显的竞争优势。

3. 战略信息系统的应用往往能给企业所在行业带来实质性的影响

战略信息系统往往能给企业所在行业的产品、服务、企业经营过程、企业的组织管理以及行业结构带来实质性的影响。当行业中的某个企业出于战略目的而建立和应用某一信息系统并取得巨大成功时，其示范效应会影响到整个行业，从而改变行业的生产、服务、经营、管理的过程和行业结构。例如，美国航空公司的自动订票系统、美国花旗银行的自动提款机、联邦快递公司的包裹投递及跟踪管理系统、DELL 公司的网上电脑直销、亚马逊的网上图书销售等，这些信息系统由于在当初为各自所属的企业赢得了竞争优势，并为企业带来了巨大经济效益，起到了良好的示范作用。同时迫于竞争的压力，行业内的其他企业会尽可能地模仿和应用类似的信息系统，从而对整个行业带来影响，并促进行业的发展。从这个角度来看，战略信息系统往往是信息技术在某个行业中的创造性应用。

从战略信息系统的上述特点可以看出，并非任何用于管理的信息系统都能称得上是战略信息系统，只有当信息系统能直接支持或影响企业的经营战略，并帮助企业获得竞争优势，或削弱了竞争对手的优势时，才能认为该信息系统是战略信息系统。例如，当一个企业决定实施低成本的竞争战略，同时库存成本在企业的成本结构中占有较大的比重时，企业建立了一套"库存管理及控制系统"。如果这套系统的应用大大降低了库存成本，则该系统有力地支持了企业的经营战略，并为企业赢得了低成本的竞争优势，可以认为该系统是战略信息系统；而如果该系统的应用没能有效地降低企业的库存成本，尽管该系统的建立是与企业的经营战略紧密联系在一起的，也不能说该系统是战略信息系统；同样，若这套"库存管理及控制系统"有效地降低了企业的库存成本，为企业带来了低成本的竞争优势，但如果企业并不实施低成本的竞争战略，同时也并不打算因该信息系统的成功而转向采用低成本的战略，则也不能认为该信息系统是战略信息系统。

11.6 竞争情报系统

11.6.1 竞争情报的含义与内容

竞争情报(Competitive Intelligence，CI)是对企业整体竞争环境的信息，经过加工，形成的情报或谋略，为企业提供决策依据。在竞争情报中，包括竞争对手目前竞争地位和未来发展规划的信息；包括特定产品和技术的信息；还包括市场以外对市场产生影响的信息。也就是说，竞争情报是对竞争各方、竞争环境、内部状况、外部态势的情报，进行综合地、广泛地、持续地和合法地调查收集，汇总分析，动态跟踪，制定策略，是对于这些大量信息的储存积累和分析研究，其主要内容包括如下几个方面。

(1) 竞争环境监测。竞争环境包括政治、经济、技术、自然等环境，不但要清楚这些外在环境对竞争的影响，而且要随时监测这些竞争环境的变化。

(2) 竞争对手分析。在确定竞争对手的数量和分布的基础上，确立其中有代表性的调查对象，并对其经济实力、生产能力、技术水平、产品情况、经营策略等方面进行全面的跟踪调查，分析其状况，做到知己知彼。

(3) 竞争态势预警。竞争市场的变化会随时发生，表面稳定而突现的逆转变化，往往对企业的打击是致命的。要对可能出现的市场危机变化发出早期预警信号，要对于竞争双方的地位有清醒地认识，及时准确地观测其变化。

(4) 竞争技术跟踪。企业通过产品参与市场竞争，而产品是由相关技术组成和生产的，因此要对企业生存和发展的技术进行跟踪分析，找出影响竞争力的技术地位和预测新技术发展对企业竞争力产生的作用。

(5) 竞争战略制定。在收集、整理和分析有关信息的基础上，应为企业的战略决策提供情报支持，如为企业提供经营决策和目标竞争情报；产品调整竞争情报；运行管理竞争情报；组织结构及管理层竞争情报；总体评价报告等。

(6) 信息安全保密。由于市场竞争的激烈，所以竞争双方都会采取必要的手段，设法获取对方的核心机密，因此，竞争情报中一个很重要的内容就是要做好反情报工作，必须采取必要的措施做好信息安全保密工作。

11.6.2 竞争情报系统的结构组成

竞争情报系统是指对反映企业内部和外部竞争环境要素或事件的状态或变化的数据或信息进行收集、存储、处理和分析，并以适当的形式将分析结果(即情报信息)发布给战略管理人员的计算机应用系统。当前 CIS 大多以内联网为平台，将企业内部的组织网络、信息网络和人际网络有机结合，从而建立起以竞争环境、竞争对手和竞争策略的信息获取和分析为目的，具有快速反应能力的一种系统架构。CIS 的组成可概括为"三大网络、三个系统、一个中心"，如图 11.6 所示。

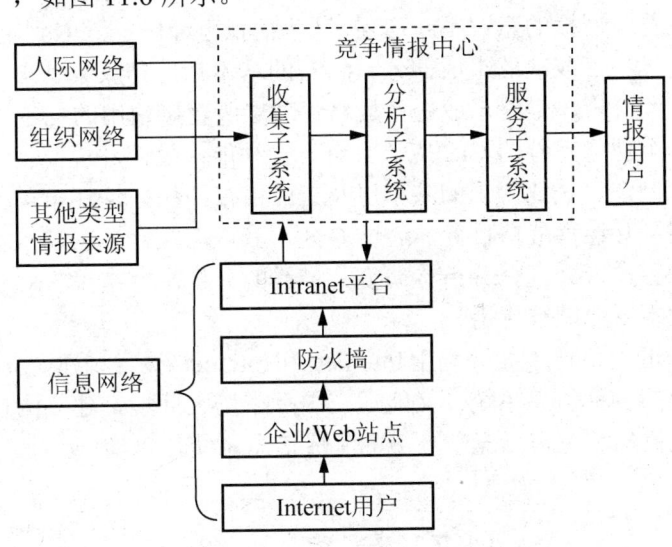

图 11.6 竞争情报系统的组成

CIS 组成部分中"三大网络、一个中心、三个系统"各自的功能见表 11-2。

表 11-2 CIS 组成部分及其各自功能

组成部分	包含内容	主要功能
三大网络	组织网络	它是 CIS 的组织保障，信息网络要靠组织网络的结构与人员来实现。组织网络主要分为分散式、集中式、重点式、独立式四种
	信息网络	它以内联网为平台，包括竞争情报收集、分析和服务三个子系统(它们都与组织网络和人际网络相关，是 CIS 运作的核心网络)
	人际网络	完善的人际网络是搜集、分析情报的有效机制，也是提供情报服务的最好手段与途径之一
一个中心	企业竞争情报中心	它在 CIS 中处于核心地位。企业竞争情报中心专职负责竞争情报的收集、处理和服务；负责企业信息安全控制机制的运作；负责竞争情报人员的管理和培训；负责制定竞争情报的运行程序、工作制度；负责工作计划和任务的制定、实施和监管
三个系统	竞争情报收集子系统	根据确立的情报需求，收集、整理各种信息，并作初步筛选，同时做好文件、记录等资料的保管及定期归档工作
	竞争情报分析子系统	应用恰当的分析方法、技术，深入分析竞争情报收集子系统收集的信息，生产竞争情报产品
	竞争情报服务子系统	以各种适当的方式提供竞争情报产品，及时将产品传送到用户手中，并为企业决策层提供快捷友好的浏览、查询服务和情报服务

11.6.3 竞争情报系统的功能分析

随着现代企业竞争情报的意识不断增强，竞争情报已经广泛深入到企业的战略决策层，成为企业信息化建设不可或缺的组成部分。CIS 的基本功能是收集、录入信息，并通过一定的方式加以处理和分析，最终形成企业战略管理层所直接使用的竞争情报分析报告。

一般来讲，一个功能完善的 CIS 应该具有五大功能：外部环境监视、内部环境分析、竞争战略的选择和制定、企业知识的共享以及企业情报的保护。在市场竞争环境中，企业为了增加利润，围绕其经营战略目标，通过 CIS 可获取有关企业内部、竞争对手、竞争环境的信息，并加以存储、处理、分析、研究，最终的分析研究结果将对企业经营战略目标的确立与实施产生重要的调整作用。

由此可见，CIS 的价值在于充分利用 Internet 和 Intranet 技术构建企业的集成信息系统，使之既保留原企业的各种信息系统，又能适应国际市场大环境，建立沟通企业内部各业务部门、外部各分支机构和大市场竞争环境的集成信息系统，以增强企业竞争力。

11.7 专家系统

11.7.1 专家系统的概念

专家系统(Expert Systems，ES)是人工智能 (Artificial Intelligence，AI)研究中较为活跃的分支。专家系统是由类似于人类专家的、能储存知识及进行推理的硬件和软件组成的一种具有大量专门知识与经验的计算机信息系统，它利用计算机技术、人工智能理论，把某一特定领域内的专家们的知识提炼出来，建成一个知识库，然后用一定的知识和推理进程，去解决通常需要人的知识和经验才能解决的复杂决策问题。

上面的定义包含了三层含意：①专家系统是软件，但因具有智能而不同于一般软件；②它的智能来源于专家的经验、知识及解决问题的诀窍；③它要解决的问题本来是由称为"专家"的人来解决的。

11.7.2 专家系统的价值

专家系统的特有价值是可以让组织获取和利用专家及专门人员的智慧。因此，某人多年的经验和技能不能由于个人的死亡、退休或转向其他工作而丢失。同时，专家的数量比较稀少，专家的服务成本往往比较昂贵。而计算机特别是微型计算机的普及，专家系统在技术上的日趋成熟又为此提供了条件。这两个条件，即需求和可能，在现实中都存在，这就为专家系统的商品化创造了条件。目前人们已经开发出了计算机化的专家系统来诊断问题、预测将来及解决紧急问题。同时，它也可以用来辅助设计新产品或新系统，使资源得到最佳利用。另外，专家系统也可以用来启发学习或总结经验规则，得出一定的结论或提出建议。

当前，专家系统已经被广泛应用于数据处理、预测和决策推理中，运用专家系统可以发现企业管理中存在的问题，对企业生产经营进行监控，针对企业运行状况，选择企业解决方案，接受管理人员的咨询，指导管理行为或解答技术问题等。这些有助于探索新业务、降低成本、为客户与厂家提供更好的服务，实现了厂商与客户的共赢。

11.7.3 专家系统的应用

下面举几个典型的例子说明专家系统在商业领域中的应用。

实例1：美国快递公司雇用了信贷专家来分析信用卡交易，以此判断典型信贷形式的外部费用是否可能被支付，以及它们是否被真正的持卡者承担。利用专业的信贷审批知识开发的信贷审批专家系统，其目的是把由不正当批准而带来的信贷损失降至最小。目前，美国快递公司已经能够利用这个系统制定更正确的信贷决策。

实例2：专家系统应用在飞机设计中，需要建立生产过程中多细节的过程计划，设计上千个零部件。如果发生设计错误，那么延迟生产、工具重新启动以及零件的刮削等，都将导致大量的耗费。

实例3：专家系统被用在金融服务业中。例如，保险业利用专家系统进行索赔估计、信贷分析、包销证券等。在每项应用中，客户都能获得专业知识，并将这些专业知识用于开发由规则和数据组成的知识库。金融服务业中其他的专家系统应用还包括金融评述分析、税收建议、利润冲突处理以及库存管理等。

11.7.4 专家系统的结构

专家系统的结构如图11.7所示。可以看出，它由知识获取、咨询解释、知识库和知识推理四个子系统组成。其中，知识库子系统和知识推理子系统是专家系统的核心。

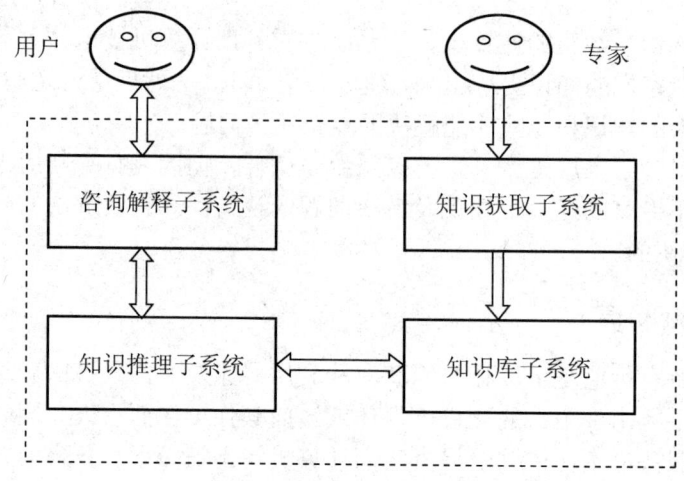

图 11.7 专家系统的结构

1. 知识获取子系统

知识获取子系统是专家系统与领域专家(知识工程师)的交互接口，相关专家的知识与经验通过它进入知识库与知识推理子系统。

2. 咨询解释子系统

咨询解释子系统是系统与用户的交互接口，用户通过该子系统向系统输入信息，系统处理后通过它向用户输出专家水平级的结果。咨询解释子系统中的用户界面应尽可能地进行拟人化设计，使用尽可能接近自然语言的语言，能够理解和处理图像。

3. 知识库子系统

拥有知识是专家系统的最主要特征。知识库中包含有分析处理问题所需的各种数据和求解复杂问题所需的各种知识，有各种事实、规则和启发性的知识(经验和诀窍)。

4. 知识推理子系统

知识推理子系统是一种推理程序，它根据用户的提问，运用知识库中的专家知识进行推理和判断，直至得出结果。它包括两个主要部分：知识库管理系统和推理机。知识库管理系统能自动地控制、扩展、更新知识库中的知识，它根据推理过程的需求去搜索适用的知识，能对知识库中的知识作正确的解释。推理机在问题求解过程中生成并控制推理的进程，使用知识库中的知识来理解问题，并根据知识和问题的结合，来做出相应的处理。

本 章 小 结

决策是人们为达到一定目的而进行的有意识、有选择的活动，其过程包括情报、设计、选择、实施四个阶段。按照决策问题结构化程度不同，决策问题可分为结构化决策、非结构化决策和半结构化决策三种类型。计算机信息系统可以用于辅助高层人员决策。

决策支持系统是一种具有高度灵活性和交互性的信息系统，它专门用来支持半结构化和非结构化问题的决策制定。随着计算机技术特别是网络通信技术的发展，出现了群体决策支持系统。与个人决策支持系统相比，群体决策支持系统必须建立在一个局域网或广域网上，在构件上增设了规程库、通信库、共享的公共数据库、模型库及方法库等。群体决策支持系统主要有四种实现方式，分别是决策室、局域决策网、远程电子会议和异步会议。

经理信息系统出现于20世纪80年代后期，它向高层领导提供单位内、外部汇总的综合信息，以及在此基础上所做的比较、评价和分析。战略信息系统是通过生成新产品和服务，改变与客户和供应商的关系，或者通过改变公司内部的运作方式，以使公司具有竞争优势的信息系统。一个完善的战略信息系统具有以下特点：能支持公司的经营战略、能极大地改变企业的管理和运作方式、能给企业所在行业带来实质性的影响。

竞争情报系统是指对反映企业内部和外部竞争环境要素或事件的状态或变化的数据或信息进行收集、存储、处理和分析，并以适当的形式将分析结果(即情报信息)发布给战略管理人员的计算机应用系统，其组成情况可概括为"三大网络、三个系统、一个中心"。

专家系统是由类似于人类专家的、能储存知识及进行推理的硬件和软件组成的一种具有大量专门知识与经验的计算机信息系统，它利用计算机技术、人工智能理论，把某一特定领域内的专家们的知识提炼出来，建成一个知识库，然后用一定的知识和推理进程，去解决通常需要人的知识和经验才能解决的复杂决策问题。

总之，通过本章学习，读者应了解常用决策层管理信息系统，如决策支持系统、群体决策支持系统、经理信息系统、战略信息系统、竞争情报系统和专家系统的基本知识。

 关键术语

决策　决策过程　结构化决策　非结构化决策　半结构化决策　决策支持系统　群体决策支持系统　经理信息系统　战略信息系统　竞争情报系统　专家系统

复 习 思 考

一、填空题

1. 任何决策过程活动都可以分为_____、_____、_____和_____四个阶段。
2. 决策问题按照结构化程度可以分为_____、_____和_____三种类型。
3. 群体决策支持系统包括四种类型，分别是_____、_____、_____和_____。
4. 竞争情报系统的组成可概括为"三大网络、三个系统、一个中心"，其中"三大网

络"指_____、_____和_____；"三个系统"指_____、_____和_____；"一个中心"是指_____。

5. 专家系统在结构上由_____、_____、_____和_____四个子系统组成。

二、判断题

1. 管理就是一个需要不断进行决策的活动。（　）
2. 在企业中，只有高层管理人员才需要进行决策。（　）
3. 人们开发决策支持系统，目的就是要它来代替人们的决策。（　）
4. 只有当信息系统能直接支持或影响企业的经营战略，并帮助企业获得竞争优势，或削弱了竞争对手的优势时，才能认为该信息系统是战略信息系统。（　）
5. 专家系统的智能来源于专家的经验、知识及解决问题的诀窍。（　）

三、名词解释

1. 决策
2. 决策过程
3. 结构化决策
4. 非结构化决策
5. 决策支持系统(DSS)
6. 群体决策支持系统(GDSS)
7. 经理信息系统(EIS)
8. 战略信息系统(SIS)
9. 竞争情报系统(CIS)
10. 专家系统(ES)

四、简答题

1. 决策过程包括哪些阶段？每个阶段解决什么问题？
2. 举例说明决策问题的三种类型。
3. 什么是决策支持系统？它具有哪些功能？
4. 决策支持系统主要包括哪些模块？每个模块的作用是什么？
5. 请比较管理信息系统和决策支持系统的联系和区别。
6. 什么是群体决策支持系统？其组成结构与决策支持系统有什么不同？
7. 什么是经理信息系统？它有哪些功能特征？
8. 什么是战略信息系统？它有什么特点？
9. 什么是竞争情报系统？请说明其组成情况和主要功能。
10. 简述专家系统的结构构成及其功能特征。

第 11 章 决策层管理信息系统

实 践 训 练

一、问题讨论

一家组织如何利用战略信息系统来提升自身竞争力？请通过实例描述并分析。

二、资料搜集

请通过上网搜索或者查阅相关图书，搜集一些与本文所介绍的某一类信息系统相关的文献资料或者企业案例，然后把搜集的资料和案例进行整理归纳，最后撰写一篇小论文。

三、应用调查

自己主动上门调研，或者通过网络寻找一家自己所熟悉的企业，完成如下任务：
(1) 了解该企业在管理信息化方面都做了哪些工作，是否有管理信息系统的应用？
(2) 如果有的话，主要是在业务层、职能层，还是在决策层进行应用？
(3) 请了解该企业不同层次信息系统在应用方面分别具有哪些特点？
(4) 如果你认为该企业缺乏某些方面的信息系统应用，请提出一些合理化的建议。

案例分析

案例 11-1 模拟人才招聘选拔群体决策支持系统

人才招聘是企业人力资源管理的源头工作，对企业员工队伍的质量起着关键的把关作用。由于有关人才招聘选拔的决策问题大都是半结构化和非结构化问题，并且需要多个部门的主管或资历较深的管理人员及技术人员共同参与决断，目前还少有可供企业选用的决策支持系统。本例针对人才招聘这一颇有难度的群体决策问题，介绍一款我国某高校研制的"模拟人才招聘选拔群体决策支持系统"，意在通过该案例系统，进一步说明群体决策支持系统的基本构造和工作原理，使我们对本章内容有更好的理解和把握。

1. 系统基本思路

本系统根据人才招聘的特点，按同地异时群体决策类型设计，以工作流程方式布置一定数量的决策进程步骤，分设进程主控和招聘操作处理两个部分，在一个局域网上运行。整个流程分应聘者材料阅读评价、应聘者形象评价、面试提问、应聘者答问、招聘者评分，以及最终的选拔表决等 15 个步骤。其中问题提问、答问和评分等步骤设两轮。因为是一个模拟系统，应聘者采用虚拟技术预设，面试以不见面的问答形式进行，所提问题和回答也预先按数倍使用量设置，应聘者的答问随机从预置答案中抽取。

系统设模拟时钟，记录进程时间，步骤切换由主持者触发控制，可进可退。招聘者的分析评价采用打分制，部分内容采用模糊区间值，汇总统计采用平均、加权综合等简易算法。

本系统主要用于群体决策支持系统的实验教学和企业招聘人员的操作训练，但根据具体企业的特定要求，经过少量的改动和参数设置后也能用于辅助企业实际的人才招聘选拔工作。

2. 系统构成

本系统按照基本的群体决策支持系统结构构造，在原有"三库"结构的基础上加入规程库和通信库，分设供主持者和选拔者使用的两套人机接口，如图 11.8 所示。

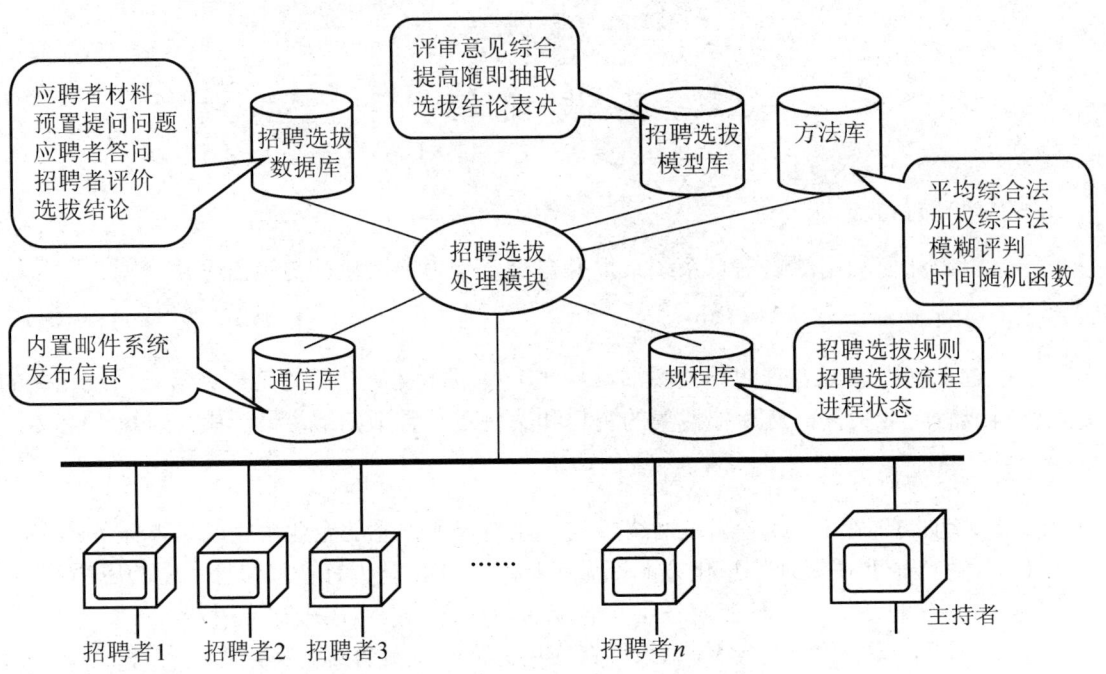

图 11.8 模拟人才招聘选拔群体决策支持系统的结构

在本系统中,数据库储存与管理应聘者材料、交付应聘者回答的提问和系统运行过程中产生的数据,运行过程所产生的数据包括应聘者的问题回答、招聘者对应聘者印象、材料和答问的评价意见等。模型库储存有招聘者评审意见综合、提问随即抽取和选拔结论表决等模型。方法库储存评审和表决等决策中使用的平均综合法、加权综合法和模糊评判法等简易的数学计算方法。

本系统的特点主要反映在群体决策规程和通信两个方面。规程库设有招聘选拔的规则和流程、招聘者进入确认、进程状态监视和进程步骤进退等控制机制,主持者遵循以规程和时间为依据的进程控制机制组织和操纵系统的运行;通信库设置内部邮件系统和信息发布模块,支持主持者与招聘者、招聘者相互之间在系统运行过程中的交流、讨论和协商,发布规程、进程和各阶段成果等信息。

主持者和招聘者分别使用不同的人机接口,均以按钮和菜单进行交互,前者的人机接口设有主控界面,实现进程的监控和推进、与招聘者的联络、进程信息的发布和最终结论的宣布等;后者的人机接口设有运作操作界面,供招聘者报到,按规程要求操作招聘选拔各步骤,与主持者和其他招聘者进行联系交流。招聘选拔处理模块是系统的核心,接受主持者进程控制调度和招聘者步骤操作请求,在进程控制调度上,结合工作流程,采用时间随机函数实现推进,对步骤操作,调用模型库相关模型和数据库中的数据,做相应处理,返回处理结果。

3. 系统运作

本系统按规程预定内容、要求和时间运作,从招聘者报到开始至宣布选拔结果,共分 15 个步骤,在主持者的控制下推进,必要时也可逆向返回上一步,做修改和补充工作。系统运作流程如图 11.9 所示。

本系统的运作先由主持者启动并做初始化处理,然后各招聘者以报到方式回答用户名和口令进入系统。系统运转后主持者如果退出或不做任何操作,不影响招聘者的工作,但步骤将停止推进。在运作中途,招聘者也能暂时退出系统,然后再报到进入,且不影响先前所做的工作。这些特点可以使规程的某些特殊步骤延续较长时间,让决策参与者有一定的时间机动,实现异时的群体决策。

当进入系统的招聘者达到规定的人数时,主持者宣布招聘活动开始,招聘者根据每个步骤的要求单独执行决策分析工作,一个步骤完成后发出执行完毕的确认信息,等待下一步骤的开始。期间,招聘者之间可以通过内置邮件系统就自己的观点和意见进行私下交流。招聘者的决策分析工作有应聘者材料阅读,向应聘者提问,对应聘者形象、材料和问答打分,以及对最后选拔的表决,等等。

系统运行过程中，主持者监视每个招聘者执行步骤的进度，向招聘者发布进程信息，但在不违反规程的情况下不干预他们具体的分析评判工作。主持者根据预定的步骤进度决定按时、提前或延迟步骤的切换，并及时通报阶段性的招聘成果。

系统对进程调度和每个步骤操作的处理，除招聘者人数、时间和提问问题数等需累积的内容外，均在步骤切换时提交招聘选拔处理模块完成。

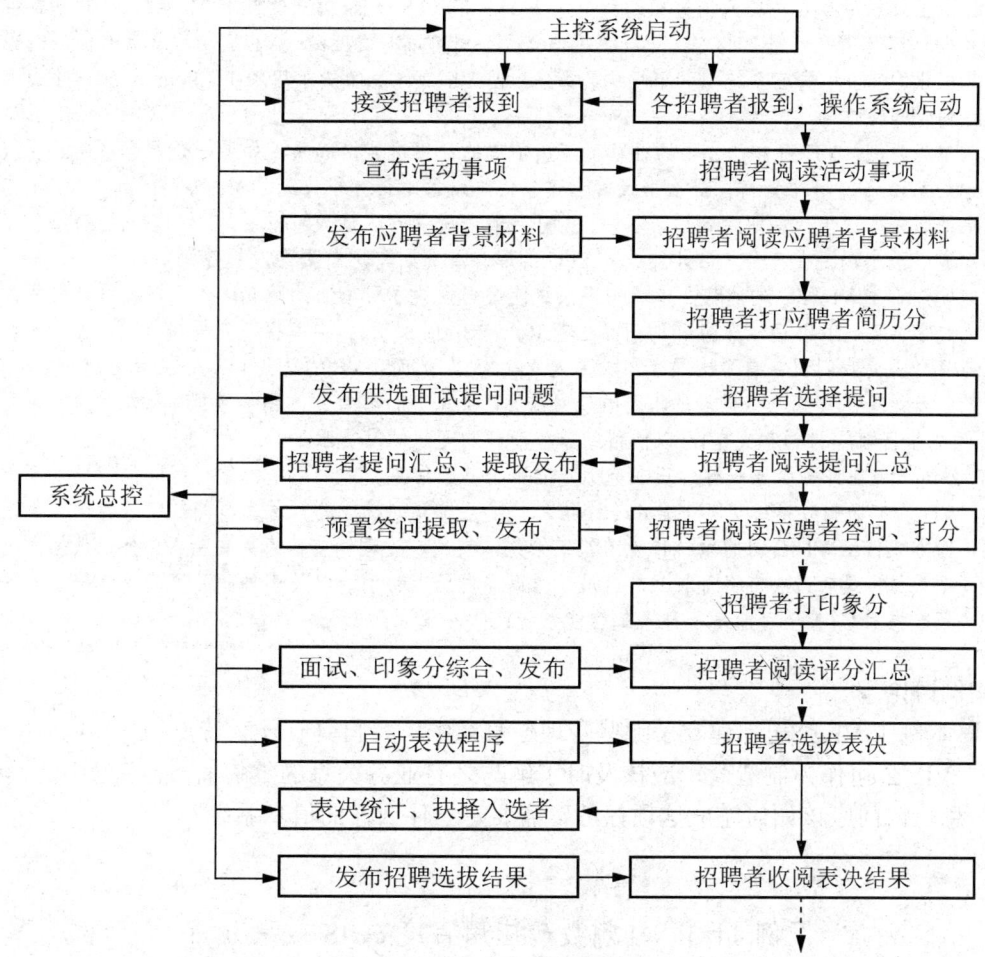

图 11.9　模拟人才招聘选拔群体决策支持系统的运作流程

资料来源：黄梯云. 管理信息系统[M]. 4版. 北京：高等教育出版社，2009.

案例讨论

1. 文中提到"人才招聘选拔的决策问题大都是半结构化和非结构化问题"，你对这句话是如何理解的？在人才招聘选拔中，对于招聘选拔人员来说，什么是最重要的？
2. 在没有看本例之前，你对人才选拔中计算机信息系统的作用是如何认识的？
3. 你觉得本文提到的人才招聘选拔群体决策支持系统能起到什么重要作用？

案例 11-2　VF 依靠信息系统在长裤市场上击败对手

Vanity Fair(VF)除了生产女式内衣系列外，也是 Lee 和 Wrangler 牛仔裤的生产者。他生产的牛仔裤在裤子市场上击败了每年 6 亿美元销售额的竞争对手——Levi Strauss 公司。自 1991 年起，VF 就宣称他们的年度复合增长率几乎达到 20%，这一数字很少有大公司可以与之匹敌。VF 成功的背后有何秘密呢？那就是计算机化的"市场响应系统"。"市场响应系统"使 VF 为许多像沃尔玛和 J.C.Penney 那样的大零售商补充库存的时间缩短到了三天。

以沃尔玛为例，VF 将自己公司的计算机与沃尔玛的计算机连接起来，如果一个顾客星期三在沃尔玛购买了一条 Wrangler 牌牛仔裤，那么当天晚上这条信息就通过计算机传到了 VF 公司，如果 VF 有存货，他就在星期四立即送出，星期六到达沃尔玛。对于库存补充来说，三天可以说是一个令人惊奇的壮举，尤其在你知道了沃尔玛要在一个月后才能收到 Levi 的库存补充时，你就更会对其赞叹不已了。

但速度并不是 VF 唯一的优势。市场响应系统使公司摆脱了订货上的臆测，并只把卖得最好的式样和品种提供给零售商。Belk 商店服务部的商品主管 Rober Bildrick 说："在库存不变的情况下，我们能够卖出更多的商品，因为我们现在有了比顾客需求更大的存货。"然而，VF 的总裁 Lawrence Pugh 仍然不满意，他甚至已经开始着手建立一个扩展的市场响应系统，以此来分析零售商的销售数据库，并对商品进行分类(如比赛用的牛仔裤、衬衫和夹克)，以便帮助零售商预测理想的供货水平。

VF 公司与现在许多企业一样，正在努力建立一个基于信息技术的系统，这将帮助他们更加高效地管理信息。VF 的市场响应系统实际上是由三个信息技术系统共同构成的。首先，能够将零售商销售信息以电子化传输方式传给 VF 公司的系统称为跨组织系统；其次，处理销售信息并更新 VF 公司数据库的系统是事务处理系统；最后，决定将哪种式样、尺寸的商品发给零售商，以及哪种商品可能销售得更好的系统是一种决策支持系统(甚至可能是一种人工智能系统)。

案例讨论

1. 本例中 VF 公司都建立了哪些管理信息系统？各自具有什么特点和作用？
2. VF 公司作为制造商，应该及时了解与之有业务关系的零售商(如服装店)的销售和库存信息，请问应该如何完成这项任务？需要建立什么样的信息系统？

案例 11-3　神州数码应用百度 eCIS 效果分析

神州数码是国内 IT 业的领先企业，企业规模大、跨度广、产品线多。在面临来自国内外激烈竞争的状况下，对于竞争情报的采集分析十分重视，公司设有专门部门具体负责竞争情报的收集和分析工作。

1. 使用百度 eCIS 前的状况分析

长期以来，该企业竞争情报工作主要按如下流程进行：首先通过向咨询剪报公司购买定期剪报，人工上网利用搜索引擎检索情报，网上付费数据库，企业内部的情况反应等获取竞争情报素材信息；然后将这些情报素材进行人工分类、整理、分析，形成满足各个部门需求的竞争情报报告；最后，再把整理好的竞争情报报告分发到各部门相关人员手中。

通过这个流程，可以发现其存在如下问题：①情报的来源多样，各种形式类型的情报数据无法进行统一的存储、加工；而且情报零散，缺乏系统性，不利于对情报的综合整理利用；②情报源存在自身缺陷，如剪报无法实时反馈最新情报、人工网上搜索和付费数据库由于具体操作人员的熟练水平和偏好等，将导致相当程度的情报误差；③情报的人工分类、整理、分发，耗费了大量的人力和时间，代价高昂，同时致使情报的及时性大打折扣；④在整个流程中，竞争情报从采集到发布，全部是在封闭环境下进行，无法最大限度的利用现有情报，造成有价值情报的巨大浪费。

2. 使用百度 eCIS 改善竞争情报工作

针对上述问题，百度公司为该 IT 企业提供了百度企业竞争情报系统，并根据其实际需求做了部分定制，其整体实施框架如图 11.10 所示。

目前，该企业竞争情报的工作流程变为，首先由百度 eCIS 自动、自主采集各个情报源的情报。如根据定制自动采集互联网上的各种相关情报、通过网络定期获取咨询公司剪报、通过企业内部网收集内部的各种情报信息等。其次，百度 eCIS 自动对这些情报根据用户配置进行过滤、分类和整理。再次，由具体工作人员对已经过分类整理的竞争情报再加工，形成详细的竞争情报报告。在这期间，对于重要性非常高的情报，工作人员可以立即将其推送到相关人员处，以保证情报的及时性和有效性。最后，工作人员将详尽的竞争情报报告发送到各个部门，把有价值的情报自动导出到数据库中供数据挖掘，将不需要的情报信息清除。

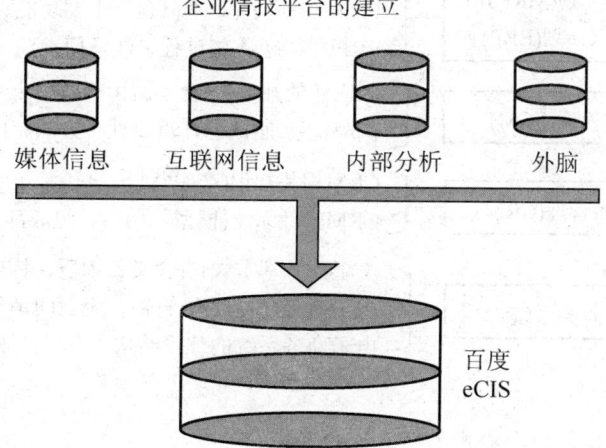

图 11.10　神州数码应用百度 eCIS 示意图

3. 客户评价

系统应用之后，客户反映："很好地解决了原先的情报分散难于管理的问题，便于查询和情报管理。""实现了情报搜集的实时、全面。"这样该 IT 企业通过百度 eCIS 能够轻松及时地掌握最新的市场变化；将多方信息整合在一起，便于比较分析；情报能得以保存，以便日后利用；而且百度 eCIS 为该企业构建的情报平台使情报的受众最大化，充分挖掘了情报价值，提高了情报效益。

案例讨论

1. 竞争情报系统的主要功能是什么？请根据本例进行说明。

2. 竞争情报对于企业的发展至关重要，请问企业应该如何来搜集、整理、分析有关竞争环境、竞争战略、竞争对手方面的情报信息？

第 12 章 集成化管理信息系统

> 知识架构

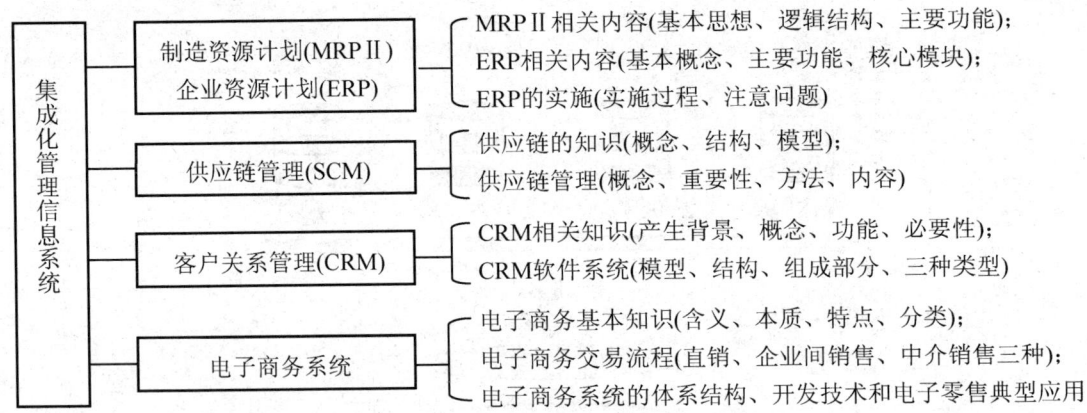

> 学习目标

通过本章的学习，读者应该能够：
- 了解物料需求计划(MRP)基本管理思想
- 掌握制造资源计划(MRP II)含义与功能
- 熟悉企业资源计划(ERP)主要功能模块
- 了解从 MRP、MRP II 到 ERP 的发展历程
- 掌握供应链管理系统(SCM) 含义与功能
- 掌握客户关系管理系统(CRM)功能目标
- 了解电子商务系统内容、结构与典型应用

第12章 集成化管理信息系统

 导入案例

案例12-0 中国网通CRM系统的合纵连横之道

与传统行业不同，电信企业与客户签订协议并不代表着可以高枕无忧地看着利润滚滚而来。而只有时时挖掘客户价值，让客户形成持续消费，企业才能实现利润。因此，电信企业实施CRM不能仅限于搜集客户信息、为客户提供多种沟通手段这些简单的应用，而更需要通过CRM系统将这种理念固化为企业的本质。2007年2月，网通北京分公司和网通国际部首先开始实施TurboCRM大客户模式下的CRM系统应用解决方案。根据网通的业务运营特点，TurboCRM为网通设计了提供整合的客户信息平台、销售过程管理、协议管理、应收管理、基于产品规划后的销售分析等应用重点。网通CRM系统方案的实施，使其内部不论是纵向的销售过程，还是公司的横向业务管理，都将"以客户为中心"为基础的理念轴贯穿始终。

1. 纵——深挖客户价值

网通的销售过程由获得销售机会、新建、分配、客户关系建立、商务谈判、获得标书等阶段构成，形成漏斗形态。在这一过程中CRM系统可以自始至终地进行监控。首先，经过前期的数据建设，将包括客户、产品、合作伙伴、协议、订单等，通过接口按月进行拆分并导入CRM系统，计算出每月的预期收入，以此为依据合理制订该月的销售目标和销售计划；然后，通过系统任务由上而下地层层分解，网通北京分公司业务管理部将销售计划分配给企业各销售部门，各销售部门负责人将任务拆分到每个销售人员头上，销售人员接到任务后，参考这个数字指标，通过系统分配给他的客户，制订出自己的销售计划，包括设定期限、需要配合的员工、相关产品等，并制订详细的客户拜访计划。所有销售人员的销售过程在系统中全程记录，并不断调整跟踪状态。销售经理可以利用系统对多路销售进行密切跟踪，及时查看部门任务完成情况，进行客户负责人调整。同样，业务管理部可以查看公司任务完成情况。这一过程中，系统中的POA(Plan of Action)管理可以督促各级做好工作计划，记录工作进程，计划、执行、检查、反馈形成PDCA循环。这样，销售过程的计划性和执行能力比手工管理方式下提高了许多。

另外，TurboCRM系统可以对海量的数据库信息做出科学、准确地分析，将销售过程形成直观的销售漏斗，根据漏斗的状态，可以及时发现问题，不断将销售漏斗状态调整到最佳，以便寻找更多客户线索。

2. 横——整合业务管理

CRM软件系统涉及销售管理、市场管理、渠道管理、产品管理、分析决策等诸多业务领域。TurboCRM的解决方案可以形成全面、综合、一体化的管理，使各个部门共享信息，默契配合，协同作战。

TurboCRM系统提供整合的客户信息平台。所谓整合的客户信息平台，一方面是将客户信息、交易记录、客户反馈、相关任务、协议、订单等分散的信息整合起来；另一方面CRM系统也为业务管理系统等做了相应的接口，这几个系统的数据库与CRM数据库实现无缝对接，CRM底层系统会自动判断各系统的信息并进行实时的数据传输和数据交换，保证了CRM系统的客户信息是最全的。同时，其他系统的用户也可以通过CRM系统了解各部门与客户的交往记录，做到心中有数。

同样，市场营销、渠道管理也根据CRM系统进行。只有在市场活动开展之前接近客户、了解客户，才能提高销售机会。以前，网通公司第三方数据库提供的数据很难被充分利用，而TurboCRM提供了销售机会导入功能，并对销售机会进行属性定义，根据数据分析，市场部门可以清楚地知道哪些客户需要什么样的产品，哪些活动更加有意义，还可以将市场活动期间的销售动态与前期做出对比分析，了解市场活动的效果，保证了市场活动的开展具有方向性和针对性。

另外，通过TurboCRM的决策分析功能，可以建立评估机制，做多维分析，对销售机会进行有效性评估，对产品应用进行调查分析等，帮助各级人员分析和决策。例如，系统的决策分析功能对客户的特点做了多达数百项的属性建设，通过分析了解客户的特征，如应用喜好、使用时间等，细致了解客户需要什么，指导销售人员寻找潜在客户、进一步挖掘客户。

3. 道——"以客户为中心"

与传统制造行业实施CRM不同，网通系统实施的最大困难不在普及、转变观念以及人员培训上，而是网通CRM系统的数据接口多，涉及部门多。为此，网通成立了由技术部门、业务部门人员组成的项目

组,与TurboCRM的实施顾问一起与各方协调,保证其他系统与CRM系统的无缝连接。项目小组每周都进行工作周报、工作通报、工作备忘,及时总结、发现、解决问题,这使得整个项目实施进展非常顺利。

目前来看,网通实施CRM系统,带来的最显著的效果是"以客户为中心"这一适应市场需要的工作模式真正建立了起来,工作效率得到极大提高,更重要的是,知己知彼,方能运筹帷幄。应用了先进的管理理念和专业的软件技术完美融合的CRM系统,淹没在数据库中的海量信息尽可以实时、准确地掌握并提升为决策依据,为处于多变竞争环境中的企业展开了一张全方位的立体作战地图。

资料来源:改编自王根慧.中国网通CRM合纵联横之道. www.turbocrm.com,2007-04-24

●**点评**:"以客户为中心"理念的实施是企业客户战略的体现,但其具体实现必须要依赖于强大的客户关系管理软件提供技术支持。在本例中,网通公司通过实施TurboCRM软件系统,有效地整合了业务流程,成功地实现了对销售渠道的监控,向客户提供了性价比较高的服务,最终提高了客户满意度和忠诚度。

企业管理信息系统的发展经历了近半个世纪的历程,其本身也是一个不断积累、演进和成熟的过程。20世纪60年代中期以后,物料需求计划(Material Requirements Planning,MRP)系统的成功推出是一个标志性的里程碑。之后,又出现了能适应生产现场情况变化的闭环MRP系统,以产品制造为核心的制造资源计划(Manufacturing Resources Planning,MRPⅡ),一直到20世纪90年代关注整个企业内部信息集成的企业资源计划(Enterprise Resources Planning,ERP)。然后,随着激烈的市场竞争,企业的管理理念转变为以"客户价值为核心",为了满足对于客户的"一对一"的服务,提升客户价值,加强客户的实时管理与在线服务,又促进了供应链管理(Supply Chain Management,SCM)、客户关系管理(Customer Relationship Management,CRM),以及电子商务(Electronic Commerce)等系统的出现和运用。

本章将按照上述发展脉络,对以上几种集成化的企业管理信息系统进行内容介绍。

12.1 制造资源计划

12.1.1 MRPⅡ的基本思想

20世纪60年代美国提出了物料需求计划(MRP),随后在此基础上又发展成制造资源计划(MRPⅡ)。

1. MRP的结构

MRP主要实现生产中的物料管理,其主要目标是合理确定物料需求,并保证库存不产生积压。它根据产品需求情况和产品结构,合理地计算和确定对物料(指原材料、零部件、外购件等)的需求数量、订货数量和订货时间,通过管理控制来保证生产所需原材料的数量,并有效地降低物料的库存,从而降低生产成本,加快资金周转,提高经济效益。

MRP主要功能模块和逻辑关系,如图12.1所示。

2. MRP解决的问题

从图12.1可以看出,MRP主要回答如下四个问题。

(1) 要生产什么(从最终产品的生产计划导出相关物料的需求量和需求时间)。

(2) 要用到什么(根据物料清单确定最终产品由哪些零部件、原材料所构成)。

(3) 已经有了什么(根据库存记录确定库存了多少物料,还缺多少物料)。

(4) 还缺少什么,什么时候开始生产或订购(根据物料的需求量、库存量确定加工量和采购量。根据物料的需求时间和生产或订购周期确定其开始生产或订货时间)。

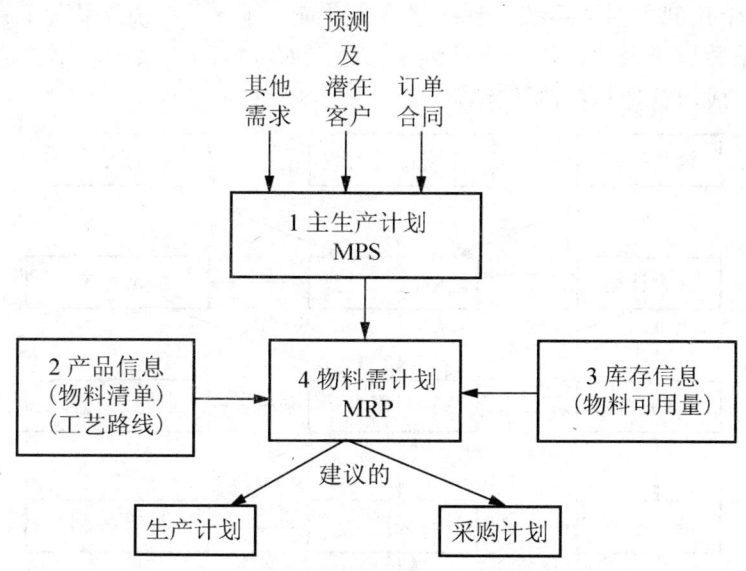

图 12.1　MRP 主要功能模块和逻辑关系图

MRP 的输入是主生产计划(即每一具体的最终产品在每一个具体时间段内的生产数量)、物料清单(说明一个最终产品由哪些零部件、原材料构成,各个零部件之间在时间、数量上的相互关系)和库存状况。输出的是制造与外购物料的数量清单与时间清单。

3. MRP Ⅱ 的含义

制造资源计划(MRP Ⅱ)是 1977 年 9 月,由美国著名生产管理专家奥列弗·怀特(Oliver Wight)在 MRP 的基础上提出的一个新概念。由于其简称也是 MRP,为了与传统的 MRP 有区别,其名称改为了 MRP Ⅱ。MRP Ⅱ 是在传统 MRP 的基础上增加了经营计划、销售、成本核算、技术管理等内容,围绕企业的基本经营目标,以生产计划为主线,产品的整个制造过程都伴随着资金流通的过程。

MRP Ⅱ 是企业对其生产系统和经营活动建立的一种计划模型,通过利用该模型,可以把企业的制造资源和经营任务的需求进行平衡,从而保证企业目标的实现。这里的企业制造资源既包括企业生产系统的内部资源要素(如生产设备、人力资源、生产能源等)和生产系统的非结构化要素及相应的管理体制,也包括与生产系统发生联系的企业内部和外部资源,如产品销售和原料供应的市场资源、企业筹集资金的财政资源、企业产品开发能力和工艺加工水平的技术资源等。MRP Ⅱ 的运行可以伴随生产系统的实时运作,即时反映系统运行的状态,辅助管理者进行决策、指挥和控制,是一种动态的信息系统。

12.1.2　MRP Ⅱ 的逻辑结构

MRP Ⅱ 认为,企业生产与管理的各部分、各层次和各环节之间有着千丝万缕的联系。这些信息是联系企业与市场,联系企业内部各个部门、各层次和各环节的纽带。近几十年来,国内外已有数万家企业建立并运行了 MRP II 系统。虽然各个软件商的设计思路与方法不同，各软件所配备的 MRP II 模块的划分也不完全一致，但其逻辑功能基本上是相同的。

在结构组成上，MRP II 整体上可分为生产控制、物流管理、财务管理三个部分。图 12.2，描绘了组成 MRP II 的主要子系统，包括预测子系统，订货子系统，采购子系统，物料需求数据、能力需求数据子系统，主生产计划子系统，库存控制子系统，销售管理子系统，车间控制子系统，成本管理与控制子系统。

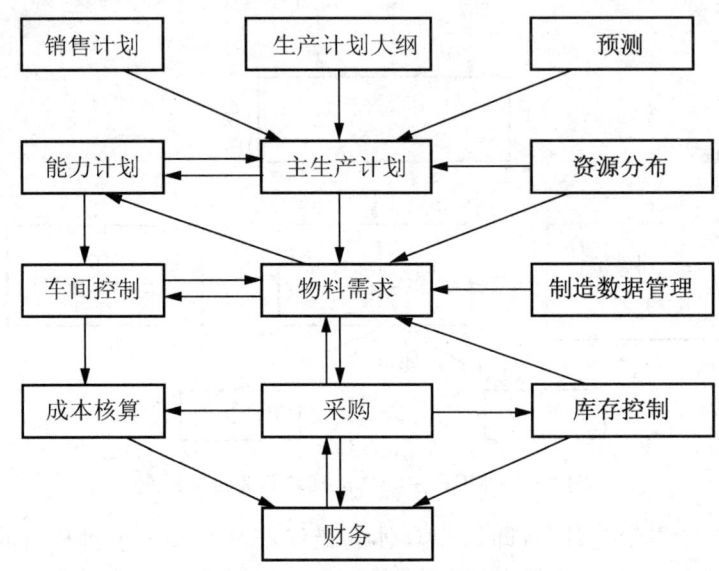

图 12.2　MRP II 系统的组成结构图

可以看出，MRP II 的入口是销售计划与预测两个子系统，二者结合起来，并参照生产计划大纲、能力计划和资源分布等子系统的具体情况，生成主生产计划。

主生产计划子系统产生的信息输入到物料需求计划中；同时，制造数据管理子系统中的产品结构表和库存控制子系统中的库存状况信息，车间控制子系统中的车间情况，以及资源分布中的人力资源等信息也输入至物料需求计划子系统，通过对物料需求量的计算之后，作为能力计划、车间控制和原料采购的输入数据。

车间控制模块除了接收能力计划子系统产生的信息外，还接收库存控制中的入出库信息，产生生产报表等信息。

成本核算接收车间控制所产生的生产信息和采购中的信息。

库存控制接收来自采购的收料入库信息等，为物料需求计划提供库存信息。

成本核算、采购和库存控制三个子系统为财务子系统提供财务处理所需要的相关各类财务数据。

另外，MRP II 系统同时具备一定的模拟功能，可以模拟将来物料需求而提出任何物料缺料的警告。可以模拟生产能力需求，发出能力不足的警告。这些警告为管理者提供必要的信息和争取了时间，使管理者能及时地进行生产准备和安排。

综上所述，MRP II 系统包括了生产大纲、市场需求、销售管理、主生产计划、物料需求计划、能力需求计划、制造数据管理、库存控制、车间控制、成本核算、采购和财务管理等部分，用以对企业生产中的人、财、物、信息等资源进行全面的控制。所以，从这个意义上来看，MRP II 已经是一个集成度相当高的管理信息系统。

12.1.3 MRP II 的主要功能

MRP II 被广泛地应用于各种有加工车间的工业企业中。企业应用 MRP II，可以保证正常的物料供应和生产协作，做好生产任务与生产能力的平衡，使生产能力、生产用量标准、库存储备、生产进度和生产控制五个方面密切配合，达到工作进度均匀，负荷充分，并且能按质、按量、按品种、按时间地完成生产任务。

具体来讲，MRP II 有以下几个方面的功能。
(1) 可以有效地控制库存水平，降低原材料、在制品和产成品的库存量。
(2) 可以合理地利用资源，缩短生产周期，提高劳动生产率。
(3) 可以保证按期交货，提高用户服务水平。
(4) MRP II 与财务系统有机集成，减少财务收支上的差错。
(5) 降低成本，增加利润。由于生产周期缩短，库存减少，从而有效地控制了成本。
(6) 各方面整合后信息的快速获取，有利于领导正确决策，从而提高企业竞争力。
(7) 有利于企业实现规范化管理，提高管理水平，保证产品质量。

12.2 企业资源计划

12.2.1 ERP 的基本概念

MRP II 主要局限于企业内部，在决策支持上主要集中在结构化决策问题。20 世纪 90 年代以来，包括供应商在内的供应链管理成为企业生产经营管理的重要部分，MRP II 系统已无法满足企业对资源全面管理的要求。1993 年，美国加特纳公司(Gartner Group Inc.)根据当时计算机信息处理技术的发展趋势和企业对供应链管理的需要，对信息时代以后的制造业管理信息系统的发展趋势和即将发生的变革做出了预测，从而提出了 ERP 的概念。

ERP 的诞生，对于传统的 MRP II 系统来讲，不仅是功能的扩展，还是社会生产和商品流通模式的大变革，当它结合互联网应用时，成为了一场更广泛、更深刻的信息技术应用革命，对企业的经营管理模式和世界经济发展将起到不可估量的作用。

所谓 ERP，就是将企业内部各个部门，包括财务、会计、生产、物料管理、品质管理、销售与分销、人力资源管理、供应链管理等，利用信息技术整合、连接在一起，其核心思想是"系统集成"。它以现代管理科学为指导，运用工业工程学的原理和技术，借助于计算机软件工程和网络技术，通过对企业所拥有的人、财、物、信息、时间和空间等综合资源进行综合平衡和优化管理，协调企业各管理部门围绕市场开展活动，使得企业在激烈的市场竞争中全方位地发挥足够的能力，从而取得最佳的经济效益。

ERP 利用了最新的信息科学成果，根据市场的要求把企业的业务流程当做一个完整的内外供应链系统，以财务管理为中心，几个相互协同作业的子系统有机结合，通过物流、信息流、资金流、人流的最佳组合，并结合企业的外部信息，实现企业的内外管理一体化，从而提高了企业的预测与决策能力，实现降低成本，提高企业效益的目的。

12.2.2 ERP 的主要功能

ERP 在 MRP II 功能的基础上,向内、外两个方向延伸,向内主张以精益生产方式改造企业生产管理系统,向外则增加战略决策功能和供需链管理功能。

在 ERP 系统中,除了 MRP II 系统的制造、财务、销售等功能外,还增加了分销、人力资源、运输管理、项目管理、供应商管理、客户管理等功能,支持集团化、跨地区、跨国界运行,也能适应柔性和敏捷生产方式和多货币、多语言、多税种,在线实时分析监控销售、生产、采购等各作业环节,可以及时提供决策信息。

ERP 的作用是将各部门连贯起来,让企业的所有信息在网上显示,不同管理人员在一定的权限范围内,通过自己专门的账号、密码,可以从网上轻易获得与自身管理职责相关的其他部门的数据,如企业订单和出库的情况、生产计划的执行情况、库存的状况等。

企业管理人员通过 ERP 可以避免资源和人事上的不必要的浪费,高层管理者也可以根据这些及时准确的信息,做出最好的决策,其最终目的就是实现企业内外资源的充分调配和平衡,达到人、财、物、产、供、销的全面结合与全面控制,实时反馈、动态协调。

12.2.3 ERP 系统的核心模块

在企业 ERP 系统中,管理的内容主要包括三个方面:生产管理(计划、制造管理)、物流管理(分销、采购、库存管理)和财务管理(会计核算、财务管理)。这三大管理系统本身就是集成体,它们相互之间有相应的接口,能够很好地整合在一起对企业进行管理。由于不同的 ERP 软件的设计思路及方法不同,所以 ERP 软件功能模块的划分也有不同。但是基本原理却是一致的。一般来说,ERP 软件所涉及的功能模块如图 12.3 所示。

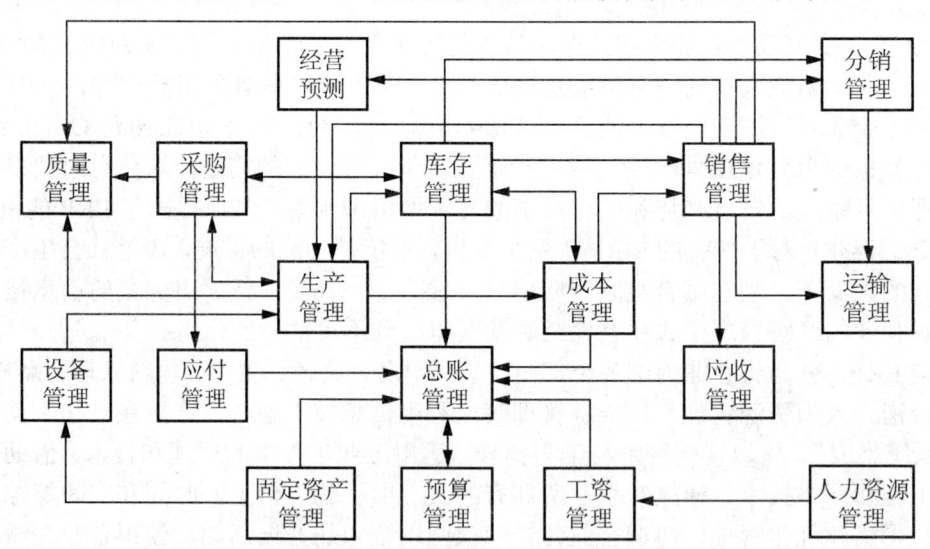

图 12.3 ERP 系统功能模块流程图

下面概括介绍图 12.3 中的生产管理(包括计划、制造管理)、物流管理(包括分销、采购、库存管理)和财务管理(包括会计核算、财务管理)三个核心模块部分的相关内容。

1. 生产管理

生产管理是 ERP 系统的核心，它将企业的整个生产过程有机地结合在一起，使得企业能够有效地降低库存、提高效率，同时各个原本分散的生产流程的自动连接也使得生产流程能够前后连贯地进行，而不会出现生产脱节、交货延误的现象。

(1) 主生产计划，是根据生产计划、经验预测和客户订单的输入来安排各周期中提供的产品种类和数量的。它将生产计划转换为产品计划，在平衡物料和能力的需求后，制订精确到时间、数量的详细的进度计划。它既是企业在一段时期内的总活动的安排，也是一个稳定的计划，在生产计划、实际订单、对历史销售情况的分析与预测的基础上产生。

(2) 物料需求计划，是在总生产计划决定最终产品的数量后，再根据物料清单，把整个企业要生产的产品数量转变为生产所需的零部件数量，并对照现有的库存量，可得知还需要加工多少、采购多少的最终数量。

(3) 能力需求计划，是在得出初步的物料需求计划之后，将所有工作中心的总工作负荷，在与工作中心的能力平衡后产生详细的工作计划，用以确定物料需求计划是否是企业生产能力上可行的需求计划。能力需求计划是一种短期的、当前实际应用的计划。

(4) 车间控制，是随时间变化的动态作业计划，是将作业分配到具体某个车间，再进行作业的排序、管理与监控。

(5) 制造标准，是在编制计划时需要的许多生产基本信息，包括零件、产品结构、工序和工作中心，均采用唯一的代码在计算机中识别。

2. 物流管理

物流管理运用管理原理与科学方法，对物流活动进行计划、组织、指挥、协调、控制和监督，使各项物流活动实现最佳的协调和配合，以降低物流成本，提高物流效率和经济效益。ERP 中的物流管理主要包括分销管理、库存控制、采购管理等功能。

1) 分销管理

从产品销售计划开始，对销售的产品、地区、客户的各种信息进行管理和统计，并对销售数量、金额、利润、绩效、客户服务等做出全面的分析。在分销管理模块中，包含客户信息管理和服务、销售订单管理、销售情况统计与分析三个方面。

(1) 客户信息管理和服务能够建立一个客户信息档案，对其进行分类管理，进而进行有针对性的客户服务，以达到最高效率地保留老客户、争取新客户。

(2) 销售订单是 ERP 系统的入口，所有生产计划都是根据它下达并进行生产安排。销售订单的管理贯穿于产品生产的全过程，主要包括客户信用审核及查询，产品库存查询(决定是否要延期交货、分批发货或用代用品发货等)，产品报价(为客户作不同产品的报价)，订单输入、变更及跟踪(订单的输入、变更修正及订单的跟踪分析)，交货期的确认及交货处理(安排交货期和发货事件)。

(3) 销售情况统计与分析是系统根据销售订单的完成情况，依据各种指标做出统计，如客户分类统计、销售代理分类统计等，再利用统计结果对企业的实际销售效果进行评价。销售统计根据销售形式、产品、代理商、地区、销售人员、金额、数量等分别进行统计。销售分析包括对比目标、同期比较和订货发货分析，从数量、金额、利润及绩效等方面进行相应的分析。客户服务进行客户投诉内容记录，分析原因。

2) 库存控制

库存控制用来控制存储物料的数量,以保证稳定的物流,支持正常生产,但又最小限度地占用资金。这是一种相关的、动态的、真实的库存控制系统,它能够结合、满足相关部门的需求,随时间推移动态地调整库存,精确地反映库存现状。这一系统的功能涉及为所有的物料建立库存,决定何时订货采购,同时以此作为交给采购部门采购、生产部门制订生产计划的依据;收到订购的物料后,经过质量检验入库,生产出来的产品也同样要经过检验入库;收发料的日常业务处理工作。

3) 采购管理

采购管理是指能够确定合理的订货量、优秀的供应商和保持最佳的安全储备,能够随时提供订购、验收信息,跟踪和催促外购或委托外加工的物料,保证货物及时到达,建立供应商的档案,用最新的成本信息来调整库存成本。具体的功能有供应商信息查询;对外购或委托外加工的物料进行跟催;采购与委托外加工的统计;对原料的价格进行分析,调整库存成本。

3. 财务管理

ERP 系统中的财务模块与一般的财务软件不同。作为 ERP 系统中的一部分,它和系统的其他模块有相应的接口,能够相互集成,如它可将由生产活动、采购活动输入的信息自动计入财务模块,生成总账、会计报表,取消了输入凭证的烦琐过程,几乎完全替代了以往的传统手工操作。一般的 ERP 软件的财务部分分为会计核算与财务管理两大块。

1) 会计核算

用来记录、核算、反映和分析资金在企业经济活动中的变动过程和结果,由总账、应收/付账、现金管理、固定资产核算、工资核算、成本计算等构成。

(1) 总账模块的功能是处理记账凭证的输入、登记、输出日记账、一般明细账及总分类账,编制主要会计报表。它是整个会计核算的核心,应收账、应付账、固定资产核算、现金管理、工资核算、多币制等模块都以其为中心来传递信息。

(2) 应收账模块是指企业应收的由于商品赊欠而产生的正常客户欠款账,它包括发票管理、客户管理、付款管理、账龄分析等功能。它和客户订单、发票处理业务相联系,同时对各项事件自动生成记账凭证,导入总账。

(3) 应付账模块包括发票管理、供应商管理、支票管理、账龄分析等。它能够和采购模块、库存模块完全集成以替代过去烦琐的手工操作。

(4) 现金管理模块是对现金流入流出的控制以及零用现金与银行存款的核算,包括对现金、支票、汇票和银行存款的管理。在 ERP 系统中提供了票据维护、票据打印、付款维护、银行清单打印、付款查询、银行查询和支票查询等和现金有关的功能。此外,它还和应收账、应付账、总账等模块集成,自动产生记账凭证,记入总账。

(5) 固定资产核算模块完成对固定资产的增减变动以及折旧、有关基金计提和分配的核算工作。它能够帮助管理者了解固定资产的现状,并能通过该模块提供的各种方法来管理资产以及进行相应的会计处理。其具体功能有登录固定资产卡片和明细账、计算折旧、编制报表以及自动编制转账凭证,并转入总账。它和应付账、成本、总账模块集成。

(6) 工资核算模块自动进行企业员工的工资结算、分配、核算以及各项相关经费的计提。它能够登录工资,打印工资清单及各类汇总报表,计算计提各项与工资有关的费用,自动做出记账凭证,导入总账。

(7) 成本计算模块依据产品结构、工作中心、工序、采购等信息进行产品的成本计算,以便进行成本的分析和规划。还能采用标准成本法或平均成本法按地点维护成本。

2) 财务管理

财务管理的功能主要是基于会计核算的数据,对其加以分析,从而进行相应的预测、管理和控制活动。它侧重于财务计划、控制、分析和预测。财务计划根据前期的财务分析做出下期的财务计划、预算等。财务分析提供查询功能,并通过用户定义的差异数据的图形显示进行财务绩效评估、账户分析等。财务决策是财务管理的核心,主要内容是做出有关资金的决策,包括资金的筹集、投放及管理。

12.2.4 ERP系统的实施方法

和其他管理信息系统相同,一个典型的 ERP 系统实施过程主要包括以下几个阶段:前期工作、实施准备、模拟运行及用户化、切换运行和新系统运行,如图 12.4 所示。

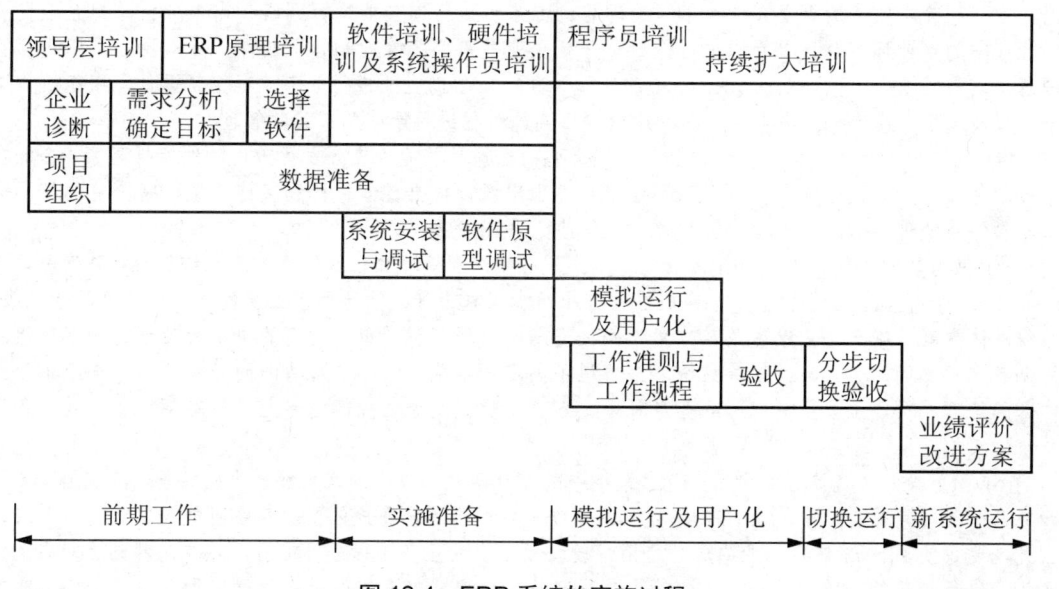

图 12.4 ERP 系统的实施过程

ERP 实施过程的各个阶段是密切相关的。在整个实施过程中,贯穿于实施准备、模拟运行及用户化、切换运行、新系统运行过程中的有关培训,如软件、硬件及系统操作员培训、程序员培训和持续扩大培训是至关重要的工作。员工是系统的真正使用者,只有他们对 ERP 软件产品及所要求的环境有充分的了解,才能保证系统最终的顺利实施和应用。

阅读材料

ERP 实施需要注意的问题

在 ERP 的应用过程中，系统实施是一个极其关键的环节。当前，ERP 实施的情况已经成为制约 ERP 效益发挥的一大瓶颈因素。ERP 项目只有在一定的科学方法和正确的工作流程指导下进行系统实施，并且妥善处理系统实施中的各类问题，才能够实现应用目标。在 ERP 的实施中，需要注意如下几个问题。

(1) 管理观念的转变。ERP 系统带来的不仅是一套软件系统，更重要的是带来了整套新的管理思想。企业在实施 ERP 系统前，应充分认识 ERP 系统的实施会不可避免地冲击企业原有的管理思想和管理模式、作风和习惯、程序和方法，以及责权利关系和体制结构等。只有深刻理解、消化吸收新的管理思想并结合企业的实际情况加以运用，实现企业管理的全面变革，才能充分发挥 ERP 系统带来的效益。

(2) 明确企业的需求和实施重点。成功实施 ERP 系统需要企业在前期明确自己的需求和实施重点。从整体和战略的高度出发，分析企业同主要竞争对手之间的差异，找出影响企业竞争力的主要因素，明确这些影响因素能否通过 ERP 得到有效的解决；从企业长远发展目标和近期最迫切需要解决的问题两个方面，对企业可以通过 ERP 系统解决的问题进行分析，分清轻重缓急，分阶段实施；分析企业现有的工作流程，找出未能实现快速响应市场的需求、同实现企业的总体目标不符而需要进行的调整和改革；分析企业的生产环境和生产类型，明确企业的组织形式对 ERP 软件的要求。

(3) 管理咨询专家的参与。ERP 系统的实施需要精通软件产品开发的技术专家，也需要精通管理理论、方法和管理实务的管理咨询专家。管理咨询专家可以帮助企业进行调研和需求分析，对企业发展和管理中的薄弱环节及核心问题进行诊断，分析企业最需要的管理和管理软件，并对企业员工进行管理意识方面的培训。也可以在 ERP 系统的实施过程中，帮助企业进行业务流程重新设计、组织机构调整，以及采用一套规范的实施原则和方法对项目实施过程进行严格的组织和管理。

(4) 以管理人员为主选择软件。ERP 系统类型的选择是其能否充分发挥效用的决定性因素。企业在选择软件时，应当以管理层为主，从企业战略需求出发，根据整体目标和实施期望，将企业的实际需求与软件系统进行很好的匹配，从而选择适合自己的 ERP 系统。

(5) 做好实施队伍的组织。ERP 系统的实施是一项涉及管理和技术的庞大的系统工程，为确保项目顺利实施，要在组织上加以落实，即成立领导小组和实施小组。领导小组主要负责制订计划的优先级、系统总体方案、确定企业管理改革方案，保证资源的合理配置、重大问题的决策及政策的制定，组织协调各部门之间的关系，并解决系统实施过程中出现的实施小组不能解决的问题等。实施小组由企业内部的管理人员、主要业务部门的业务骨干、技术人员以及企业外部的专业咨询顾问组成，具体负责系统的实施。

(6) 做好企业业务流程的重组。ERP 系统中的信息实现了最小的冗余和最大的共享，传统上需要几步或几个部门完成的工作，在 EPR 系统中利用统一的数据库和集成的信息系统可能一次就可以完成。因此，要想使 ERP 系统在企业中成功应用，就必须对企业业务流程进行重组，并在此基础上对企业组织机构进行相应的调整，实现扁平化管理，提高管理效率和对客户做出快速反应的能力。业务流程重组必然会涉及部门职能的重新划分、岗位职责的调整、权力与利益的重新分配等方面的问题，而且新的管理方式对人员素质提出了更高的要求，它会引起部分人员的岗位危机，进而对项目实施产生抵触情绪。如果企业不能妥善地处理这些问题，将给企业带来不稳定因素，这正是 ERP 系统实施的困难所在。

12.3 供应链管理

供应链管理(SCM)是为了实现供应链上各个企业的共同目标，对整个供应链的物流与信息流进行集成管理和统一协调的计算机硬软件系统、网络与通信系统。

12.3.1 供应链的含义与结构

供应链是指围绕核心企业产品生产和流通过程中所涉及的原材料供应商、生产商、批发商、零售商以及最终消费者组成的供需网络。在一个典型的供应链里，首先需要购买原材料，在一个或多个工厂中生产出产品，然后运到仓库临时储存，最后再运给客户。

在供应链中存在着三个流：物流、资金流以及信息流。其中，物流从上游向下游流动，资金流从下游向上游流动，而信息流的流动则是双向的。这三种流贯穿了企业的全部活动。围绕核心企业的供应链的网络结构模型，可以简单地以图12.5来表示。

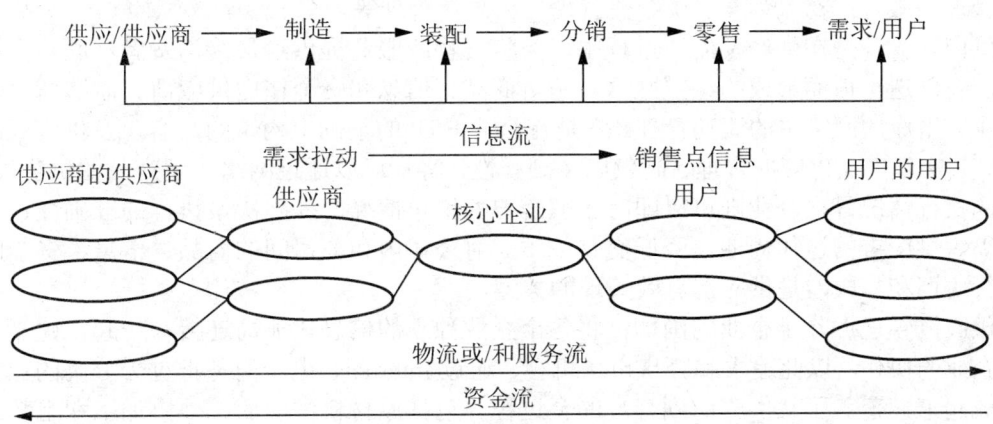

图 12.5 供应链的网络结构模型

从图 12.5 中可以看出，供应链是一个网链结构，由所有加盟的节点企业组成，节点企业相互之间是一种需求与供应的关系，其中一般有一个核心企业(可以是产品制造企业，也可以是大型零售企业)。节点企业在需求信息的驱动下，通过供应链的职能分工与合作(生产、分销、零售等)，以资金流、物流、服务流为媒介实现整个供应链的不断增值。

12.3.2 供应链管理的基本概念

供应链管理是指人们认识和掌握了供应链各环节内在规律和相互联系基础上，利用管理的计划、组织、指挥、协调、控制和激励职能，对产品生产和流通过程中各个环节所涉及的物流、信息流、资金流、价值流以及业务流进行的合理调控，以期达到最佳组合，发挥最大的效益，迅速以最小的成本为客户提供最大的附加值。

供应链管理实际上是在现代科技促使产品极其丰富的条件下发展起来的一种新的管理思想，它涉及各种企业及企业管理的方方面面，是一种跨行业的管理，并且企业之间作为贸易伙伴，为追求共同经济利益的最大化而共同努力。它强调核心企业与世界上最杰出的企业建立战略合作伙伴关系，委托这些企业完成一部分业务工作，自己集中精力和各种资源通过技术程序重新设计，做好本企业能创造特殊价值的、必须长期控制、比竞争对手更擅长的关键性业务工作。这样可以极大的提高企业的竞争力和经济效益。基于这一思想，供应链管理应当是围绕着核心企业，供应链中其他企业与核心企业共同合作并参与共同管理的一种模式。核心企业要把供应链作为一个不可分割的整体，打破存在于采购、生产、分销和销售之间的障碍，做到供应链的统一和协调。

12.3.3 供应链管理的主要内容

供应链管理覆盖了从供应商到客户的全部过程，包括外购、制造、分销、库存管理、运输、仓储、客户服务等。随着涉及的资源和环节的增加，对供应链的管理变得十分复杂，为了实现对供应链上各个环节进行管理，建立供应链管理系统就成为必不可少的条件。

供应链管理的内容主要包括：供应链的组织结构设计，如供应商、制造商、经销商、用户的选择，信息网络的设计等；协调管理与控制；需求预测、计划与管理；生产计划、生产作业计划和跟踪控制、库存管理；供应商与采购管理；制造管理；分销(渠道)管理；用户管理与服务；物流管理；资金流管理；信息流管理等。

供应链管理是在生产及流通过程中，为将货物或服务提供给最终消费者，联结上游与下游企业创造价值而形成的组织网络，是对商品、信息和资金在由供应商、制造商、分销商和顾客组成的网络中的流动管理。它是在企业 ERP 的基础上构筑的与客户及供应商的互动系统，实现产品供应的合理、高效以及高弹性，客户可以通过网络了解产品的供货周期、订单的执行情况等，企业则可以即时了解客户的销售情况，提高决策执行的准确性、及时性，缩短供应链的运作周期，降低交易成本。对公司内和公司间的商品、信息、资金的流动进行协调和集成，是供应链有效管理的关键。

供应链管理拆除了企业的围墙，将各个企业独立的信息化孤岛连接在一起，建立起一种跨企业的协作，以此追求和分享市场机会，通过 Internet、电子商务把过去分离的业务过程集成起来，覆盖了从供应商到客户的全过程，包括原材料供应商、外协加工和组装、生产制造、销售分销与运输、批发商、零售商、仓储和客户服务等，实现了从生产领域到流通领域一步到位的企业业务过程。它与传统进、销、存管理系统的区别在于：传统的进、销、存管理在设计思想上侧重于企业内部的经营活动，强调减轻人员的工作量，保证数据的准确性和账务的清晰完整，提供一定的经营分析功能，在电子商务的扩充、发展上基本没有考虑。供应链管理系统除了传统的进、销、存功能外，在设计思路上侧重于客户、企业内部、供应商三者之间相连接的经营活动，大大加强了经营分析和决策的功能。供应链管理基于 Internet 构筑与客户、供应商的互动系统，可以简单快捷地向电子商务扩充。

12.4 客户关系管理

12.4.1 客户关系管理基本概念

1. CRM 的含义

客户关系管理(CRM)就是企业通过适当的渠道，在适当时间，向适当的人提供适当的商品,其目标在于维持企业现有的市场份额,开发新的市场,建立新的销售渠道,拓展企业业务,提高企业信誉和亲和力,提高客户的满意度,让客户更多获益。

CRM 是现代管理科学与先进信息技术相结合的产物,是以客户为中心的新型商业模式,是一种旨在改善企业与客户之间关系的新型管理机制。它通过向企业的销售、市场和服务等部门和人员提供全面、个性化的客户资料,并强化跟踪服务和信息分析能力,使他们能够协同建立和维护一系列与客户以及生意伙伴之间卓有成效的"一对一关系",从而使企业得以提供更快捷和周到的优质服务,提高客户满意度,吸引和保持更多的客户,进而可以增加营业额,并通过信息共享和优化商业流程有效地降低企业经营成本。

2. CRM 的目标

CRM 是一种以客户为中心的经营策略,它以 IT 为手段,对业务功能进行重新设计,并对工作流程进行重组,它具有以下几个主要管理目标。

(1) 提高经营管理的效率。CRM 通过采用信息技术,提高业务处理流程的自动化程度,实现企业范围内的信息共享,使原本"各自为战"的销售人员、市场推广人员、电话服务人员、售后维修人员等开始真正的协调工作,成为围绕着"满足客户需求"这一中心的强大团队,提高企业员工的工作能力,使企业内部更高效地运转,降低企业经营成本。

(2) 建立、促进和拓展企业"一对一"客户服务网络。"一对一"客户服务是指企业通过传统方式或者通过现代的电话、Web、E-mail、传真网络通信手段,吸引更多的目标客户,提供符合消费者需要的产品和服务,扩大企业经营活动范围,及时把握新的市场机会,占领更多的市场份额,而且使得产品在顾客所需要的时间、所指定的地点满足顾客。

(3) 与客户建立快速、精确和可靠的沟通关系。企业根据所获得的客户信息和服务信息,动态制定出与目标市场相符合的产品、销售和服务战略。

(4) 稳固地保留老客户。客户可以选择自己喜欢的方式,与企业进行交流,方便地获取信息并且得到更好的服务,提高客户满意度以帮助企业保留更多的老客户,更好地吸引新客户。同时,通过 CRM 中的商务智能分析系统,可以最大程度上实现客户价值。

3. CRM 的功能

CRM 的功能包括客户管理、联系人管理、时间管理、潜在客户管理、销售管理、电话销售、营销管理、电话营销、客户服务、呼叫中心、合作伙伴关系管理等多个方面。

(1) 客户管理。主要功能包括:客户基本信息;与此客户相关的基本活动和活动历史;联系人的选择;订单的输入和跟踪;建议书和销售合同的生成。

(2) 联系人管理。主要功能包括:联系人概况的记录、存储和检索;跟踪同客户的联系,并生成相关的客户活动记录文件;客户的内部机构的设置概况。

(3) 时间管理。主要功能包括:日历设置;设计约会、活动计划;进行事件安排,如会议、电话、电子邮件、传真;备忘录;进行团队事件安排;查看团队中其他人的安排,以免发生冲突;把事件安排通知相关人;任务表;预告/提示;记事本;电子邮件;传真。

(4) 潜在客户管理。主要功能包括:业务线索的记录、升级和分配;销售机会的升级和分配;潜在客户的跟踪。

(5) 销售管理。主要功能包括：组织和浏览销售信息；产生各销售业务的阶段报告；对销售业务给出战术、策略上的支持；对地域进行维护；把销售员归入某一地域并授权；地域的重新设置；根据利润、领域、优先级、时间、状态等标准，用户可定制关于将要进行的活动、业务、客户、联系人、约会等方面的报告；提供类似 BBS 的功能，用户可把销售秘诀贴在系统上，还可以查询某一方面的销售技能；销售费用管理；销售佣金管理。

(6) 电话营销和电话销售。主要功能包括：电话本；生成电话列表，并把它们与客户、联系人和业务建立关联；把电话号码分配到销售员；记录电话细节并安排回电；电话营销内容草稿；电话录音记录，同时给出书写器；电话统计和报告；自动拨号。

(7) 营销管理。主要功能包括：产品和价格配置器；在进行营销活动时，能获得预先定制的信息支持；把营销活动与业务、客户、联系人建立关联；显示任务完成进度；提供类似公告板的功能，可张贴、查找、更新营销资料，从而实现营销文件、分析报告等的共享；跟踪特定事件；安排新事件，并加入合同、客户和销售代表等信息；信函书写、批量邮件，并与合同、客户、联系人、业务等建立关联；邮件合并；生成标签和信封。

(8) 客户服务。主要功能包括：服务项目的快速录入；服务项目的安排、调度和重新分配；事件的升级；搜索和跟踪与某一业务相关的事件；生成事件报告；服务协议和合同；订单管理和跟踪；问题及其解决方法的数据库。

(9) 呼叫中心。主要功能包括：呼入呼出电话处理；互联网回呼；呼叫中心运行管理；软电话；电话转移；路由选择；报表统计分析；管理分析工具；通过传真、电话、电子邮件、打印机等自动进行资料发送；呼入呼出调度管理。

(10) 合作伙伴关系管理。主要功能包括：对公司数据库信息设置存取权限，合作伙伴通过标准的数据存取方法和数据交换模式与公司进行信息交流。

 阅读材料

CRM 与 ERP 的关系

CRM 与 ERP 之间存在着相互支持和相互依赖的关系。首先，ERP 为 CRM 中的数据仓库提供了丰富的数据。其次，CRM 的分析结果和对市场发展的预测给 ERP 系统提供了决策数据。第三，CRM 从改善客户关系的角度，而 ERP 从帮助企业实现内部资金流、物流与信息流一体化管理角度，提高企业的竞争力和利润。第四，CRM 作为 ERP 系统中销售管理的延伸，借助因特网技术，突破了供应链上企业不同地域边界和不同企业之间信息交流的组织边界，建立起企业自己的 B2B 网络营销模式。

CRM 与 ERP 系统的集成运行，能够将客户、经销商、企业销售结合起来，实现企业对客户需求的快速响应。同时，CRM 与 ERP 的合作运行，可以帮助企业清除营销体系中的中间环节，通过新的扁平化营销体系，缩短响应时间，降低销售成本，提高企业效益。

12.4.2 CRM 系统的模型与结构

1. CRM 软件系统的一般模型

CRM 软件系统的一般模型如图 12.6 所示，其实现了对营销、销售和客户服务三个部分业务流程的信息化。

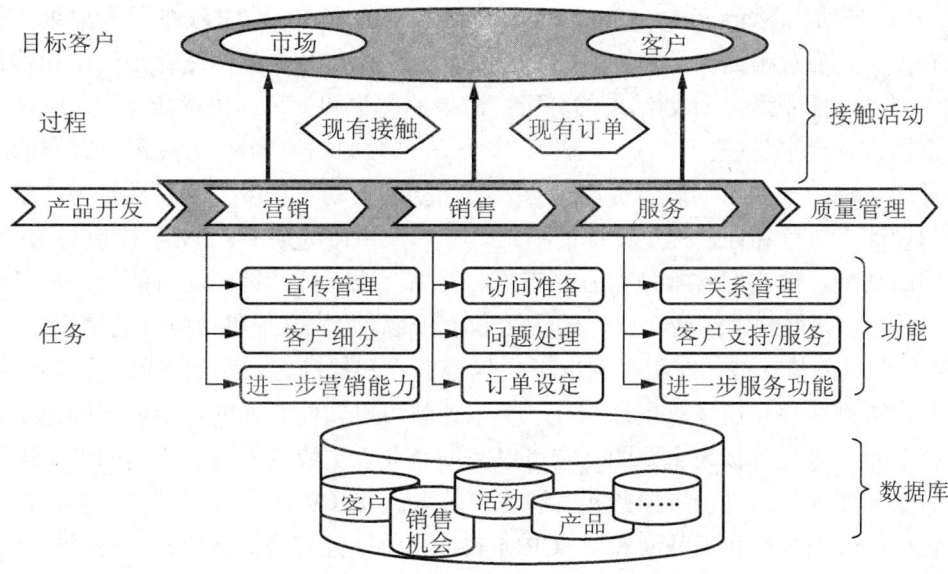

图 12.6 CRM 软件系统的一般模型

首先,在营销过程中,通过对客户和市场的细分,确定目标客户群,制定营销战略和营销计划。其次,销售的任务是执行营销计划,包括发现潜在客户、信息沟通、推销产品和服务、收集信息等,目标是建立销售订单,实现销售额。最后,在客户购买企业提供的产品和服务后,还需对客户提供进一步的服务与支持,这主要是客户服务部门的工作。产品开发和质量管理过程分别处于 CRM 过程的两端,由 CRM 提供必要的支持。

CRM 的目的就在于在适当的时间通过适当的渠道将合适的产品提供给合适的客户,CRM 软件系统可以很好地支持营销、销售和服务过程。通过 CRM 软件系统的应用,企业提高了前台业务的运作效率。客户信息可以从中央数据库完整地获取,而不依赖于销售渠道;产品及客户分析结果以及产品销售、地区销售等的预测能够非常容易且实时地得到利用;同时企业可以通过 CRM 软件系统来对销售进行管理,使得能在有很多决策部门的大型组织中实现复杂的销售过程;CRM 软件还能简化识别目标客户的工作,加强与目标客户的联系;能够更为合理地分配营销资源,提高反馈率,并加强宣传的作用,从而减少市场营销成本。

2. CRM 软件系统的核心模块

CRM 软件系统将先进的思想与最佳的实践具体化,通过使用多种先进的技术手段最终帮助企业来实现以上目标。从总体上来看,CRM 软件系统由以下几个核心模块所组成。

(1) 销售自动化(Sales Force Automation,SFA)。SFA 模块是 CRM 中最基本的模块,在国外已经有了十几年的发展,近几年在国内也获得了长足发展。SFA 早期是针对客户的应用软件,但从 20 世纪 90 年代初开始,它的范围已经大大地扩展,包含一系列的功能,可以很好地提高销售人员的大部分活动的自动化程度,提高其工作效率。SFA 的功能一般包括日历和日程安排、联系和客户管理、佣金管理、商业机会和传递渠道管理、销售预测、建议的产生和管理、定价、区域划分、费用报告等。

(2) 营销自动化(Marketing Automation，MA)。MA 模块是 CRM 的最新成果，作为对 SFA 的补充，它为营销提供了独特的能力。例如，营销活动(包括网络营销活动和传统营销活动)计划的编制和执行、计划结果的分析；清单的产生和管理；预算和预测；营销资料管理；"营销百科全书"(关于产品、定价、竞争信息等的知识库)；对有需求客户的跟踪、分销和管理。MA 模块不局限于提高销售人员活动的自动化程度，其目标是为营销及其相关活动的设计、执行和评估提供详细的框架。在客户生命周期中，MA 模块与 SFA 模块具有不同的功能，但它们常常是互为补充的。例如，成功的营销活动可能很好地了解有需求的客户；为了使得营销活动真正有效，应及时地将销售机会提供给执行的销售专业人员。

(3) 客户服务与支持。在很多情况下，保持客户和提高客户利润贡献度依赖于提供优质的服务，否则客户只需轻点鼠标或打一个电话就可以转向企业的竞争者。因此，客户服务和支持对企业来说是极为重要的。它可以帮助企业以更快的速度和更高的效率来满足客户的售后服务要求，以进一步保持和发展客户关系。在 CRM 软件系统中，客户服务与支持主要是通过呼叫中心和互联网实现。CRM 软件系统中强有力的客户数据使通过多种渠道(如互联网、呼叫中心)的纵横向销售变为可能。当把客户服务与支持功能同销售、营销功能比较好地结合起来时，就能为企业提供很多好机会，向已有的客户销售更多的产品。客户服务与支持的典型应用包括：客户关怀；纠纷处理；订货、订单跟踪；现场服务；问题及其解决方法的数据库；维修行为安排和调度；服务协议和合同；服务请求管理等。

(4) 商务智能。商务智能(Business Intelligence，BI)是指利用数据挖掘、知识发现等技术分析和挖掘结构化的、面向特定领域的、存储于数据仓库内的信息，进而帮助用户认清发展趋势、识别数据模式、获取智能决策支持、得出结论。在企业的信息技术基础设施中，以数据仓库为核心的商务智能可以将大量信息转换成可利用的数据，并允许决策者从企业过去的经验记录中查找适用于当前情况的模式，通过这一方法可使决策者更好地预测未来。商务智能的范围包括客户、产品、服务和竞争者等。在 CRM 软件系统中，商务智能主要是指客户智能。利用客户智能，可以收集和分析市场、销售、服务和企业的其他信息，对客户进行全方位的了解，从而理顺企业资源与客户需求之间的关系，增强客户的满意度和忠诚度，实现获取新客户、支持交叉销售、保持和挽留老客户、发现重点客户、支持面向特定客户的个性化服务等目标，提高赢利能力。

12.4.3　CRM 软件系统的组成部分

CRM 软件系统可划分为接触活动、业务功能及数据库三个部分。本节介绍其相关知识。

1. CRM 软件系统中的接触活动

CRM 软件能使客户以各种方式与企业接触，典型的方式有呼叫中心、面对面的沟通、传真、移动销售、电子邮件、Internet 以及其他营销渠道(如金融中介或经纪人等)，不同渠道的接触活动如图 12.7 所示。企业必须协调这些沟通渠道，保证客户能够采取其方便或偏好的形式，随时与企业交流，并且保证来自不同渠道的信息完整、准确和一致。

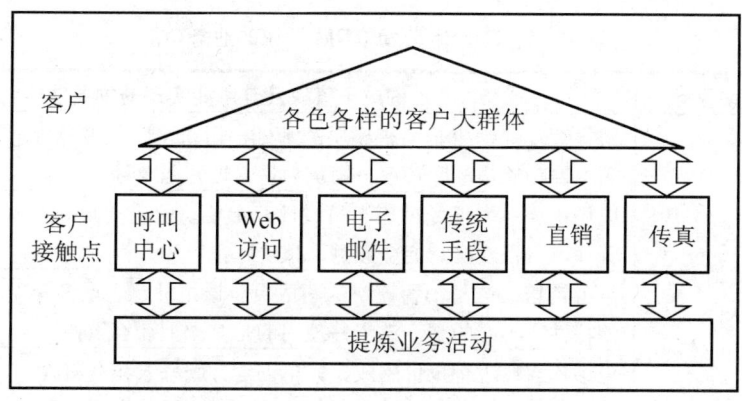

图 12.7　不同渠道的接触活动

在客户交互周期中的客户接触参与阶段，CRM 软件系统主要包含以下的内容。

(1) 营销分析。包括市场调查、营销计划、领导分析，以及活动计划，并提供市场洞察力和客户特征，使营销过程更具计划性，达到最佳化。

(2) 营销活动管理。包括活动传送、计划、内容发展、客户界定、市场分工和联络。

(3) 电话营销。包括呼入/呼出管理，名单目录管理，支持一个企业多个联系人。

(4) 电子营销。保证互联网上个性化的实时、大量的营销活动的实施和执行。选定确切、有吸引力的目标组，通过为顾客定制的内容和产品进行进一步互动。

(5) 潜在客户管理。通过对潜在客户资格以及从销售机会到销售管理，跟踪和传递对潜在客户发展的管理。

2. CRM 软件的各业务子系统

CRM 软件系统的业务功能通常包括市场管理、销售管理、客户服务和支持三个部分。

(1) 市场管理，主要任务是通过对市场和客户信息的统计和分析，发现市场机会，确定目标客户群和营销组合，科学地制定出市场和产品策略，为市场人员提供制定预算、计划、执行和控制的工具，不断完善市场计划；管理各类市场活动(如广告、会议、展览、促销等)，对市场活动进行跟踪、分析和总结，以便改进工作。

(2) 销售管理，主要任务是使销售人员通过各种销售工具，方便及时地获得有关生产、库存、定价和订单处理的信息。所有与销售有关的信息都存储在共享数据库中，销售人员可随时补充或及时获取。另外，借助信息技术，销售部门还能自动跟踪多个复杂的销售线路。

(3) 客户服务和支持，主要任务是服务和支持。一方面，通过计算机电话集成技术支持的呼叫中心，可以为客户提供每周 7×24 小时不间断的服务，并将客户的各种信息存入共享的数据库，以便及时满足客户需求；另一方面，技术人员对客户的使用情况，可以进行跟踪，以便为客户提供个性化服务，并对服务合同进行管理。

表 12-1 以 Oracle 公司的 CRM 产品为例，给出了 CRM 各业务功能较为详细的描述。

表 12-1　Oracle 公司 CRM 系统的业务功能

模块名称	模块目标	各构成子模块及其所能实现的主要功能
销售模块	提高销售过程的自动化和销售效果	销售管理：销售是销售模块的基础，用来帮助决策者管理销售业务，包括的主要功能是额度管理、销售力量管理和地域管理
		现场销售：为现场销售人员设计，主要功能包括联系人和客户管理、机会管理，日程安排、佣金预测、报价、报告和分析
		掌上销售：这是销售模块的新成员。该组件包含许多与现场销售组件相同的特性，不同的是，该组件使用的是掌上型计算设备
		电话销售：进行报价生成、订单创建、联系人和客户管理、潜在客户管理，以及针对电话商务的功能，如电话路由、呼入电话屏幕提示以及回应管理
		销售佣金：它允许销售经理创建和管理销售队伍的奖励和佣金计划，并帮助销售代表形象地了解各自的销售业绩
营销模块	对直接市场营销活动的计划、执行和分析	营销管理：使营销部门实时地跟踪活动的效果，执行和管理多种多样、多渠道的营销活动
		针对特定行业的营销部件：在上面的基础营销功能基础上，针对特定行业(如电信、保险、零售)的具体实际，增加了一些附加的特定行业特色功能
		其他功能：可帮助营销资料列表生成与管理；授权和许可；预算；回应管理
客户服务模块	提高那些与客户支持、现场服务和仓库修理相关的业务流程的自动化并加以优化	服务：完成现场服务分配、现有客户管理、客户产品全生命周期管理、服务技术人员档案、地域管理等。通过与 ERP 集成，可进行集中式的雇员定义、订单管理、后勤、部件管理、采购、质量管理、成本跟踪、发票、会计等
		合同：用来创建和管理客户服务合同，从而保证客户获得的服务水平和质量与其所花的钱相当。它可以使得企业跟踪保修单和合同的续订日期，利用事件功能表安排预防性的维护活动
		客户关怀：是客户与供应商联系的通路，允许客户记录并自己解决问题，如联系人管理、客户动态档案、任务管理、基于规则解决重要问题等
		移动现场服务：使服务工程师能实时地获得关于服务、产品和客户的信息。同时，他们还可使用该组件与派遣总部进行联系
电子商务模块	帮助及时构建电子商务平台，实现电子商务功能	电子商店：此部件使企业能建立和维护基于互联网的店面，从而在网络上销售产品和服务
		电子营销：与电子商店相联合，电子营销允许企业能够创建个性化的促销和产品建议，并通过 Web 向客户发出
		电子支付：是电子商务的业务处理模块，能使企业配置自己的支付处理方法
		电子货币与支付：利用这个子模块后，客户可在网上浏览和支付账单
		电子支持：允许顾客提出和浏览服务请求、查询常见问题、检查订单状态。电子支持部件与呼叫中心联系在一起具有电话回拨功能

续表

模块名称	模块目标	各构成子模块及其所能实现的主要功能
呼叫中心模块	利用电话来促进销售、营销和服务	电话管理员：包括呼入呼出电话处理、互联网回呼、呼叫中心运营管理、图形用户界面软件电话，应用系统弹出屏幕、友好电话转移、路由选择等
		开放连接服务：支持绝大多数的自动排队机，如 Lucent、Nortel、Aspect、Rockwell、Alcatel、Erisson 等
		语音集成服务：支持大部分交互式语音应答系统
		报表统计分析：提供了很多图形化分析报表，可进行呼叫时间分析、等候时间分析、呼入呼叫的汇总分析、坐席负载率分析、呼叫接失率分析、呼叫传送率分析、坐席绩效对比分析等
		管理分析工具：进行实时的性能指数和趋势分析，将呼叫中心和坐席的实际表现与设定的目标相比较，确定需要改进的区域
		代理执行服务：支持传真、打印机、电话和电子邮件等，自动将客户所需的信息和资料发给客户，可选用不同配置使发给客户的资料有针对性
		自动拨号服务：管理所有的预拨电话，仅接通的电话才转到坐席人员那里，节省拨号时间
		市场活动支持服务：管理电话营销、电话销售、电话服务等
		呼入呼出调度管理：根据来电的数量和坐席的服务水平，为坐席分配不同的呼入呼出电话，提高客户服务水平和坐席人员的生产率
		多渠道接入服务：提供与因特网和其他渠道的连接服务，充分利用话务员的工作间隙，收看 E-mail、回信等

3. CRM 中的客户信息数据库

客户信息数据库是 CRM 系统的重要组成部分，是企业前台各部门进行各种业务活动的基础。从某种角度上讲，它甚至比各种业务功能更为重要，其重要作用体现在：帮助企业根据客户生命周期价值来区分各类现有客户；帮助企业准确地找到目标客户群；帮助企业在最合适的时机以最合适的产品满足客户需求，降低成本，提高效率；帮助企业结合最新信息制定出新策略，塑造客户忠诚。运用数据库这一强大的工具，可以与客户进行高效的、可衡量的、双向的沟通，真正体现了以客户为导向的管理思想；可以与客户维持长久的、甚至是终身的关系来保持和提升企业短期和长期的利润。

可以这样说，客户信息数据库是 CRM 管理思想和信息技术的有机结合。

一个高质量的数据库包含的数据应当能全面地、准确地、详尽地和及时地反映客户、市场及销售信息。数据可以按照市场、销售和服务部门的不同用途分成三类：客户数据、销售数据、服务数据。客户数据包括客户的基本信息、联系人信息、相关业务信息和客户分类信息等，它不但包括现有客户信息，还包括潜在客户、合作伙伴和代理商的信息等。销售数据主要包括销售过程中相关业务的跟踪情况，如与客户的所有联系活动、客户询价和相应报价、每笔业务的竞争对手以及销售订单的有关信息等。服务数据则包括客户投诉信息、服务合同信息、售后服务情况以及解决方案的知识库等。这些数据可放在同一个数据库中实现信息共享，以提高企业前台业务的运作效率和工作质量。

目前，飞速发展的数据仓库技术(如 OLAP、数据挖掘等)能按照企业管理需要，对数据源进行再加工，为企业提供了强大的数据分析工具。

12.4.4 CRM 软件系统的三种类型

目前，在全球范围内，声称已开发出 CRM 软件系统的公司很多。这些 CRM 软件系统，功能特点和适用对象不同，模块多少和系统规模各异。后来，美国著名 IT 咨询公司 Meta Group 把 CRM 系统分为了运营型、分析型和协作型三类。本节就对这三类系统进行介绍。

1. 运营型 CRM 及其功能

运营型 CRM，也称"前台"CRM 或操作型 CRM，如营销自动化、销售自动化和客户服务管理等与客户直接发生接触的部分，其目的是为了确保企业与客户的交流，确保企业能够通过各种客户互动渠道收集到所需的客户信息，以便建立客户档案，并将各种相关客户数据存储在中央客户数据库中。运营型 CRM 系统，使得企业中直接面对客户的相关部门在日常工作中能够共享客户资源，减少信息流动滞留点，从而以一种统一的视图面对客户。

运营型 CRM 包括与客户直接发生接触的各个"接触点"的整合，以及前台和后台运营之间相互的平滑连接。这里的"接触点"可以是"输入"接触(如打给公司客户热线的电话)，也可以是"输出"接触(如业务员的销售电话或者电子邮件促销)。

运营型 CRM 围绕客户信息进行各个部门的协同工作，主要解决以下的问题。
(1) 如何收集客户信息？
(2) 谁来收集客户信息？
(3) 收集什么样的客户信息？
(4) 与某个客户相关的所有信息是否是整合的？
(5) 企业前台管理的每个部门是否都建立起"以客户为中心"的理念？
(6) 对不同的客户是否能够提供不同的服务？

根据上述分析可看出，运营型 CRM 最适合于制造业、零售业、保险业，这是因为这类行业的企业客户数据太多，而且分散在大量的业务员手中，没有办法进行系统管理。但解决好数据的共享是其应用的关键，随着移动通信技术的完善，以上应用前景是被看好的。

2. 分析型 CRM 及其功能

分析型 CRM，也称为"后台"CRM 或"战略"CRM，它主要是通过分析运营型 CRM 中获得的各种数据，为企业的经营、决策提供可靠的量化依据。分析型 CRM 侧重在分析客户数据上，使企业更为清晰地了解自己客户的类型，把握不同类型客户的准确需求，从而发挥最大潜力挖掘客户和更好地服务于客户。建立良好的客户关系，最理想的状况是集成覆盖整个企业的 CRM 系统，即用运营型 CRM 提供多种接触手段，用分析型 CRM 提供的数据深入了解客户，达到对不同客户区别对待的目的。分析型 CRM 的组成如图 12.8 所示。

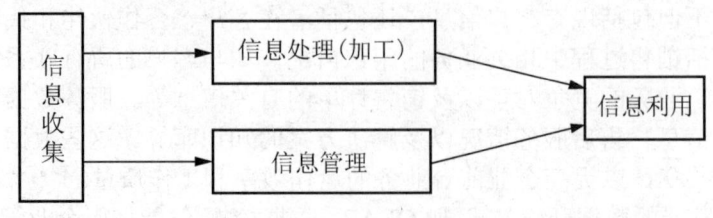

图 12.8 分析型 CRM 的组成

可以看出，分析型 CRM 首先需要有一个信息采集的部分，用来收集两方面的信息：一方面是企业和客户的交易信息，另一方面是企业的外部相关信息，并把这两种重要的信息融合起来，组成企业数据仓库，作为 CRM 运作的基础；然后还要有信息管理、信息处理(加工)部分，最终是为了进行信息利用。通过这几个部分的运作，有助于分析型 CRM 在如下问题上做出正确的评价、认识和决策。

(1) 哪些活动可以赢得更多更好的客户？
(2) 最优秀的客户有哪些？
(3) 如何才能达到最好的宣传效果和宣传业绩？
(4) 哪些客户是需要投入精力来挽留的？

如果将上面 CRM 的组成具体化，可以把图 12.8 修改为图 12.9 更为直接的运作形式。

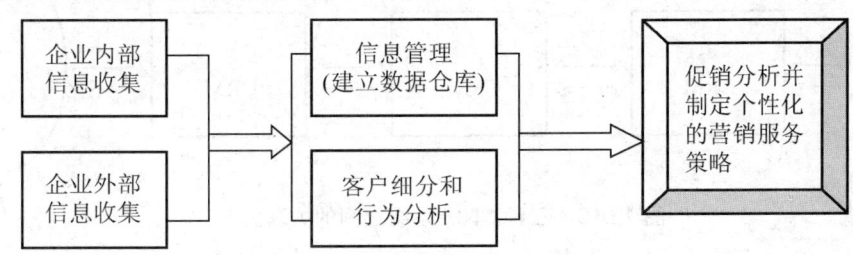

图 12.9 分析型 CRM 的运作

分析型 CRM 应用大量交易数据对未来的市场趋势做出预测，它适合有大量客户的金融、电信、证券行业。一般由商业智能(BI)供应商提供的 CRM 主要是分析型 CRM，同时又能同运营型 CRM 进行平滑的集成和协同工作。BI 供应商提供的 CRM 通常包含的分析和应用主要有客户群体分类分析和行为分析、客户效益分析和预测、客户背景分析、客户满意度分析、交叉销售、产品及服务使用分析、客户信用分析、客户流失分析、欺诈发现、市场分类分析、市场竞争分析、客户服务中心优化等。

3. 协作型 CRM 及其功能

协作型 CRM 是指企业直接与客户互动(通常通过网络)的一种状态，它能实现全方位地为客户交互服务和收集客户信息，形成与多种客户交流的渠道。协作型 CRM 强调的是交互性，它借助多元化、多渠道的沟通工具，让企业内部各部门同客户一起完成某项活动。协作的意思就是可以让两个以上的人员一起工作。协作型 CRM 应用能够让企业客户服务人员同客户一起完成某项活动。例如，技术人员通过电话指导客户修理设备，因为这个修理的活动同时有员工和客户共同参与，因此他们是协作的。而前面的运营型应用和分析型应用都是企业员工自己单方面的业务工具，在进行某项活动时，客户并没有一起参与。

协作型 CRM 将更大程度地实现全方位地为客户交互服务和收集客户信息，实现多种客户交流渠道，如将呼叫中心、面对面交流、Internet/Web、E-mail/Fax 等集成起来，使各种渠道融会贯通，以保证企业和客户都能得到完整、准确和一致的信息。

协作型 CRM 能全方位地为客户交互服务和收集客户信息，并实现多种客户交流渠道的集成，以保证企业和客户都能得到完整、准确和一致的信息。其主要功能包括以下几点。

(1) 电话接口。提供与世界先进水平的电话系统集成的接口，支持多种 CTI 中间件。
(2) 电子邮件和传真接口。能与电子邮件和传真集成，接收和发送电子邮件和传真；能自动产生电子邮件以确认信息接收等。

(3) 网上互动交流。进一步加强与网络服务器的集成以支持互动浏览、个性化网页、站点调查等功能。

(4) 呼出功能。支持电话销售/电话市场推广，如预知拨号、持续拨号、预先拨号。

4. 三类系统的关系与功能定位

在 CRM 实际项目的运作中，运营型、分析型、协作型是相互补充的关系，如图 12.10 所示。

如果把 CRM 比作一个完整的人的话，运营型 CRM 是 CRM 的四肢，分析型 CRM 则是 CRM 的大脑和心脏，而协作型 CRM 就是各个感觉器官。

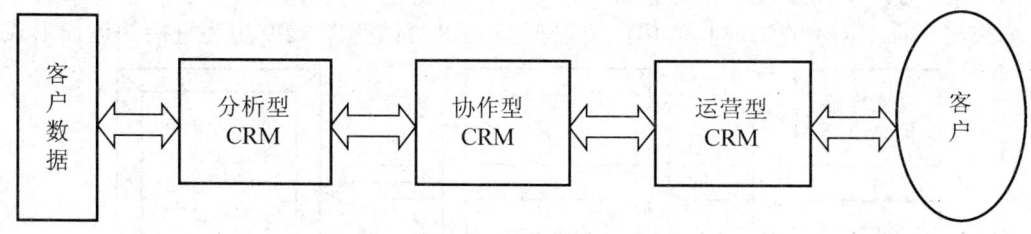

图 12.10　三种 CRM 系统之间的关联关系

三类 CRM 系统主要侧重于功能的分类。实际上，各种 CRM 产品并没有严格区分为运营型、分析型、协作型，而是多种应用贯穿其中，三种应用系统的职责定位如图 12.11 所示。

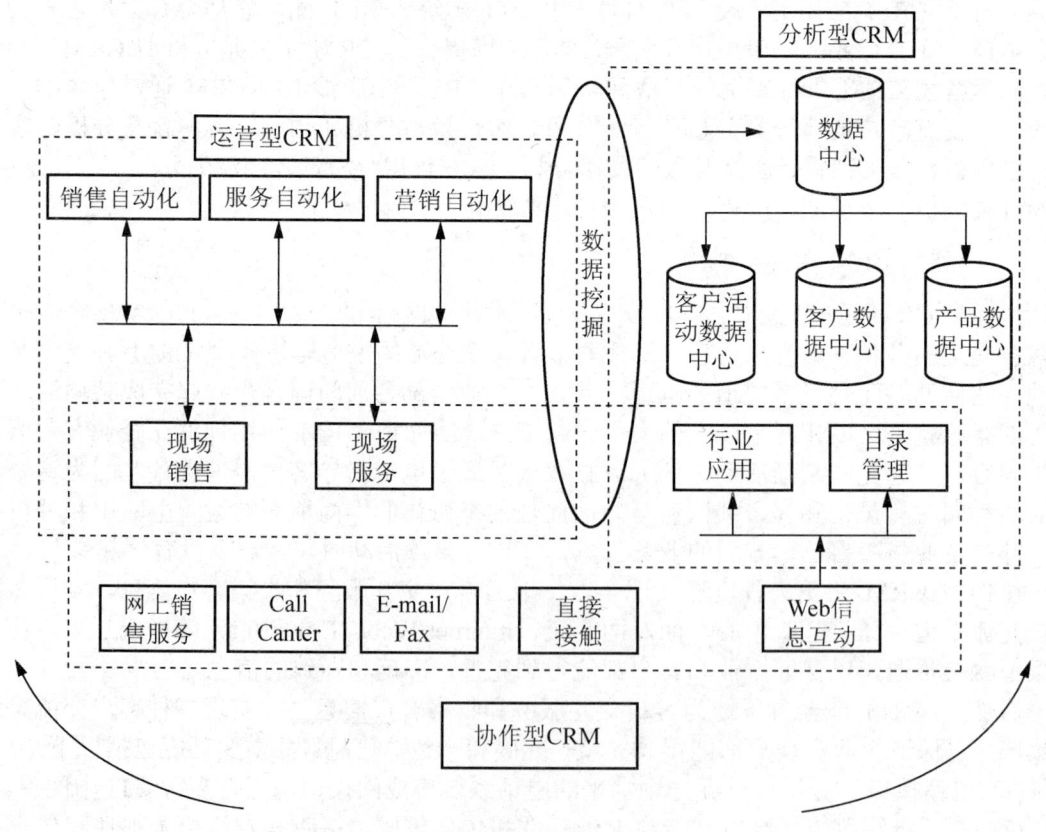

图 12.11　三种 CRM 系统的职责定位

客户与企业的互动,就需要把分析型 CRM 与运营型 CRM 结合在一起。例如,网站的客户先通过运营型系统,了解客户要什么信息,运营型系统就把客户的要求传递给数据仓库,通过数据仓库来获取这些信息,然后返回客户界面,再到客户。运营型 CRM 管理接触点,适应于通过 Web 与客户联系;而数据仓库不管理接触点,适应于分析和决策。一个强大的 CRM 解决方案应该是把接触点的运营型 CRM 和分析型的后台的数据仓库相结合,这也就产生了称为协作型的 CRM。而后端和前端走向融合的关键点在于系统是开放的,只有开放的系统才能把各自的优点结合起来。

协作型 CRM 与客户交互共同完成任务,通过互联网、电话等交互渠道集成为业务管理用户提供多渠道的交互方式,包括网站、电子邮件、电话、多媒体呼叫中心和无线接入。并且这些交互渠道是相互集成的,保证所有客户在不同的渠道上得到统一的服务,有统一的体验,也使企业的各种业务运作都可"随时随地"处理。

目前运营型 CRM 产品占据了 CRM 市场大部分的份额,它虽然能够基本保证企业业务流程的自动化、企业与客户之间的沟通与协作等问题,但是随着客户信息的日趋复杂,它已难以满足企业进一步的需要,在现有 CRM 解决方案基础上扩展强大的业务智能和分析能力就显得尤为重要。因此,分析型 CRM、协作型 CRM 毫无疑问将成为今后市场需求的热门。

12.5 电子商务系统

电子商务系统是互联网时代管理信息系统的主流应用之一,它在因特网和其他网络基础上,集成了数据管理、事务处理、业务流程重组、安全管理等技术,以实现企业电子商务活动为目标,满足企业生产、销售、服务等方面的需要,支持企业的对外业务协作,从运作、管理和决策等层次全面提高企业的信息化水平,为企业提供商业智能。

12.5.1 电子商务系统基本知识

电子商务系统是商务与技术相结合的产物。了解企业商务活动的过程,熟悉电子商务的基本概念和业务流程,是开发电子商务系统的基础。

1. 电子商务的含义

电子商务(Electronic Commerce,EC)是指通过网络以电子数据流通的方式在全世界范围内进行并完成的各种商务活动、交易活动、金融活动和相关的综合服务活动。

实际上,电子商务就是一种借助于计算机网络技术,通过电子交易手段来完成金融、物资、服务和信息等价值交换,快速而有效地从事各种商务活动的最新方法。电子商务的应用有利于满足企业、供应商和消费者对于提高产品质量和服务质量、加快服务速度、降低费用等方面的需求,帮助企业和个人通过网络查询和信息检索的方式来支持决策。

电子商务的目标可概括为以下几点:加强企业与供应商之间的联系;加快资金周转速度,降低企业综合成本;减少产品流通时间;加快对消费者需求的响应速度;提高服务质量,实现信息系统的一体化;建立企业站点,树立企业形象,提高企业知名度,增强市场竞争力。

2. 电子商务的本质

电子商务就其本质而言，是"商务"，其核心仍然是商品的交换，但是它与传统商务活动也有差别，这种差别主要体现在商务活动的形式和手段上。

(1) 电子商务是一种采用最先进信息技术的交易方式。交易各方将自己的各种供求意愿按照一定的格式输入电子商务网络，电子商务网络便会根据用户的要求，寻找相关信息并向用户提供多种交易选择。一旦用户确认，电子商务就会协助完成合同的签订、分类、传递和款项收付等整套业务。这就为卖方以较高的价格卖出产品、买方以较低的价格购入商品和原材料提供了一条非常便捷的途径。

(2) 电子商务形成虚拟的市场交换场所。电子商务能够跨越时空，实时地为用户提供各类商品和服务的供应量、需求量、发展状况及买卖双方的详细情况，从而使买卖双方能够更方便地研究市场，更准确地了解市场动态和把握市场方向。

(3) 对电子商务的理解，应从"现代信息技术"和"商务"两个方面综合考虑。一方面，"电子商务"所包括的"现代信息技术"，应涵盖各种以电子技术为基础的通信方式；另一方面，对"商务"一词应作广义理解，它应包括契约型或非契约型的一切商务性质关系所关联的各种事项。如果把"现代信息技术"看成一个子集，"商务"看成另一个子集，电子商务所覆盖的范围应当是这两个子集所形成的交集。

(4) 电子商务不等于商务电子化。真正的电子商务绝不仅是企业前台的商务电子化，更重要的是包括后台在内的整个运作体系的全面信息化，以及企业整体经营流程的优化和重组。也就是说，建立在企业全面信息化的基础上，通过电子手段对企业的生产、销售、库存、服务以及人力资源等环节实行全方位控制的电子商务才是真正意义上的电子商务。

3. 电子商务的特点

与传统的商务活动相比较，电子商务具有一些明显的优势，其主要特点可以概括为交易市场庞大，交易速度快捷，交易过程虚拟，交易成本低廉，交易环节透明化。

电子商务系统打破了时间的局限，改变了贸易形态，使商贸业务手续简便，速度快捷，从而降低了成本，加快了经济结构调整，提高了企业的竞争力。

4. 电子商务的分类

按照交易对象，电子商务可以分为以下三种类型。

(1) B2C(Business to Customer)，即企业与消费者之间的电子商务。B2C类似于联机服务中的商品交易，是利用计算机网络使消费者直接参与经济活动的高级形式。这种形式随着计算机网络的普及迅速发展，现已形成大量的网络商业中心，提供各种商品和服务。

(2) B2B(Business to Business)，即企业与企业之间的电子商务。B2B包括特定企业间的电子商务和非特定企业间的电子商务。特定企业间的电子商务是在过去一直有交易关系或者今后要继续进行交易的企业间，为了共同的经济利益，共同进行的设计、开发或市场与库存管理的商务交易。企业可以通过网络向供应商订货、接收发票和付款。非特定企业间的电子商务是在开放的网络中对每笔交易寻找最佳伙伴，与伙伴进行从定购到结算的全部交易行为。虽然说是非特定企业，但由于加入该网络的只限于需要这些商品的企业，可以设想是限于某一行业的企业。不过，它并不以持续交易作为前提，不同于特定企业间的电子商务。B2B 在这方面已经有多年运作的历史,使用状况良好,特别是通过专用网络或增值网络运行的电子数据交换(EDI)。

(3) B2G(Business to Government),即企业与政府方面的电子商务。这种商务活动覆盖企业与政府组织间的各项事务。政府采购清单可以通过因特网对外发布,公司可以以电子化方式回应。同样,在公司营业税的征收上,政府也可以通过电子交换方式来完成。

通过电子商务的上述三种基本形式,还可以生成若干种不同的派生形式,如 C2B(Customer to Business)、C2C(Customer to Customer)、G2B(Government to Business)等。这些形式的运作过程与 B2C 和 B2B 电子商务基本类似。

12.5.2 电子商务系统交易流程

不同类型的电子商务,其交易流程是不同的。对于因特网商务来讲,可分为三种基本的交易流程:网络商品直销的流程、企业间网络交易的流程和网络商品中介交易的流程。

1. 网络商品直销的交易流程

网络商品直销,是指消费者和生产者,或者需求方和供应方,直接利用网络所开展的交易活动,B2C 电子商务基本属于网络商品直销的范畴。这种交易模式的最大特点是供需方直接见面,中间环节少,速度快,费用低。其交易流程可以用图 12.12 加以说明。

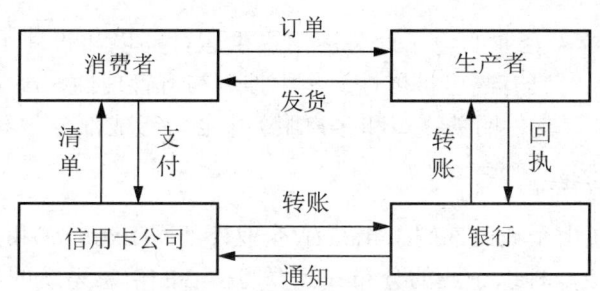

图 12.12 网络商品直销的交易流程

2. 企业间网络交易的流程

企业间网络交易是 B2B 电子商务的一种基本形式。交易从寻找和发现客户出发,利用企业自己的网站或网络服务提供商的信息发布平台发布交易信息。借助因特网超越时空的特性,企业可以方便地了解到世界各地其他企业的购买信息,同时也有随时被其他企业发现的可能。通过商业信用调查平台,买卖双方可以进入信用调查机构申请对方的信用调查;通过产品质量认证平台,买方可以对卖方的产品质量进行认证。然后,在信息交流平台上签订合同,进而实现电子支付和物流配送。最后是销售信息的反馈,完成整个 B2B 的电子商务交易流程,交易流程可以用图 12.13 加以说明。

3. 网络商品中介交易的流程

网络商品中介交易是通过网络商品交易中心,即通过虚拟网络市场进行的商品交易。这是 B2B 电子商务的另一种形式。在这种交易过程中,网络商品交易中心以因特网为基础,利用先进的通信技术和计算机软件技术,将商品供应商、采购商和银行紧密地联系起来,为客户提供市场信息,提供商品交易、仓储配送、货款结算等全方位的服务。

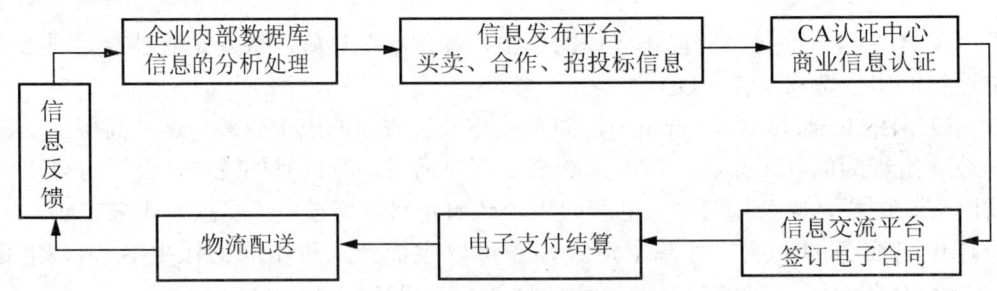

图 12.13 企业间网络交易的流程

12.5.3 电子商务系统体系结构

从总体分析，电子商务系统是一个三层体系结构，其中，最底层是网络平台，中间是电子商务基础平台，最上层是各种电子商务应用系统。

1. 网络平台

网络平台是信息传输的载体和用户接入的手段，是电子商务系统的基础，一般遵从 TCP/IP 协议，提供网络服务、安全服务、目录服务以及文件和打印服务等。

2. 电子商务基础平台

电子商务基础平台为企业的电子商务应用提供运行环境和管理工具及内部系统的连接，是保证电子商务系统具有高可扩展性、集中控制与可管理性、高可靠性的基础。一般包括 CA 认证中心接口、支付网关接口和客户服务中心等组成部分。

3. 电子商务应用系统

电子商务应用系统由企业内部网(Intranet)、企业外部网(Extranet)和因特网(Internet)三部分组成，这三部分构成一种以企业的分布式计算为核心的信息系统的集合体，如图 12.14 所示。

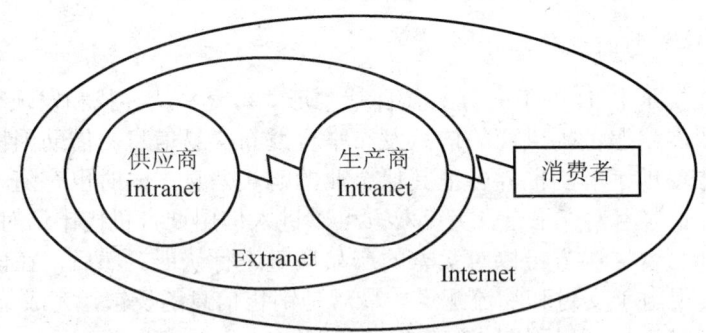

图 12.14 电子商务系统的组成

企业内部网(Intranet)是利用因特网技术构造的面向企业内部的专用计算机网络系统。企业外部网(Extranet)与企业内部网相对应，实际上已经脱离了纯网络的概念，而更侧重于企业电子商务的外部环境以及与合作伙伴或外协单位的信息交换关系。

电子商务系统以企业内部网为基础，实现企业内部工作流的电子化。建立企业内部的信息系统后，需要进一步完善企业的外部环境，将企业内部网扩展到企业外部网，完成企业与企业之间的电子信息交换，其后通过因特网向消费者提供联机(Online)服务。

在这种技术体系下，可以解决电子商务成功的关键问题：利用企业内部网解决企业内部信息资源的利用问题；利用企业外部网解决企业和外部协作伙伴的合作问题，使企业获得更快的反应速度和更高的效率；利用因特网在网络上从事交易活动，实现电子商务。由此可见，电子商务的整体运行其实是以 Internet、Intranet、Extranet 为基础的。

于是，有人把因特网、内联网和外联网定义为电子商务的三大网络基础。借助这三大类网络进行交易，交易各方可降低经营成本，增加商业价值并创造新的商机。三网基础上的电子商务示意图如图 12.15 所示。

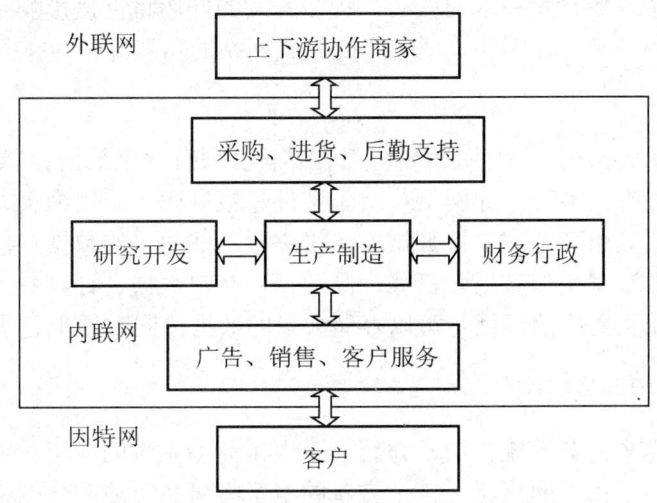

图 12.15　因特网/内联网/外联网上的电子商务

12.5.4　电子商务系统开发技术

电子商务系统开发的技术流程如图 12.16 所示。电子商务系统涉及的主要技术包括客户端技术、服务器端技术和数据库技术等，分别体现在网页界面、后台程序和数据存储等方面。实际开发时需要很多专业技术知识，下面仅介绍其基本内容。

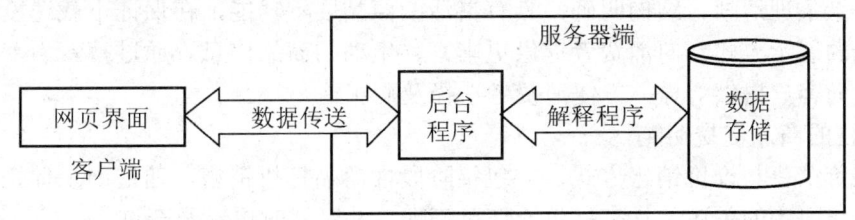

图 12.16　电子商务系统开发的技术流程

1．网页界面

电子商务过程中客户端与服务器端传送的数据，最后反馈给客户端的显示画面是网页。客户通过这个界面向服务器端传送和接收反馈数据，所以互联网开发必须具备网页制作方面的技术。特别值得一提的是，网页其实也是由开发者制作好并保存在服务器上的，客户发送一个协议请求，再通过客户端的浏览器下载到客户的终端机上，从而形成客户端与服务器的交互界面。

2．后台程序

仅具备网页制作的技能对于实现电子商务的开发是远远不够的，网页是静态的，不能向服务器端传送数据，只是从服务器端下载一段 HTML 代码而由浏览器解释成网页界面。要实现客户端与服务器端的交互，还必须借助后台程序这个工具来接收客户端传送的数据。所谓后台程序，就是在服务器端运行的动态语言，它在服务器端软件环境的支持下把从客户端接收的数据编译成服务器端的命令，执行相关的操作，如保存数据或反馈数据到客户端。后台程序是电子商务开发技术的核心，程序开发的好坏将直接影响到整个电子商务网站的功能。简单地说，后台程序决定了一个交互式网站的功能定位。

3．数据存储

从客户端接收了数据后，如何处理这些数据，就必须有一个数据容器来负责存储数据。存储数据的容器一般有很多种，如网页、文本文件、数据库。采用网页、文本文件来保存数据比较方便，不需要服务器端支持数据库，可进行一些简单的数据存储，但对于一个电子商务网站，存储的数据类型有很多，如产品数据、客户数据、订购数据，就必须用数据库来存储数据。利用数据库的好处是可以存储大量的数据，同时便于查询、处理数据。

12.5.5　电子商务系统典型应用

本节以零售业电子商务系统为例，介绍一下电子商务系统的应用。零售业电子商务其实就是零售业务的电子化、网络化。一个完备的电子零售系统涉及金融机构、供应商、批发商、制造商和消费者等各个方面，它一方面通过提供快捷、周到的优质服务吸引更多的客户，另一方面通过对业务流程的自动化管理降低企业的成本，提高工作效率。

1．电子零售系统的功能

一个完整的电子零售系统应具备以下功能。

(1) 先进的商品及服务类别管理。

商品目录条理清晰、结构明确，具有灵活的商品展示功能，在保证下载速度的前提下采用多样化的展示方式，向消费者提供更丰富、生动的商品信息。通过搜索引擎或分层目录的连接，向客户提供引导，方便消费者选择及购买。

(2) 丰富的商品交易功能。

支持定价销售与议价销售方式，并包括阶段性商品打折销售，通过网上促销等优惠手段吸引更多访问者的关注。具有高效的订单管理，并可随时更新及查询。

(3) 高效易用的交互功能。

邮件管理系统有利于企业内部各部门间互通信息，也是有效收集客户信息的渠道之一。功能强劲的用户 BBS 系统，方便企业与用户、用户之间各方面的交流，增强网站的互动功能。

(4) 全面安全的网上支付方案。

提供个性化购物、支付配送信息表、与所有开通网上支付业务的银行建立支付接口等全套网上支付系统，尽量减少网上消费的限制条件。

(5) 适用性极强的商品反馈系统和客户关系管理。

商品反馈系统帮助企业及时地搜集有关客户需求和销售状况等方面的信息。安全完善的客户关系管理，可以增强客户的满意度和忠诚度。

(6) 完善的售后服务。

完善的售后服务可以减少消费者对网上购物的不信任，认同新的消费模式。

2. 电子零售系统的分析与设计

系统分析的主要任务是根据企业业务需求的目的，列出网站形象定位、网站功能定位、目标访客定位、信息结构设计、功能结构设计、导航体系设计、栏目设置、网上推广策划等。实现电子零售系统的功能，其基础是要做好客户信息系统、网上交易系统、售后服务系统的分析与设计。

1) 客户信息系统

客户信息系统的功能包括：通过对客户消费记录进行分析，区分客户的价值，更深入地了解和认识客户，采取更有效、更具体的营销策略；通过电子邮件、用户评论区等工具与客户之间形成亲密的往来关系，改善客户满意度，减少销售环节中的潜在障碍；根据消费者的反馈信息，更深入地了解商品销售状况，准确掌握消费需求的变动，加快商品的周转，提高效率；对消费群体有更准确的定位，有利于在开拓新市场方面制定清晰的目标策划和营销管理；有利于个体营销的实施；使雇员能遵循科学的流程来了解客户的需求。

2) 网上交易系统

电子交易系统包括订单管理子系统、商品展示子系统、商品管理子系统、信息服务子系统、营销策略子系统等。它们可以为零售企业提供一系列交易工具，完成向企业内部网传输数据的工作，向用户提供友好的操作界面，响应网络用户的请求，完成与配送系统、收款银行间的信息传递。网上交易系统的具体功能包括：为商家提供基于 Web 界面的交易处理及管理；购物车服务，帮助消费者建立用于存储、更新、删除个体采购信息的记录；支持消费者网上提交订单；提供多种可选择的支付与配送手段；提供全面的商品分类和查询工具，实现对商品的智能检索；向消费者提供可以随时查询订单处理情况和进行个人交易统计的服务；控制支付流程，向消费者提供具体的交易信息。

3) 售后服务系统

从客户订单确认执行那一刻起，商家有责任按指定的支付与配送方式完成与客户间的协议，并对此过程负责。在商品交付使用后，对某些商品提供使用指导、维护服务。对于商品质量问题，代表消费者与供应商商谈等。售后服务系统的具体功能包括：完成客户选定的支付与配送服务；根据对客户记录的分析，提供有针对性的商品服务，如提供家用电器维护方面的信息、推荐物品使用技巧等；对客户提出的商品质量问题进行检测和确认；提供商品质量检测、客户追踪服务的分析报告。

3. 网页设计

在网络零售环境中，消费者与零售商之间的交流都是通过一些内容翔实、查询方便、连接快捷的网页来进行的。要让消费者有兴趣浏览网页，并在此过程中对某些产品产生特别的喜好，从而引发其购买行为，就要从消费者的角度出发，针对其具体的需求层次和相应的变化，对网页的内容安排、信息查询、商品检索、连接导航等项目做出系统的安排。

1) 网页内容

网页内容主要涉及商品目录的排定、背景颜色的选择、插入图片的大小与数量、信息导航、内容检索等项目。

电子零售的一切商品信息都是通过网页展示给消费者的，因而商家在制作网页之前，首先应列出与商品销售有关的各项信息，如商品名称、规格、价格、产地等。除此之外，针对不同属性的商品，应提供消费者感兴趣的资料，如保鲜类商品的生产日期，电子类消费品的性能指标，音像书籍类商品的评论或片段欣赏。最后，还应在主页或显著的位置上列出商品打折、促销等方面的信息供浏览者查阅。

可通过关联销售、类似商品推荐、免费试用、商品反馈等方法吸引客户对网上企业的兴趣。当客户对一种商品感兴趣，并产生购买行为时，意味着更多销售机会的到来。

(1) 关联销售即在记录某种商品的信息的网页上，列出相关商品的信息，如面包和牛奶、电筒和电池，激发客户的潜在需求。

(2) 类似商品推荐是常用的一种方式，如客户选择《管理信息系统》这本书时，可以同时列出其他与信息系统相关的著作。值得一提的还有客户购买商品的历史自动交叉销售技术，如甲根据爱好购买了 A 和 B 两本书，乙出于某种目的购买了 B 和 C 两本书，则可以向甲推荐 C，向乙推荐 A，使兴趣相似的客户相互推荐商品。客户买得越多，推荐的准确性就越大。

(3) 对于某些可在网络上传输的电子类商品，提供免费下载、试听、试用服务，也有助于帮助消费者购买。

(4) 商品反馈即引用他人的意见，引用商品使用者的评论，将会给潜在的消费者带来有益的指导，也有助于网站信誉的提高。

(5) 多数网站允许客户通过分类和索引目录、关键字来查询所需物品。分类和索引目录(网站地图)为客户寻找所需商品提供有益的指导；关键字为目标明确的客户提供快捷途径。网站通过站点内容导航和关键字搜索来实现这两项功能。

2) 站点内容导航

站点内容导航基于商品的分层结构，浏览者可根据商品的大类别、次一级类别逐层地找下去，直到发现所需商品信息。

3) 关键字搜索

相当于针对网站内容建立索引文件，帮助消费者找到他们所需要的商品。为了保证每一个页面都能够被索引，需要事先写出网站的内容列表或创建站点地图。很多网站将文本区域和按钮用于搜索引擎的界面，而把搜索表单放入页面的导航区域。

4. 数据库设计

为向客户提供实时的动态信息，需要把 Web 服务同应用系统的数据库链接起来，接收用户请求，提供实时变化的数据信息，再将其返回给客户端浏览器，并收集客户提供的资料，记录到合适的数据库中。

(1) Web 页面与数据库的链接。这种链接包括通用网关接口(Common Gateway Interface，CGI)、Web 数据库提供的功能接口、商品数据库、客户数据库等。

(2) 网络信息统计数据库。该数据库收集来自网络的各类信息，包括网上消费报告、竞争对手信息、网上零售规则等方面信息的收集和分析。

5. 典型零售企业的网络设计方案

电子零售企业网络系统设计方案应满足如下要求：采用国际统一标准；合理分配带宽，使用户不受网上"堵车"的影响；充分考虑未来可能的应用，如桌面将承受大型应用软件和多媒体传输需求的压力；网络方案要具有高可扩展性，能够为用户未来的扩展提供调整、扩充的手段和方法；应具有支持通用大型数据库的功能，支持多种协议，具有良好的软件支持；采用模块化结构设计，易于升级；根据业务流程进行结构设计。

根据上述分析，规划一个网上零售系统模型如图12.17所示。

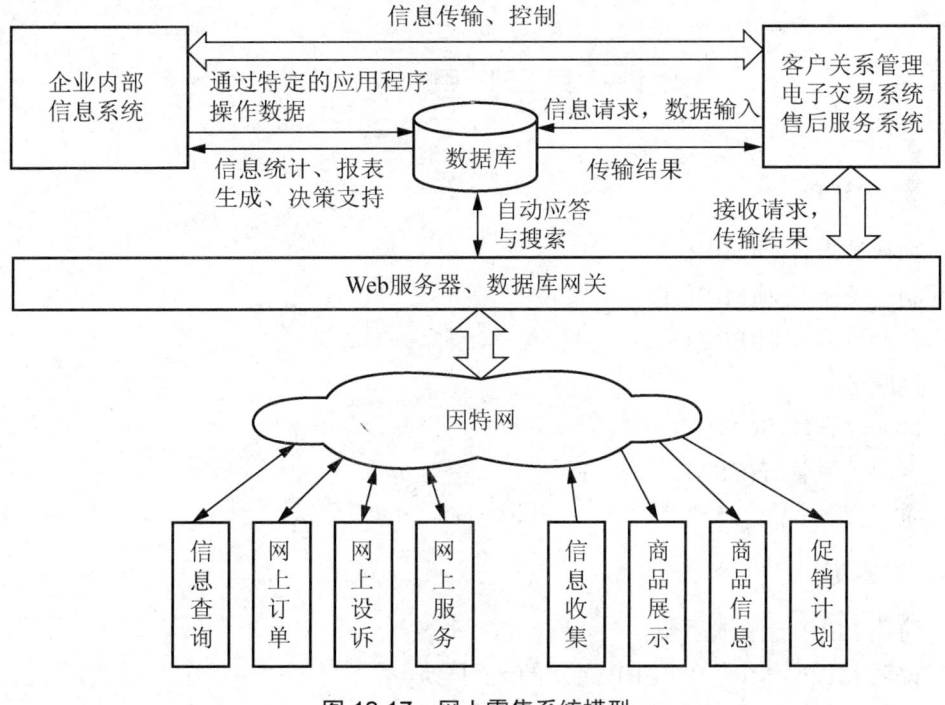

图 12.17 网上零售系统模型

本 章 小 结

随着信息技术和现代管理方法的不断发展，管理信息系统在近几年得到了快速发展，企业中各个部门都对管理信息系统的应用开始重视，相关部门信息系统之间的交互性、集成化、协作化的要求越来越多。与之对应，各种新型的集成化管理信息系统不断产生。

本章简单地对当前企业应用比较普及的，具有代表性的集成化管理信息系统做了简单介绍，主要包括物料需求计划(MRP)，制造资源计划(MRP II)，企业资源计划(ERP)系统，供应链管理(SCM)，客户关系管理(CRM)，电子商务系统。

> 通过本章内容的学习，大家应该对上述信息系统的基本知识有一个简单的了解，其实这些相关信息系统的本身，当前有些已经自成体系，有些已经是一门课程，有些甚至已经是一个专业或者专业方向。关于它们更为具体的详细知识，请读者参阅相关的专门教材。

 **关键术语**

物料需求计划(MRP)　制造资源计划(MRP Ⅱ)　企业资源计划(ERP)　供应链　供应链管理(SCM)　客户关系管理(CRM)　运营型CRM　分析型CRM　协作型CRM　电子商务　B2C电子商务　B2B电子商务　C2C电子商务　电子商务系统　电子零售

复习思考

一、名词解释

1．物料需求计划(MRP)
2．制造资源计划(MRP Ⅱ)
3．企业资源计划(ERP)
4．供应链
5．供应链管理(SCM)
6．客户关系管理(CRM)
7．电子商务

二、简答题

1．简述MRP的基本思想。
2．说明MRP、MRP Ⅱ、ERP之间的区别与联系。
3．简述ERP系统实施的流程及其需要注意的问题。
4．简述供应链的含义及其结构模型。
5．供应链管理的主要功能是什么？
6．供应链管理的主要内容有哪些？
7．请说明客户关系管理系统的目标和功能。
8．CRM软件系统包括哪些类型？它们之间是什么关系？
9．什么是电子商务系统？与传统商务比较，它有什么特点？
10．电子零售系统需要具备哪些基本功能？请绘制出一个网上零售系统的模型。

实践训练

一、问题讨论

(1) 业务人员必须拥有客户资源才能促进销售，为企业带来效益；而业务人员掌握的客户资源越多，将来"人走，客户走"的风险也就越大。请问如何解决这个问题？

(2) 为了实现对消费者的需求做出快速、有效的响应，你认为供应链上各成员之间应建立怎样的一种关系？如何才能建立这种关系？

(3) 供应链管理的目标为"6R"：将客户需要的正确的产品(Right Product)在正确的时间(Right Time)按正确的数量(Right Quantity)、正确的质量(Right Quality)和正确的状态(Right Status)送往正确的地点(Right Place)，并使总成本最小。请分析这里"6R"的含义。

二、实践调查

(1) 调查目前市场上的 ERP、SCM、CRM 主流软件产品，并分析它们的各自特点。

(2) 阅读相关文献资料，调查分析 ERP、SCM、CRM 之间的关系，写出分析报告。

(3) 考察顾客在新华书店购买一本书时所涉及的供应链，并画出其结构模型。

三、观点分析

分析 ERP 系统运行过程中可能出现的如下一些理解上的误区。

(1) 不上 ERP，是等死；上 ERP，是找死。

(2) ERP 只是技术人员的任务，与决策者无关。

(3) ERP 可解决企业的管理问题，所以不管原来管理如何，实施 ERP 都能收效。

(4) ERP 实施之后，很快就会给企业带来利润。

(5) ERP 是国外厂商的软件，不适合我国国情。

案例分析

案例 12-1 趣说 ERP 之家庭主妇篇

ERP 是什么东西，很复杂吗？看完下面这个"家中请客"的小故事后，你应该就明白什么是 ERP。

(注意：其中正常楷体的为家中请客中的日常用语，括号中加黑宋体为 ERP 中专业术语)

中午，丈夫在外给家里打电话："亲爱的，晚上我想带几个同事回家吃饭可以吗？"**(订货意向)**

妻子："当然可以，来几个人，几点来，想吃什么菜？"丈夫："6 个人，我们 7 点左右回来，准备些酒、烤鸭、番茄炒蛋、凉菜、蛋花汤，你看可以吗？"**(商务沟通)**

妻子："没问题，我会准备好的。"**(订单确认)**

妻子记录下需要做的菜单**(MPS 计划)**，具体要准备的菜：鸭、酒、番茄、鸡蛋、作料、油……**(BOM 物料清单)**，发现需要：1 只鸭，5 瓶酒，4 个番茄……**(BOM 展开)**，炒蛋需要 6 个鸡蛋，蛋花汤需要 4 个鸡蛋**(共用物料)**。

打开冰箱一看**(库房)**，只剩下 2 个鸡蛋**(缺料)**。

来到自由市场，妻子："请问鸡蛋怎么卖？"**(采购询价)**

小贩:"1个1元,半打5元,1打9.5元。"
妻子:"我只需要8个,但这次买1打。"**(经济批量采购)**
妻子:"这有一个坏的,换一个。"**(验收,退料,换料)**
回到家中,准备洗菜、切菜、炒菜……**(工艺路线)**,厨房中有燃气灶、微波炉、电饭煲……**(工作中心)**。妻子发现拔鸭毛最费时间**(瓶颈工序,关键工艺路线)**,用微波炉自己做烤鸭可能就来不及**(产能不足)**,于是决定在楼下的餐厅里买现成的**(产品委外)**。
下午4点,电话铃又响:"妈妈,晚上几个同学想来家里吃饭,你帮准备一下。"**(紧急订单)**
"好的,儿子,你们想吃什么,爸爸晚上也有客人,你愿意和他们一起吃吗?"
"菜你看着办吧,但一定要有番茄炒鸡蛋。我们不和大人一起吃,6:30左右回来。"**(不能并单)**
"好的,肯定让你们满意。"**(订单确认)**
鸡蛋又不够了,打电话叫小贩送来。**(紧急采购)**
6:30,一切准备就绪,可烤鸭还没送来,急忙打电话询问:"我是李太,怎么订的烤鸭还没送来。"**(采购 委外单跟催)**
"不好意思,送货的人已经走了,可能是堵车吧,马上就会到的。"
门铃响了,"李太,这是您要的烤鸭。请在单上签一个字。"**(验收,入库,转应付账款)**
6:45,女儿电话:"妈我想现在带几个朋友回家吃饭可以吗?"**(又是紧急订购意向,要求现货)**
"不行呀,女儿,今天妈妈已经需要准备两桌饭了,时间实在是来不及,真的非常抱歉,下次早点说,一定给你们准备好。"**(这是ERP的使用局限,要有稳定的外部环境,要有一个起码的提前期)**
送走了所有客人,疲惫的妻子坐在沙发上对丈夫说:"亲爱的,现在咱们家请客的频率非常高,应该要买些厨房用品了**(设备采购)**,最好能再雇个小保姆**(连人力资源系统也有接口了)**。"
丈夫:"家里你做主,需要什么你就去办吧。"**(通过审核)**
妻子:"还有,最近家里花销太大,用你的私房钱来补贴一下,好吗?"**(最后是应收货款的催要)**

资料来源:计算机世界网.http://www.ccw.com.cn/cio/expert/htm2005/20050413_11G67.asp

案例讨论
1. 根据上面的小例子,说出你对ERP含义的理解。
2. 根据本例中包含过程的说明,结合本章介绍的ERP模块,分析ERP的主要功能。
3. 有人说"每一个合格的家庭主妇都是生产厂长的有力竞争者!"这应如何理解?

案例12-2 海尔公司供应链流程的改变

海尔公司的供应链管理就是"对流动在供应链上的商品和服务流、信息流、资金流进行计划和控制"。资金流沿着"供应商→制造→配送/分销→零售→客户"的方向流动,而信息流则在供应链上双向流动。供应链管理最重要的任务,就是对供应链中各环节之间的信息流进行管理,通过各种网络来交流信息,使供应链上的各个环节保持协调一致。海尔公司供应链流程将以前原有的旧供应链流程:购买物料→制造产品→把货物运到市场→通过零售商进行销售,转变为如下的流程:客户定制产品→根据销售量补充进货→只生产符合市场需求的产品→根据精确的生产需求在线购买原材料、销售产品。

新的供应链管理模式,由需求驱动生产,使得客户和供应商可以结成伙伴一起实现缩短响应时间、增加灵活性、提高生产率和服务质量及降低成本等目标,而且长远目标是通过消减重复劳动、共享供应链中各个环节之间的信息赢得并保持竞争优势。

案例讨论
1. 分析海尔公司供应链管理的特点。
2. 海尔公司供应链流程的改变基于什么出发点?起到了怎样的作用?

第12章 集成化管理信息系统

案例12-3 挪威联合银行 CRM 系统的应用

20世纪90年代早期，挪威联合银行——挪威最大的储蓄银行拥有超过100万的个体客户和企业客户，但它发现自己正逐渐与客户失去联系，因此迫切需要尽快行动起来。这不仅意味着要实施客户关系管理，还意味着要改变3000名银行员工的工作方式。挪威联合银行成功地为客户提供了更加自动化的方式来办理银行业务，这种自动化不断地降低成本，并帮助银行减少了其他银行所遭受的损失。

挪威联合银行管理层看到虽然银行储存着客户数据，但大多数信息分散在多个运作系统上。为了获取客户的基本信息，银行需要寻找、收集、综合所有系统中的信息，这个流程就可能要花费数日。银行主管们在思考，如果要获取（更重要的是使用）相关的客户信息，银行需要一个完整统一的客户视图，这需要整合所有不同系统上的客户数据。事实上，银行认识到这种视图不仅要扩展到不同的产品，还要扩展到营销渠道及客户的人口统计资料。如果银行能够追踪客户行为，他们就会对客户的未来行为和偏好有一种更好的理解。这种新信息能驱动交叉销售和目标营销创新，并肯定会提高收入和进一步降低成本。银行希望通过系统为员工提供一种集中化的分析平台，以确定谁是他们的客户。另外，为了削减数据收集的成本和时间耗费，数据库将提供360度客户视图，以使银行进一步认识客户。挪威联合银行除了日常分析，还将对市场机会迅速反应的能力与客户的信息联系起来，以提高市场份额。

挪威联合银行还使用它的最新的强大客户数据来协调渠道优化。例如，对于没有使用最适合他们的账单支付服务的客户，银行通过一个特定的促销来告知他们使用最好的支付服务将为他们节约多少资金。这不仅帮助银行削减了用于昂贵服务的成本，而且逐渐给客户灌输了这种理念：银行是客户的拥护者。

案例讨论

1. 从功能看挪威联合银行使用的 CRM 系统有哪些？
2. 说说分析型 CRM 系统为挪威联合银行带来哪些好处？
3. CRM 除降低成本、减少损失、提高竞争力外，还使挪威联合银行发生了什么改变？

案例12-4 思科公司的电子商务系统应用

思科(Cisco)公司是世界著名的网络设备制造商，从1984年成立以来，以年增长率50%左右的速度保持高速的发展。思科的成功绝不只是因为思科卖的是最热门的网络基础设备，更重要的是，思科成功地利用了它所提倡的网络信息技术建立了一整套电子商务系统，从而创造了一种崭新的企业运营模式。

1992年，思科公司现任高级副总裁兼CIO彼得·苏维克向当时的总裁约翰·摩格里奇(John Morgridge)提出，公司应当制定一个全新的利用互联网来改造公司的运营体制的战略方案。摩格里奇问他这个过程需要多长时间，他说："需要9个月，但是公司必须将它作为工作的重点。"摩格里奇答应了。此后，苏维克成功地构建了思科电子商务系统(Cisco Connection Online，CCO)，从而使思科公司成为企业间电子商务应用的先驱。目前，思科运行着世界上最大的商务网站，已在Internet上开展了其所有业务。它全面采用Oracle的数据库、Internet技术平台及前端应用程序，建设了面向全球的交易系统，并已将市场及服务扩展到了全世界的115个国家。思科每年的交易额高达140亿美元——每天超过4000万美元，接近全球电子商务总收入的20%。易用的、交互性的基于网络的商务解决方案，使思科与供应商、顾客、合作伙伴和员工的联系更富效率，减少了用于生产、配送、销售、客户服务等环节的费用，发货时间由三周减少到了三天；在新增员工不到1%的情况下，利润增长了500%，仅每年节省的运营支出就达8.25亿美元。

电子商务系统使思科实现了"虚拟化"运作。思科的第一级组装商有40个，下面有1000多个零配件供应商，其中真正属于思科的工厂只有两个。思科的组装商、供应商的内联网(Intranet)通过互联网(Internet)

与思科的内联网相连,无数的客户通过各种方式接入互联网,再与思科的网站挂接,组成了一个实时动态的系统。客户的订单下达到思科网站,思科的网络会自动把订单传送到相应的组装商手中。在订单下达的当天,设备差不多就组装完毕,贴上思科的标签,直接由组装商或供应商发货,思科的人连箱子都不会碰一下,70%的思科产品就是这样生产出来的。基于这种生产方式,Cisco 的库存减少了 45%,产品的上市时间提前了 25%,总体利润率比其竞争对手高 15%。思科不用在生产上进行大规模投资,就能轻松应付增长迅速的市场需求,对市场的反应也更敏捷、更安全。

思科提供完备的网上订货系统,客户在网上可以查到交易规则、即时报价、产品规格、型号、配置等各种完备、准确的信息。据思科的统计数字,98%以上的网上订单是正确无误的,而在过去,差不多 40% 的订单有报价或配置错误。网上订货不但节省了人力,而且大大减少了传统的交货时间。

此外,电子商务系统帮助思科在客户服务领域全面实施了 CRM。当客户购买了思科的产品后都会得到一个密码,70%~80%的客户服务和技术支持问题通过网上服务支持系统就能解决。仅此一项,思科一年就能节省 1.25 亿美元,这还不包括客户满意度提高所带来的好处。思科公司的 CEO 约翰•钱伯斯先生说:"这使我们可以在技术支持中少使用 1000 名工程师,我将他们投入到新产品研发上,从而获得了极大的竞争优势。"CRM 系统还使思科能够及时和妥善地回应、处理、分析每一个通过 Web、电话或其他方式来访的客户要求,使公司的客户满意度由原先的 3.4 分提高到现在的 4.17 分。4.17 分是一个惊人的数字,在这项满分为 5 分的调查中,IT 企业的满意度几乎没有能达到 4 分的。

思科的电子商务系统为公司带来了明显的竞争优势,创造了极大的商业价值,在思科公司的发展进程中发挥了巨大的战略性作用。

案例讨论
1. 思科公司电子商务系统应用的初衷是什么?最终是否达到了预期目标?
2. 思科公司电子商务系统应用的内容有哪些?它的成功对其他企业有何启示?

第5篇

实践篇

第 13 章 管理信息系统开发实例

本章通过百货商店业务管理信息系统实例,介绍信息系统分析与设计的基本方法。

13.1 系统开发背景

××百货商店是一家民营的商业销售组织,其主要业务是从批发或制造厂商处进货,然后再向顾客销售。以前,该商店规模较小,其全部数据处理均由人工操作。

最近,因百货商店大楼翻建后营业面积扩大,从而经营品种、范围和数据处理的工作量大大增加。为了减轻工作人员的劳动强度,提高业务管理水平,适应新的发展,提高企业的行业竞争优势,该商店决定开发一个"××百货商店管理信息系统"。

13.2 系统分析

13.2.1 组织机构及其功能调查

现行系统在商店经理的领导下,设有销售科、采购科和财务科,如图 13.1 所示。

经过调查,这三个部门的主要任务如下所述。

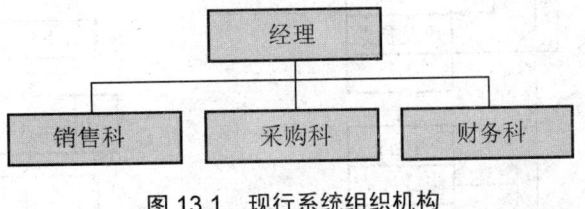

图 13.1 现行系统组织机构

(1) 销售科。接受顾客订货单并进行校验,将不符合要求的订货单退还给顾客。如果是合格的订货单且仓库有存货,那么就给顾客开发货票,通知顾客到财务科交货款,并修改因顾客购买而改变的库存数据。如果是合格的订货单但是缺货,那么先留底,然后向采购科发出缺货单。当采购科购买到货后,核对到货单和缺货单,再给顾客开出发货票。

(2) 采购科。将销售科提供的缺货单进行汇总,根据汇总情况和各厂商供货情况,向有关厂商发出订购单。当供货厂商发来供货单时,对照留底的订购单加以核对。如果正确则建立进货账和应付款账,向销售科发到货通知单并修改库存记录;如果供货单与留底订购单不符,则把供货单退还给供货厂商。

(3) 财务科。接到顾客的货款时,给顾客开出收据及发票,通知销售科付货;根据税务局发来的税单建立付款账,并付税款;根据供货厂商发来的付款通知单和采购科记录的应付款明细账,建立付款明细账,同时向供货厂商付购货款。无论是收款还是付款之后,都要修改商店的财务总账。财务科在完成以上日常账务工作的同时,还要定期编制各种报表向经理汇报,以供经理了解有关情况并据此制订下阶段的业务计划。

13.2.2 现行系统业务流程调查

现行系统的业务流程情况如图 13.2 所示。

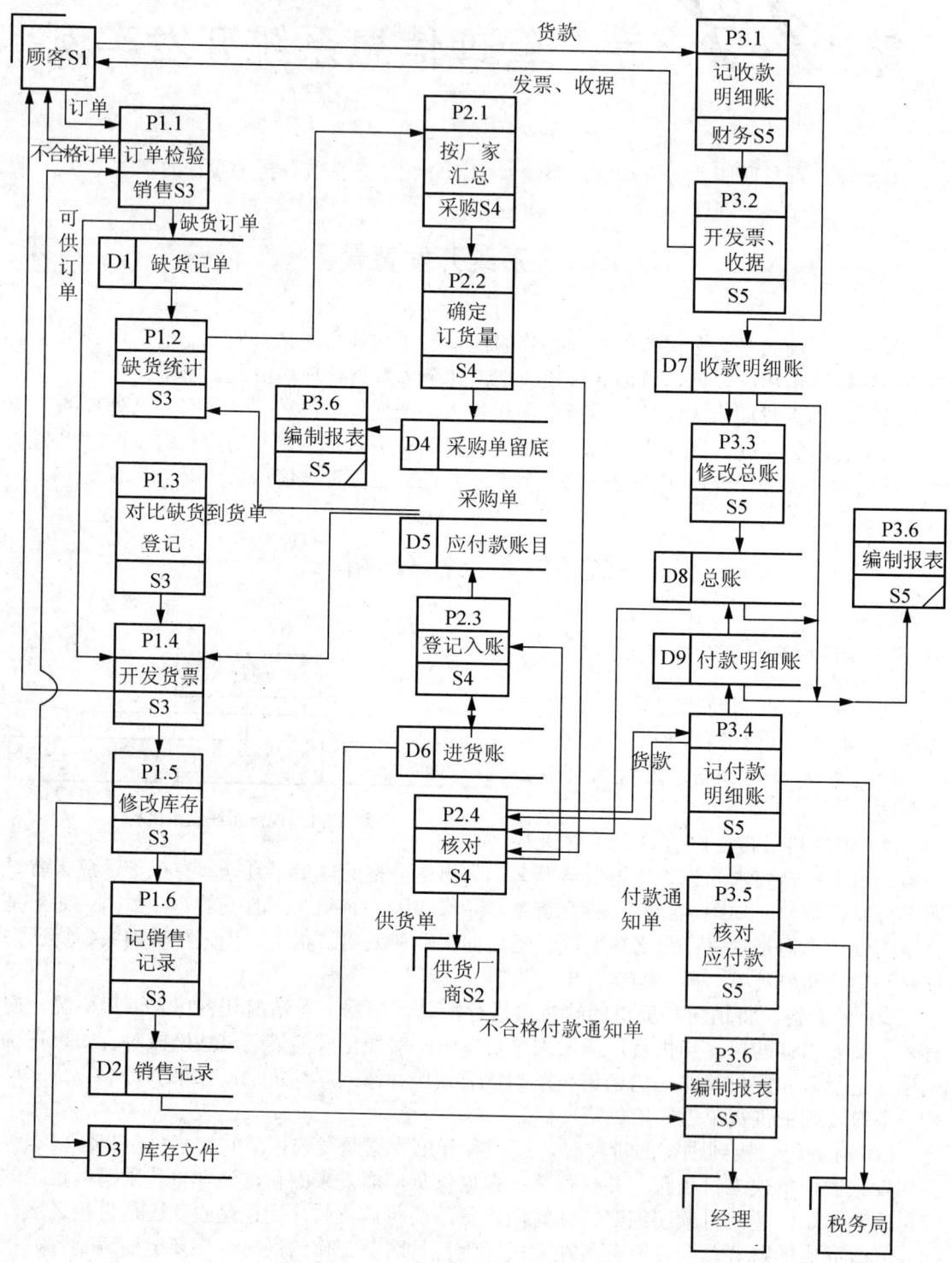

图 13.2　现行系统业务流程图

13.2.3 数据流程图的绘制

百货商店业务管理系统的顶层数据流程图如图 13.3 所示,该图表示了百货商店业务信息处理系统与外部实体之间的信息输入、输出关系,即标定了系统与外界的界面。

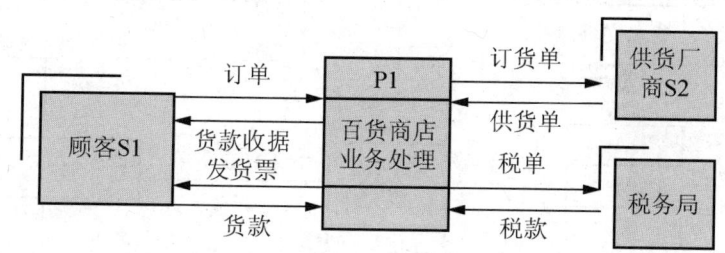

图 13.3 新系统顶层数据流程图

顶层数据流程图的第一级分解如图 13.4 所示,该图实际上是把图 13.3 中"百货商店业务处理"进行细化,将其初步分解为销售处理、采购处理和会计处理三个子系统。

在上面功能分解的同时,得到了业务管理中间一些相应的数据存储(如销售记录、应收账款、货物库存、进货账、应付账款)和一些新的数据流(缺货单、到货单、付款单、报表等)。

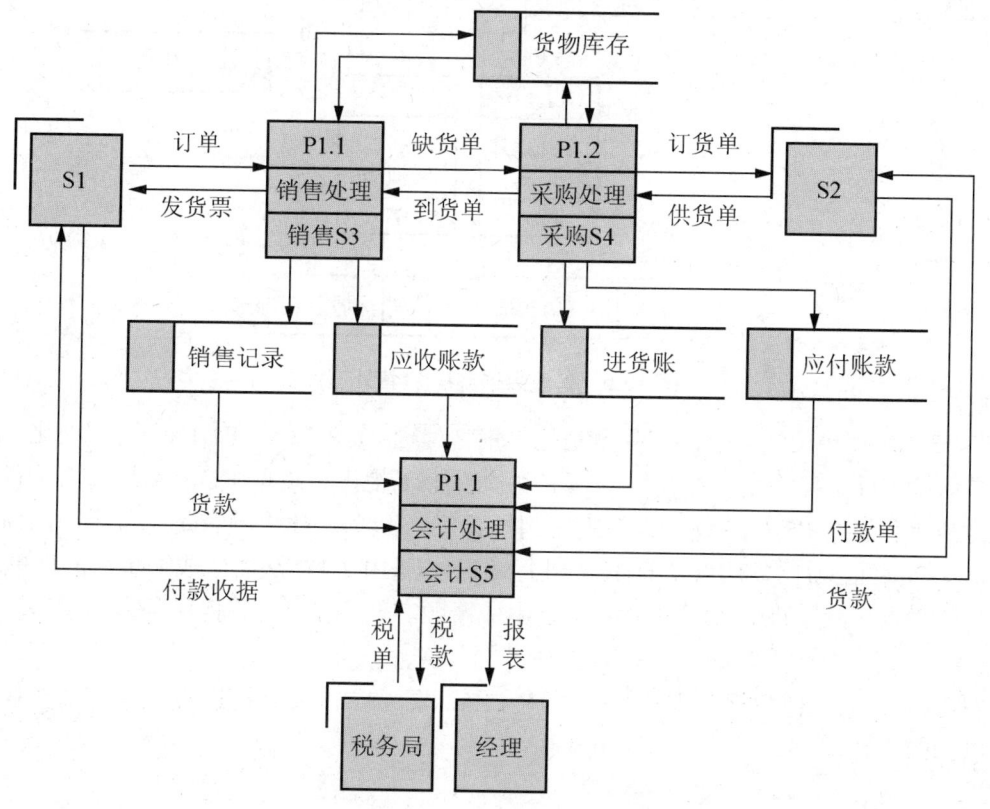

图 13.4 系统数据流程图一级分解

上述销售处理、采购处理和会计处理三个子系统的数据流程图(即二级分解)分别如图 13.5～图 13.7 所示。

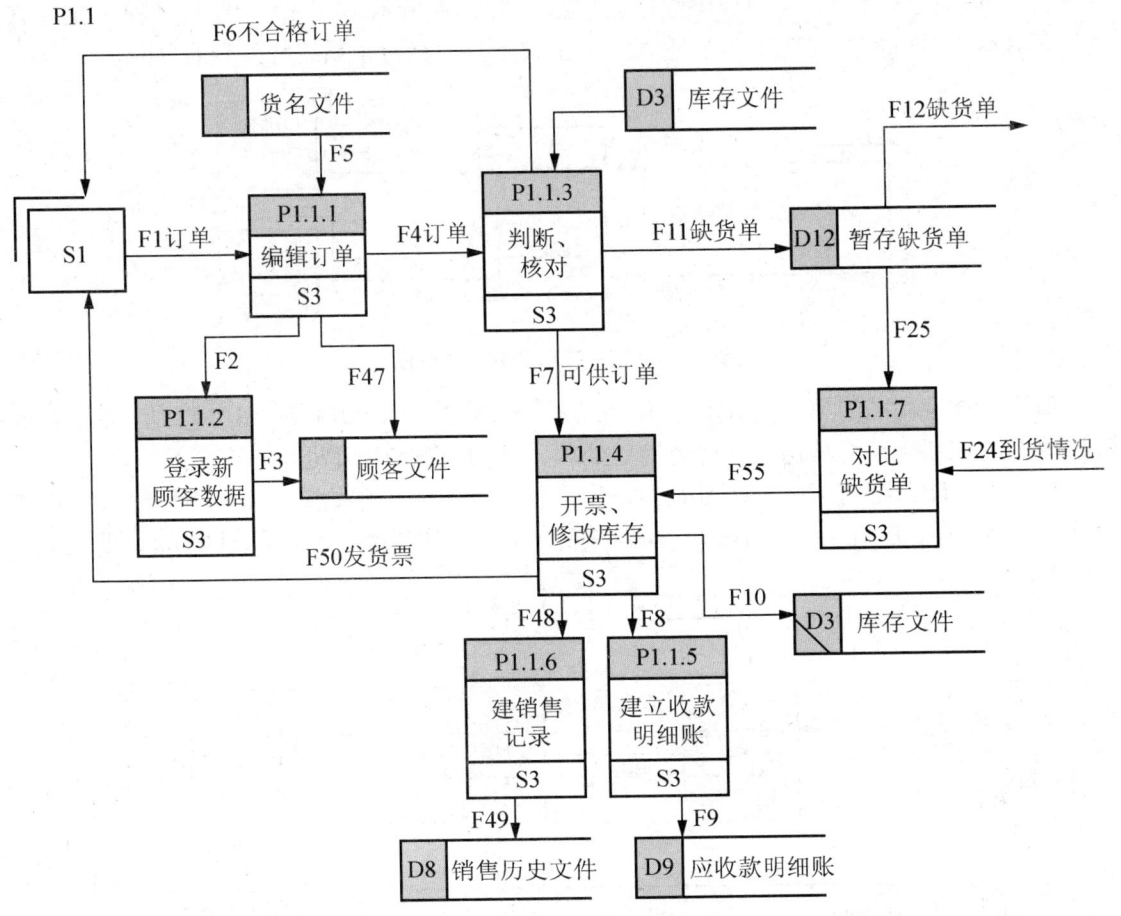

图 13.5 二级数据流程(销售处理)

图 13.5 是销售处理功能,实际上是把"销售处理"(图 13.4:P1.1 框)进行细化。从图中可知系统的外部环境是"顾客"。首先,由顾客(S1)提出订货单(F1)。然后商店从货名文件中得到货名信息(F5),从顾客文件中得到顾客信息(F47)。如果顾客是老主顾,则商店对订单(F1)、货名信息(F5)、顾客信息(F47)进行编辑处理(P1.1.1),从而生成编辑后的订单(F4)。如果是新主顾,除了进行上述处理外,要生成新顾客信息(F2),并将新顾客信息进行登录(P1.1.2),然后登录到顾客文件中。

图 13.5 中的其他数据流和处理以及图 13.6、图 13.7,读者可以自己随着箭头操作一遍,以加深理解。

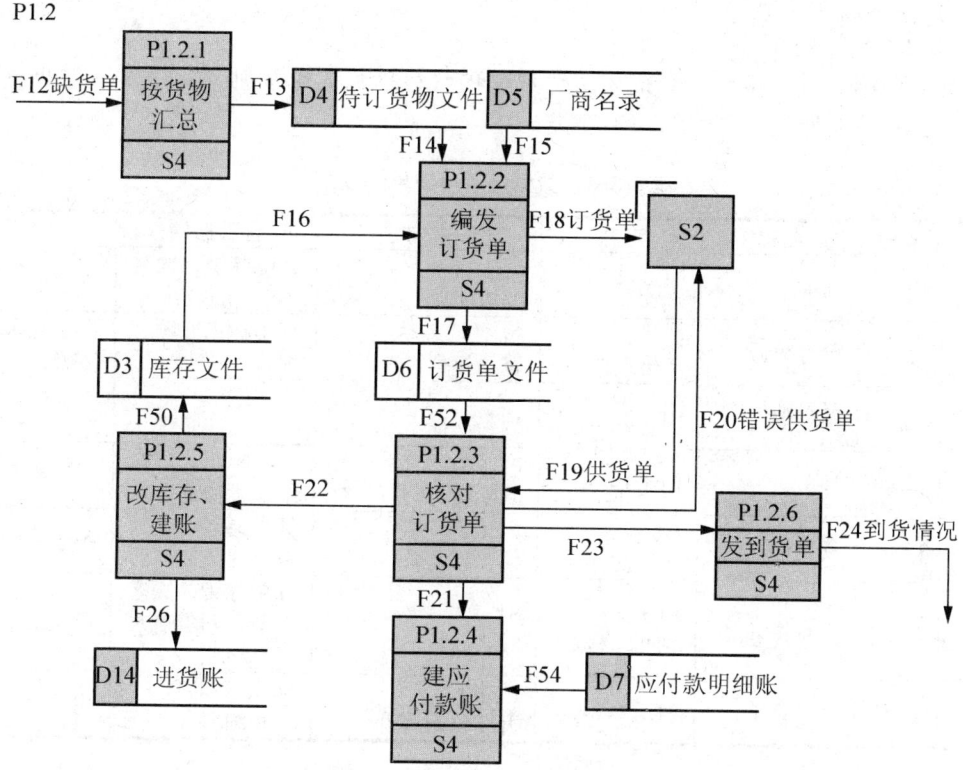

图 13.6 二级数据流程(采购处理)

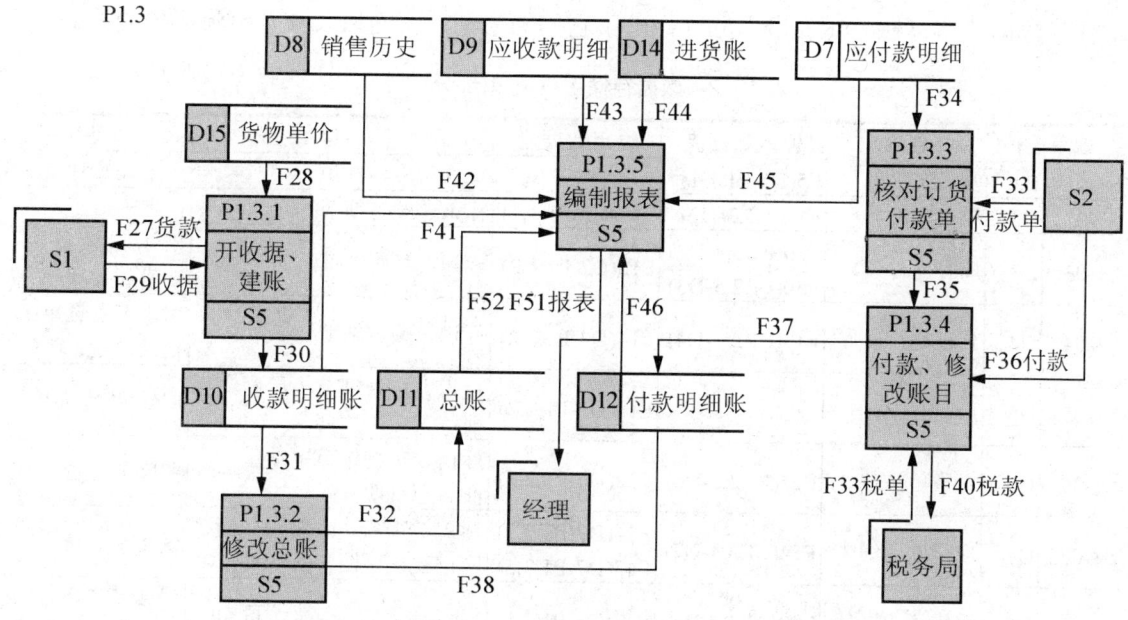

图 13.7 二级数据流程(会计处理)

13.2.4 数据词典

数据字典用于进一步定义和描述所有数据项,包括数据流字典(表 13-1)、数据存储字典(表 13-2)、数据处理字典(表 13-3)三类。

表 13-1 数据流字典清单(部分)

总编号	编号	名称	来源	去向	所含数据结构	说明
1-01	F1	订单	S1 顾客	P1.1.1 编辑处理	订单标识、顾客细节、货物细节	
1-02	F2	顾客数据	P1.1.1 编辑订单	P1.1.2 登录新顾客数据	订单标识、顾客细节	用于登录顾客数据
1-03	F3	顾客数据	P1.1.2	D2 顾客文件	同上	用于建立顾客数据
1-04	F4	订单	P1.1.1	P1.1.3 判断核对	订单标识、顾客细节货物细节	用于判断核对
1-05	F5	货物情况	D1 货名文件	P1.1.1 编辑订货单	标识、顾客细节、货物细节	用于编辑订单
1-06	F6	不合格订单	P1.1.3 判断、核对	S1 顾客	订单标识、顾客细节、货物细节、不合格原因	退还顾客
1-07	F7	可供订单	P1.1.3	P1.1.4 开票修改库存	标识、顾客细节、货物细节	用于供货

上面的表 13-1 为数据流字典清单,此处仅对 F1 作如下解释,数据流 F1 是顾客 S1 提出的订单,它的去向是编辑处理 P1.1.1,在 F1 中包含如下信息:订单标识、顾客细节(如顾客姓名、顾客地址、电话等)、货物细节(如货物名称、产地、数量等)。F2、F3、…、F7 均代表数据流名,在上述表格中分别标出了它们的来源、去向以及该数据流所含内容。

表 13-2 数据存储字典清单(部分)

总编号	编号	名称	输入数据流	输出数据流	内容	说明
S1-01	D1	货名文件	F5(D5-P1.1.1)		货物名称、标识	用于编辑订货
S1-02	D2	顾客文件	F3(P1.1.2-D2)	F47(D2-P1.1.1)	标识、顾客细节	同上
S1-03	D3	库存文件	F10(P1.1.4-D3) F50(P1.2.5-D3)	F16(D2-P1.1.2)	标识、货物细节、库存量	用于记录货物数量和发订单
S1-04	D4	代订货物文件	F13(P1.2.1-D4)	F14(D4-P1.2.2)	标识、顾客细节、缺货总量	用于编发订单、记录缺货
S1-05	D5	厂商名录		F15(D5-P1.2.2)	标识、厂商细节、厂商供货细节	用于编发订货单
S1-06	D6	订货单文件	F17(P1.2.2-D6)	F52(D6-P1.2.3)	标识、货物细节、数量、厂商名、日期	留底的订货单
S1-07	D7	应付款明细账	F54(P1.2.4-D7)	F34(D7-P1.3.3) F45(D7-P1.3.5)	标识、货名、数量、厂商、应付款、日期	供货单账留底
S1-08	D8	销售历史文件	F49(P1.1.6-D8)	F42(D8-P1.3.5)	标识、货名、数量、日期	记录销售科工作情况
S1-09	D9	应收款明细账	F9(P1.1.5-D9)	F43(D9-P1.3.5)	标识、货名、数量、顾客名、应收款、日期	记录销售科应收款情况

上面的表 13-2 为数据存储字典清单,均以 D 表示。此处仅对 D9 进行解释,其余类推。D9 为应收款明细账,它是用来记销售收入(应收款)的库文件。图 13.5 中,通过 P1.1.5(建立收款明细账)的处理将数据流 F9 写入 D9(应收款明细账)。D9 包含如下信息:标识、货名、数量、顾客名、应收款、日期。图 13.7 中,D9 的输出数据流为 F43 到 P1.3.5(编制报表处理)。

表 13-3 数据处理字典清单(部分)

总编号	编号	名称	输入	处理逻辑概况	输出	说明
P1-01	P1.1.1	编辑顾客订单	F1 订单 F47 顾客情况	根据订单和顾客情况,判断新老客户,并编辑成合适的订单	F4 订单 F2 新客户数据	
P1-02	P1.1.2	登录新顾客数据	F2 新顾客数据	读入新客户的细节写入顾客文件中去	F3 新顾客情况	登记
P1-03	P1.1.3	判断、核对	F4 订单	检验顾客订单、分成不合格、可供、缺货三种情况处理	F6 不合格单 F7 可供订单 F11 缺货单	检验订单属于哪一类,以便以后分别处理
P1-04	P1.1.4	开票、修改库存	F7 可供订单 F55 到货缺货订单	给顾客开发货票,通知其付款,修改库存记录	F33 发货票 F48 销售情况 F8 应收款情况	销售处理
P1-05	P1.1.5	建应收款明细账	F8 应收款	根据 F8 建应收账款	F43 应收账款	

上面的表 13-3 为数据处理字典清单,它对数据流图中的所有处理功能做出说明。此处仅以 P1.1.1(编辑订单)为例,商店根据订单(F1)、顾客情况(F47),判断是新老客户编辑成合适的订单(F4),同时对于新顾客,从 P1.1.1 输出新顾客数据(F2),再登记新顾客数据处理(P1.1.2)。

下面的表 13-4 列出了数据字典中部分数据项条目。它是对数据流图中各个存储文件中记录的字段予以逐个定义,规定其类型、长度和各个字段的作用。

表 13-4 数据项描述(部分)

数据编号	名称	类型	长度	说明	备注
5-01	订单号	类型	6	订单编号	
5-02	顾客号	类型	6		
5-03	顾客名	字符型	4	顾客姓名	
5-04	顾客电话	整型	8	用于缺货到货时通知	
5-05	货物编号	整型	4		
5-06	货名	字符型	8		
5-07	货物数量	整型	3	记录货物数量	
5-08	订单标志	字符型	1	标志是可供、不合格、缺货	
5-09	厂商名	整型	12	记录供货厂商姓名	
5-10	厂商编号	整型	6		

13.3 系统设计

13.3.1 系统总体功能设计

百货商店业务管理信息系统共分成销售、采购、会计三个子系统,其功能模块结构如图 13.8 所示。

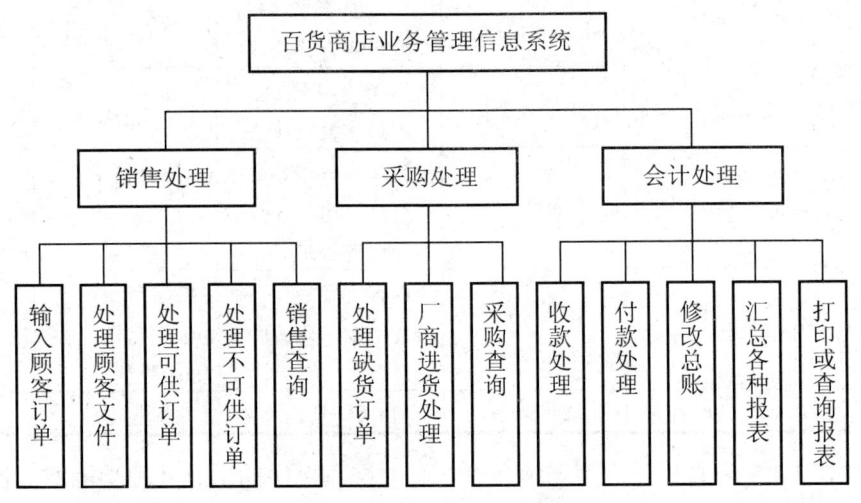

图 13.8 功能模块结构图

13.3.2 各子系统控制结构的设计

销售子系统、采购子系统和会计子系统的控制结构分别如图 13.9～图 13.11 所示。它们分别对应于图 13.5～图 13.7,即从逻辑功能设计走向物理功能设计。

这里仅对图 13.9 进行部分解释,图 13.10、图 13.11 读者可以进行自行解释。

在图 13.9 中,通过输入功能模块得到订单、顾客细节、库存细节信息,然后进行销售处理。在销售业务处理中,首先对订单、顾客细节进行编辑,并反馈出编辑后的订单,然后对编辑过的订单再进行检验核对并且加载分类标志。订单、顾客细节、库存细节经过编辑、检验核对后进行分类处理。根据订单加载的分类标志,将订单划分为不可供处理(反馈出缺货单)和不合格订单,对于可供货的订单,要根据货名和数量修改库存,根据顾客细节、货名和数量建立销售记录,并为顾客开发货票。

第13章 管理信息系统开发实例

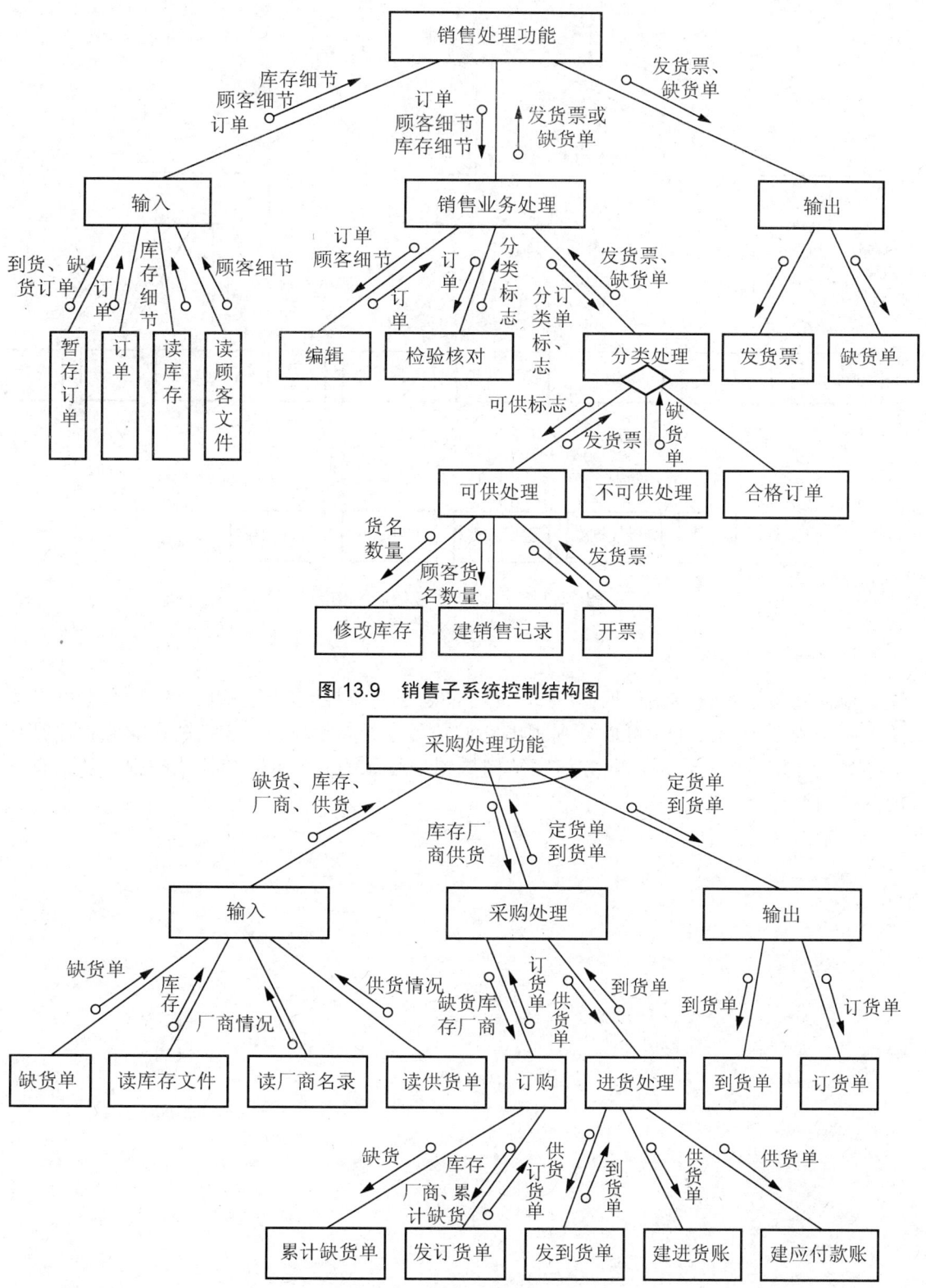

图 13.9 销售子系统控制结构图

图 13.10 采购子系统控制结构图

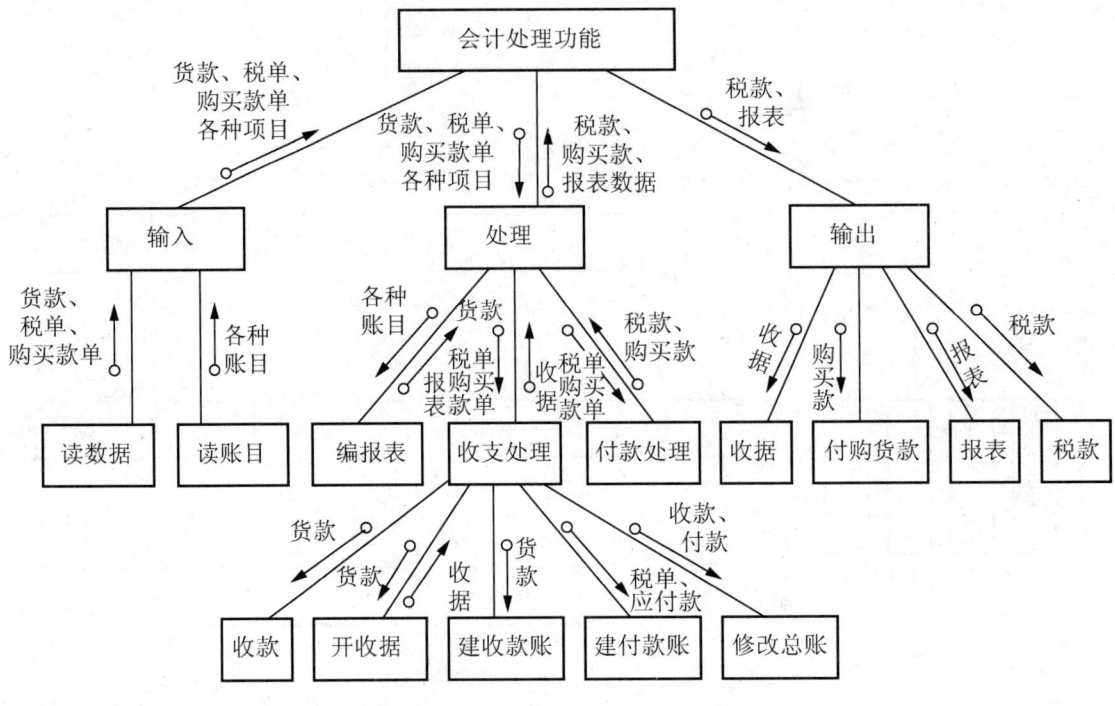

图 13.11　会计子系统控制结构图

13.3.3　处理过程设计

根据销售子系统控制结构图(图 13.9)、采购子系统控制结构图(图 13.10)和会计子系统控制结构图(图 13.11)，可以分别画出它们的程序结构框图。其中，销售业务程序结构框图如图 13.12 所示，采购业务程序结构框图如图 13.13 所示，会计业务程序结构框图如图 13.14 所示。

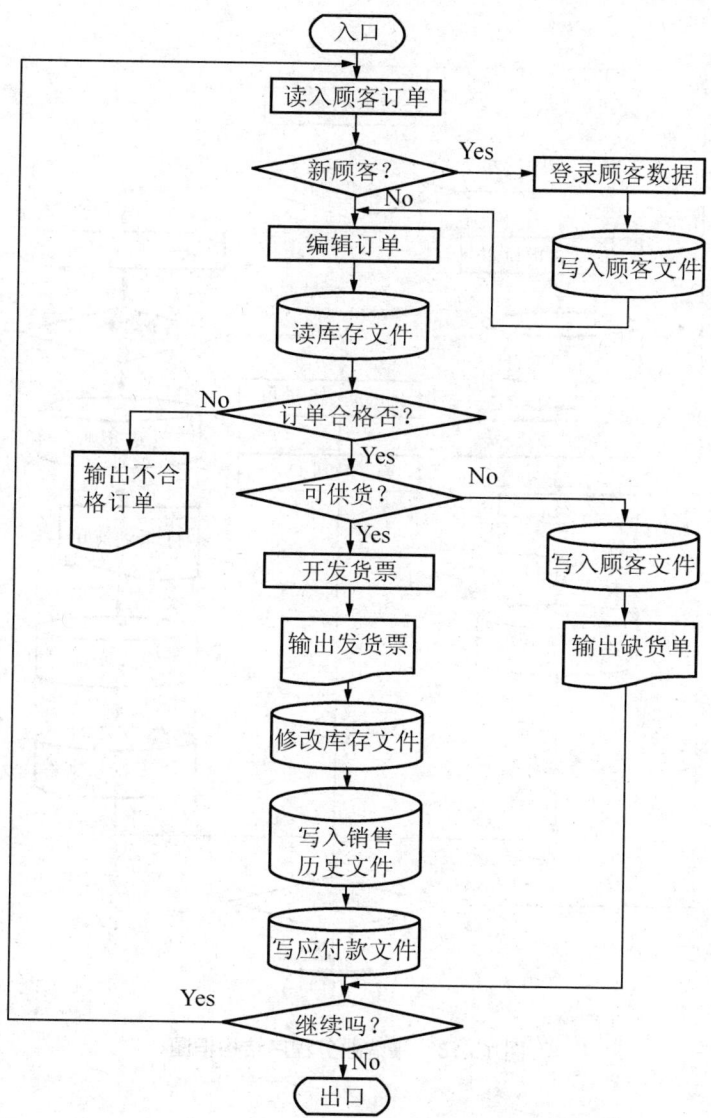

图 13.12 销售业务程序结构框图

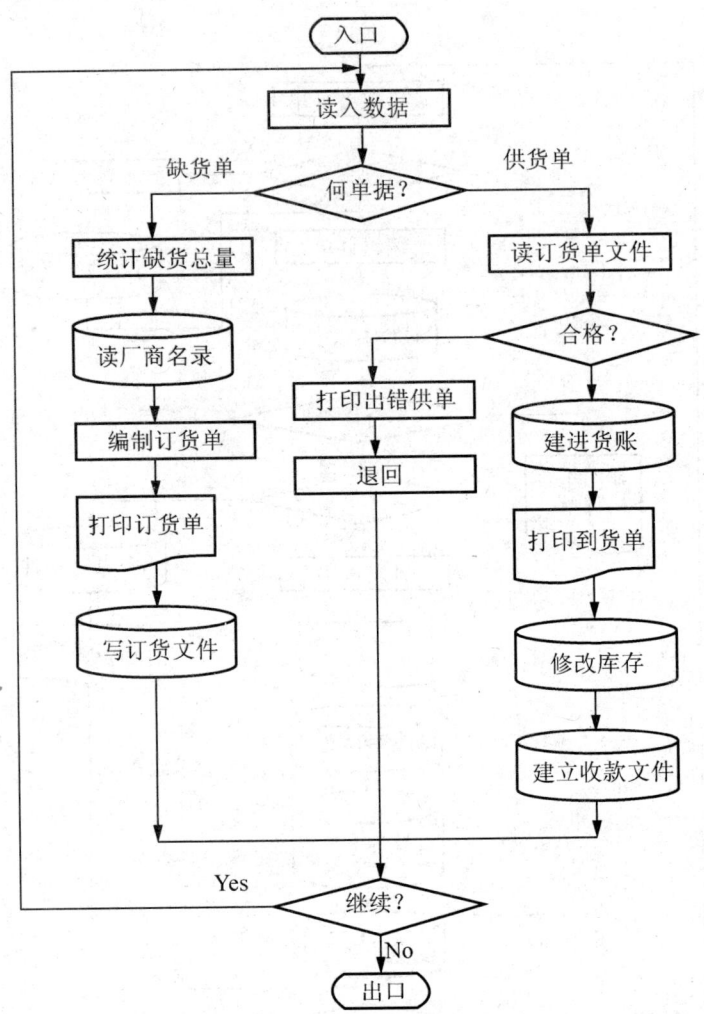

图 13.13 采购业务程序结构框图

第13章 管理信息系统开发实例

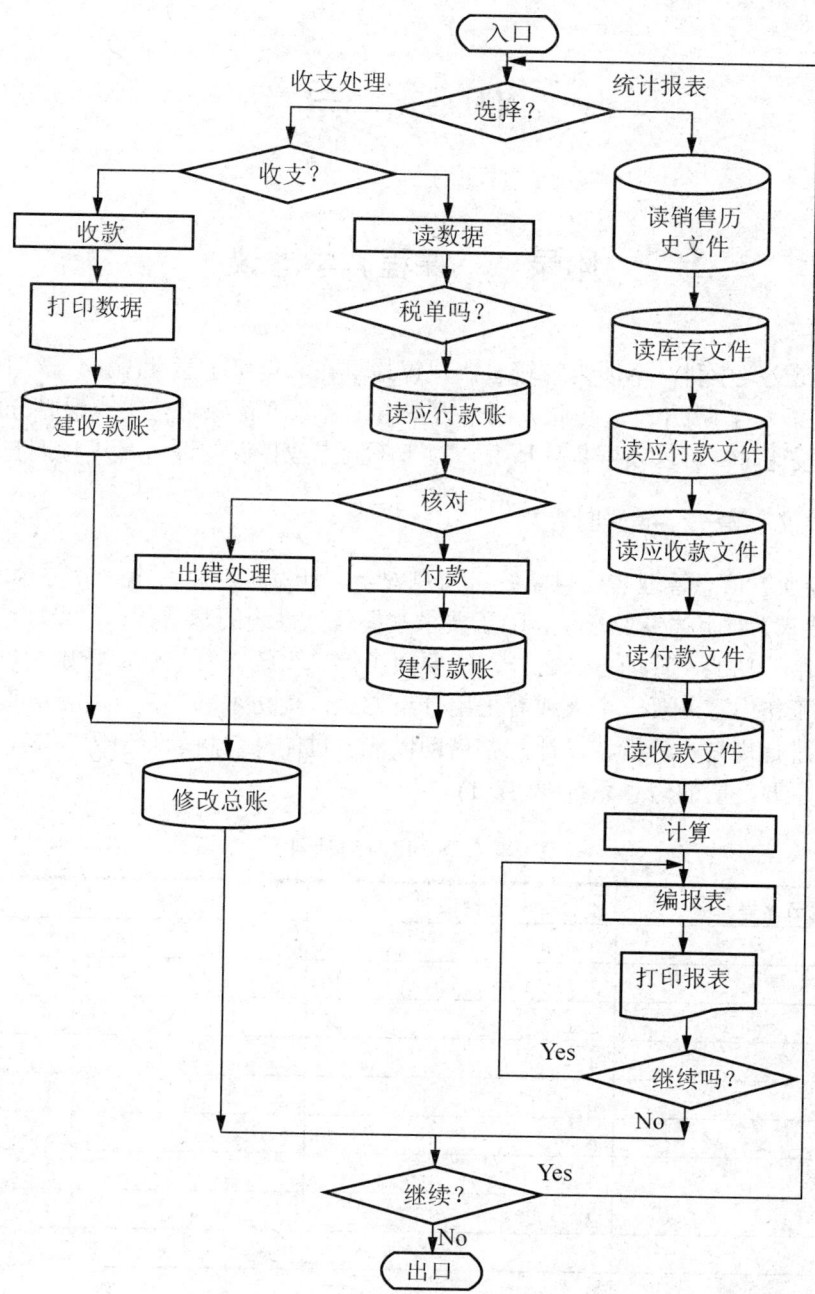

图 13.14 会计业务程序结构框图

以上完成的是百货商店管理信息系统分析和系统设计的主要工作。接下来还要进行系统实施，即根据程序结构框图和设计阶段的其他图表，编写计算机程序，并进行程序调试、系统分调、总调和新旧系统的切换。最后需要进行系统评价，提交系统评价文档和系统操作手册等文档。

在管理信息系统的整个开发过程中，系统分析和设计是基础性的和难度较大的工作阶段，所以，加强对系统分析、系统设计的举例，对巩固和深化所学的知识会有较大的收益。

附　　录

附录 A　课程教学建议

该课程属交叉学科，牵涉内容较多，建议最早在二年级下学期(第 4 学期)，最晚在三年级下学期(第 6 学期)开设。在此分两个方案给出各章理论课时与实践课时分配建议(任课教师在实际授课时，可以根据具体情况，对于不同专业授课的课时量进行调整)。

A.1　教学建议方案一：48 学时计划

【适用专业】信息管理与信息系统、信息安全、计算机应用、电子商务等。

【整体要求】对上述专业学生，除了要求掌握信息系统的基本知识，管理信息系统的常用类型、应用、功能、管理方法之外，还要熟悉信息系统开发方法，特别是结构化开发流程各阶段的工作内容。要求个人或者采用分组方式，模仿本书实例，对某一职能领域的管理信息系统进行规划、分析、设计，并借助以前学过的计算机软件开发工具，最终开发一个可以实现主要功能的信息系统(表 A-1)。

表 A-1　48 学时计划

章节序号	理论课时	实践课时	合计课时
第 1 章	2		2
第 2 章	2		2
第 3 章	2		2
第 4 章	4		4
第 5 章	6	2	8
第 6 章	6	2	8
第 7 章	4	2	6
第 8 章	2		2
第 9 章	2		2
第 10 章	2		2
第 11 章	2		2
第 12 章	2		2
第 13 章		6	6
总计	36	12	48

说明：上述实践课时，主要目标是让学生选择一个实际系统，进行分析、设计和实施，除采用上面的分散式实践之外，也可待全部理论课程结束后，集中时间进行实践。

A.2 教学建议方案二：36学时计划

【适用专业】除信息管理与信息系统、电子商务之外的其他管理类、经济类等专业。

【整体要求】对上述专业学生，主要是要求掌握管理信息系统的基本知识，培养信息管理意识，熟悉不同层次管理信息系统(业务层、职能层、决策层)的主要功能及其应用方法，掌握管理信息系统的日常应用管理以及项目开发管理的基本知识。在实践环节，主要让同学通过企业调研，理解管理信息系统对企业决策和经营管理的重要价值(表A-2)。

表A-2　36学时计划

章节序号	理论课时	实践课时	合计课时
第1章	2		2
第2章	2	2	4
第3章	2	2	6
第4章	2		2
第5章	4		4
第6章	4		4
第7章	2		2
第8章	2		2
第9章	2	2	4
第10章	2	2	4
第11章	2		2
第12章	2		2
第13章			
总计	28	8	36

说明：上述的实践课时，设计的主要目的是让学生参加企业调研，不是上机环节。

附录B　上机课程设计指导建议

信息系统分析与设计能力的培养，必须通过学生自身的企业实际调研与上机课程设计相结合来实现。为了便于任课教师组织教学，下面给出这门课程上机课程设计教学的指导建议。

B.1 课程设计概述

B.1.1 课程设计的意义

上机课程设计是管理信息系统课程教学过程中重要的实践教学环节，也是信息管理与信息系统专业学生的一项基本专业技能。它主要培养学生综合运用理论知识分析和解决实际问题的能力，实现由理论知识向操作技能的转化，是对理论与实践教学效果的检验，也是对学生综合分析能力、独立工作能力与团队合作精神的培养。因此，加强课程设计环节，搞好上机实践教学，对实现专业培养目标、提高学生的综合素质有着重要的意义。

B.1.2 课程设计的目的

通过课程设计，主要可以达到以下几个主要目的。

第一，通过实践过程，总结、复习、巩固、深化和扩展学生的理论知识与专业技能。

第二，开发过程提高了学生的动手编程能力，并使其掌握撰写各项文档材料的方法。

第三，培养学生运用所学知识和技能，解决社会实践中所遇到的实际问题的能力。

第四，通过分组练习，培养学生之间的分工协作意识和团队合作精神。

第五，通过系统分析，培养学生正确的设计思想和思维方法，严谨认真的科学态度。

第六，通过实训中相关资料整理，培养学生检索信息、筛选信息、处理信息的能力。

B.1.3 课程设计的内容与要求

管理信息系统上机课程设计的内容，主要是要求学生自行选题，分组练习，在课程理论知识学习过程中或者结束之后，完成信息系统项目的分析、设计，结合学过的 VB、VFP、PowerBuilder、Delphi 等开发工具进行的一次全面综合练习，最终目的是得到一个能实际运行的中小型管理信息系统。在课程设计的过程中，必须对学生提出以下具体要求。

第一，认真做好课程设计前的准备工作，充分认识该环节在课程学习中的重要性。

第二，合理进行进度安排，按照系统开发的流程及方法，踏实地开展课程设计活动。

第三，课程设计过程中，根据选题的具体需求，在开发各环节中撰写相关的技术文档材料，文档必须符合《计算机软件产品开发文件编制指南(GB8567—88)》的要求。

第四，开发出可以运行的实际系统，能通过上机检查，并提交详细的课程设计报告。

第五，课程设计的过程中，既要虚心接受老师的指导，又要充分发挥主观能动性。

第六，小组成员之间，既要明确分工，又要密切合作，培养良好的互助、协作精神。

B.2 课程设计的教学组织

B.2.1 课程设计的过程安排

管理信息系统课程设计的过程安排，要基于学生的实际情况和时间限制，以下内容供参考。

1. 组织准备

首先，老师带领学生复习和巩固管理信息系统的开发方法，布置课程设计的任务。

其次，按照 4 人为一组的原则，进行实训设计分组，建立课程设计小组，还可以命名。

最后，每一个小组选定一名组长，组长作为系统的总设计人，并负责考勤以及与指导教师联系，组内其他成员也要做一下简单的工作分工。

2. 选择题目

每小组选取一个课程设计的题目，课题的来源包括：①从社会调查、社会实践中得到；②小组自己讨论产生；③由课程设计的指导教师指定；④本章提供的参考题目。

学生在自己选择题目时候，要注意选题的切实可行性，要"小而优"。教师指定选题时，应满足教学要求，贯彻因材施教原则，使学生在水平和能力上有较大提高，鼓励学生有所创新，难度要适当，规模要合适，一般应使学生在规定的时间内经过努力可以完成。

题目选好后，要根据时间，制订一个切实可行的系统开发计划，要求编制进度表。

3. 问题定义

弄清楚所开发的系统具体要解决什么问题，具体包括系统的名称、开发背景、待开发系统的现状、所开发的系统应达到的目标(包括功能、性能、使用方便性等)。

4. 可行性研究

展开初步调查，确定问题定义阶段所确定的系统目标是否能实现，所确定的问题是否可以解决，系统方案在经济上、技术上、操作上是否可以接受。

5. 需求分析

需求分析的基本任务是准确地定义新系统的目标，回答系统必须"做什么"的问题。

在该阶段，各个小组要展开深入细致的调查分析，了解当前系统的工作流程，准确理解用户的要求，获得当前系统的物理模型，抽象出当前系统的逻辑模型。

需求分析使软件设计人员和用户进行深入沟通，明确用户所需。通过需求分析产生的软件规格说明书是软件设计、调试和测试的基础，是软件评审、鉴定和验收的依据。

6. 总体设计

系统总体设计的基本任务包括系统结构设计和数据库设计。

系统结构设计包括分析功能结构，划分功能模块，确定各个模块的功能，确定模块之间的调用关系，设计模块之间的接口。数据库设计要从概念和逻辑两个方面开展。

在需求分析和总体设计阶段，还要编写相关的文档材料，包括绘制完善的分层次数据流图，编写数据字典，确定关系表的 E-R 图，确定功能模块结构图和信息系统流程图。

7. 详细设计

详细设计确定每个功能模块的具体执行过程：为每个模块进行详细的算法设计；为模块内的数据结构进行设计；对数据库进行物理设计；进行编码设计、输入/输出格式设计、人机对话设计等；编写详细设计说明书。使用的工具有 IPO 图、FC 图、N-S 图等。

8. 程序编写

把详细设计阶段的结果翻译成用某种程序设计语言书写的程序。可以采用可视化程序开发工具完成。程序要进行反复调试，以保证没有语法错误、逻辑错误和异常。采用 VB 或 VFP 编写系统的各功能模块的程序代码，并自行测试程序。

9. 综合测试

对所开发的系统进行全面测试，以发现程序中是否存在错误，是否有不正确的或遗漏的功能，系统能否正确地接受输入数据，能否产生正确的输出信息；访问外部信息是否有错；性能上是否满足要求等。

10. 完善系统

根据综合测试结果，对程序和系统进行修改、完善，且进行回归测试。

11. 验收与评分

制作好系统的安装光盘,并整理各个阶段书写的文档资料,按要求编写实训报告。

指导教师对每个小组的所开发的管理信息系统进行综合验收,公开演示,并结合课程设计的整个过程表现进行考核,根据后面给出的评定办法,给所有学生进行成绩评定。

B.2.2 课程设计的进度分配

该课程设计时间的安排有两种方案:第一种是"分散实训":实训过程与理论授课同步,每周有 2 节左右的实训课;第二种是"集中实训":理论知识结束之后,集中 3~4 周时间专门进行实训教学。具体采用哪种,要根据总课时数以及学生的实际情况自行确定。

表 B-1 给出了第二种方案下,一套具体的课程设计课时分配计划方案,供参考。

表 B-1 课程设计的课时分配

序 号	实训任务	课时分配
1	项目分组,选定题目,明确功能,制订进度	1
2	系统初步调查,进行可行性分析和需求分析	1
3	系统分析,绘制数据流图,编写数据字典	2
4	系统总体设计:画功能结构图和系统流程图	2
5	进行代码设计、界面设计和数据库设计	2
6	编写各功能模块的代码,调试、修改程序	4
7	进行系统测试、试运行,数据准备	2
8	实训总结,要求小组书写实训报告	1
9	演示软件,相互评分,老师对实训情况讲评	1
合 计		16

B.3 课程设计的结果考核

课程设计工作结束后,由指导教师根据学生参与实践工作的具体情况综合考核,包括管理信息系统软件的运行效果、课程设计报告的质量和课程设计过程中的工作态度等,方法如下。

B.3.1 考核方式与标准

考核方式分为过程考核和终结考核两种形式。过程考核主要考查以下几个方面。

第一,明确课程设计的要求,制定了工作进度表和人员分工表,小组团队精诚合作。

第二,对所要开发的系统进行了认真地系统调查、可行性分析和需求分析。

第三,系统总体设计合理,功能模块划分正确,数据流图、模块结构图绘制正确。

第三,代码设计合理,用户界面设计美观,数据库设计正确。

第四,能按自己的设计要求,编写各功能模块的程序代码,并调试和修改了程序。

终结考核主要考查系统功能的实现、系统的正确运行、算法的正确实现、程序的可读性、用户界面的友好性、文档资料的完整性以及课程设计报告的书写情况。

另外,考核评价中还要考虑学生的纪律情况、考勤情况、创新能力、协作精神等。

具体的考核标准见表 B-2。

表 B-2 课程设计的考核标准

序号	考核项目		评分比例
1	过程考核	课程设计要求、课程设计计划、任务进度表、人员分工表	40%
		系统调查、可行性分析、用户需求分析	
		总体设计、功能模块、数据流图、模块结构图	
		代码设计、人机对话设计、数据库设计	
		程序代码、算法、程序调试、测试用例	
2	终结考核	功能能够完整实现,系统正确运行,算法能正确实现	30%
		程序具有可行性、健壮性,可读性较好	
		用户界面友好,输入、输出效果适应系统的实际需要	
3	文档资料	撰写的文档材料内容完整,数量充足,格式规范	10%
		文档资料书写完整,格式规范,字迹清楚,页面整洁	
		认真撰写课程设计报告和课程设计学习总结,课程设计有收获	
4	其他方面	创新情况	设计具有独创性,构思巧妙、有新意	10%
		纪律考核	实训期间组织纪律性强,无迟到、早退、缺课现象	5%
		小组协作	小组协作精神强,团体意识好,分工协作,所有的小组成员在规定时间内分别完成各自的课程设计任务	5%
	合　　计		100%

B.3.2 课程设计报告的内容要求

课程设计报告的撰写,原则上不少于 5 000 字,需在封面注明设计选题、班级、姓名、学号及课程设计日期、地点,其正文至少包括如下几个方面的内容。

1. 可行性分析

2. 系统分析

(1) 业务流程图。
(2) 数据流程图。
(3) 功能分析图。
(4) 数据字典。
(5) 数据加工处理的描述。
(6) 管理信息系统流程设想图(新系统的逻辑模型)。

3. 系统设计

(1) 功能结构图设计。
(2) 新系统信息处理流程设计。
(3) 输出设计(主要指打印输出设计)。
(4) 存储文件格式设计(数据库结构设计)。
(5) 输入设计(主要指数据录入卡设计)。

(6) 代码设计(要求有设计思想和代码设计书)。
(7) 程序设计说明书。

4. 系统实施

(1) 程序框图。
(2) 源程序。
(3) 模拟运行数据。
(4) 打印报表。
(5) 系统使用说明书。

5. 附录或参考资料

B.4 课程设计的选题参考

下面的选题中，前两个列出了简单的功能描述，其他项目的具体需求可以自行了解和挖掘，或者自己参加实践活动，或者找课程设计指导教师来探讨，以便准确获取系统需求。

1. 企业库房物资管理信息系统

某企业的库房物资管理信息系统划分为计划管理、合同管理、库存管理三个子系统。计划管理的主要功能是建立数据库，与已签订的采购合同进行物资汇总平衡；合同管理的主要功能是建立物资合同台账，对已签订的物资供应合同进行对照；库存管理对库房物资的进货与发放、库存数量进行管理。

该系统的输出要求有收料单、领料单、库存平衡表、合同台账、物资采购计划。

2. 工资管理信息系统

这个课题要求实现如下功能。
(1) 建立职工基本数据库(至少有 3 个部门，每部门 5 人)。
(2) 建立职工基本工资表与变动工资数据表。
(3) 基本工资与变动工资分别输入。

该系统的输出有两个，分别是个人的工资条和按部门的工资汇总表。

个人工资条上面应该包括编号，姓名，部门，基本工资，津贴，奖金，加班费，税金，公积金，保险，事病假扣款，水电费，房租，应发工资，实发工资。

部门工资汇总表上面应该包括部门名称，人数，基本工资，津贴，应发工资，加班费，税金，公积金，保险，事病假扣领，水电费，房租，实发工资。

3. 其他小型的管理信息系统

1) 学生成绩管理系统
2) 学生宿舍管理系统
3) 运动会成绩管理系统
4) 歌唱比赛计分管理系统
5) 教材管理系统
6) 教师课时酬金管理系统

7) 教师业务档案管理系统
8) 教务综合管理系统
9) 图书管理信息系统
10) 办公文档管理系统
11) 企业人事管理系统
12) 企业员工工资管理系统
13) 房地产公司物业管理系统
14) 房地产公司售楼管理系统
15) 房屋中介公司管理系统
16) 电脑公司客户服务管理系统
17) 音像店业务管理系统
18) 超市进销存管理系统
19) 通讯录管理软件
20) 酒店客房管理系统

参 考 文 献

[1] 黄梯云. 管理信息系统[M]. 4版. 北京：高等教育出版社，2009.
[2] 薛华成. 管理信息系统[M]. 5版. 北京：清华大学出版社，2007.
[3] 常晋义. 管理信息系统：原理、方法与应用[M]. 2版. 北京：高等教育出版社，2009.
[4] 邝孔武，王晓敏. 信息系统分析与设计[M]. 3版. 北京：清华大学出版社，2006.
[5] 陈景艳. 管理信息系统[M]. 2版. 北京：中国铁道出版社，2005.
[6] 郭东强. 现代管理信息系统[M]. 北京：清华大学出版社，2006.
[7] 张基温，曹渠江. 信息系统开发案例(第四辑)[M]. 北京：清华大学出版社，2003.
[8] 罗超理，李万红. 管理信息系统原理与应用[M]. 北京：清华大学出版社，2002.
[9] 徐世河. 管理信息系统设计教程[M]. 北京：电子工业出版社，2003.
[10] 陈晓红. 信息系统教程[M]. 北京：清华大学出版社，2003.
[11] 王要武. 管理信息系统[M]. 北京：电子工业出版社，2003.
[12] 甘仞初. 信息系统分析与设计[M]. 北京：高等教育出版社，2003.
[13] 刘鹏. 管理信息系统[M]. 上海：上海财经大学出版社，2003.
[14] 王恩波. 管理信息系统实用教程[M]. 北京：电子工业出版社，2002.
[15] 彭澎. 管理信息系统[M]. 北京：机械工业出版社，2003.
[16] 李大军. 商业管理信息系统[M]. 北京：清华大学出版社，2002.

北京大学出版社本科财经管理类实用规划教材(已出版)

序号	标准书号	书名	主编	定价	序号	标准书号	书名	主编	定价
1	7-5038-4748-6	应用统计学	王淑芬	32.00	38	7-5038-5018-9	财务管理学实用教程	骆永菊	42.00
2	7-301-18515-5	会计学原理(第2版)	刘爱香	30.00	39	7-5038-5022-6	公共关系学	于朝晖	40.00
3	7-5038-4881-0	会计学原理习题与实验	齐永忠	26.00	40	7-5038-5013-4	会计学原理与实务模拟实验教程	周慧滨	20.00
4	7-5038-4892-6	基础会计学	李秀莲	30.00	41	7-5038-5021-9	国际市场营销学	范应仁	38.00
5	7-5038-4896-4	会计学原理与实务	周慧滨	36.00	42	7-5038-5024-0	现代企业管理理论与应用	邱彦彪	40.00
6	7-5038-4897-1	财务管理学	盛均全	34.00	43	7-301-13552-5	管理定量分析方法	赵光华	28.00
7	7-5038-4877-3	生产运作管理	李全喜	42.00	44	7-81117-496-0	人力资源管理原理与实务	邹华	32.00
8	7-5038-4878-0	运营管理	冯根尧	35.00	45	7-81117-492-2	产品与品牌管理	胡梅	35.00
9	7-5038-4879-7	市场营销学新论	郑玉香	40.00	46	7-81117-494-6	管理学	曾旗	44.00
10	7-5038-4880-3	人力资源管理	颜爱民	56.00	47	7-81117-498-4	政治经济学原理与实务	沈爱华	28.00
11	7-5038-4899-5	人力资源管理实用教程	吴宝华	38.00	48	7-81117-495-3	劳动法学	李瑞	32.00
12	7-5038-4889-6	公共关系理论与实务	王玫	32.00	49	7-81117-497-7	税法与税务会计	吕孝侠	45.00
13	7-5038-4884-1	外贸函电	王妍	20.00	50	7-81117-549-5	现代经济学基础	张士军	25.00
14	7-5038-4894-0	国际贸易	朱廷珺	35.00	51	7-81117-536-3	管理经济学	姜保雨	34.00
15	7-5038-4895-7	国际贸易实务	夏合群	42.00	52	7-81117-547-9	经济法实用教程	陈亚平	44.00
16	7-5038-4883-4	国际贸易规则与进出口业务操作实务	李平	45.00	53	7-81117-544-8	财务管理学原理与实务	严复海	40.00
17	7-5038-4885-8	国际贸易理论与实务	缪东玲	47.00	54	7-81117-546-2	金融工程学理论与实务	谭春枝	35.00
18	7-5038-4873-5	国际结算	张晓芬	30.00	55	7-5038-3915-3	计量经济学	刘艳春	28.00
19	7-5038-4893-3	国际金融	韩博印	30.00	56	7-81117-559-2	财务管理理论与实务	张思强	45.00
20	7-5038-4874-2	宏观经济学原理与实务	崔东红	45.00	57	7-81117-545-5	高级财务会计	程明娥	46.00
21	7-5038-4882-7	宏观经济学	蹇令香	32.00	58	7-81117-533-2	会计学	马丽莹	44.00
22	7-5038-4886-5	西方经济学实用教程	陈孝胜	40.00	59	7-81117-568-4	微观经济学	梁瑞华	35.00
23	7-5038-4870-4	管理运筹学	关文忠	37.00	60	7-81117-575-2	管理学原理与实务	陈嘉莉	38.00
24	7-5038-4871-1	保险学原理与实务	曹时军	37.00	61	7-81117-519-6	流程型组织的构建研究	岳澎	35.00
25	7-5038-4872-8	管理学基础	于干千	35.00	62	7-81117-660-5	公共关系学实用教程	周华	35.00
26	7-5038-4891-9	管理学基础学习指南与习题集	王珍	26.00	63	7-81117-663-6	企业文化理论与实务	王水嫩	30.00
27	7-5038-4888-9	统计学原理	刘晓利	28.00	64	7-81117-599-8	现代市场营销学	邓德胜	40.00
28	7-5038-4898-8	统计学	曲岩	42.00	65	7-81117-674-2	发展经济学	赵邦宏	48.00
29	7-5038-4876-6	经济法原理与实务	杨士富	32.00	66	7-81117-598-1	税法与税务会计实用教程	张巧良	38.00
30	7-5038-4887-2	商法总论	任先行	40.00	67	7-81117-594-3	国际经济学	吴红梅	39.00
31	7-5038-4965-7	财政学	盖锐	34.00	68	7-81117-676-6	市场营销学	戴秀英	32.00
32	7-5038-4997-8	通用管理知识概论	王丽平	36.00	69	7-81117-597-4	商务谈判实用教程	陈建明	24.00
33	7-5038-4999-2	跨国公司管理	冯雷鸣	28.00	70	7-81117-595-0	金融市场学	黄解宇	24.00
34	7-5038-4890-2	服务企业经营管理学	于干千	36.00	71	7-81117-677-3	会计实务	王远利	40.00
35	7-5038-5014-1	组织行为学	安世民	33.00	72	7-81117-800-5	公司理财原理与实务	廖东声	36.00
36	7-5038-5016-5	市场营销学	陈阳	48.00	73	7-81117-801-2	企业战略管理	陈英梅	34.00
37	7-5038-5015-8	商务谈判	郭秀君	38.00	74	7-81117-826-5	服务营销理论与实务	杨丽华	39.00

序号	标准书号	书 名	主 编	定 价	序号	标准书号	书 名	主 编	定 价
75	7-81117-824-1	消费者行为学	甘瑁琴	35.00	97	7-5655-0093-0	国际商务	安占然	30.00
76	7-81117-828-9	审计学	王翠琳	46.00	98	7-5655-0155-5	公共关系理论与实务	李泓欣	45.00
77	7-81117-593-6	国际金融实用教程	周 影	32.00	99	7-5655-0193-7	人力资源管理：理论、实务与艺术	李长江	50.00
78	7-81117-818-0	微观经济学原理与实务	崔东红	48.00	100	7-5655-0057-2	消费者行为学	肖 立	37.00
79	7-81117-851-7	西方经济学	于丽敏	40.00	101	7-301-18536-0	管理学原理与实务(第2版)	陈嘉莉	43.00
80	7-81117-853-1	企业战略管理实用教程	刘松先	35.00	102	7-301-18653-4	会计学原理与实务(第2版)	周慧滨	33.00
81	7-81117-852-4	国际商法理论与实务	杨士富	38.00	103	7-5655-0302-3	西方经济学实用教程	杨仁发	49.00
82	7-81117-887-6	会计规范专题	谢万健	35.00	104	7-301-18798-2	国际贸易理论与实务(第2版)	缪东玲	54.00
83	7-81117-943-9	管理会计	齐殿伟	27.00	105	7-301-19038-8	宏观经济学(第2版)	寒令香	39.00
84	7-81117-955-2	审计理论与实务	宋传联	36.00	106	7-301-18787-6	宏观经济学原理与实务(第2版)	崔东红	57.00
85	7-81117-958-3	金融法学理论与实务	战玉锋	34.00	107	7-301-19098-2	人力资源管理(第2版)	颜爱民	60.00
86	7-81117-959-0	市场营销理论与实务	那 薇	38.00	108	7-301-19351-8	管理运筹学(第2版)	关文忠	39.00
87	7-81117-956-9	东南亚南亚商务环境概论	韩 越	38.00	109	7-5655-0370-2	企业战略管理	代海涛	36.00
88	7-81117-972-9	新编市场营销学	刘丽霞	30.00	110	7-5655-0404-4	企业财务会计模拟实习教程	董晓平	25.00
89	7-301-16084-8	人力资源管理经济分析	颜爱民	38.00	111	7-301-19400-3	成本会计学	杨尚军	38.00
90	7-5655-0069-5	质量管理	陈国华	36.00	112	7-301-19404-1	国际贸易(第2版)	朱廷珺	45.00
91	7-5655-0063-3	管理学实用教程	邵喜武	37.00	113	7-5655-0405-1	金融学理论与实务	战玉锋	42.00
92	7-5655-0064-0	市场营销学	王槐林	33.00	114	7-301-19403-4	基础会计学	窦亚芹	33.00
93	7-5655-0078-7	管理学原理	尹少华	42.00	115	7-301-09956-8	客户关系管理实务	周贺来	44.00
94	7-5655-0061-9	高级财务会计	王奇杰	44.00	116	7-301-19449-2	会计学原理习题与实验(第2版)	王保忠	30.00
95	7-5655-0077-0	现代组织理论	岳 澎	32.00	117	7-301-15062-0	货币银行学	杜小伟	38.00
96	7-5655-0081-7	市场营销学实用教程	李晨耘	40.00	118	7-301-17420-3	国际结算(第2版)	张晓芬	35.00

本科电子商务与信息管理类教材

序号	标准书号	书 名	主 编	定 价	序号	标准书号	书 名	主 编	定 价
1	7-301-12349-2	网络营销	谷宝华	30.00	17	7-301-16556-0	网络营销	王宏伟	26.00
2	7-301-12351-5	数据库技术及应用教程(SQL Server版)	郭建校	34.00	18	7-301-16557-7	网络信息采集与编辑	范生万	24.00
3	7-301-12343-0	电子商务概论	庞大连	35.00	19	7-301-16596-6	电子商务案例分析	曹彩杰	28.00
4	7-301-12348-5	管理信息系统	张彩虹	36.00	20	7-301-16717-5	电子商务概论	杨雪雁	32.00
5	7-301-13633-1	电子商务概论	李洪心	30.00	21	7-301-05364-5	电子商务英语	覃 正	30.00
6	7-301-12323-2	管理信息系统实用教程	李 松	35.00	22	7-301-16911-7	网络支付与结算	徐 勇	34.00
7	7-301-14306-3	电子商务法	李 瑞	26.00	23	7-301-17044-1	网上支付与安全	帅青红	32.00
8	7-301-14313-1	数据仓库与数据挖掘	廖开际	28.00	24	7-301-16621-5	企业信息化实务	张志荣	42.00
9	7-301-12350-8	电子商务模拟与实验	喻光继	22.00	25	7-301-17246-9	电子化国际贸易	李辉作	28.00
10	7-301-14455-8	ERP原理与应用教程	温雅丽	34.00	26	7-301-17671-9	商务智能与数据挖掘	张公让	38.00
11	7-301-14080-2	电子商务原理及应用	孙 睿	36.00	27	7-301-19472-0	管理信息系统教程	赵天唯	42.00
12	7-301-15212-6	管理信息系统理论与应用	吴 忠	30.00	28	7-301-15163-1	电子政务	原忠虎	38.00
13	7-301-15284-3	网络营销实务	李蔚田	42.00	29	7-301-19899-5	商务智能	汪 楠	40.00
14	7-301-15474-8	电子商务实务	仲 岩	28.00	30	7-301-19978-7	电子商务与现代企业管理	吴菊华	40.00
15	7-301-15480-9	电子商务网站建设	臧良运	32.00	31	7-301-20098-8	电子商务物流管理	王小宁	42.00
16	7-301-15694-0	网络金融与电子支付	李蔚田	30.00	32	7-301-20485-6	管理信息系统实用教程	周贺来	42.00

请登录 www.pup6.cn 免费下载本系列教材的电子书(PDF版)、电子课件和相关教学资源。
欢迎免费索取样书，并欢迎到北京大学出版社来出版您的大作，可在 www.pup6.cn 在线申请样书和进行选题登记，也可下载相关表格填写后发到我们的邮箱，我们将及时与您取得联系并做好全方位的服务。
联系方式：010-62750667，dreamliu3742@163.com，lihu80@163.com，欢迎来电来信。